Edith Wiesmüller

Traumaadaptierte Musiktherapie

Hamburger Schriften zur Musiktherapie

herausgegeben von

Hans-Helmut Decker-Voigt

Band 3

Edith Wiesmüller

Traumaadaptierte Musiktherapie

Musiktherapie mit Erwachsenen,
die an (komplexen) Traumafolgestörungen leiden

zeitpunkt musik
Reichert Verlag Wiesbaden 2014

Für meinen Vater (1934–2013)

2012 Dissertation, Hochschule für Musik und Theater Hamburg

Umschlagmotiv:
Jakob Kirchmayr, Konstriktion, 2012

Bibliografische Information der Deutschen Nationalbibliothek
Die Deutsche Bibliothek verzeichnet diese Publikation in der Deutschen Nationalbibliografie; detaillierte bibliografische Daten sind im Internet über http://dnb.dnb.de abrufbar.

Gedruckt auf säurefreiem Papier
(alterungsbeständig – pH 7, neutral)

Dr. Ludwig Reichert Verlag Wiesbaden
www.reichert-verlag.de
ISBN: 978-3-89500-994-5

Printed in Germany

Inhalt

Abbildungs- und Tabellenverzeichnis

Den Teufel des Traumas mit Beelzebub austreiben?

Es gibt verschiedene Bibeln, religionsgebundene Bibeln und Wissenschaftsbibeln. Letztere unterteilen sich in Bibeln mit populär gewordenen wissenschaftlichen Botschaften wie z. B. Paul Watzlawicks „Menschliche Kommunikation", die die soziale Szene der 70er Jahre prägte. Oder – für die speziell künstlerischen Therapien – Peter Petersens Buch „Der Therapeut als Künstler".

Dann gibt es innerhalb der engeren „täglichen Gebrauchsliteratur" für Wissende und Wissenschaftler Bibeln wie das Lehrbuch der psychoanalytischen Therapie von Helmut Thomä und Horst Kaechele oder die Psychotraumatologie von Gottfried Fischer und Peter Riedesser.

Edith Wiesmüllers mit diesem Buch in Druckform vorliegende und für die Fachöffentlichkeit aufbereitete Dissertation dürfte den Rang einer solchen letzten Sorte von Bibel erreichen als einem Gebrauchsbuch für uns alle, die jene 60 % der Psychiatrie-Patienten therapeutisch begleiten, welche nach der Konfrontation mit traumatisierenden Erfahrungen alle die Folgestörungen und -schäden zeigen, die wir unter der Begrifflichkeit „Psychotraumatologie" zu verstehen und am Menschen zu behandeln versuchen.

Was meine Begleitung dieser großen wissenschaftlichen Arbeit über die Jahre ihres Entstehens motivierte, war der Umgang Edith Wiesmüllers mit ihren Beobachtungen, wie Patienten „außerhalb und innerhalb der Musiktherapie (ihre Symptome) häufig durch Vermeidung, Übererregung, Hilflosigkeit, Ohnmacht und Kontrollverlust sowie dissoziative Symptome (ausprägen)". Und wie zu dieser komplexen Symptomatik eine „angemessene musiktherapeutische Möglichkeit (der Behandlung)" entwickelt werden kann.

Schließlich birgt ein Agieren des traumatisierten Patienten mit Musik sehr wohl und oft die Gefahr einer Re-Traumatisierung in sich und macht Musiktherapie manchmal gefährdender als keine Therapie, was also dem Austreiben des Teufels des Traumas mit dem Beelzebub nahe käme.

Dies Buch ist reich an Analysen solcher Negativ-Beispiele wie der Patientin, die beim Anblick des Klangwerkzeugs „Regenmacher" die Flucht ergreift, weil das Instrumentenrohr sie an den Prügel erinnert, den der Vater in seine schwarze Pädagogik einbezog.

Noch reicher ist die trauma-adaptierte musiktherapeutische Behandlungskonzeption, die die Autorin in diesem Werk zu einer Methodologie entwickelt, die eben Lehrbuchcharakter erreichen dürfte, sich in die Reihe von Wissens-Bibeln einfügt.

Die ursprüngliche Fragestellung für den Forschungsteil, aus dem die Be-Handlungskonzeption dann erwuchs, war diese:

– Welche traumabedingten und musikbedingten Faktoren werden in den Fallrekonstruktionen erkennbar und verstehbar?

– Können klinisch relevante Traumafolgesymptome durch ein traumaadaptiertes musiktherapeutisches Behandlungsverfahren tatsächlich verändert bzw. reduziert werden?

Dieser Forschungsteil basiert auf qualitativen Fall-Analysen mit quantitativen Anteilen von vier Patienten einer psychiatrischen Tagesklinik und entwickelt die Praxeologie einer traumaberücksichtigenden Musiktherapie an bewährten traumatherapeutischen Vorgehensweisen wie – z. B. – dem Phasenmodell von Stabilisierung, Integration und Neuorientierung, wie sie in dem o. e. Standardwerk von Fischer und Riedesser (Lehrbuch der Psychotraumatologie) bereits „an-tönt" und in diesem musiktherapiebezogenen Werk einen ermutigenden Klangprozess findet, der sicher über die musiktherapeutischen Trauma-Therapeuten hinaus auch Aufmerksamkeit bei ärztlichen und psychologischen Mitbehandlern von Kliniken finden wird, die den Patienten mit einem Behandlungsteam begleiten.

Diesen hohen Rang sehe ich bei dieser Arbeit auch dadurch, daß sie neben der klinischen Studie und der Entwicklung der traumaadaptierten Musiktherapie im Grundlagenkapitel eine Fülle von Anreicherungen folgender interdependenter Themenbereiche anbietet:

– Aspekte zur Geschichte der Psychotraumatologie inkl. Aspekte zum Verlaufsmodell psychischer Traumatisierung, Aspekte zur peri- und posttraumatischen Stressphysiologie (von der wir Musiktherapeuten viel wissen sollten), Aspekte zur aktuellen Diagnostik sowie Praxishilfen durch strukturelle Interview-Kriterien und Fragebögen etc.

Für Praktiker mögen die vier aus mehreren Perspektiven reflektierten Fallrekonstruktionen aus der klinischen Praxis auf den ersten Blick nicht sehr tangierend sein mitsamt den ausführlichen Kriterien zur Konzeption des Studienteils, also die Beschreibung, Erhebung und Aufbereitung der qualitativen und quantitativen Datensammlung mit ihren Skalierungstechniken und Symptomchecklisten. Für den forschungsinteressierten Nachwuchs wird dies Buch jedoch ein Modell für eigenes Arbeiten von Bedeutung sein – und für uns Didaktiker ohnehin.

Auch Edith Wiesmüller zitiert im ersten Absatz ihrer Einleitung zu diesem Buch, das Sie jetzt in der Hand halten, das Ende eines Vortrags von Luise Reddemann, der Großmutter einer didaktischen Aufbereitung praktischer Traumaarbeit („Musik – Resilienzfaktor oder Gefährdung für schwer traumatisierte Menschen?").

Diese Arbeit gibt nicht nur eine Antwort auf diese Frage, sondern viele und nachhaltige und deutlich die Musiktherapie der Psychiatrie ermutigende Antworten.

Ich schließe meine Vor-Wörter ab mit dem Hinweis auf die Gesamtbewertung, die die Evaluation dieser Arbeit 2013 ergab: Eine besondere Hochachtung vor Werk und Autorin!

Hans-Helmut Decker-Voigt

Hamburg/Allenbostel – Lüneburger Heide im April 2014

1. Einleitung

Menschen mit Traumafolgestörungen brauchen eine spezielle Form von Psychotherapie. Die Patienten benötigen zunächst Stabilisierung, um in weiterer Folge dem Trauma zu begegnen, es zu integrieren, um schließlich durch Trauer und Neuorientierung weiterzuleben. So bedarf auch die Musiktherapie in ihrem psychotherapeutischen und psychodynamischen Verständnis einer Adaption ihrer gängigen Verfahren an die individuellen Gegebenheiten von Patienten mit Traumafolgestörungen. Diese Anregung stammt von Luise Reddemann im März 2007 am Ende ihres Vortrags „Musik – Ein Resilienzfaktor oder eine Gefährdung für schwer traumatisierte Menschen?“ am Freien Musikzentrum in München.

Die vorliegende Arbeit konzentriert sich auf Musiktherapie im Rahmen einer tagesklinisch psychiatrischen Behandlung mit traumatisierten Erwachsenen. Sie soll einen Beitrag auch in der Hinsicht leisten, dass selbst in einer begrenzten tagesklinischen Verweildauer der Patienten traumaadaptierte musiktherapeutische Vorgehensweisen, vor allem jene der Stabilisierung und Ressourcenaktivierung, umsetzbar sind. Dem Schätzwert entsprechend, dass 60% aller psychiatrischen Patienten im Laufe ihres Lebens mit traumatischen Ereignissen konfrontiert und entsprechende Folgestörungen entwickeln (Vyssoki, 2010), ist dieses Thema für Musiktherapeuten von hoher Relevanz. Ausgehend von meinen Beobachtungen, dass das Verhalten der Patienten außerhalb und innerhalb der Musiktherapie häufig durch Vermeidung, Übererregung, Hilflosigkeit, Ohnmacht und Kontrollverlust sowie dissoziative Symptome geprägt ist, standen bald die praktischen Fragen nach angemessenen musiktherapeutischen Möglichkeiten im Raum. Musik birgt in ihrem Gestaltungs- und Facettenreichtum sowohl Potenzial als auch Retraumatisierungsrisiko. Herr F erlebt in der Gruppenmusiktherapie das rieselnde Geräusch des Regenmachers als beruhigend im Gegensatz zu Frau K, welche die Flucht ergreift. Sie assoziierte das Instrument aufgrund seiner Gestalt mit einem *Prügel* aus ihrer Kindheit, mit dem sie jahrelang misshandelt wurde. Frau M liebt die Klänge der Chimes, mit denen sie ihr imaginiertes Bild musikalisch umrahmt, ganz im Gegensatz zu Herrn L, welcher beim Anblick der Chimes erstarrt. Ihre Gestalt erinnert ihn an die Gitterstäbe des Gefängnisses, indem er gefoltert wurde. Diese und zahlreiche andere Szenen aus der eigenen musiktherapeutisch klinischen Erfahrung weckten mein Interesse für angemessene Strategien im Umgang mit (schwer) traumatisierten Patienten sowie für die Suche nach geeigneten Messinstrumenten für den Behandlungserfolg.

Somit ist es Ziel dieser Arbeit, im Rahmen einer Studie mit vier Patienten, Behandlungsergebnisse nach dem Therapieprozess auf der seelischen, körperlichen und vegetativen Ebene zu gewinnen. Dazu werden sowohl qualitative als auch quantitative Methoden im Sinne der Mixed Methods Forschung angewendet (Mössler, 2011b).

Mixed Methods dienen nicht nur der Bildung von Annahmen und Hypothesen, sondern leisten auch einen Beitrag hinsichtlich Theoriebildung. Im hierfür gewählten Embedded Design steht die qualitative Untersuchung im Vordergrund, wobei die quantitativen Datensätze als Ergänzung dienen.

Im Zentrum der qualitativen Untersuchung liegt die Analyse traumabedingter und musikbedingter Faktoren, welche innerhalb der Musiktherapie sichtbar werden. Für das Auffinden und Einordnen solcher Faktoren wird für die in dieser Arbeit verwendeten Fallrekonstruktionen die Methode der qualitativen Inhaltsanalyse (Mayring, 2010) gewählt. Sie ermöglicht ein methodisch kontrolliertes Vorgehen, das konkret auf den Forschungsgegenstand ausgerichtet ist. Der Einbezug einer Expertenvalidierung gewährleistet das Gütekriterium der intersubjektiven Nachvollziehbarkeit. Die Gegenüberstellung von traumabedingten und musikbedingten Faktoren wird in Form von Kategorienpaaren dargestellt. Diese dichotomen Variablen dienen dem Musiktherapeuten als Modell für musiktherapeutische Strategien und Interventionen mit dem Ziel, diese an die jeweilige individuelle Situation anzupassen und umzusetzen. Weiters erlaubt sie eine tiefergehende Betrachtung des komplexen Geschehens innerhalb der einzelnen Therapieverläufe. Sie liefert Ergebnisse hinsichtlich Vorkommen und Häufung der Faktoren, bedingt durch den Einsatz von Musik sowie durch das Beziehungsgeschehen zwischen Patientin und Therapeutin. Letztlich soll die Bildung des Kategoriensystems trauma- und musikbedingter Faktoren als Erklärungs- Interpretations- und Reflexionshilfe dienen.

Zur objektiven Feststellung von Veränderungen klinisch relevanter Traumafolgesymptome durch ein traumaadaptiertes musiktherapeutisches Behandlungsverfahren werden für die quantitative Untersuchung drei unterschiedliche Messinstrumente herangezogen. Vor und nach jeder Therapiesitzung wird im Rahmen einer Biofeedbackanalyse die vegetative Ebene durch die Messung des Hautleitwertes diagnostiziert. Die Höhe des individuellen Hautleitwertes zeigt das unmittelbare Stressverhalten an. Zur Selbsteinschätzung der momentanen psychischen Befindlichkeit wurden eigene Skalen (SUC- und SUD-Skalen) erstellt, in welchen durch Nennung eines Zahlenwertes die unmittelbare subjektive Befindlichkeit vor und nach jeder Sitzung erhoben wird. Durch die Nennung eines abstrakten Wertes, im Unterschied zur Beschreibung der eigenen Gefühle, wird das Risiko einer möglichen Affektüberflutung der Patienten deutlich reduziert. Für die Selbsteinschätzung der subjektiv empfundenen Beeinträchtigung innerhalb der letzten sieben Tage, am Beginn und am Ende des Therapieverlaufs, wird die Symptomcheckliste SCL-90-R als psychodiagnostisches Verfahren verwendet.

Folgende Fragestellung kristallisiert sich für die Forschungsarbeit heraus:

- Welche traumabedingten und musikbedingten Faktoren werden in den Fallrekonstruktionen erkennbar und verstehbar?
- Können klinisch relevante Traumafolgesymptome durch ein traumaadaptiertes musiktherapeutisches Behandlungsverfahren tatsächlich verändert bzw. reduziert werden?

Die Fragestellung beinhaltet Überlegungen zu musiktherapeutisch methodischen Aspekten sowie die Einbettung gängiger Basisstrategien (Information, Transparenz und Kontrolle) und bestimmten Stabilisierungstechniken aus traumatherapeutischen Behandlungskonzepten, die für den hier vorgestellten musiktherapeutischen Behandlungsansatz geeignet scheinen.

Vor dem Hintergrund der beschriebenen qualitativen und quantitativen Forschungsmethodik werden im 2. Kapitel die theoretischen Grundlagen der Psychotraumatologie dargestellt. Das Phänomen Psychotrauma wird unter historischen, psychologischen, neurobiologischen sowie stressphysiologischen Aspekten betrachtet. Weiters folgt eine Auseinandersetzung mit den Folgen und Auswirkungen psychischer Traumatisierungen vor allem in Hinblick auf komplexe Traumafolgestörungen einschließlich ihrer diagnostischen Einordnung in posttraumatische sowie dissoziative Störungen. In Bezug auf die im Anhang dargestellten Fallrekonstruktionen werden die Themen Migration und Exil sowie sexueller Kindesmissbrauch erläutert. Solche traumatischen Situationen rufen spezifische Reaktionen und Prozesse hervor, deren Dynamik und Symptome beschrieben werden. Gemeint sind in diesem Kontext auch kumulative Traumatisierungen, wie sie häufig nach gravierenden Beziehungstraumata (frühkindliche Vernachlässigung, schwere Misshandlung und sexualisierte Gewalt) im Laufe des Lebens entstehen.

Das 3. Kapitel widmet sich traumatherapeutischen Vorgehensweisen. Hauptaugenmerk liegt auf dem Phasenmodell, welches aus Stabilisierung, Integration und Neuorientierung besteht.

Traumatherapeutische Basisstrategien und Stabilisierungstechniken, die sich auch für die Einbettung in ein musiktherapeutisches Setting vor allem als stabilisierende Elemente eignen, werden aus unterschiedlichen Behandlungskonzepten beschrieben.

Das 4. Kapitel erfasst musiktherapeutische Behandlungsansätze. Nach einem Literatur- und Forschungsüberblick werden bereits erstellte musik-traumatherapeutische Modelle sowie der in dieser Arbeit vorgestellte Behandlungsansatz unter Berücksichtigung musiktherapeutischer Methoden und Techniken erklärt.

Das 5. Kapitel beschreibt die Studie, die von mir im Rahmen dieser Forschungsarbeit in einem Wiener psychiatrischen Krankenhaus durchgeführt wurde. Durchführung, Erhebung, Aufbereitung und Auswertung der Mixed Methods durch die Untersucherin sowie die Ergebnisse aus der Expertenvalidierung werden dargestellt und diskutiert.

Im Anhang I befinden sich die Auswertungstabellen des Kategoriensystems (traumabedingte und musikbedingte Faktoren 1–10) der qualitativen Inhaltsanalyse.

Anhang II beinhaltet die Fallrekonstruktionen der Patientinnen A und B und der Patienten C und D aus insgesamt 51 einzelmusiktherapeutischen Sitzungen. Zur besseren Nachvollziehbarkeit der Fundstellen war es nötig, die jeweiligen Seiten entsprechend zu formatieren. Ebenso wurde deswegen die Seitenzahl mit den anonymisierten Patientenbuchstaben markiert. Am Ende der Textstelle befindet sich die Kategorienbezeichnung.

Da ich die Begriffe PatientInnen, TherapeutInnen und KollegInnen etc. als unbefriedigend empfinde, wird in meiner Arbeit abwechselnd die männliche oder weibliche Schreibweise verwendet. Anstatt der Termini Klient und Klientin bevorzuge ich die Termini Patient und Patientin.

Die vorliegende Arbeit soll einen Beitrag zu einer traumatherapeutisch orientierten Musiktherapie leisten. *Traumaadaptierte Musiktherapie* orientiert sich an den Grundlagen der Psychotraumatologie, dem aktuellen Forschungsstand hinsichtlich neurobiologischer Erkenntnisse und deren Konsequenz daraus für Indikation und Modifikation musiktherapeutischer Methodik.

1.1 Danksagung

Mein Dank gilt allen, die mich auf meinem Forschungsprozess auf unterschiedliche Weise begleitet haben:

- Meinem Doktorvater Professor Dr. Hans-Helmut Decker-Voigt für die mit viel Interesse, Wohlwollen und Anregung unterstützende fachliche Betreuung
- Professor Dr. Susanne Bauer aus Berlin für ihre Bereitschaft, sich als Zweitgutachterin zur Verfügung zu stellen.
- Den Expertinnen Dr. Dorothee Storz, Dr. Gitta Strehlow und Dr. Sylvia Wintersperger, die sich im Rahmen der zeitaufwändigen Validierung der Fallrekonstruktionen sowie der qualitativen Inhaltsanalyse engagiert und differenziert auseinander setzten.
- Dr. Karin Mössler stellte mir als forschende Kollegin ihr Wissen zur Entwicklung der Forschungskonzeption zur Verfügung.
- Dr. Monika Smetana für das Glück, sie als Kollegin und Freundin aktiv teilnehmend an meiner Seite zu haben
- Beate Hartl, Mag. Katharina Fuchs und Mag. Verena Ossege-Schmidt, mit deren Fachwissen meine Vorstellungen einer traumaadaptierten Musiktherapie weiterentwickelt wurden.
- Mag. Petra Pröglhöf, die als klinische Psychologin mit viel Geduld die Auswertung der klinischen Messdaten für die quantitative Untersuchung übernahm
- Primaria Dr. Vera Pfersmann für die Genehmigung der Bildungskarenz
- Leo Zagler, dem Bibliothekar und Bergkameraden, für sein Lektorat und für seine mit Gleichmut und Humor durchgehende Begleitung aller meiner Höhen und Tiefen
- Meinen Patienten und Kollegen
- Meiner Familie und meinem Freund Ashwien
- Meinem Vater Leopold und meinem Onkel P. Sighard, welche die Wirren des Krieges und der Nachkriegszeit hautnah erlebten, danke ich für alles

2. Grundlagen der Psychotraumatologie

2.1 Zur Geschichte der Psychotraumatologie

„Die Erforschung psychischer Traumata hat eine eigenartige Geschichte – immer wieder gibt es Phasen der Amnesie" (Herman, 2003, S. 17).

Betrachtet man die Entwicklungsgeschichte der Psychotraumatologie, so lassen sich im Wesentlichen drei Forschungsfelder erkennen. Der Bogen spannt sich von der Erforschung der Hysterie Ende des 19. Jahrhunderts insbesondere in Frankreich, der Schützengraben- oder Kriegsneurose Ende des Ersten Weltkriegs in England und den USA, wobei die Forschung bis nach dem Vietnamkrieg ihren Höhepunkt erreichte, bis hin zu den Forschungen über sexuelle und innerfamiliäre Gewalt in Zusammenhang mit der Frauenbewegung in Westeuropa und in den USA. Nach Judith Herman war und ist es immer auch eine politische Frage, ob Forschungen durchgeführt und diese auch in der Öffentlichkeit diskutiert werden können. Im gesamten Zeitraum wiederholten sich vergleichbare Forschungen, die oftmals abrupt abgebrochen und sehr viel später wieder fortgesetzt wurden. Die Ursache liegt im Thema selbst. Es ruft kontroverse Reaktionen hervor, die periodisch tabuisiert werden müssen. Seit der Erforschung psychischer Traumata in einer mittlerweile umfangreichen Literatur geht es in der Diskussion immer um die Grundsatzfrage, inwiefern Traumata und Traumafolgeerscheinungen glaubhaft und wahr sind. Ständig muss gegen die Tendenz angekämpft werden, das Opfer als unglaubwürdig zu bezeichnen, und auch die Glaubwürdigkeit der Forscher wird in Frage gestellt (Herman, 2003, S. 17ff.). Vor diesem Hintergrund wird hier die Geschichte der Psychotraumatologie in Ansätzen beleuchtet.

Bereits vor Freuds Ausführungen (1896) gab es wichtige Vorläufer, die sich mit Fragen über die Auswirkungen von sog. Realtraumatisierungen auseinander setzten. Folgende Fragestellungen durchzogen die Diskussionen:

> „Handelt es sich um organische Erkrankungen oder um psychische Störungen? Handelt es sich um Krankheiten oder um Simulationen und Betrügereien?" (Venzlaff et al., 2004, S. 6)

Unfalltraumata sind in der Literatur zunächst in England, später in den USA und danach auch in Deutschland beschrieben worden. Besonders bedeutsam scheinen die Ausführungen von John Eric Erichsen (1882), einem Londoner Chirurgie-Professor, in Bezug auf die sog. *Railway Spine.* Am 15. September 1830 ereignete sich entlang der neu eröffneten Eisenbahnlinie Liverpool-Manchester ein folgenschwerer Unfall. Es wurde trotzdem weiter expandiert, und die Unfälle häuften sich. Erichsen untersuchte die Unfallopfer und beschrieb als Folge von heftigen Stoßverletzungen u. a. heftige Rückenmarksirritationen. Die Auswirkungen dieser sog. Wirbelsäulenerschütterungen, auch *Erichsen's Disease* genannt, sind in diversen Schriften[1] nachzulesen. Nach heutigem Verständnis würde die diesbezügliche Beschreibung des Charles Dickens als akute Posttraumatische Belastungsstörung diagnostiziert werden (Venzlaff et al., 2004, S. 6).

Schriften über die Folgen des Massenphänomens der Kindesmisshandlung und der sexualisierten Gewalt gegen Kinder, findet man zunächst in Frankreich. 1857 erscheint das Buch „Gerichtsärztliche Untersuchung über Unzucht" – bis 1878 in 6 Auflagen erschienen – von Ambroise Auguste Tardieu. Das Werk fand kaum Erwähnung in der Fachliteratur, in dem er mit erschreckenden Zahlen folgendes belegt:

> „[...] dass zwischen den Jahren 1858 und 1869 in Frankreich 11576 Menschen wegen Vergewaltigung oder versuchter Vergewaltigung angeklagt worden sind, davon nicht weniger als 9125 wegen solcher Delikte an Kindern, fast immer Mädchen" (zit. n. Venzlaff et al., 2004, S. 7).

Weiters veröffentlichte Tardieu 1860 eine gerichtsmedizinische Studie über Kindesmisshandlung. Laut seinen Begutachtungen würden kleine Kinder sogar von den eigenen Eltern auf grausame Weise misshandelt, sexuell missbraucht und zu Tode gequält werden (ebd.).

Ende des 19. Jahrhunderts widmete sich der französische Neurologe Jean Martin Charcot an der Pariser Sâlpetrière der Erforschung der Hysterie. Bis zu diesem Zeitpunkt galt die genannte Störung als typisch weiblich, da deren Ursprung in der Gebärmutter (Hyster) vermutet wurde. Die Hysterie sei rätselhaft und unkontrollierbar und typisch für alles, was Männern am anderen Geschlecht unverständlich erschien. Charcot's Vorgehensweise war die eines seriösen Forschers: klassifizierend, systematisierend, beschreibend und beobachtend dokumentierte er die Symptomatik der Hysterie, die er die ‚große Neurose' (Herman, 2003, S. 22) nannte. 1880 konnte er beweisen, dass Symptome wie motorische Lähmungen, Krampfanfälle, Amnesien etc. psychischen Ursprungs waren, da diese durch Hypnose sowohl hervorgerufen als auch beseitigt werden konnten (ebd.). Charcot's Interesse am Gefühlsleben seiner Patientinnen hielt sich in Grenzen. Erst seine Schüler, Pierre Janet in Frankreich und Sigmund Freud zusammen mit Josef Breuer in

1 Sammlung Deutscher Gedichte „Die Brücke am Tay" (Benno von Wiese). „The Life of Charles Dickens" (Foster, 1969).

Wien kamen unabhängig voneinander der Ursache der Hysterie auf die Spur. Beide lauschten stundenlang den Patientinnen mit „[…] unbekannter Hingabe und Respekt auf das, was Frauen zu sagen hatten“ (Herman, 2003, S. 23). Die Fallstudien beschreiben unerträgliche Gefühlsreaktionen aufgrund traumatischer Ereignisse, die hysterische Symptome auslösen. Somit wurde klar, dass Hysterie durch ein psychisches Trauma verursacht wird (ebd.). Der Begriff der *Dissociation* von Janet und der Begriff der *Spaltung des Bewusstseins* bzw. von *doppeltem Bewusstsein* von Freud (Herman, 2003, S. 23; Venzlaff et al., 2004, S. 9f.) wurden als mögliche Erklärungen herangezogen, wie unerträgliche sexuelle Missbrauchserfahrungen bewältigt werden können. Darüber hinaus entdeckten beide, dass durch das Aufdecken der traumatischen Erinnerungen mit den damit verbundenen Gefühlen die hysterischen Symptome zurückgingen.

Janet gilt in der modernen Traumaforschung als die zentrale Figur. Er beschrieb damals so gut wie alles, das heute als dissoziative Störung, Aufspaltung des Bewusstseins und posttraumatische Störung diskutiert wird. Im Unterschied zu Freud gab Janet seine Traumatheorie zur Hysterie nicht auf. Trotz des enormen Umfanges seines wissenschaftlichen Werkes, trotz verbreiteter wissenschaftlicher Anerkennung, geriet Janets Modell der Dissoziation fast 100 Jahre in Vergessenheit. Die damaligen Erkenntnisse, dass hysterische Symptome oftmals Ursache von traumatischen Erfahrungen sein können, setzten der Organogenese seelischer Erkrankungen die Möglichkeit der Psychogenese entgegen: „Organogenese vs. Psychogenese sollte ein Jahrhundert lang die Diskussion in Psychiatrie, Psychologie und Psychoanalyse dominieren. Erst heute fällt dieser Dualismus in sich zusammen“ (Venzlaff et al., 2004, S. 9).

Zurück zu Freud. Im April 1896 hielt er in Wien im Verein für Psychiatrie und Neurologie einen Vortrag zur *Ätiologie der Hysterie,* in dem er die These präsentierte, dass jedem hysterischen Fall „[…] ein oder mehrere Erlebnisse von vorzeitiger sexueller Erfahrung […] “ (Freud, 1896, S. 439) zugrunde liegen würden. Freud wurde danach von der Wiener Gesellschaft ausgegrenzt. Im September 1897 folgte der berühmte Widerrufsbrief an seinen engsten Freund Wilhelm Fließ, indem er bekennt, dass er seine *Verführungstheorie* aufgegeben hat. Danach begann Freud mit den Ausarbeitungen seiner Theorien u. a. jener vom Ödipuskomplex. Diese Kehrtwende Freuds wurde ihm häufig „[…] als Verrat an den traumatisierten Frauen vorgeworfen“ (Venzlaff et al., 2004, S. 10). Herman erklärt diese mangels eines gesellschaftlichen und politischen Umfeldes, das die Thesen von Freud gestützt hätte, und das es in Wien ohnehin nie gab (Herman, 2003, S. 32). Die Theorie des Ödipuskomplexes prägte für lange Zeit die Psychoanalyse. „Bis heute gibt es mehr als genug Psychoanalytiker, die dieser Theorie anhängen“ (Huber, 2007, S. 25). Aus traumatherapeutischer Sicht sind die von Freud entwickelten Konzepte der intrapsychischen Konflikte und der Verdrängung, und vor allem das Konzept des ödipalen Konfliktes i. S. e. kindlichen Inzestwunsches fatal. Mittlerweile lässt sich aber eine Umkehr im Denken aufgrund der Entwicklungen der letzten zwanzig Jahre erkennen. Reale, etwa traumatisierende Beziehungserfahrungen „werden heute konzeptionell in den Vordergrund gestellt und Schicksale als Zusammenspiel von Innen und Außen, Trieb und Beziehungseinflüssen verstanden" (Hirsch, 2011, S. 8).

Parallel zu den Ausführungen von Freud entstand 1888 der Begriff der *traumatischen Neurose,* die der deutsche Nervenarzt Herman Oppenheim als Folge von Arbeits- und Verkehrsunfällen beschrieb. Aus Schreck und Schock würden sich aus daraus folgenden körperlichen Veränderungen seelische Symptome entwickeln (Oppenheim, 1892). Auch hier kam es zu einer Gegenbewegung, weil sich Rentenanträge enorm anhäuften und sich viele Betroffene, so hieß es, eine Rente erschleichen wollten (Huber, 2007, S. 26).

Im I. Weltkrieg tauchten durch die große Anzahl verwundeter Soldaten Begriffe wie *Granaten-Schock-Syndrom (shell shock)* und *Schützengraben-Neurose* (Myers, 1940) auf. Hervorgerufen durch den zermürbenden Stellungskrieg in Schützengräben, ohne die Möglichkeiten zu Kampf oder Flucht, waren die Soldaten ohnmächtig der Situation ausgeliefert. Man führte das Syndrom zunächst auf die Wirkung von Minenexplosionen zurück. Als die Symptome wie unkontrolliertes Schreien und Weinen, Erstarren, Gedächtnisverlust, und die Unfähigkeit, Gefühle zu empfinden etc. auch bei Soldaten ohne physische Gewalteinwirkung auftauchten, wurde erkannt, dass diese auf psychische Traumata zurückzuführen waren. Die Soldaten benahmen sich plötzlich wie hysterische Frauen und galten als Simulanten und Feiglinge (Herman, 2003, S. 34f.). Ein wichtiger Vertreter für eine humane Behandlung war der Arzt W.H.R. Rivers, welcher zwei Grundregeln einführte, die sich danach amerikanische Militärpsychiater im II. Weltkrieg aneigneten:

> „Erstens hatte er bewiesen, dass auch ausgewiesen tapfere Männer von unkontrollierbarer Angst überwältigt werden konnten, und zweitens hatte er gezeigt, dass das Motiv zur Überwindung der Angst stärker sein musste als Patriotismus, abstrakte Prinzipien oder Hass auf den Feind: das wirkungsvollste Motiv war die Zuneigung der Soldaten untereinander" (Herman, 2003, S. 37).

Bald nach Kriegsende verebbte das medizinische Interesse für psychische Traumata. In der zivilen Gesellschaft galten die Männer mit schweren psychischen Schäden als eine Peinlichkeit (ebd. S. 38). Die Rentenansprüche der *Kriegsneurotiker* entwickelten sich in Deutschland zu einem volkswirtschaftlichen Problem (Venzlaff et al., 2004, S. 16).

Im II. Weltkrieg widmete sich der amerikanische Psychiater Abram Kardiner intensiv den traumatisierten amerikanischen Soldaten, die gegen Nazi-Deutschland und Japan kämpften. Kardiners Kindheit war ebenfalls geprägt von Traumatisierungserfahrungen. Der frühe Verlust der Mutter, familiäre Gewalt, Verwahrlosung, Armut und Hunger trugen seiner eigenen Einschätzung nach dazu bei, sich mit traumatisieren Menschen identifizieren zu können (Venzlaff et al, 2004, S. 13). Kardiner (1941) prägte den Begriff der *Physioneurose* für die Umschreibung des chronischen Beeinträchtigungsprozesses nach einem Trauma. In gewisser Weise begann damit die moderne Psychotraumatologie (Huber, 2007, S. 29).

Nach dem II. Weltkrieg begann eine intensive Auseinandersetzung mit den Folgen des Holocaust. Beispielsweise Hermann veröffentlichte 1955 in Dänemark seine Arbeit über das *KZ-Syndrom*. Bastiaans schrieb 1957 in den Niederlanden über den *traumatischen Schwächezustand psychosomatischer Art*. Doch zur Widerlegung der Annahme, dass die Belastungsfähigkeit der Seele im Unendlichen liege, bedurfte es umfangreicher wissenschaftlicher Arbeiten. Letztlich kamen die Forscher unabhängig voneinander zu vergleichbaren Ergebnissen. Das Konzept vom erlebnisbedingten Persönlichkeitswandel durch chronische Belastungen wurde spätestens 1961 mit den Ergebnissen der Baden-Badener-Psychiatrie-Tagung akzeptiert. In den USA wurden anhand der Forschungsergebnisse weitgehende Ähnlichkeiten in den psychischen Folgen zwischen Überlebenden des Holocaust und denjenigen der Hiroshima-Katastrophe festgestellt (Venzlaff, et al., 2004, S. 17f.).

Psychoanalytische Autoren, die das Freud'sche Traumakonzept weiterentwickelten, sind u. a. Masud Khan, Max Stern, John Bowlby und D.W. Winnicott. Khan prägte 1963 den Begriff *kumulatives Trauma*. Max Stern beschrieb die ersten Notfallreaktionen als unmittelbare Folgen massiver psychischer Traumatisierungen einerseits als katanoide Reaktionen, andererseits als agitierten Bewegungssturm. Bowlby fasste Konzepte zur Auswirkung von frühkindlicher Deprivation zusammen. Er verband psychoanalytisches Gedankengut mit entwicklungspsychologischen und neurobiologischen Konzepten bis hin zur Verhaltensbiologie und Soziologie. Insgesamt wird das Werk von Bowlby als Vorbild für die Psychotraumatologie betrachtet. Winnicott, dessen Gesamtwerk zu den herausragendsten der Psychoanalyse zählt, beschrieb den Aufbau eines falschen Selbstsystems mangels einer genügend guten Umgebung. Das Kind wird durch das Versagen der Umwelt oder durch Übergriffe traumatisiert. Dies bewirkt eine zu frühe Desillusionierung der frühkindlichen Allmachtsfantasie (Fischer & Riedesser, 2009, S. 42ff.).

Ab 1970 besann sich die Forschung in den USA auf die Erkenntnisse Pierre Janets. Hier beginnt – ausgehend von der Erforschung der Hysterie und danach der Kriegsneurosen – das dritte Forschungsfeld. Einerseits wurde durch die Bürgerrechtsbewegung die Posttraumatische Belastungsstörung als großes Problem der Kriegsveteranen durch den Vietnamkrieg erkannt, andererseits rückte durch die Frauenbewegung das Ausmaß häuslicher Gewalt in das öffentliche Bewusstsein, vor allem durch die bahnbrechenden Arbeiten der Harvard-Professorin Judith Lewis Herman. 1980 wurde die Posttraumatische Belastungsstörung (PTBS) als offizielle Diagnose in der psychiatrischen Nomenklatur anerkannt und setzte eine weitere Welle wissenschaftlicher Untersuchungen in Gang:

„Erst nach 1980, nachdem infolge der Bemühungen der Kriegsveteranen der Begriff des posttraumatischen Syndroms fest etabliert war, wurde deutlich, dass die psychischen Syndrome, an denen die Opfer von Vergewaltigungen, häuslicher Gewalt und Inzest litten, im wesentlichen den Syndromen der Kriegsopfer entsprachen" (Herman, 2003, S. 50).

Zusammenfassend lässt sich sagen, dass unser heutiges Verständnis über psychische Traumata auf der Synthese dieser drei unterschiedlichen Forschungsfelder basiert. Und auch heute darf nicht außer Acht gelassen werden, dass die Erforschung psychischer Traumata untrennbar mit dem Rückhalt in einer politischen Bewegung verknüpft ist.

Folgende Tabelle (vgl. Wolf, 2009) soll einen detaillierten Überblick über die wichtigsten historischen Abschnitte geben:

Zeit	Anmerkung
Altertum	Trauma = „Leck" an Schiffen
Vor 1800	Keine Trennung zwischen Körper und Psyche Psychisch Kranke wurden als *vom Teufel besessen* oder als *moralisch Dekadente* gesehen.
1856	Ambroise Tardieu: An der Salpêtrière in Paris findet die Auseinandersetzung mit dem Phänomen der Kindstötungen mit sexuellem Hintergrund statt.
1871	Pierre Janet: Schwere seelische Störungen sind posttraumatische Zustände und haben oft etwas mit Kindesmisshandlungen, Kindesmissbrauch oder anderen schweren Traumata zu tun. Janet beschreibt Symptome, die heute als dissoziative Störungen, Dissoziation, Aufspaltung des Bewusstseins und posttraumatische Belastungsstörung bezeichnet werden. Deutschland: Erste Gesetze zur Haftpflicht aufgrund der durch die Industrialisierung verbundenen Unfälle in Fabriken und mit der Eisenbahn.
1888	Herrmann Oppenheim: Hypothese der *traumatischen Neurose*
1889	John Eric Erichsen: Hypothese der *Eisenbahnwirbelsäule*. Sie ist dafür verantwortlich, dass es aufgrund eines Eisenbahnunfalls später zu Zittern, Konzentrationsstörungen und schnellem Herzschlag kommt.
1896	Hysterie (Begriff kommt von Aristoteles) Jean-Martin Charcot: Krampfanfall durch den *Hyster* (Uterus) ausgelöst. Sigmund Freud: Verführungstheorie.
1897	Widerrufsbrief an Fließ v. 21.9.1897: Freud gibt seine *Verführungstheorie* auf. Entstehung der Theorie der ödipalen Phantasie. Somit verfolgt Freud das Konzept der Dissoziation nicht mehr weiter und entwickelt als neue Theorie das Modell der intrapsychischen Konflikte und der Verdrängung, insbesondere der kindlichen Sexualverdrängung.

Erster Weltkrieg	Militärpsychiatrie ab ca. 1916, *Simulanten* (Vaterlandsverräter, Rentenneurotiker)
Weimarer Republik	*Begehrensvorstellung* – Rentenproblem mit den Betroffenen.
Zweiter Weltkrieg	In den Militärpsychiatrien der USA und von Großbritannien wird erkannt, dass das Auftreten von Traumafolge-Erscheinungen durch gute Gruppenkohäsion vermindert wird.
1941	Abraham Kardiner: Seine Thesen basieren auf seinen Erfahrungen im II. Weltkrieg: Er sieht in der Neurose einen Anpassungs- und Bewältigungsversuch und legt Wert darauf, die Ursache hinter den Symptomen aufzudecken und die Folgeerscheinungen zu verstehen.
1944	Durch psychologische Nachsorge für Militär in kleinen Gruppen verbessert sich der Zustand der Betroffenen.
1950	Überlebende des Atombombenabwurfs von Hiroschima und Nagasaki haben ein ähnliches psychopathologisches Syndrom wie Überlebende von Konzentrationslagern.
1956	Entschädigungsgesetz in Deutschland: Gesundheitsschäden wg. nationalsozialistischer Verfolgung und durch Konzentrationslager führen zu einem Anspruch auf Erwerbsminderungsrente: Bundesentschädigungsgesetz bei Minderung der Funktionsfähigkeit um 25 Prozent.
Ab 1970	Bürgerrechtsbewegung und Frauenbewegung in den USA: Die Posttraumatische Belastungsstörung gilt als großes Problem der Kriegsveteranen des Vietnamkriegs. Das Ausmaß häuslicher Gewalt rückt in das öffentliche Bewusstsein.
1980	Beginn der modernen Psychotraumatologie: Anerkennung der Posttraumatischen Belastungsstörung (PTBS) als offizielle Diagnose in der psychiatrischen Nomenklatur.
1981	WHO: Post-traumatic-stress-disorder auf der Basis von Selyes Stressforschung.
Ab 1990	Entwicklung traumatherapeutischer Methoden.

Tabelle 1: Historischer Überblick

2.1.1 Psychotraumatologie als Forschungs- und Praxisfeld

Mittlerweile hat sich ein legitimes Forschungsfeld etabliert, mit einer unüberblickbaren Anzahl an Publikationen, in denen neue Forschungsergebnisse präsentiert werden. Das Gegenstandsfeld Psychotraumatologie wird durch neurobiologische Theorien zum Traumagedächtnis, der Dissoziation und der posttraumatischen Belastungsstörung laufend weiterentwickelt. Risikofaktoren, Resilienz und posttraumatische Reifung werden ebenso berücksichtigt wie transgenerationale Traumata, geschlechtsspezifische Aspekte etc. (Seidler et al., 2011). Neue und auch kontroverse Diskussionen werden geführt. Zwei für diese musiktherapeutische Arbeit relevante Themenbereiche sollen an dieser Stelle Erwähnung finden: das Phasenmodell und die Traumabearbeitung hinsichtlich des Übertragungsgeschehens.

Das dreistufige Behandlungskonzept, welches als Phasenmodell aus Stabilisierung, Traumakonfrontation und Integration besteht, wird in traumatherapeutischen Konzeptionen grundsätzlich anerkannt. Die hohe Übereinstimmung hinsichtlich einer notwendigen Stabilisierungsphase, besonders im Fall komplex traumatisierter Patienten, wird durch Forschungsergebnisse jedoch nicht unbedingt unterstützt. Neuner zufolge gibt es keinen Beleg, dass Expositionsverfahren gefährlicher als stabilisierende Verfahren sind (Neuner, 2008, S. 109). Möglicherweise ist dies auf die jeweiligen Studiendesigns zurückzuführen. Neuner berücksichtigt nicht die entsprechenden Interventionen innerhalb der Stabilisierungsphase, wie etwa kognitive Umstrukturierungen: die Bearbeitung sekundärer Traumafolgesymptome wie Schuld- und Schamgefühle zeigen ebenfalls eine stark stabilisierende Wirkung. Derartige Schlussfolgerungen berücksichtigen somit nicht ausreichend den gesamten Themenkomplex der Stabilisierungsphase. Befürworter einer ausreichenden Stabilisierungsphase weisen ebenfalls darauf hin, dass in den erwähnten Studien komplex traumatisierte Patienten eher nicht zu finden sind. Da die komplexe posttraumatische Belastungsstörung noch nicht offiziell existiert, werden diese Patienten in den Studien auch nicht explizit berücksichtigt (Lampe et al., 2008). Insgesamt lässt sich die hier beschriebene Problematik aufgrund der bisherigen Publikationen nicht zufrieden stellend klären (vgl. Rosner et al., 2010, S. 128). Nach meinem Dafürhalten bleibt es eine Tatsache, dass ohne Stabilisierung einschl. Ressourcenaktivierung eine zu rasche Traumaexposition bei komplex traumatisierten Patienten zu deutlichen Verschlechterungen bzw. zu Retraumatisierung führt (vgl. Sachsse, 2010, S. IX).

Ein neuer integrativer Therapieansatz bezüglich des erwähnten Phasenmodells soll hier noch beschrieben werden. Die *schonende Traumatherapie* nach Martin Sack stellt eine Kombination aus stabilisierender und konfrontativer Behandlung dar, indem die Stabilisierung nicht in Abgrenzung des gesamten Behandlungskonzeptes betrachtet wird. Das neue Paradigma bezieht sich auf die Behandlung der gegenwärtigen Symptomatik – im Gegensatz zur Behandlung des *Traumas* – durch ausreichende Aktivierung der Bewältigungsressourcen (vgl. Sack, 2010, S. 5). Dieses neue Modell scheint meines Erachtens auch für eine *traumaadaptierte Musiktherapie* (Kapitel 4.3) zur Behandlung von Patienten mit komplexen Traumafolgestörungen hilfreich zu sein.

Eine weitere kontroverse Diskussion betrifft das Thema der Traumabearbeitung im Übertragungsgeschehen. Es geht um die Frage, inwiefern das Trauma in der Übertragung wiederbelebt werden muss. Kritische Anmerkungen stammen z. B. von Mathias Hirsch, welcher den Unterschied therapeutischer Vorgehensweisen zwischen chronisch familiären Traumata und Extremtraumatisierungen unabhängig vom Lebensalter betont. Frühkindliche Traumata würden eher zu Persönlichkeitsstörungen, einmalige Extremtraumatisierungen eher zu posttraumatischen Belastungsstörungen führen. Hirsch hält die heutigen propagierten traumatherapeutischen Techniken für die Folgen langjähriger Beziehungstraumata für ungeeignet und plädiert für eine langjährige Beziehungstherapie (Hirsch, 2011, S. 12). Zugunsten von *Entwicklungsangeboten* würden sich Analytiker weigern, mit den Patienten weiter mit dem Konzept von Übertragung und Gegenübertragung zu arbeiten (ebd., S. 78). Die Begründung von Ulrich Sachsse, den Aspekt der Selbstheilungskräfte in der therapeutischen Beziehung zu akzentuieren, liegt jedoch klinischen Erfahrungen zugrunde. Beziehungszentrierte Psychotherapie habe langjährige Abhängigkeitsverhältnisse geschaffen, in denen sich komplizierte, regressive und unerwachsene Beziehungsmuster konstelliert hätten, die er als *leidvolle Plackerei* beschreibt (Sachsse, 2004d, S. 187). Seine dahingehende Argumentation, dass in Trauma-Expositionen nicht nur zeitlich befristete traumatische Einzelereignisse, sondern der damit verbundene Alterszustand reaktiviert wird, scheint plausibel. Denn Menschen mit schwerwiegenden Traumafolgestörungen haben große Schwierigkeiten, eine Meta-Ebene einzunehmen, um „[...] zwischen dem Zustand des reflektierenden Erwachsenen und des erlebenden Kindes jeder Zeit sicher hin- und herzuwechseln“ (ebd.). Selbst mit therapeutischer Unterstützung würden es die Betroffenen nicht schaffen, die Realitätsverwirrung aufzulösen und die Erwachsenenebene aufrecht zu erhalten. Sachsse und seine Mitarbeiter sprechen in ihren Vorgehensweisen Übertragungsphänomene rasch an, um eine Ausbreitung zu verhindern. Die traditionell orientierte Psychoanalyse hat im Unterschied zur Verhaltenstherapie das Ziel, die Pathologie in das Übertragungsgeschehen zu bekommen. Sachsse warnt hier vor der Gefahr eines traumatischen Übertragungsgeschehens im Sinne einer *Täter-Opfer-Wippe*, wobei sich entweder Patient oder Therapeut wechselnd und wechselweise traumatisiert fühlt. Sein Fazit lautet:

> „Traumazentrierte Therapie unter Verteidigung der therapeutischen Beziehung gegen Wahrnehmungsverzerrungen wie projektive Identifikationen und primitive Übertragungen ist weniger leidvoll für beide Seiten *und* therapeutisch effektiver“ (Sachsse, 2004d, S. 188).

Betrachtet man das von Luise Reddemann entwickelte Verfahren PITT, das gelegentlich missverständlich als ein rein übendes Verfahren eingestuft wurde, so findet hier eine ausreichende Auseinandersetzung und Nutzung des Konzeptes von Übertragung und Gegenübertragung statt. Die ausschließliche Konfliktorientierung wird hier genauso problematisch wie die ausschließliche Traumaorientierung angesehen. Die Psychodynamik der Traumafolgestörung wird im Spannungsfeld zwischen Traumaschema und traumakompensatorischem Schema erklärt (Reddemann, 2008, S. 23). Allerdings gilt eine Förderung der *Übertragungsneurose* bei traumatisierten Patienten als kontraindiziert (ebd., S. 26). Die Diskussion, inwiefern bestimmte Vorgehensweisen in traumazentrierten Behandlungsverfahren den Patienten nutzen oder schaden, speziell der herausfordernde Umgang mit Übertragung- und Gegenübertragungsphänomenen, wird weiterhin aufrecht erhalten bleiben und auch für die Musiktherapie eine Rolle spielen.

2.2 Psychische Traumatisierung – eine Begriffsklärung

Aufgrund der Komplexität des Phänomens Psychotrauma und der vielfältigen Verwendung des Traumabegriffs richten sich die hier angeführten Definitionen nach den kennzeichnenden Kriterien eines Psychotraumas, insbesondere in Abgrenzung von anderen belastenden Lebensereignissen. Psychische Traumatisierung stellt einen Extremfall einer unkontrollierbaren Belastung dar (Hüther, 2001, S. 112). Begriffe aus der Medizin – Schädel-Hirntrauma oder Geburtstrauma – werden in dieser Arbeit nicht implizit miteinbezogen. Beim Schädel-Hirntrauma wird das psychische Störungsbild zur posttraumatischen Belastungsstörung bei diesen Klienten abgegrenzt (Zahler, 2007, S. 65) und auch nach der Geburt gibt es offensichtlich keine klinisch manifeste posttraumatische Belastungsstörung (Peichl, 2009, S. 28).

Die Mitbegründer der Psychotraumatologie in Deutschland, Gottfried Fischer und Peter Riedesser, definieren ein Psychotrauma als

> „Vitales Diskrepanzerlebnis zwischen bedrohlichen Situationsfaktoren und den individuellen Bewältigungsmöglichkeiten, das mit Gefühlen von Hilflosigkeit und schutzloser Preisgabe einhergeht und so eine dauerhafte Erschütterung von Selbst- und Weltverständnis bewirkt“ (Fischer & Riedesser, 2009, S. 84).

Dementsprechend ist es sinnvoll, objektive von subjektiven Bedingungen eines Traumas zu unterscheiden (Sack, 2010, S. 12). Nach DSM-IV[2] wird im Sinne des Kriterium A der Posttraumatischen Belastungsstörung (PTBS) sowohl das objektive (A1) als auch das subjektive Kriterium (A2) folgendermaßen definiert:

> Definition einer traumatischen Situation nach DSM-IV
> Die betroffene Person war einer Situation ausgesetzt, in der die folgenden Bedingungen erfüllt waren:
> – Die Person war selbst oder als Zeuge mit einem Ereignis konfrontiert, das den Tod, Todesbedrohung oder eine ernsthafte Bedrohung der physischen Integrität von sich selbst oder von anderen Menschen zum Inhalt hatte (Kriterium A1).
> – Die betroffene Person reagierte mit starker Angst, Hilflosigkeit oder Entsetzen (Kriterium A2). (Sack, 2010, S. 12)

Die Definition zeigt, dass innerhalb der DSM-IV-Kriterien die Zeugenschaft explizit miteinbezogen wird – im Unterschied zu der Definition einer traumatischen Situation nach ICD-10[3]. Nach Sack würde in der ICD-10 (WHO, 1992) jedoch

2 Diagnostic and statistical manual of mental disorders
3 International classification of mental and behavioural disorders

mehr Spielraum für Interpretationen bleiben, nachdem das Ereignis von unterschiedlicher Dauer mit außergewöhnlicher Bedrohung oder katastrophenartigem Ausmaß definiert wird, das tiefgreifende Verzweiflung hervorrufen würde (Sack, 2010, S. 13).

Für Klein- und Kleinstkinder sind diese Definitionen möglicherweise fragwürdig und unzureichend, da präverbale Erlebnismuster, unabhängig von traumatischen Ereignissen, noch nicht mit Logik und Verstand in das Selbst integriert werden können (Oberegelsbacher, 2008b, S. 152). Weiters können noch keine entsprechenden Erlebnisqualitäten wie Angst und Furcht gezeigt werden. Kleinkinder zeigen eher Formen von dissoziativen Reaktionen (Lehmann, 2007).

2.3 Traumatische Ereignisse

Fragt man nach dem Begriff des Traumas, stellt sich auch die Frage, ob dies ein Ereignis oder ein Erlebnis ist. Nach gegenwärtigen Diagnostikmanualen (a. a. O.) wird Trauma als Ereignis verstanden, „[…] das bereits vergangen ist, wenn sich die Symptome der Störung auszubilden beginnen" (Fischer & Riedesser, 2009, S. 63). Dies zeigt, dass diese beiden Begriffe offensichtlich vermischt werden. Fischer & Riedesser sprechen hier von einer „[…] definitorischen Nachlässigkeit, die für eine sich entwickelnde Wissenschaft nicht folgenlos bleibt" (ebd). Ist das Trauma nun ein Ereignis, das als objektiver, äußerlicher Vorgang zu verstehen ist oder sollte es doch als subjektiv definiert werden, wenn das eigentlich traumatische im Inneren des Menschen stattfindet? Abgesehen von der komplexen Problemstellung, die sich bereits in den Begrifflichkeiten äußert, würde die Schwierigkeit auch in unseren Denkgewohnheiten liegen, die zu einfachen Schwarz/Weißlösungen neigen. Nach Meinung der beiden Autoren ist es nötig, dass wir unsere Denkgewohnheiten der „[…] Komplexität des Gegenstandes annähern" (ebd. S. 64). Es hängt also nicht nur davon ab, welches traumatische Ereignis stattgefunden hat, sondern wie sich eine Person auf diese direkte traumatische Erfahrung bezieht. Ein Mensch wähnt sich in Lebensgefahr, oder ist tatsächlich in Lebensgefahr und fühlt sich gleichzeitig völlig hilflos. Säugetiere sind auf den Zustand der Hilflosigkeit biologisch schlecht vorbereitet (Sachsse, 2004b, S. 48). Klärend scheint in dieser Diskussion Jochen Peichl:

> „Meiner Sicht nach sollte der Begriff Trauma oder traumatisch nur auf Situationen und Ereignisse angewendet werden, aus denen eine Person weder fliehen noch gegen die Bedrohung kämpfen kann und die im Opfer das Gefühl von Hilflosigkeit, Kontrollverlust und Todesangst erzeugen. Was so einfach klingt, ist dennoch schwierig zu operationalisieren, da die subjektive Bewertung des Vorfalls das (Trauma-)Ereignis erst zu einem Traumaerlebnis macht" (Peichl, 2007, S. 7).

Die Mehrzahl der Betroffenen zeigt sich erstaunlich resistent gegen den Stress des Traumas, u. a. aufgrund eines Persönlichkeitsmerkmals, der so genannten Resilienz (Ruegg, 2009, S. 7). Einem Großteil der Betroffenen gelingt es, innerhalb von Tagen bis Wochen ihre Erfahrungen und den damit verbundenen Folgen zu überwinden.

Traumatische Ereignisse vs. kritische Ereignisse

Aus den oben zitierten Ausführungen geht hervor, dass traumatische Ereignisse von kritischen Lebensereignissen begrifflich abgegrenzt werden müssen. Lebenskrisen müssen nicht zwingend ein Trauma beinhalten, und ebenso handelt es sich bei Traumata nicht um reine innere Konflikte (Huber, 2007, S. 38). Das bedeutet, dass herausfordernde Lebenssituationen, die mit intensiven Gefühlen wie Ärger, Trauer oder Wut etc. sowie Zurückweisungen und Verluste zu Krisen führen können, aber nicht jede Lebenskrise zu gravierenden Beeinträchtigungen führen muss. Jedoch können als Folge unverarbeiteter Krisen einerseits verschiedene Anpassungsstörungen (a. a. O.) entstehen und andererseits besteht im Falle einer tatsächlichen Traumatisierung mit vorangegangener Krise ein erhöhtes Risiko für posttraumatische Störungen. Letztlich wird erst an den Reaktionen und Folgen erkennbar, ob ein bestimmtes Ereignis für einen bestimmten Menschen traumatisch ist.

2.3.1 Merkmale traumatischer Ereignisse

Potenziell traumatische Ereignisse kommen häufig vor, und sie sind naturgemäß vielschichtig und komplex. Die PTBS-Prävalenz ist bei Frauen wesentlich höher als bei Männern, obwohl Männer tendenziell häufiger traumatisierenden Erfahrungen ausgesetzt sind (Spitzer et al., 2011, S. 92). Interpersonale Traumatisierungen wie sämtliche Formen körperlicher Gewalt einschließlich Vergewaltigung und sexueller Missbrauch in der Kindheit werden von Frauen häufiger berichtet, und erhöhen das PTBS-Risiko (ebd. S. 94). Die Wahrscheinlichkeit, an einer PTBS zu erkranken, ist somit abhängig von der Art der Traumatisierung. Folgende Gegenüberstellung soll dies verdeutlichen:

Traumatisches Ereignis	Traumahäufigkeit (%)	Störungshäufigkeit (%)
Vergewaltigung	5,5	55,5
Sexuelle Belästigung	7,5	19,3
Krieg	3,2	38,8
Waffengewaltandrohung	12,9	17,2
Körperliche Gewalt	9,0	11,5
Unfälle	19,4	7,6
Zeuge von Unfällen und Gewalt	25,0	7,0
Feuer/Naturkatastrophen	17,1	4,5
Misshandlungen in der Kindheit	4,0	35,4

Traumatisches Ereignis	Traumahäufigkeit (%)	Störungshäufigkeit (%)
Vernachlässigung in der Kindheit	2,7	21,8
Andere lebensbedrohliche Situationen	11,9	7,4

Tabelle 2: Traumahäufigkeit und Störungshäufigkeit (nach Kessler et al., 1995)

Neben geschlechtsspezifischen Aspekten und Arten des Traumas spielt das Lebensalter eine bedeutsame Rolle. In vulnerablen psycho-sexuellen Entwicklungsphasen sind die Effekte von chronisch traumatischem Stress deutlich höher als nach abgeschlossenen Entwicklungsphasen. Traumatisierungen vor dem Alter von 13 Jahren und während der Adoleszenz führen mit einer etwa gleich hohen Wahrscheinlichkeit zu Depressionen und PTBS. Nach dem 13. Lebensjahr führen traumatische Erlebnisse deutlich wahrscheinlicher zu PTBS als zu Depressionen (Spitzer et al., 2011, S. 95). Die Vorgeschichte von Traumatisierungen und psychische Vorerkrankungen sind ebenso ausschlaggebend wie die Anzahl der erlebten traumatischen Ereignisse, die zu einer beträchtlichen Steigerung der Wahrscheinlichkeit, an einer PTBS zu erkranken, führt:

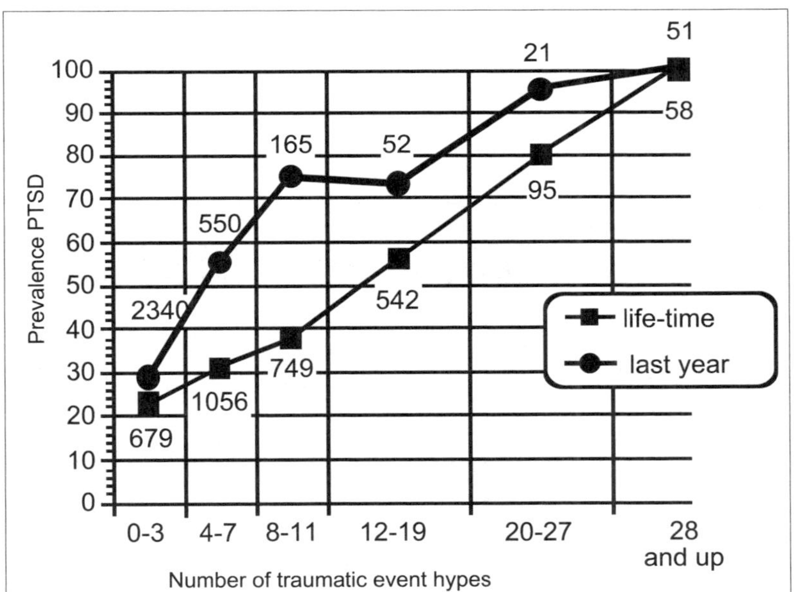

Abbildung 1: Anzahl von Traumatisierungen und PTSD-Prävalenzen (nach Neuner et al., 2004)

Fischer & Riedesser nehmen folgende Unterscheidung vor:
1. Hinsichtlich des Schweregrades der traumatogenen Faktoren;
2. hinsichtlich einer Häufung traumatischer Ereignisse oder Umstände und ihrer zeitlichen Verlaufsstruktur;
3. hinsichtlich der Art der Betroffenheit des traumatisierten Subjekts;
4. hinsichtlich der Verursachung und der Verursachungsfaktoren;
5. Nach der Beziehung zwischen Opfer und Täter;
6. Klinische Situationstypologie.

(Fischer & Riedesser, 2009, S. 149)

Ein schweres Trauma ist durch psychische bzw. physische Todesnäheerfahrung gekennzeichnet. Die Person wird durch unerträgliche Geschehnisse überwältigt, sie kann weder davor fliehen noch dagegen ankämpfen. Das Unerträgliche wird im Traumagedächtnis abgespaltet, unabhängig vom biografischen Gedächtnis (Huber, 2007, S. 67). Schwere Traumareaktionen sind bei lang andauernden und sich wiederholenden Ereignissen mit zwischenmenschlicher Gewalt zu erwarten. Etwa wenn das Opfer mit schweren Verletzungen zurückgelassen wird, oder der Täter ein nahe stehender Mensch ist, den das Opfer mag oder mochte und sich mitschuldig fühlt. Wenn schwere traumatische Ereignisse mit sexueller Gewalt und sadistischer Folter einhergehen und schließlich, wenn die Persönlichkeit des Opfers noch nicht gefestigt ist, oder starke Dissoziationen hatte und wenn das Opfer nach der Tat allein gelassen wird und niemand mit dem Opfer spricht (ebd. S. 75).

Folgende Abbildung verdeutlicht eindrucksvoll Entwicklung, Verlauf und Arten von Traumafolgestörungen:

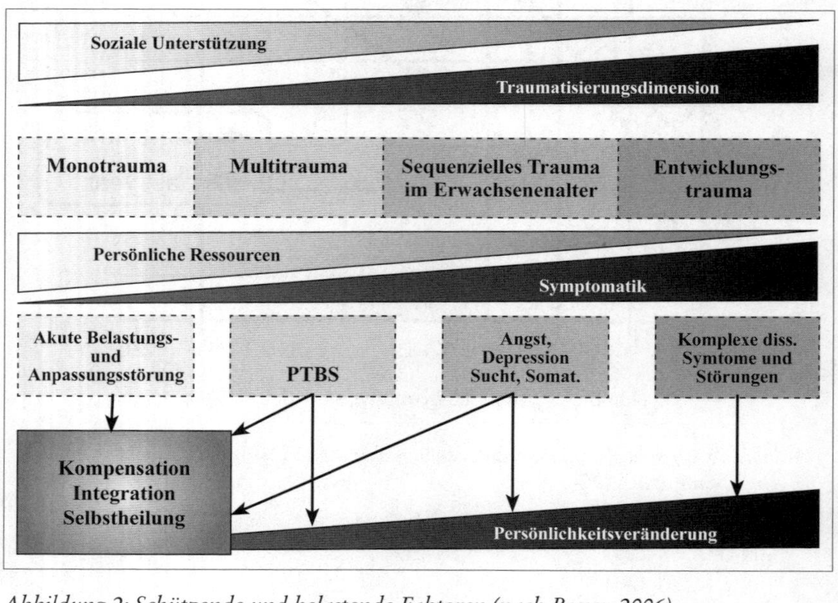

Abbildung 2: Schützende und belastende Faktoren (nach Besser, 2006)

2.3.2 Typologie traumatischer Situationen

Eine Annäherung aus verschiedenen Blickwinkeln ist für das Verständnis von Traumafolgestörungen, insbesondere deren chronifizierte und komplexe Formen, unbedingt erforderlich. Die Einteilung nach Häufung traumatischer Vorkommen stammt von Leonore Terr. Sie unterscheidet zwischen Monotraumatisierung (Typ I) als ein einmaliges überwältigendes Ereignis, einem *one single blow,* und Polytraumatisierung (Typ II) als sich längerfristig hinziehende traumatische Umstände. Akute und einmalige Traumatisierungen würden mit einer „vollständigen Erinnerung bei möglicher Wahrnehmungsverzerrung“ einhergehen, während bei chronischer wiederkehrender Traumatisierung „Verleugnung, Betäubung und Wut“ im Vordergrund stehen würden (Terr, 2001, S. 25).

Singuläres Trauma (Typ-I-Trauma): Einmaliges Ereignis außerhalb der normalen Erfahrungsnorm, das Hilflosigkeit und Ohnmacht auslöst.
Akkzidentielle Traumata:
- Verkehrsunfälle
- Berufsbedingte Traumata (z. B. Polizei, Feuerwehr)
- Kurzdauernde Naturkatastrophen (z. B. Wirbelsturm, Blitzeinschlag)

Man-made Traumata
- Kriminelle und körperliche Gewalt
- Vergewaltigungen
- Zivile Gewalterlebnisse

Komplexe Traumatisierung (Typ-II-Traumatisierung): Anhaltende Situation bzw. sich ständig wiederholendes Ereignis, das mit traumatischem Erleben einhergeht.
Akkzidentielle Traumata:
- Langdauernde Naturkatastrophen (z. B. Flut, Erdbeben)
- Technische Katastrophen (z. B. Giftgaskatastrophen)

Man-made Traumata:
- Sexuelle und körperliche Misshandlungen in der Kindheit
- Geiselhaft
- Kriegserlebnisse
- Folter und politische Inhaftierung
- Massenvernichtung

Kombination von Typ-I- und Typ-II-Traumatisierung: Kombination beider Traumatypen in der Biografie eines Menschen (vgl. Lehmann, 2007)

Eine Differenzierung zwischen *man-made* und *non-man-made Traumata* ist besonders wichtig, da durch menschliche Gewaltausübung hervorgerufene Traumata viel schwieriger zu verarbeiten sind, vor allem dann, wenn es sich noch dazu um nahe, vertraute Menschen handelt. Unter einer *akuten Traumatisierung* werden Traumafolgen innerhalb eines Zeitraumes von drei Monaten verstanden, im Gegensatz zur *chronischen Traumatisierung,* die länger als drei Monate, bis hin zu Jahren wenn nicht sogar Jahrzehnten andauern kann. Inwieweit traumatische Erfahrungen in den ersten sechs bis zwölf Wochen verarbeitet werden können bzw.

die Symptomatik chronifiziert, ist stark von sozialen Faktoren abhängig (Sachsse, 2004b, S. 53). Francine Shapiro unterscheidet zwischen *Big-T-* und *small-t-Traumata.* Sämtliche existenzielle Bedrohungen wie körperliche und insbesondere sexuelle Misshandlungen, kriminelle Angriffe, Terror und Folter in Verbindung mit kriegerischen und politischen Zusammenhängen etc. gelten als *Big-T.* Scheinbar weniger katastrophale Ereignisse, *small-t,* die mit der gleichen Unausweichlichkeit dem Betroffenen widerfahren, sind jene Ereignisse, die mit Angst und Schrecken behaftet, tiefe Verunsicherung und vermeintliche oder reale Schuld hervorrufen (Besser, 2006, S. 2).

Unmittelbare (primäre) Traumatisierungen gelten als gravierend und nachhaltig. Zu den *mittelbaren (sekundären)* Traumatisierungen können z. B. Angehörige direkt betroffener Personen zählen, die zwar nicht direkt mit den Opfern gleichgesetzt werden, jedoch auch enorm emotional belastet sein können, etwa bei sexuellen Gewaltdelikten. U. a. wird der Begriff sekundäre Traumatisierung auch bei der Weitergabe von Traumata an die nächste Generation (transgenerational) verwendet (vgl. Fischer & Riedesser, 2009, S. 151). Dies konnte besonders bei Holocaustopfern beobachtet werden, die über ihre Extrembelastung in der Familie nicht sprechen konnten, und wo es sogar zu *tertiären Traumatisierungen* späterer Generationen kommt (ebd.). Weniger beeinträchtigend gelten die Folgen von sekundären Traumatisierungen und am geringfügigsten sind die tertiären Traumatisierungen, ebenfalls zu den mittelbaren Traumatisierungen gehörend, zu betrachten. Fischer & Riedesser nennen in diesem Zusammenhang noch den Begriff *vicariierende Traumatisierung* (vicarious = stellvertretend) (ebd., S. 152), der insbesondere in Bezug auf Traumahelfer entwickelt wurde, die stark emotionalen Belastungen ausgesetzt sind.

Primäre Traumatisierung: 1. Erleiden eines Ereignisses am eigenen Leib, 2. Unmittelbare Zeugenschaft (z. B. Kinder als Augen-/Ohrenzeugen häuslicher Gewalt), 3. Mündliche Mitteilung des plötzlichen Todes oder der Invalidität einer nahe stehenden Person (z. B. Angehöriger, dem durch die Polizei eine Todesnachricht überbracht wird).
Sekundäre Traumatisierung: Die Beschäftigung oder Konfrontation mit den psychischen Traumatisierungen anderer Menschen ruft bei der Person selbst traumatische Reaktionen hervor (häufig in Helferberufen sowie Folgegenerationen des Holocaust).
Tertiäre Traumatisierung: Belastende Erfahrungen, zu denen eine größere räumliche oder persönliche Distanz besteht, z. B. Einsatzkräfte, die nach Abschluss der Rettungs- und Bergungsarbeiten am Unfallort eintreffen; Journalisten, die sich an Orten aufhalten, wo früher Kriegsverbrechen geschehen sind; Medienberichte, in denen belastende Erfahrungen und psychische Traumata anderer dargestellt werden (z. B. 9/11) (vgl. Lehmann, 2007).

Handelt es sich um einen Vorgang einer „zeitlich sukzessiven Polytraumatisierung" (Fischer & Riedesser, 2009, S. 151), werden in der Literatur unterschiedliche Begriffe vorgeschlagen. Masud Khan (1963) bezeichnet eine Abfolge von traumatischen Ereignissen oder Umständen als *kumulatives Trauma*, wobei die einzelnen Erfahrungen unterschwellig bleiben können. Jedoch können die ständigen Wiederholungen, wie es bei vielen Beziehungstraumata der Fall ist, das Ich so schwer schwächen, dass insgesamt eine schwer traumatische Verlaufsgestalt entstehen kann. Die *sequenzielle Traumatisierung* wurde zuerst von Keilson (1979) an Verfolgungswellen durch die deutschen Nazis in Holland beschrieben. Durch eine psychiatrische Nachuntersuchung in Holland nach Kriegsende konnten bei den Opfern verschiedene Symptomschichten erhoben werden, die sich unterschiedlichen Verfolgungswellen zuordnen ließen. Jede neue Verfolgungswelle würde wieder alte Wunden aufreißen, die subjektiv als kohärente Verfolgungssituation, wenn auch zeitlich verteilt, erlebt werden würde (Fischer & Riedesser, 2009, S. 151).

Menschen mit schweren kumulativen Traumatisierungen in der Kindheit, wie durch Inzest, sexualisierter und körperlicher Gewalt, sind im späteren Leben häufig Opfer weiterer Gewalttraumatisierungen. Im Hinblick auf diese sogenannten *additiven Traumata* bedarf es diagnostisch eines differenziellen Krankheitskonzeptes. Vor diesem Hintergrund ist die Posttraumatische Belastungsstörung vermutlich als „[...] schwere Persönlichkeitsstörung mit sekundärer Traumatisierung [...]" (Peichl, 2004, S. 118) zu verstehen.

Derzeit existiert noch keine eigenständige Kategorie zur Unterscheidung zwischen Traumata des Kindes- und des Erwachsenenalters, weder in der ICD-10 noch im DSM IV. Jedoch wird intensiv über eine neue Diagnosekategorie für Kinder mit komplexen Traumatisierungen diskutiert. Herausragend sind die Forschungsergebnisse der *Developmental Traumatology*, in denen die unmittelbaren Folgen von Kindesmisshandlungen und u. a. deren Auswirkungen auf die Hirnentwicklung untersucht werden (vgl. Siegel, 2001; De Bellis, 2001). Solche *Entwicklungstraumata* können durch einmalige oder kumulative Traumatisierung in der frühen oder auch späteren Kindheit entstehen. Schwere Vernachlässigung, Gewaltanwendung und / oder sexueller Missbrauch kann die Ausgangsbasis für die Entwicklung einer schweren Persönlichkeitsstörung darstellen (vgl. Peichl, 2004, S. 118). Dies wurde sowohl im Konzept der Borderline-Störung als auch in Bereichen der Säuglingsforschung beschrieben. Ebenso stellte die Bindungsforschung weitere wichtige Erkenntnisse zur Verfügung, die sich gut mit der noch jungen Disziplin der Entwicklungstraumatologie verknüpfen lassen (vgl. Huber, 2007, S. 96).

Hinsichtlich der Begriffe *individuelle* und *kollektive Traumatisierung* sind definierte Unterscheidungen dringend erforderlich. Wenn Gesellschaftsgruppen extremen Gewaltformen ausgeliefert sind, z. B. durch politische Gewalt, wie Gewalthandlungen bei Verfolgung und Vertreibung, ist der Traumabegriff in seiner aktuellen Definition nicht ausreichend. Weiters erscheint es fragwürdig, ganze Bevölkerungsgruppen als traumatisiert zu bezeichnen und nicht zuletzt kann keine Aussage über Einzelpersonen gemacht werden in Bezug auf individuelle Resilienzfaktoren und dgl. (vgl. Lehmann, 2007).

2.4 Verlaufsmodell psychischer Traumatisierung

> „Psychische Traumata weisen eine zeitliche Verlaufsgestalt auf, die sich in den Phasen von Situation, Reaktion und traumatischem Prozess manifestiert. Die Phasen müssen in ihrem wechselseitigen Zusammenhang untersucht werden, da sie nur aus diesem verständlich werden“ (Fischer & Riedesser, 2009, S. 399).

Fischer & Riedesser bieten das von ihnen entwickelte heuristische Verlaufsmodell als Grundlage für ein Verständnis der Psychotraumatologie an. Es soll sowohl Forschung als auch therapeutische Praxis anleiten, und ebenso bei der Vermeidung von traditionellen Fehlern und Sackgassen behilflich sein. Die Autoren bezeichnen ihren Forschungsansatz als *ökologisch-dialektisch* – zum einen, weil traumatisierende Erfahrungen aus einer wechselseitigen Beziehung von Mensch und Umwelt zu verstehen sind, und zum anderen, weil das „[...] dialektische Spannungsverhältnis zwischen Innen- und Außenperspektive [...]“ (Fischer & Riedesser, 2009, S. 64) in der psychotraumatologischen Forschung akzeptiert und konstruktiv verwendet werden muss.

Die traumatische Situation

Als erste Phase dieses Modells wird die traumatische Situation aus einem Zusammenspiel „[...] von traumatischen Umweltbedingungen und subjektiver Bedeutungszuschreibung, und von Erleben und Verhalten [...]“ (ebd.) verstanden. Je mehr sich eine Person einem Ereignis hilflos ausgeliefert fühlt, umso höher ist der subjektiv empfundene Kontrollverlust, und umso schwieriger ist es, das Geschehen adäquat zu verarbeiten. Es sind jedoch in der traumatischen Situation keine subjektiv angemessenen Reaktionen möglich. Aber um zu überleben, ist eine *notwendige* Handlung erforderlich. Aus diesem Widerspruch heraus bildet sich die traumatische Reaktion.

Die traumatische Reaktion

Im Verlaufsmodell wird hier die expositorische oder peritraumatische Phase – hier ist die Person der traumatischen Situation unmittelbar ausgesetzt – von der postexpositorischen Einwirkungsphase unterschieden. Letztere geht entweder in eine Erholungsphase über, oder sie mündet – wenn die Traumaerfahrung nicht verarbeitet werden kann – in einen traumatischen Prozess.

Der traumatische Prozess

Im Zentrum des traumatischen Prozesses steht die dynamische Spannung zwischen Traumaschema und traumakompensatorischem Schema. Traumaschema bedeutet, dass die traumatischen Eindrücke und Erinnerungsbilder gespeichert werden. Das traumakompensatorische Schema wird als Basisstrategie kompensatorischer Schutzmaßnahmen verstanden (vgl. Fischer & Riedesser, 2009, S. 396ff.). Im Zusammenhang von Traumaschema und kompensatorischem Schema sind Symptombildung und der Wechsel von Symptomen im Laufe des traumatischen Prozesses zu betrachten. Dies stellt eine Schwierigkeit im Versuch dar, wenn es um die Klassifizierung psychotraumatischer Symptome geht.

2.5 Die peri- und posttraumatische Stressphysiologie

Nach den vorangegangenen Ausführungen sollen in diesem Abschnitt unterschiedliche Modelle und Betrachtungsweisen hinsichtlich der Stressphysiologie vorgestellt werden (Peichl, 2001; Sachsse, 2004; Horowitz, 1976; Huber, 2007; Besser, 2006). Ausgehend von der Frage, wie gut oder schlecht Traumatisierungserfahrungen verarbeitet werden, tragen folgende Modelle m. E. zum besseren Verständnis bei.

a. Psychophysiologisches Modell der Traumatisierungserfahrung (Peichl, 2001, S. 153)

Die traumatische Reaktion ist als Bewältigungsversuch und als Anpassungsleistung zu verstehen, die sich entweder in einer Normalreaktion, wenn Kampf oder Flucht möglich ist, oder in einer Notfallreaktion äußert:

Physiologische Normalreaktion	Physiologische Notfallreaktion
Reiz / Gefahr	Traumatisierung
Erregung des vegetativen Nervensystems	Übererregung des vegetativen Nervensystems
Wahrnehmungsveränderungen zur Anpassung an Kampf / Flucht, Steigerung der Aufmerksamkeit, Steigerung der Wahrnehmung, Steigerung der Empfindung	Intrusion: unauslöschliche Prägung; durch traumatischen Moment: aufdrängende Erinnerungen; Gefühle, Bilder und Gedanken
Handeln als Reaktion: Kampf oder Flucht.	Konstriktion: Erstarrung als Reaktion, Niederlage: Avoidance, Numbing.

Tabelle 3: Psychophysiologisches Modell

In der physiologischen Notfallreaktion (siehe rechte Spalte) entstehen jene Symptome, die in der Verarbeitungsphase am häufigsten auftreten: Übererregung (Hyperarousal), Intrusionen und Konstriktion (Vermeidung). Diese Symptomtrias ist eigentlich eine normale Reaktion auf ein unnormales Ereignis. Und es ist auch normal, dass Menschen nach einer traumatischen Erfahrung „[…] in einer paradoxen, kognitiven Situation sind: Alles ist wie bisher – nichts ist, wie es war“ (Sachsse, 2004b, S. 55). Nach Sachsse ist es ausgesprochen hilfreich, wenn traumatisierte Menschen diese Wahrnehmungskonfusion (ebd.) als völlig normal vermittelt bekommen. Über Sozialkontakte und über die innere Werte-Welt gelingt es 85% der Betroffenen, ihr Trauma nach drei bis sechs Monaten zu bewältigen (ebd.). Wenn es jedoch innerhalb einer angemessenen Verarbeitungszeit zu keiner gelungenen Bewältigung der traumatischen Erfahrung kommt, so spricht man von Chronifizierung, die mit einem Vollbild einer chronischen Belastungsstörung mit den typischen Symptomen einhergehen kann.

b. Die Horowitz-Kaskade

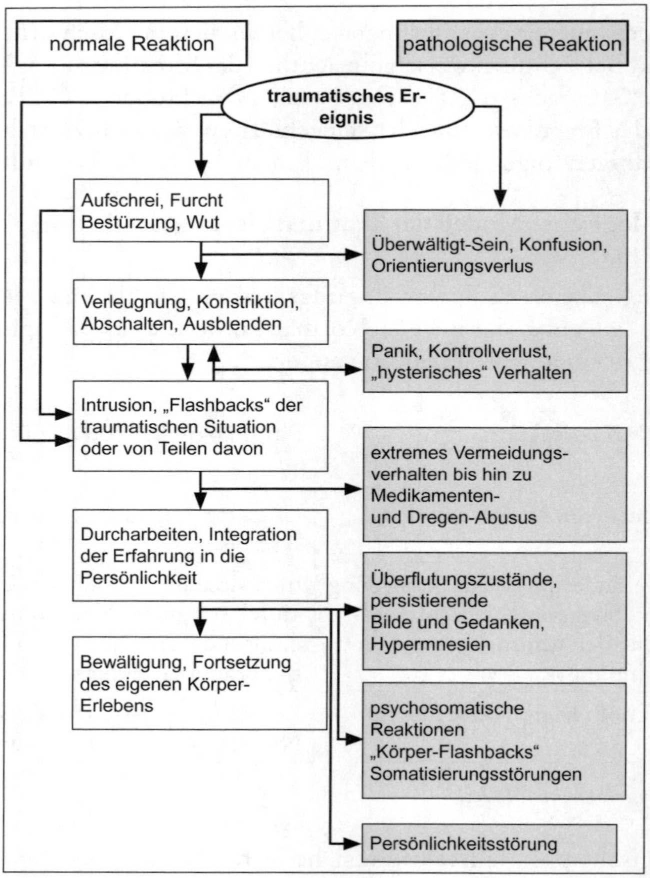

Abbildung 3: Die Horowitz-Kaskade (Sachsse, 2004b, S. 54)

c. Die „Traumatische Zange“

Der von Michaela Huber stammende Begriff meint eine von außen hervorgerufene Situation des Ausgeliefertseins aufgrund „[…] tatsächlicher, extrem stressreicher äußerer Ereignisse“ ohne Kampf- und Fluchtmöglichkeiten (Huber 2007, S. 38). Das Traumaopfer befindet sich in der Trias aus

- Überflutender Angst (Schock, Kollaps, Kurzschluss mit „Es-ist-aus-Gefühl“ = Todesnäheerleben)
- Hilflosigkeit – (nicht dagegen ankämpfen können – no fight)
- Ohnmacht – (nicht davor fliehen können – no flight) (ebd. S. 39).

Das bedeutet, dass die onto- und phylogenetisch verankerten Reaktionsmöglichkeiten (Kampf oder Flucht) auf Angst und Schmerz blockiert sind. Das Informationsverarbeitungssystem Gehirn versucht nun auf möglichst rasche und effektive Weise mit dem äußeren Extremstressor fertig zu werden. Intrapsychisch betrachtet, stehen jedoch keine kognitiven, mit anderen Lebenssituationen vergleichbaren erlernten Möglichkeiten wie Einschätzungen, Einordnungs- und Handlungsmöglichkeiten zur Verfügung. Subkortikal werden kurzfristig emotional-affektive Reaktionen wie Angst, Auflehnung, Aggression, Wut, Verzweiflung und archaische psychomotorische Schutz- und Anpassungsmöglichkeiten aktiviert, jedoch können diese nicht in kortikal gesteuerte bewusste Handlungen umgesetzt werden. Somit kommt es zum Erstarren, einem *Freeze*, und zu einer Fragmentierung im Gedächtnis. Lutz Besser vergleicht dieses Fragmentieren mit einem Spiegel, der im Augenblick des traumatischen Stressgipfels zerspringt, und „[...] die zurückbleibenden Splitter nicht mehr erkennen lassen, *was* passiert ist, sondern nur noch, *dass* etwas passiert ist“ (zit. nach Huber, 2007, S. 43f.).

2.5.1 Neurobiologische Aspekte

Neurobiologisch betrachtet, sind traumatische Prozesse im Sinne einer Stressverarbeitungsstörung zu verstehen. Durch das traumatische Ereignis, das mit massivem Stress einhergeht, kommt es hirnphysiologisch regelrecht zu Blockaden der Informationsverarbeitung und –speicherung. Insbesondere scheint die Zusammenarbeit von rechter und linker Hirnhemisphäre unterbrochen zu sein.

Michaela Huber beschreibt die Zuständigkeitsbereiche der beiden Hirnhemisphären:

Rechte Hirnhemisphäre:	Linke Hirnhemisphäre:
Primär-prozesshafte Wahrnehmung	Sekundär-prozesshaftes Denken
Emotionale Kommunikation	Sprachliche Kommunikation
Gefühle wie Angst, Trauer, Feindseligkeit	Zeit- und Ortsempfinden
Diffuse, ganzheitliche Wahrnehmungsabbildung	Rationale Verarbeitung; Generierung neuer Bilder

Tabelle 4: Rechte und linke Hirnhemisphäre (Huber, 2007, S. 48)

Explizites und implizites Gedächtnis

Das explizite Gedächtnis wird auch als episodisches oder deklaratives Gedächtnis bezeichnet. Es handelt sich um erworbenes Wissen bzw. um autobiografische Erinnerungen, die dem Bewusstsein, und somit der Sprache zugänglich sind. Erinnerungen beanspruchen das explizite (semantische), bzw. autobiografische Gedächtnis (Ruegg, 2009, S. 15). Das implizite oder auch prozedurale Gedächtnis speichert motorische Fertigkeiten, unbewusste (z. B. traumatische) Erfahrungen und Verhaltensgewohnheiten, aber auch Emotionen, die dem Bewusstsein nicht zugänglich sind. Deshalb wird auch vom emotionalen Gedächtnis, bzw. Verhaltensgedächtnis gesprochen (ebd.). Das bedeutet, dass Betroffene, die ihre Erfahrungen im impliziten Gedächtnis abgespeichert haben, keine Sprache zur Verfügung haben, sich aber möglicherweise *körperlich* i. S. v. *Körpergedächtnis* erinnern können (vgl. van der Kolk et al., 2000).

Erfahrung verändert das Gehirn

In der modernen Neurowissenschaft wird das Gehirn als ein sich selbst strukturierendes und organisierendes Netzwerk verstanden, oder anders ausgedrückt, das Gehirn entwickelt sich nach seinen Nutzungsbedingungen. Je nach emotionaler Umgebung wirken sich die wiederholten Erfahrungen auf Stirnlappen, Mandelkern und Hippocampus dramatisch aus. Die sog. *Neuroplastizität* (Hüther, 2002, S. 120) bedeutet also, dass das menschliche Gehirn zeitlebens formbar ist. Genetisch determiniert ist lediglich die Fähigkeit zur Vernetzung der neuronalen Strukturen. Der Biologe und Hirnforscher Francisco Varela bringt die Metapher von einer *Melodie* im Gehirn, um verständlich zu machen, wie ein Moment der Erfahrung entstehen kann. Jedes Hirnareal habe eine eigene *musikalische Note,* einen *Ton*. Empirisch betrachtet geht es um Schwingungen, denn alle Neuronen im Gehirn befinden sich in Schwingung. Wenn sich im Gehirn viele Schwingungsmuster spontan einander zuordnen, entsteht die *Melodie.* „Das ist der Moment, in dem man eine innere Erfahrung hat. Das ist das *Wumm.* Die Musik entsteht ohne Dirigenten. Das ist fundamental“ (Goleman, 2003, S. 449). Weitverteilte Neuronengruppen verhalten sich zeitweise synchron. Die Integration des Gehirns beruht auf diesem Mechanismus.

Trotz vieler offener Fragen lassen sich dank moderner bildgebender Verfahren wie PET[4], SPECT[5] und Kernspin[6] sowohl normale als auch relevante neurobiologische und neurophysiologische Auswirkungen einer traumatischen Erfahrung immer besser begreifen. Misshandlungen und Missbrauch in der Kindheit führen zu Hirnentwicklungsstörungen (vgl. Huber, 2007; Sachsse, 2004). Jochen Peichl weist darauf hin, dass frühe Beziehungstraumata zu schwerwiegenden Dysfunktionen des mediofrontalen Kortex in der rechten Hemisphäre führen können, welche bei Kindern als die dominante gesehen wird. Nach Peichl entfaltet sich die linke Hemisphäre „[…] erst nach dem 18. Lebensmonat und übernimmt dann bis zum 5. Lebensjahr immer mehr die Seitendominanz“ (Peichl, 2007, S. 6).

Nach hirnphysiologischen Forschungen sind somit alle wesentlichen Gehirnleistungen das „[…] Resultat komplizierter Kooperationen zwischen unterschiedli-

4 Positronen-Emissions-Tomografie
5 Single-Photon-Emission-Computed-Tomography
6 fMRT: funktionelle Magnetresonanztomografie

chen Zentren [...]" (Sachsse, 2004a, S. 31). Wichtige Systeme sind an Strukturen auf Hirnstammebene, auf Ebene des limbischen Systems und auf Kortexebene gebunden. Eine wesentliche Rolle für die Stressverarbeitung spielen die Gedächtnissysteme im limbischen System, deren Repräsentation in den phylogenetisch älteren Bereichen des Gehirns zu suchen sind (vgl. Markowitsch, 2001, S. 74).

Der Thalamus gilt als die Schaltstelle für alle eintreffenden Sinneseindrücke wie emotionale, kognitive, viszeral-vegetative, sensorische und optische Eindrücke, mit Ausnahme des Geruchssinns. Er leitet die über die Sinnesrezeptoren aufgenommenen Reize zum Hippocampus. Von dort werden diese wieder durch den Thalamus zu den Broca-Arealen, den Sprachzentren, geleitet und mit Zentren der beiden Hirnhemisphären verknüpft. Die Amygdala[7] erkennt und bewertet die emotionale Wichtigkeit der eintreffenden Sinnesdaten, vor allem spielt sie eine wesentliche Schlüsselrolle bei der Erzeugung der Emotion *Furcht* (Ruegg, 2009, S. 15). Sie gilt als der heiße Erinnerungsspeicher, als *hot system* oder *Feuerwehr*, assoziiert mit dem sog. impliziten Gedächtnis, in dem unbewusste und vorbewusste Erfahrungen abgespeichert werden. Der Hippocampus erfasst und ordnet die als wichtig bewertete Sinnesdaten räumlich, zeitlich und kausal, und stellt sie bei Bedarf ohne große Affekte zur Verfügung. Er gilt als *cool system* bzw. als *Archiv des Gedächtnisses*, assoziiert mit dem sog. expliziten Gedächtnis, in dem bewusste Erfahrungen abgespeichert werden (vgl. Huber, 2007, S. 46ff.). Der Hippocampus ist mit dem Mandelkern eng verbunden und wirkt beruhigend auf ihn ein. Gleichzeitig werden von ihm alle wichtigen Kortexregionen miteinbezogen. Der präfrontale Kortex ist zuständig für die Integration verschiedener Informationen und für die Planung zukünftiger Handlungen (vgl. Sachsse, 2004a, S. 35).

2.5.2 Stressverarbeitung

Extremstress führt zu Auswirkungen auf das Gedächtnissystem. Solange das Ausmaß einer emotionalen Erregung (Arousal) sich in einem Mittelfeld bewegt, wird die Merkfähigkeit sogar gestärkt (LeDoux, 2003, S. 296), sobald das Arousal mit starkem Stress verbunden ist, werden über die Amygdala vor allem körperliche und emotionale Reaktionen konditioniert. Die bewussten Erinnerungen, die vom Hippocampus gespeichert werden sollten, fehlen teilweise, bzw. bestehen nur noch als Einzelbilder. Als ‚Wege des Schreckens' bezeichnet Huber die Abfolge der Stressverarbeitung:

> „Der Thalamus leitet eingehende Sinnesreize auf schnellstem Weg an die Amygdala weiter, welche sie in einer bedrohlichen Situation als angsterregend bewertet und im archaischen Hirnstamm körperliche Reaktion auslöst. Eine langsamere Route führt vom Thalamus zum – im Kortex verankerten – Bewusstsein, welches die Informationen genauer beurteilt. Sie werden vom Frontallappen und auch vom Hippocampus in bereits vorhandenes Wissen integriert. Für diese rationale Verarbeitung ist vor allem

7 Corpus amygdaloideum = Mandelkern

> die linke Gehirnhälfte zuständig. Eine zu hohe Aktivität der Amygdala jedoch „überschwemmt" das Gehirn mit negativen Emotionen und verhindert deren Integration in Gedächtnis und Identität" (Huber, 2007, S. 48).

Es ist, als würden traumatische Erfahrungen in den unteren Hirnebenen in einer Art Endlosschleife hängen bleiben. Somit können Erfahrungen nicht zu normalen und bewussten Erinnerungen werden, sondern werden vom Bewusstsein abgespalten. An dieser Stelle lohnt sich ein kurzer Blick auf die Entwicklungsgeschichte stressverarbeitender Systeme. Das Amygdala-System arbeitet zuerst. Gleich von Geburt an, wenn auch rudimentär, steht es zur Verfügung. Das Hippocampus-System beginnt erst im Alter zwischen zwei und drei Jahren sich zu entwickeln und ist ca. zwischen zehn und zwölf Jahren fertig ausgebildet (Huber, 2007, S. 49f.). Das bedeutet, dass stressreiche Ereignisse für Neugeborene und Kleinkinder hauptsächlich auf Amygdala-Niveau gespeichert werden können. Sie sind somit *amygdaloid* anstatt *hippocampal*, weil Dauerstress unter Umständen eine Unterentwicklung des Hippocampus-System bewirken kann. Das Gehirn hat sich offensichtlich an eine *Feuerwehr-Reaktion* des Amygdala-Systems gewöhnt. Ebenso gilt das für stressreiche Zeiten im Erwachsenenleben, beispielsweise „[…] Fronteinsätze von Soldaten, Zivilleben unter Kriegsbedingungen oder Dauerstress in gewalttätigen Familien" (ebd., S. 50).

Huber erwähnt in diesem Zusammenhang das sog. *Kindling-Phänomen:*

> „Die Erregungsschwelle sinkt so, dass die Stressverarbeitungs-Systeme im limbischen System übermäßig empfindlich werden – ein Prozess, der sich verselbständigen und auch ohne weitere Traumatisierung eine PTSD verstärken kann." (ebd.)

Das ist bei vielen traumatisierten Kindern und Jugendlichen der Fall, die bereits bei geringen Reizen mit massiven Antworten reagieren. „Normaler Stress wird zum Desaster" (Streeck-Fischer, 2004, S. 387). Sexuell missbrauchte Kinder weisen darüber hinaus ausgeprägte neuroendokrine Störungen auf. In Studien[8] konnten gesteigerte Immunantworten bei sexuell missbrauchten Personen beschrieben werden. Das könnte die deutlich höhere Krankheitsanfälligkeit erklären.

Neuroendokrine Prozesse

Im Falle eines stressreich identifizierten Reizes kommt es im wahrsten Sinne des Wortes zu *Feueralarm* im gesamten Organismus. Es handelt sich um „[…] eine nur aus einer einzigen Nervenzelle bestehende Schnellverbindung vom Thalamus zur Amygdala" (Huber, 2007, S. 44). Es ist also die Amygdala, die eine Erstreaktion als Stresskaskade in Gang setzt. Entscheidend mitbeteiligt ist die sogenannte *HPA-Achse.*[9] Bestimmte Eiweiße stimulieren durch die Amygdala-Erstreaktion

---

8 „Relationship of childhood to many of the leading causes of death in adults: the adverse childhood experiences (ACE) study" Am J Prev Med; 14: S. 245–58

9 Achse zwischen Hypothalamus, Pituitary=Hypophyse und Adrenal gland=Nebennierenrinde

den Hypothalamus, sodass dieser ebenfalls bestimmte Eiweiße freisetzt: das CRF[10] und das Vasopressin. Diese Freisetzung wirkt auf die Hypophyse und stimuliert die Freisetzung von ACTH[11] und dieses regt die Freisetzung der Hormone in der Nebennierenrinde an. Der Sympathicus gesteuerte Stresspegel im Sinne eines traumainduzierten Schreck- und Angstniveaus steigt mit einhergehender Produktion der Stresshormone. Es kommt zu einer Erhöhung von Catecholaminen[12] und ebenfalls zu einer Erhöhung von Cortisol als Gegenspieler. Cortisol dient als *Stressbremse* und setzt eine negative Rückkoppelungsschleife in Gang. Im Normalfall wirkt das Cortisol bremsend, zuerst auf die Hypophyse, danach auf den Thalamus, den Hippocampus und die Amygdala (ebd.).

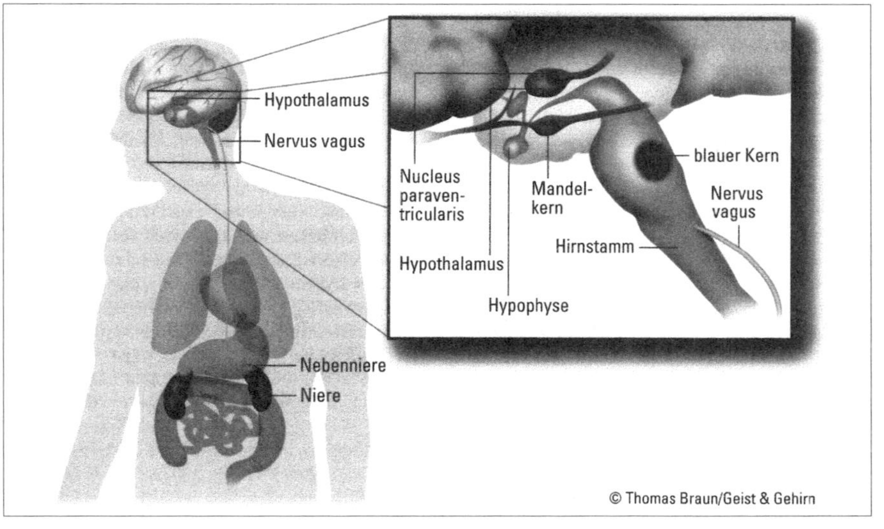

Abbildung 4: Entstehung von Stress

„An der Entstehung von Stress sind Organe im gesamten Körper beteiligt. Steuerzentrale ist die Hypophyse im Gehirn, die ihre Signale über Nerven wie den Vagus und verschiedene Hormone in den Körper schickt. Dort verändern die Stress-Signale den physiologischen Zustand zahlreicher Organe – Herz, Magen und Darm sowie Muskeln, um nur einige zu nennen. Auch das Fortpflanzungssystem ist betroffen. Eine wichtige Zwischenstation im Körper ist die Rinde der Nebenniere. Dort werden Glucocorticoide freigesetzt, Hormone, die Stoffwechsel und Immunsystem modulieren." (Sachsse, 2004a, S. 35)

10 Corticotropin Releasing Factor
11 Adreno-Corticotropes Hormon
12 Adrenalin und Noradrenalin

Im weiteren Verlauf kommt es zur Ausschüttung körpereigener Opiate wie Beta-Endorphine und Enkephaline. Anstatt einer Umsetzung in Flucht- oder Kampfverhalten geschehen Freeze- und Fragmentreaktionen.

	Neurohormone	Symptome
Adrinerges System	Adrenalin Noradrenalin	Angst Hyperarousal
Dopaminerges System	Dopamin	Hypervigilanz Erinnerungsfehler
Opoides System	Enkephaline Endorphine Dynorphine	Analgesie Dissoziation (u. a. Amnesie)
Serotonerges System	Serotonin	Hyperarousal Feindseligkeit Autoaggression
Kortikotropes System	Kortikoliberin Kortikotropin Glukokortikoide (u. a. Kortisol)	Angst Hypervigilanz Schädigung von Nervenzellen

Tabelle 5: Neurohormone bei Psychotraumata (nach Lehmann, 2007)

Schutzmechanismen

Körpereigene Opiate lassen den Betroffenen weniger spüren. Dieser sehr sinnvolle Schutzmechanismus kann bis hin zum Erleben von Leichtigkeit, Schmerz- und Furchtlosigkeit, ja sogar bis zu glückseligem Erlebnisqualitäten in unmittelbarer Todesnähe führen. In diesem Zusammenhang spricht man von autoprotektiven Wahrnehmungsveränderungen i.S.e. Dissoziation. In weiterer Folge kommt es durch Aktivierung des Parasympathicus zu einem *slow-down* von Blutdruck, Atem, Puls und Muskelanspannung. Dies äußert sich im Verhalten durch Unterwerfung/Submission und Totstellreflex. In dieser akuten Situation spricht man von einer *Primären* oder *Peritraumatischen Dissoziation* (a.a.O) (vgl. Huber, 2007, S. 49). Dabei handelt es sich um einen Selbstschutz, wobei hauptsächlich das Amygdala-System auf das Geschehen reagiert und eher selten der Hippocampus und gar nicht das Frontalhirn und die Sprachzentren.

2.5.3 Traumagedächtnis

Nicht alle Betroffenen leiden an einem Posttraumatischen Stress-Syndrom. Sogar die Mehrzahl traumatisierter Menschen zeigt sich psychisch widerstandsfähig. Sei es durch Veränderungen im Gehalt des sog. BDNF[13] (vgl. Ruegg, 2009, S. 7) in gewissen Arealen des Gehirns, oder aufgrund der Resilienz, einem Persönlichkeitsmerkmal, das stressresistent macht. Ob erlernte Ängste tatsächlich ausgelöscht oder nur gehemmt werden, wird in der neurobiologischen Traumaforschung kontrovers diskutiert. Tatsache ist, dass Personen mit einer Posttraumatischen Belastungsstörung im Gegensatz zu resilienten Personen nicht die Möglichkeit haben, ihre erlernten Angstreaktionen zu hemmen oder zu löschen. Aus heutiger Sicht kann nach schweren traumatischen Erfahrungen die Angst im Traumagedächtnis jahre- bis jahrzehntelang gespeichert werden und durch Erinnerungen im Sinne von Trigger jederzeit reaktiviert werden (ebd.).

Exkurs: Furchtkonditionierung

Joseph LeDoux und seine Mitarbeiter fanden heraus, dass Furchtkonditionierung und deklaratives Gedächtnis sowohl im menschlichen Gehirn als auch im Rattengehirn voneinander gesondert sind. LeDoux bezeichnet die Furchtkonditionierung durch die Amygdala als eine „implizite Form des Lernens, die keine Beteiligung des Bewusstseins voraussetzt“ (LeDoux, 2003, S. 294). Experimentelle Untersuchungen an Ratten[14] zeigten, dass der laterale Kern der Amygdala das Engramm konditionierter Furcht beherbergt. Vermutlich existiert diese direkte Verschaltung zwischen Hörnerv und Gehirn auch beim Menschen. Es konnten in der Amygdala Neurone entdeckt werden, die i. S. e. klassischen Konditionierung [15] lernen können, einen Schmerzreiz und einen akustischen Reiz zu assoziieren. D. h. es werden Schmerz leitende Nervenfasern und Fasern vom Gehörsinn miteinander vernetzt. Das Versuchstier kann durch Paarung von Schmerzreiz (unkonditionierter Reiz) und Schallreiz (konditionierter Reiz) so konditioniert werden, dass es sich vor Tönen zu fürchten lernt. Diese Neurone konvergieren sozusagen im auditorischen und im somatosensorischen Thalamus. Besagtes Neuron kann über eine gewisse Verbindung zum Hypothalamus und zu anderen Hirnregionen im Limbischen System und im Hirnstamm auch emotionale, motorische und vegetative Furchtreaktionen auslösen: z. B. Blutdruckanstieg oder Schreckstarre. Eine Aktivierung der Furchtreaktion durch Schallreize findet erst *nach* erfolgter Konditionierung statt. Die Synapse wird zwischen den sog. Axonterminalen der beiden beschriebenen Neuronen soweit gestärkt, dass sie eine Information auf das nachgeschaltete Neuron übertragen kann. Dabei werden Synapsen in der lateralen Amygdala auch strukturell nachhaltig verändert. „Dadurch wird die Furcht in der Amygdala gespeichert; sie hat sich – bildlich gesprochen – ins Angst- oder Traumagedächtnis gleichsam als Engramm 'eingraviert'“ (Ruegg, 2009, S. 9). Das könnte bedeuten, dass Intrusionen in Form von Flashbacks noch viel schrecklicher erlebt werden als das eigentliche traumatische Ereignis.

13 Brain derived neurotrophic factor
14 Furchtkonditionierung durch Tonsignal und Schmerzzufügung
15 „Pawlowsche Konditionierung“

Exkurs: Die „posttraumatische Rolle" der Amygdala und des Hippocampus

Die Amygdala ist Teil des limbischen Systems, und liegt als subkortikal gelegenes Kerngebiet im medialen Teil des Schläfenlappens. Beim Auftauchen von Erinnerungen traumatischer Ereignisse ist die Aktivität in der linken Amygdala erhöht (ebd.). In weiterer Folge wird der blaue Kern, der Locus coeruleus, im Hirnstamm aktiviert, welcher mittels Projektionsfasern Noradrenalin in Bereiche des Frontalhirns ausschüttet und somit die ängstliche Vigilanz erhöht. Gleichzeitig wird von der Amygdala auch das sympathische (autonome) Nervensystem aktiviert und löst eine vegetative Sofortreaktion aus, wie z.B einen Adrenalinausstoß:

> „Bewusst wird die Angst – wenn überhaupt – erst etwas verzögert durch Aktivierung der Großhirnrinde, insbesondere des Präfrontalen Kortex und des Limbischen Systems, die mit der Amygdala durch Assoziationsfasern verbunden sind" (Ruegg, 2009, S. 8).

Im weiteren Verlauf erfolgt durch das Erinnern, wie beim traumatischen Ereignis selbst, eine hormonelle Stressreaktion:

> „Die Amygdala setzt Stressreaktionen auf bedrohliche Reize in Gang, indem sie den paraventrikulären Nucleus des Hypothalamus (PVN) aktiviert [...] (siehe Abbildung 4). Der PVN schüttet CRF in die Hypophyse (HYP) aus, die ihrerseits ACTH ins Blut abgibt. ACTH bewirkt die Freisetzung von Cortisol aus der Nebennierenrinde. Das Blut transportiert das Cortisol zum Gehirn. Cortisol hemmt dort die Funktion des Hippokampus (angedeutet durch ein Minuszeichen) und regt die Funktion der Amygdala an (siehe das Pluszeichen). Weil der Hippocampus den PVN normalerweise hemmt (siehe das Minuszeichen) und ihn die Amygdala normalerweise erregt (siehe das Pluszeichen), kann durch Cortisol ein Kreislauf der Vorwärtshemmung entstehen, indem die Ausschüttung von Cortisol zur Ausschüttung von noch mehr Cortisol führt. Das heißt, die Fähigkeit des Hippokampus, die Freisetzung zu verlangsamen, wird eingeschränkt, während zugleich die Fähigkeit der Amygdala, die Freisetzung anzuregen, gefördert wird (LeDoux, 2003, S. 298):

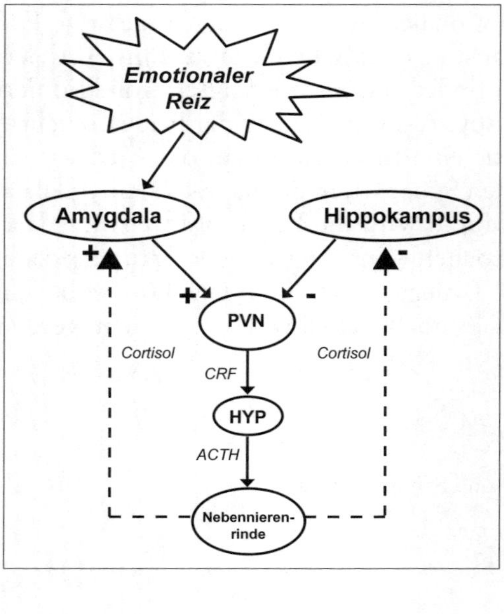

Abbildung 5:
Amygdala und Hypocampus unter Stress (LeDoux 2003, S. 298)

In diesem Zusammenhang ist die oftmals im Rahmen von posttraumatischer Störung auftretende Verkleinerung des Hippocampus im Sinne einer Atrophie zu erwähnen. Anhaltender Stress lässt offensichtlich Hippocampuszellen degenerieren und absterben. Wenn auch nicht endgültig interpretierbar, so besteht aufgrund der entstehenden Reizüberflutung und der damit einhergehenden Stressreaktion möglicherweise ein Zusammenhang zwischen der Hippocampus-Atrophie und erniedrigten Cortisol-Befunden. Menschen mit Posttraumatischer Belastungsstörung müssten eigentlich ständig erhöhte Stresshormone im Blut haben. Untersuchungen ergaben jedoch, dass das Cortisol signifikant erniedrigt war (vgl. Huber, 2007, S. 45; Sachsse, 2004b, S. 50). Somit besteht die Annahme, dass die bekannte Stressphysiologie innerhalb einer Posttraumatischen Belastungsstörung gestört sein könnte. Die zunächst übermäßige Ausschüttung von Stresshormonen scheint Hirnstrukturen zu beeinträchtigen bzw. zu zerstören. Cortisol schädigt offenbar die Nervenzellen des Hippocampus, gleichzeitig steigert es die Aktivität in der Amygdala.

2.6 Folgen und Auswirkungen psychischer Traumatisierung

Die oft quälenden Folgen und Auswirkungen, an denen traumatisierte Menschen leiden, sollen in diesem Abschnitt anhand der komplexen Symptom- und Syndrompalette näher beleuchtet werden. Traumatische Erfahrungen sind oftmals nur diffus und verzerrt erinnerbar bzw. mit vielen körperlichen und psychischen Missempfindungen begleitet. In den traumaspezifischen Diagnosen sind vor allem chronifizierte Phänomene nicht ausreichend beschrieben. Besonders Menschen, die komplexe Traumata in der Kindheit erlitten haben, entwickeln zusätzlich oder sogar anstatt typischer Beschwerdebilder (Intrusionen, Vermeidung, Übererregbarkeit) eine zunehmende Komorbidität: Störungen in der Affekt- und Impulskontrolle, Panikstörungen, Angststörungen, Agoraphobie, Zwangsstörung, spezifische Phobien, Essstörungen, Selbstverletzungen, Anpassungsstörungen, Schmerzsyndrome, Suchterkrankungen, Somatisierungsstörungen und bipolare Störungen, Konzentrationsstörungen und Persönlichkeitsstörungen (vgl. Fischer & Riedesser, 2009; Huber, 2007; Sachsse, 2004; Herman, 2003). Manchmal dominieren solche klinischen Beschwerdebilder dermaßen, dass das Trauma im Hintergrund von Diagnostikern und behandelnden Ärzten bzw. in psychotraumatologischer Hinsicht ungeschultem Personal nicht wahrgenommen wird. Das kann für viele Traumatisierte noch mehr Leidensdruck bedeuten. Durch zuwenig Wissen in den Bereichen Gesundheits- und Schulsystem, Sozial-, Jugendämter, Rechtswesen, Arbeitgeber, Familie etc. können sich Traumata verfestigen, sodass die traumatische Erfahrung in entsprechenden Situationen durch das erneute Erleben von Hilflosigkeit, Ohnmacht und Kontrollverlust reaktualisiert wird.

Zum besseren Verständnis werden in diesem Abschnitt wichtige Symptom- und Syndromgruppen vorweg genommen, bevor diese im Abschnitt Diagnostik den jeweiligen offiziellen und semioffiziellen Diagnosekriterien zugeordnet werden.

Körperliche Reaktionen können in ihrem Erscheinungsbild ebenso unterschiedlich sein, wie die Formen von Traumatisierungen (Typ I und Typ II). Die traumatische Erfahrung kann als Körpererinnerung gespeichert werden (vgl. van der Kolk et al., 2000). Diese kann sich in Symptomen wie Schmerzen, Verspannungen u. a. psychosomatischen Reaktionen ausdrücken. Körperempfindungen können als gestört oder beeinträchtigt erlebt werden, besonders nach schweren Gewalterfahrungen kann es zu schweren Empfindungsstörungen auf der Hautebene kommen. Nach körperlichen und sexuellen Misshandlungen kann eine Reihe von Beeinträchtigungen, Störungen und Erkrankungen entstehen:

- Folgen von Knochenbrüchen (z. B. Battered Child Syndrome, Battered Woman Syndrome);
- Genitale Verstümmelungen; Geschlechtskrankheiten;
- Aids;
- Blasen- und Darmerkrankungen; Schließmuskelschwäche;
- Pilzerkrankungen im ganzen Organsystem (Kind durfte / konnte nur verschimmelte Nahrung essen);
- Schmerzzustände und Bewegungseinschränkungen durch inneres und / oder äußeres Narbengewebe;
- „Phantomschmerzen“, insbes. Chronische Unterbauchschmerzen […];
- chronische Immunschwäche (besonders nach chronischen Trauma);
- häufige Infekte;
- schlechte Wundheilung,
- erhöhtes Risiko von Tumoren;
- Abhängigkeit von Beruhigungs-, Schmerz,- und / oder Schlafmitteln;
- Magersucht, Bulimie, Fettsucht […]
- Erhöhtes Risiko von rheumatischen und neurologischen Erkrankungen (z. B. Multiple Sklerose) (Huber, 2007, S. 115).

Das Wiedererleben traumatischer Ereignisse wird durch Schlüsselreize (*Trigger*) ausgelöst. Diese sich aufdrängenden, nicht steuerbaren Erinnerungen können mehr psychische Veränderungen verursachen als das eigentliche traumatische Ereignis. Intrusionen können in Form von wiederkehrenden Gedanken, Sinneseindrücken, Alpträumen und als Teil- oder Vollflashbacks (Rückblenden) in Erscheinung treten. Innere Bilder, die mit überwältigenden Emotionen einhergehen können, überfluten das Bewusstsein, sodass letztendlich mit emotionaler Taubheit, *emotional numbing*, reagiert wird (vgl. Lehmann, 2007).

Die Vermeidung (*Konstriktion, Avoidance*) kann sowohl äußerlich als auch innerlich stattfinden. Alles, was eine Verbindung zur traumatischen Erfahrung herstellen könnte (Plätze, Aktivitäten, Menschen, Gedanken, Stichwörter), wird vermieden.

Sie kann als innere Teilnahmslosigkeit und Leere, Verlust an Interessen und sozialer Zurückgezogenheit in Erscheinung treten (ebd.).

Die Übererregbarkeit (*Hyperarousal*) kann sich als erhöhte Reizbarkeit, Wutausbrüche, Schlafstörungen, Hypervigilanz, Konzentrationsstörungen und erhöhte Schreckhaftigkeit zeigen. Bei Kindern kann es u. a. diagnostisch mit ADHS[16] verwechselt werden. Dieser Zustand der Übererregung hat weitere psychosomatische Beschwerden zur Folge (ebd.).

2.6.1 Formen von Gedächtnisstörungen und Dissoziation

Ausgehend von einer traumatischen Situation, in der die angeborenen Reaktionsmöglichkeiten für Kampf und Flucht blockiert sind, versucht der Organismus auf andere Weise, diese überwältigende Situation zu überleben. *Dissoziation* ermöglicht eine innere Flucht und ist vergleichbar mit dem Todstellreflex bei Tieren als natürliche Reaktion:

> „Innerlich scheint es dabei hoch herzugehen. In der Freeze-Reaktion sind Tiere vegetativ hochgradig erregt, sind im Hyperarousal, während sie muskulär erstarren, ihr Laut/Sprach-Zentrum abschalten und möglichst leise atmen" (Sachsse, 2004a, S. 34).

In diesem Zusammenhang lohnt sich ein Blick auf die *Polyvagaltheorie* (Porges, 2007). Dieser Theorie zufolge antwortet bei Säugetieren das autonome Nervensystem auf eine Bedrohung in einem entwicklungshierarchischen Sinne. Wenn ein höher entwickeltes System versagt, springt zum Überleben ein phylogenetisch älteres System ein. Bei extremer Bedrohung wird schließlich das parasympathische Nervensystem, genauer gesagt der älteste Teil, das dorsal-vagale System aktiviert, was Immobilität *(Freezing)*, also einen Totstellreflex zur Folge hat.

Komponenten des autonomen Nervensystems	Verhaltensfunktionen	Motorische Neuronen
I. Myelinisierter Vagus	Soziale Kommunikation Selbstberuhigung Besänftigend hemmt das Arousal	Nucleus ambiguus im Hirnstamm
II. Sympathisch-adrenales Nervensystem	Mobilisierung aktive Vermeidung	Sympathicusgrenzstrang
III. Unmyelisierter Vagus Dorsaler Vaguskomplex (DVC)	Immobilisierung Todesangst Passive Vermeidung	Dorsaler motorischer Nucleus des Vagus im Hirnstamm

Tabelle 6: Phylogenetische Stadien der Polyvagaltheorie: (Porges, 2007) (zit. nach Peichl, 2009, S. 20)

16 Aufmerksamkeits-Defizit-Hyperaktivitätssyndrom

Wenn ein Kind keine guten Regulierungserfahrungen im zwischenmenschlichen Bereich erleben kann, dann schaltet es auf weniger komplexe Autoregulation um. Es befindet sich im „[...] parasympathisch dominierten State der Dissoziation" (Sachsse, 2004a, S. 45), indem es von der äußeren und von der inneren Welt abgeschnitten ist. Dann wird die Dissoziation zu einem Teil, der später in der Persönlichkeit enthalten ist. Die beiden Systeme des autonomen Nervensystems (ANS), Sympathicus und Parasympathicus, sind nicht mehr balancierfähig. Dies führt zu weiteren fatalen Folgen wie Schwierigkeiten in der Regulation affektiver Veränderungen, zwischenmenschlicher Stress, emotionale Labilität und rasche State-Wechsel:

> „Beim Trauma wird ein sympathisches Hyperarousal rasch abgelöst von parasympathischer Dissoziation. Eine habituelle Tendenz, sich in primitive habituelle parasympathische States fallen zu lassen, ist charakteristisch für ein entwicklungsmäßig unreifes Regulationssystem, das schlechte Verbindungen zwischen dem Kortex, den höchsten Ebenen des limbischen Systems und dem ANS aufweist" (Sachsse, 2004a, S. 46).

Über die Funktion und Ätiologie der Dissoziation lässt sich also ein besonderes Bild zeichnen. Sie lässt sich als hochkomplexe und differenzierte Anpassungsleistung des Menschen an potenziell lebensbedrohliche Erfahrung verstehen. Das autonome Nervensystem kann somit in ein sympathicogenes *basic fear system* und in ein parasympathicogenes *panic system* eingeteilt werden (Peichl, 2007, S. 15).

Alltägliche Dissoziation vs. pathologische Dissoziation

Doch zunächst ist Dissoziation ein Alltagsphänomen und stellt das Gegenteil von Assoziation dar. Alltagsdissoziationen helfen Reizüberflutungen zu verhindern. Man fügt zusammen (assoziiert) und trennt (dissoziiert). Grundsätzlich lässt sie sich als eine Unterbrechung des normalen, homogenen Zusammenhanges im Bereiche des Gedächtnisses, Bewusstseins, der Identität, der Motorik und der Wahrnehmung verstehen. Weiters ist sie auch ein Persönlichkeitsmerkmal, ein *trait* (Huber, 2007, S. 57), dieses ist bei Menschen unterschiedlich ausgeprägt. Insbesondere bei kreativen Tätigkeiten, aber auch bei Ausdauersportarten können Menschen regelrecht darin *versinken,* wobei hier fließende Übergänge zu dissoziativen Störungen z. B. Amnesie oder Depersonalisation möglich sind.

Eine auf ein traumatisches Ereignis folgende pathologische Dissoziation führt zu Veränderungen des Bewusstseins. Die daraus entstehenden Reaktionen und Verhaltensweisen können zu massiven Beeinträchtigungen des alltäglichen Lebens führen. Bevor diese einer näheren Betrachtung im Abschnitt Diagnostik unterzogen werden, folgt zunächst eine Auflistung von der alltäglichen bis zur extremen Dissoziation:

Formen von Dissoziationen
Alltagsdissoziation: Absorption, Auto(bahn)-Hypnose.
Amnesie-a) biografisch; b) im Alltag – über die normale Vergesslichkeit hinaus: Wissen nicht willentlich zugänglich haben.

Derealisierung: Die Umgebung oder Teile davon nicht adäquat wahrnehmen (z. B. akustisch:
nichts hören; oder hören, aber nichts verstehen) bei sonst normaler Funktion der Wahrnehmungsorgane.
Depersonalisierung: Das Selbst oder Teile davon nicht adäquat wahrnehmen, z. B. Körperteile nicht fühlen; Schmerzlosigkeit; „neben sich stehen"; evtl. sogar aus dem Körper „heraustreten"
Fugue: Sich an einem anderen Ort wieder finden und nicht wissen, wie man da hingekommen ist.
Dissoziative Identitätsstörung: Ein oder mehrere Persönlichkeitszustände übernehmen voll die Kontrolle über den Körper; häufig verbunden mit Amnesie ;die Persönlichkeitszustände sind individuell verschieden, verfügen über einen je eigenen Willen und können vom externen Beobachter zu mehreren Zeitpunkten wiedererkannt werden (Huber, 2007, S. 56f.).

Die peritraumatische und die komplexe Dissoziation

Unmittelbare körperliche und seelische Reaktionen im Moment einer Traumatisierung werden im Begriff peritraumatische Dissoziation zusammengefasst. Sie ist als ein in hohem Ausmaß direkt traumabedingter Verarbeitungsmechanismus anzusehen. Dabei kommt es zu Wahrnehmungsveränderungen, die sich als *Leerlaufhandeln* oder als *Pseudohandeln* verstehen lassen, weil eine tatsächliche Handlung in der Situation nicht möglich ist (vgl. Fischer & Nathan, 2002). Symptome wie Derealisation, Depersonalisation bis zum Fragmentieren aller Sinneseindrücke können dabei auftreten. Veränderungen des Zeiterlebens werden entweder vom Typ *Zeitraffer*, so als müsste man mit größter Anstrengung kämpfen oder fliehen oder als *Zeitlupe*, so als ob angesichts einer höchsten Gefahr die Zeit stehen bleibt, wahrgenommen. Im Extremfall kann es zur Ich-Fragmentierung im Sinne einer Zersplitterung der Selbstwahrnehmung kommen. Fragmentierung bedeutet, dass vom traumatischen Gesamtgeschehen sämtliche Anteile abgespalten gespeichert werden können. Dieser Vorgang wird als *komplexe Dissoziation* bezeichnet.

Formen der Fragmentierung sind:
- Schrecken, Angst
- Körperlich-vegetative Angstäquivalente (Tachycardie, Atembeschleunigung, Atemnot, Schwindel bis hin zu Ohnmacht, Zittern etc.)
- Alle Sinneseindrücke im engeren Sinne
- Alle viszeralen Körperempfindungen (Schmerz, Muskelspannungen, Übelkeit etc.)
- Der äußere Traumakontext (Tageszeit, Raum- und Lichtverhältnisse etc.)
- Gefühle und Affekte
- Kognitionen (traumabegleitende meist negative Gedanken)
- Autoprotektive Schutzmechanismen (Glücksgefühle)

„Traumafragmente sind somit im neuronalen Netzwerk eingefroren und können nicht mehr in ihrem ursprünglichen Zusammenhang betrachtet werden. Damit misslingt die Integration des traumatischen Ereignisses als zukünftig nutzbare ‚Lernerfahrung' in die Persönlichkeit" (zit. nach Wolf, 2009).

Je höher die Dissoziation während des traumatischen Geschehens umso höher die Wahrscheinlichkeit für das Auftreten einer Posttraumatischen Belastungsstörung (vgl. Overkamp, 2002).

2.6.2 Auswirkungen früher Gewalterfahrungen auf die Bindungsfähigkeit

Es gilt als gesichertes Wissen, dass Trennungen im Säuglings- und Kleinkindalter, sowie das Massenphänomen Kindesmisshandlung und sexueller Kindesmissbrauch zu katastrophalen Folgen führt. Dennoch wurde und wird noch immer vieles, was die Verletzlichkeit des Kindes betrifft, sowohl von der sog. Fachwelt als auch von der Öffentlichkeit individuell und kollektiv verdrängt und verleugnet. Bahnbrechende Arbeiten zur kindlichen Entwicklung aus Psychoanalyse, Bindungsforschung und Säuglingsforschung ermöglichen es, Zusammenhänge zwischen Trauma und Entwicklungslinie – den aktuellen Forschungsstand – zu erkennen. Eine ausführliche Darstellung bedeutsamer Forschungsarbeiten würde den Rahmen sprengen. Jedoch soll an dieser Stelle, ausgehend vom Modell der Bindungsstile (Ainsworth et al., 1978; Perry, 2002), auf Bindungsstörungen und auf komplexe Entwicklungsstörungen aufgrund von Traumatisierungen hingewiesen werden.

Bindungsstile

Ainsworth et al. (1978) beschrieben zunächst drei Bindungsstile: *Sicher gebunden, Unsicher vermeidend, Unsicher ambivalent*. Ergänzt wurde der Bindungsstil mit dem Begriff *Desorganisiert / desorientiert*. Seit Jahrzehnten werden Testsituationen durchgeführt, um das Bindungsverhalten von Kleinkindern (12–18 Monate) festzustellen. Es ist bekannt, dass die Auswertung der Testergebnisse über das Trennungsverhalten in und nach Trennungssituationen „[…] einen verlässlichen Vorhersagewert für das Bindungsverhalten des sechsjährigen sowie des jugendlichen und erwachsenen Menschen darstellt" (Huber, 2007, S. 91).

Bindungsstörungen

Bindungsstörungen können aufgrund von Traumatisierungen entstehen, besonders dann, wenn es sich um häufig wiederholte, unvorhersehbare und willkürliche Traumata handelt:

- Bindungslosigkeit (das Kind meidet und fürchtet jede Form von Bindung);
- Promiskuität (jede / r Beliebige wird als „beste Bindungsperson" gewählt);
- Übererregung (jede Trennung von einer Bindungsperson wird vermieden);
- Hemmung (sich der Bindungsperson anzunähern);
- Erhöhtes Unfall-Risiko (weil die Eltern wenigstens danach für kurze Zeit aufmerksam sind);
- Rollenwechsel/Parentifizierung (das Kind muss die Elternrolle übernehmen, die Eltern benehmen sich „kindisch";)
- Psychosomatische Auffälligkeiten (das Kind reagiert auf körperliche Irritationen hoch erregt) (Brisch, 2001; Brisch et al., 2003) (zit. nach Huber, 2007, S. 101f.)

Umweltbedingte komplexe Entwicklungsstörung

Unter diesem Begriff werden psychobiologische Folgeerscheinungen von Kindesmisshandlungen zusammengefasst. Kindesmisshandlung verursacht komplexe Störungen auf allen Ebenen des Denkens, Fühlens, Handelns, sozialen Beziehungen, Leistungen und Fähigkeiten. Ebenso im Gehirn, denn frühe Misshandlung, früher Verlust und frühe Vernachlässigung wirkt sich negativ auf die Entwicklung von Nervenzellen, Synapsen und bestimmten Hirnstrukturen aus (ebd., S. 102). Diese dramatischen Auswirkungen erklären möglicherweise, weshalb Betroffene, die im Laufe ihres späteren Lebens ebenfalls Traumatisierungen ausgesetzt waren, eine *Komplexe Posttraumatische Belastungsstörung* entwickeln.

Die „False-Memory"-Bewegung

Vertreter der *False-Memory-Movement* bestreiten das Auftreten von bisher verdrängten oder latenten Erinnerungsbildern. Sie gehen davon aus, dass traumatische Erinnerungen keiner Amnesie unterliegen, sondern auf *falsche* Erinnerungen aufgrund von Suggestion der Therapeutin beruhen (vgl. Loftus et al., 1994). Diese Annahme bezieht sich vor allem auf Opfer von innerfamiliärem sexuellem Missbrauch. Interessanterweise gelten Erinnerungsstörungen bei anderen traumatischen Ereignissen als unumstritten: „Im Gegensatz zum Kindesmissbrauch hat sich um diese Ereignisse herum noch niemals eine ‚False-Memory'-Bewegung herausgebildet" (Fischer & Riedesser, 2009, S. 301). Die Vermutung liegt nahe, dass angesichts der Verdecktheit und ebenso der Häufigkeit sexuellen Missbrauchs in soziokultureller Hinsicht eine andere gesellschaftliche Verdrängungs-Dynamik stattfindet.

Die traumatische Erfahrung bewirkt extreme physiologische und neurohormonelle Veränderungen, sodass die Speicherung und Erinnerung an diesen Zustand gekoppelt wird. Bei Aktivierung des traumaspezifischen Erregungsmusters treten die Erinnerungen in der sinnesnahen Form durch Intrusionen und Flashbacks auf. Bei Fehlen des traumaspezifischen Erregungsmusters ist der Abruf der Erinnerung erschwert oder unmöglich. Darauf folgen Amnesie und Dissoziation. Amnesien und Gedächtnisverzerrungen lassen sich durch das unterscheidbare *kühle* und *heiße* Gedächtnissystem erklären. Der emotionale Zustand während des Erinnerns ist zwangsläufig ein anderer als der Zustand zum Zeitpunkt der ursprünglichen Erfahrung. Werden abgespaltene Erlebniszustände erneut aktiviert, tauchen sie wieder im Bewusstsein auf, genannt *state-dependend-recall* (vgl. Fischer & Riedesser, 2009, S. 300).

2.7 Diagnostik der Traumafolgestörungen

Ein Ziel innerhalb psychotraumatologischer Forschung besteht darin, Klassifikationssysteme zu entwickeln, die ein weites Spektrum von Folgeerscheinungen beinhalten (Fischer & Riedesser, 2009, S. 52). Ausgehend von Stressreaktionen einmaliger traumatischer Ereignisse (Typ I) bis hin zu lang anhaltenden komplexen

Traumatisierungen (Typ II), werden Folgestörungen im Sinne eines *Traumaspektrums* (ebd.) eingeordnet.

Im folgenden Abschnitt werden zunächst traumabedingte Syndrome – eine Ausnahme bilden die Anpassungsstörungen – nach den beiden offiziellen Manualen der Diagnostik psychischer Störungen dargestellt, die in mindestens einem der beiden Diagnoseschlüsseln ICD (das Manual der Weltgesundheitsorganisation) und DSM (Diagnostisch Statistisches Manual der nordamerikanischen psychiatrischen Gesellschaft) enthalten sind. Darauf folgend werden die komplexeren Syndromgruppen, die derzeit noch nicht im ICD bzw. DSM aufgenommen wurden, als *semioffizielle* Diagnosen dargestellt. Anschließend folgt eine Klassifizierung von dissoziativen Störungen.

2.7.1 Klassifikation posttraumatischer Störungen

ICD-10	DSM IV
F 43.0 Akute Belastungsreaktion	308.3 Akute Belastungsstörung
F 43.1 Posttraumatische Belastungsstörung	309.81 Posttraumatische Belastungsstörung
F 62.0 Andauernde Persönlichkeitsänderung nach Extrembelastung, nicht anderweitig bezeichnet. Diese Störung entspricht weitgehend der komplexen PTSD oder DESNOS.	Im DSM IV nicht als eigene Störung kodiert, aber als Symptomkonstellation unter „zugehörige Merkmale und Störungen" der PTSD zu finden.

Tabelle 7: posttraumatische Störungen im ICD-10 und DSM-IV

Bei der *Akuten Belastungsreaktion* (ABR) nach ICD-10 (F43.0) handelt es sich um eine vorübergehende Störung, die sich bei einem psychisch nicht manifest gestörten Menschen als Reaktion auf eine außergewöhnliche physische oder psychische Belastung entwickelt, und die im Allgemeinen innerhalb von Stunden oder Tagen abklingt. Die Kernsymptomatik in der ICD-10 zeigt eine Art von *Betäubung*, mit einer gewissen Bewusstseinseinengung und eingeschränkten Aufmerksamkeit, einer Unfähigkeit Reize zu verarbeiten, und Desorientiertheit. Diesem Zustand kann ein weiteres Sich zurückziehen aus der Umweltsituation folgen (bishin zu dissoziativem Stupor F44.2) oder aber ein Unruhezustand und Überaktivität, wie Fluchtreaktion oder Fugue. Zumeist treten vegetative Zeichen panischer Angst wie Tachycardie, Schwitzen und Erröten auf. Die Symptome erscheinen im Allgemeinen innerhalb von Minuten nach dem belastenden Ereignis und gehen innerhalb von zwei oder drei Tagen, oft innerhalb von Stunden zurück. Teilweise oder vollkommene Amnesie (F44.0) kann vorkommen (vgl. Wolf, 2009).

Das Symptombild der *Akuten Belastungsstörung* (ABS) wird nach DSM-IV (308.3) vor allem in Hinblick auf dissoziative Phänomene differenziert beschrieben. Hierbei handelt es sich um „[…] eine vorübergehende massive Stressreaktion, die jedoch nicht in das basale psychotraumatische Belastungssyndrom übergehen muss" (Fischer & Riedesser, 2009, S. 54). Mindestens drei dissoziative Symptome sind für diese Diagnose erforderlich.

A. Traumkriterium	Ereignis Subjektive Reaktion: Grauen, Verzweiflung
B. Dissoziation	Änderung des Bewusstseins und der Aufmerksamkeit: Emotionale Taubheit, Beeinträchtigung der bewussten Wahrnehmung der Umwelt, Derealisationserleben, Depersonalisationserleben, dissoziative Amnesien.
C. Intrusionen	Wiederkehrende Bilder, Gedanken, Träume, Illusionen, Flashback-Episoden, Gefühl, das Trauma wiederzuerleben,…(3 mögliche Symptome)
D. Vermeidung	Vermeidung von Reizen, die an das Trauma erinnern.
E. Hyperarousal	Symptome von Angst oder erhöhtem Arousal (Schlafstörungen, Reizbarkeit, Konzentrationsschwierigkeiten, Hypervigilanz, übertriebene Schreckreaktionen, motorische Unruhe).
F. Störung	Die Störung verursacht in klinisch bedeutsamer Weise Leiden oder Beeinträchtigungen in sozialen, beruflichen oder anderen wichtigen Funktionsbereichen…
G. Dauer	Die Störung dauert mindestens 2 Tage und höchstens 4 Wochen und tritt innerhalb von 4 Wochen nach dem traumatischen Ereignis auf.

Tabelle 8: Akute Belastungsstörung nach DSM-IV (in Anlehnung an Fischer & Riedesser, 2009, S. 53f.)

Die Diagnose *Posttraumatischen Belastungsstörung* (PTBS) beinhaltet die Schwierigkeit, dass beide Diagnosehandbücher diese unterschiedlich einordnen. In der ICD-10 findet man sie unter *Neurotische, Belastungs- und somatoforme Störung* und im DSM-IV ist sie unter *Angststörungen* zu finden (Huber, 2007, S. 112). Es gibt Anzeichen dafür, dass in der ICD-10, die sich üblicherweise nach dem DSM richtet, in einigen Jahren die PTSD unter dissoziativen Störungen eingeordnet werden wird (ebd.). Nachdem sich diese Form eines Stresssyndroms am häufigsten nach traumatischen Ereignissen entwickelt, sollen auch hier die Symptome anhand beider Manuale dargestellt werden:

Nach der ICD-10 (F43.1) entsteht die PTBS als eine verzögerte oder protrahierte Reaktion auf ein belastendes Ereignis. Eine Situation kürzerer oder längerer Dauer, mit außergewöhnlicher Bedrohung oder katastrophenartigem Ausmaß, die, im Gegensatz zur Anpassungsstörung, bei fast jedem Menschen eine tiefgreifende Verzweiflung auslösen würde. Prädisponierende Faktoren wie bestimmte Persönlichkeitszüge können das Risiko für eine posttraumatische Belastungsstörung erhöhen. Es gilt, psychische Störungen zu erkennen, die nicht in Verbindung mit dem Trauma stehen.

Im DSM IV (308.81) besteht sie aus den Symptomgruppen „[…] unfreiwillige Erinnerungsbilder vom Trauma, Verleugnung/Vermeidung und Erregung“ (Fischer & Riedesser, 2009, S. 46). Im Folgenden werden die Kriterien verkürzt dargestellt:

A. Traumakriterium
   1. Ereignis
   2. Subjektive Reaktion
B. Wiedererleben (mind. 1 Symptom)
C. Vermeidung/Entfremdung (mind. 3 Symptome)
D. Übererregung (mind. 2 Symptome)
E. Symptome › 1 Monat:
   Akut (› 1 Monat & ‹ 3 Monate)
   Chronisch (› 3 Monate)
   Verzögert (Beginn › 6 Monate)
   Komplexe PTSD (nach Typ II Trauma)
F. Das Störungsbild verursacht in klinisch bedeutsamer Weise Leiden oder Beeinträchtigungen in sozialen beruflichen oder anderen wichtigen Funktionsbereichen

(in Anlehnung an Fischer & Riedesser, 2009, S. 47f.)

Die *Andauernde Persönlichkeitsänderung nach Extrembelastung nicht anderweitig bezeichnet* (APEB) wird nach ICD-10 (F62.0) als eine eindeutige, seit mehr als zwei Jahren anhaltende Änderung in Wahrnehmung, Denken, Selbst- und Umweltbezug in der Folge einer Extrembelastung definiert. Die Kriterien für dieses Störungsbild lauten:

- Feindliche oder misstrauische Haltung der Welt gegenüber;
- Sozialer Rückzug;
- Gefühl der Leere oder Hoffnngslosigkeit;
- Chronisches Gefühl von Nervosität (wie bei ständigem Bedrohtsein);
- Entfremdung
- Die Persönlichkeitsänderung muss andauernd sein und sich in unflexiblem und unangemessenem Verhalten äußern.
- Die Persönlichkeitsänderung muss mindestens 2 Jahre bestehen und darf nicht auf eine Persönlichkeitsstörung oder eine andere psychische Erkrankung zurückzuführen sein.

(Kühler, et al., 2005, S. 25).

Das *Komplexe posttraumatische Belastungssyndrom* (complex PTSD/kPTBS) wird nach Herman (2003) in sieben Kriterien bzw. Symptomgruppen zusammengefasst:

1. Unterworfen sein unter totalitärer Kontrolle über einen längeren Zeitraum (Monate bis Jahre) mit Beispielen wie Geiselhaft, Kriegsgefangenschaft, Überleben von Konzentrationslagern und einiger religiöser Kulte. Weitere Beispiele sind die Opfer totalitärer Systeme im sexuellen und familiären Bereich, wie Überlebende von

familiärer Gewalt, Kindesmisshandlung, sexuellem Kindesmissbrauch und organisierter sexueller Ausbeutung.

2. Veränderungen der Affektregulierung mit anhaltenden dysphorischen Verstimmungen, chronischer Beschäftigung mit Suizidideen, Neigung zu Selbstverletzungen, explosiver oder extrem unterdrückter Wut (ev. im Wechsel), zwanghafter oder extrem gehemmter Sexualität (ev. im Wechsel).
3. Veränderungen des Bewusstseins, wie Amnesie oder Hypermnesie für traumatische Ereignisse, dissoziative Episoden, Depersonalisation/Derealisation, Wiedererleben der traumatischen Erfahrungen entweder in Form intrusiver Symptome oder in Form von ständigem Grübeln.
4. Veränderungen des Selbstbildes mit Gefühlen von Hilflosigkeit und Initiativverlust; Scham, Schuldgefühlen und Selbstanklage; eigener Wertlosigkeit oder Stigmatisierung; Gefühl, völlig verschieden von anderen zu sein (etwas Besonderes beispielsweise, Erleben äußerster Einsamkeit, die Überzeugung von niemanden verstanden werden zu können oder nicht menschlich zu sein).
5. Veränderungen in der Wahrnehmung des Täters, wie ständige Beschäftigung mit ihm (z. B. auch in Form von Rachegedanken); eine unrealistische Sichtweise des Täters als übermächtig (Vorsicht! Das Opfer kann die Macht des Täters unter Umständen realistischer einschätzen als der Therapeut); Idealisierung des Täters oder Dankbarkeit ihm gegenüber; das Gefühl einer besonderen oder übernatürlichen Beziehung zum Täter; Übernahme von Weltanschauung oder Rechtfertigungen des Täters.
6. Veränderung der sozialen Beziehungen mit Isolation und Rückzug, Abbruch von intimen Beziehungen, fortgesetzte Suche nach einem Retter (kann wechseln mit Isolation und Rückzug), ständigem Misstrauen, wiederholtem Versagen beim Schutz der eigenen Person.
7. Veränderungen von Stimmungslagen und Einstellungen wie Verlust von Zuversicht, Gefühle von Hoffnungslosigkeit und Verzweiflung.

Komplexe traumatische Belastungsstörung (zit. n. Fischer & Riedesser, 2009, S. 52)

Disorder Of Extreme Stress not otherwise specified (DESNOS) wird in der Literatur mit dem Terminus *Komplexe Posttraumatische Belastungsstörung* gleichgesetzt. Der Vollständigkeit halber werden diese Störungen durch extremen Stress an dieser Stelle zusammengefasst:

1. Störungen in der Regulation von Affekten und Impulsen
   a) Affektregulation
   b) Umgang mit Ärger
   c) Selbstverletzung/Selbstbeschädigung
   d) Suizidalität
   e) Störungen der Sexualität
   f) Exzessives Risikoverhalten
2. Störungen der Wahrnehmung oder des Bewusstseins
   a) Amnesien
   b) Vorübergehende dissoziative Episoden und Depersonalisierung
3. Störungen der Selbstwahrnehmung
   a) Wirkungslosigkeit
   b) Stigmatisierung
   c) Schuldgefühle

   d) Scham
   e) Isolation
   f) Bagatellisieren
4. Störungen in der Beziehung zu anderen Menschen
   a) Unfähigkeit zu vertrauen
   b) Reviktimisierung
   c) Viktimisierung anderer Menschen
5. Somatisierung
   a) Somatoforme Beschwerden
   b) Hypochondrische Ängste
6. Veränderungen von Lebenseinstellungen
   a) Fehlende Zukunftsperspektive
   b) Verlust von persönlichen Grundüberzeugungen

(Huber 2007, S. 143f.)

Eine diagnostische Ausnahme bilden die *Anpassungsstörungen* im Sinne einer chronifizierten Belastungsreaktion als „[…] Antwort auf persönliche Verluste und/oder eine geforderte Umstellung der Lebensweise" (Fischer & Riedesser, 2009, S. 54). Anpassungsstörungen treten innerhalb der ersten vier Wochen bis zu drei Monaten nach einem belastenden Ereignis auf und dauern insgesamt nicht länger als sechs Monate. Dies ist in Bezug auf das *basale posttraumatische Syndrom* (bPTBS) differenzialdiagnostisch bedeutsam. Das bPTBS kann erst Monate, sogar Jahre nach dem belastenden Ereignis auftreten. Allerdings können sich beide Störungsbilder zeitlich überschneiden, und somit könnte eine gegenwärtige Anpassungsstörung in Wahrheit eine Reaktion einer länger zurückliegenden traumatischen Erfahrung darstellen. Anpassungsstörungen können mit sowohl depressiver als auch ängstlicher Stimmungslage oder mischbildhaft aus Angst, Depression oder Verhaltens- oder emotionalen Störungen einhergehen (ebd.).

2.7.2 Klassifikation dissoziativer Störungen

Es liegen zahlreiche Hinweise vor, dass auch die dissoziativen Störungen im engen Zusammenhang mit traumatischen Ursachen, speziell als Folge schwerer Traumatisierungen in der Kindheit, stehen können. Wiederum sind auch hier Unterschiede in den beiden Klassifikationssystemen festzustellen. Die im DSM IV genannten Konversionsstörungen sind mit den im ICD-10 genannten dissoziativen Störungen historisch eng mit dem Begriff der Hysterie verbunden (vgl. Schönfeldt-Lecuona et al., 2004, S. 621).

ICD-10 (F44.0–44.8)	DSM IV (300.11–300.15)
Dissoziative Amnesie (F44.0)	Dissoziative Amnesie (300.12) (vormals psychogene Amnesie)
Dissoziative Fugue (F44.1)	Dissoziative Fugue (300.13) (vormals psychogene Fugue)

Dissoziativer Stupor (F44.2)	Dissoziative Störung n.n.b. (300.15)
Trance und Besessenheitszustände (F44.3)	Dissoziative Störung n.n.b. (300.15)
Dissoziative Bewegungsstörungen (F44.4)	Konversionsstörungen mit somatischen Symptomen oder Ausfällen(300.11)
Dissoziative Krampfanfälle (F44.5)	Konversionsstörungen mit Anfällen oder Krämpfen (300.11)
Dissoziative Sensibilitäts- und Empfindungsstörungen (44.6)	Konversionsstörung mit sensorischen Symptomen oder Ausfällen (300.11)
Gemischte dissoziative Störung (F44.7)	Konversionsstörung (300.11)
Andere dissoziative Störungen (F44.8) Ganser Syndrom (F44.80) Dissoziative Identitätsstörungen (F 44.81)	Dissoziative Störung (300.15) (Ganser Syndrom) Dissoziative Identitätsstörung (300.14)
Depersonalisation/Derealisation (F48.1)	Depersonalisationsstörung (300.6)
Dissoziative Störung n.n.b. (Konversionsstörung) (F44.9)	Dissoziative Störung (300.15)

Tabelle 9: dissoziative Störungen im ICD-10 und DSM-IV (Schönfeldt-Lecuona et al., 2004, S. 622)

Im Folgenden werden die diagnostischen Kriterien dissoziativer Störungen nur nach DSM IV verkürzt dargestellt.

Unter einer *Dissoziativen Amnesie* wird eine partielle oder vollständige Amnesie für zumeist traumatisierende oder belastende Ereignisse verstanden, die das Ausmaß gewöhnlicher Vergesslichkeit übersteigen (vgl. Saß et al., 1998, S. 209).

Bei der *Dissoziativen Fugue* besteht zielgerichtete Ortsveränderung, etwa durch plötzliches Weggehen von zu Hause oder vom Arbeitsplatz. Während einer Fugue-Episode kann es zu einer teilweisen oder vollständigen Annahme einer neuen Identität kommen. Sie ist nicht auf Substanzeinwirkung oder auf medizinische Krankheitsfaktoren zurückzuführen (ebd.).

Bei der *Depersonalisationsstörung* handelt es sich um andauernde oder wiederkehrende Erfahrungen, sich vom eigenen Körper losgelöst oder sich wie ein außenstehender Beobachter des eigenen Körpers zu fühlen. Während der Depersonalisationserfahrung bleibt die Realitätsprüfung intakt. Auch diese Störung ist nicht auf Substanzeinwirkung oder auf medizinische Krankheitsfaktoren zurückzuführen (ebd. S. 210).

Die *Dissoziative Identitätsstörung*, vormals *Multiple Persönlichkeitsstörung*, beschreibt die Anwesenheit unterscheidbarer Identitäten. Diese Extremvariante kann eine „multiple Persönlichkeitsorganisation“ (Fischer & Riedesser, 2009, S. 53) bilden.

Die Teilpersönlichkeiten übernehmen wechselweise die Kontrolle über das Verhalten der Person, häufig mit Amnesie für die Existenz anderer Teilpersönlichkeiten.

Die *Nicht Näher Bezeichnete Dissoziative Störung* (NNBDS) beschreibt jene Störungen, bei denen das vorherrschende Merkmal ein dissoziatives Symptom oder Symptomspektrum ist, das sich jedoch nicht in die Kriterien vorangegangener spezifischer dissoziativer Störungen einordnen lässt (Saß et al, 1998, S. 211).

2.7.3 Differenzialdiagnostik Borderlinepersönlichkeitsstörung und komplexe posttraumatische Belastungsstörung

Der Abschnitt stellt zu Beginn Überlegungen und einige Kommentare aus Studien vor, bevor auf die Differenzialdiagnostik zwischen der Borderline-Persönlichkeitsstörung (BPS) und auf die komplexe posttraumatische Belastungsstörung (kPTSD) näher eingegangen wird.

Michaela Huber geht davon aus, dass Persönlichkeitsstörungen im Wesentlichen Störungen der Beziehungsfähigkeit sind. Drei Viertel aller Persönlichkeitsstörungs-Diagnosen werden *Borderline* bzw. *emotional instabile Persönlichkeit vom Borderline-Typus* bezeichnet. Nur im letzten Viertel verteilen sich Persönlichkeitsstörungen von Typen wie histrionische, narzisstische, schizoide, anankastische, selbstunsichere, dependente und passiv aggressive Störungen (Huber, 2007, S. 117). Huber zufolge, sind 80% aller Persönlichkeitsstörungsdiagnosen auf traumatische Ursachen wie frühe Vernachlässigung, Verwahrlosung und Gewalt zurückzuführen (ebd. S. 118).

Das Ausmaß sexueller Gewalterfahrungen in der Kindheit und Jugend wird durch Zahlen mehrerer repräsentativer Studien zur Prävalenz sexuellen Missbrauchs in den USA, Niederlanden, in Neuseeland und in Deutschland belegt (Sachsse et al., 2004, S. 100f.). BPS-Patientinnen sind davon besonders betroffen. Laut amerikanischen Studien wurden sie in ihrer Kindheit zwei- bis dreimal so häufig sexuell missbraucht wie Frauen der Allgemeinbevölkerung (ebd.). Dulz und Jensen fanden im Rahmen einer Untersuchung bei 82% stationär behandelter Borderline-Patientinnen körperliche Misshandlung und/oder sexuellen Missbrauch heraus. „Unter Einbeziehung schwerer Vernachlässigung stieg der Anteil sogar auf 100%“ (zit. nach Hirsch, 2011, S. 14.). Weiters ortet Hirsch in Anlehnung an Modell (1976) die Ursachen einer Borderline-Persönlichkeitsstörung eher in der Wiederannäherungsphase im Kleinkindalter im Vergleich zu narzisstischen Persönlichkeitsstörungen, die vorrangig mit Deprivationstraumata im Säuglingsalter in Zusammenhang stünden (ebd.). Der hohe Anteil von Borderline-Persönlichkeitsstörungen weist phänomenologisch viele Ähnlichkeiten mit der Symptombildung einer Posttraumatischen Belastungsstörung auf. Angeregt wurde, die Diagnose der Borderline-Persönlichkeitsstörung zugunsten der komplexen posttraumatischen Belastungsstörung aufzugeben (Sachsse, et al., 2004, S. 100). Auch dies wird weiterhin kontrovers diskutiert.

Die folgende Tabelle zeigt eine Vergleichsübersicht der emotional instabilen Persönlichkeitsstörung vom Borderlinetypus nach den 9 Kriterien aus der DSM IV und der chronifizierten komplexen PTSD nach DESNOS:

	Borderline (DSM IV)	*Komplexe PTSD (DESNOS)*
1	Bemühen, Verlassenwerden zu vermeiden	(Eher sozialer Rückzug)
2	Instabile Beziehungen	Probleme im interpersonellen Bereich
3	Identitätsstörung	Negative Selbstwahrnehmung
4	Impulsivität (Substanzmissbrauch)	Substanzabhängigkeit
5	Parasuizidalität	Selbstdestruktives Verhalten
6	Affektive Instabilität	Depressive Störungen
7	Chronische Gefühle von Leere	Andauernde Leere und Hoffnungslosigkeit
8	Nichtkontrollierbarkeit von Wut	Störungen in der Affektregulation
9	Paranoide oder dissoziative Symptome	Dissoziative Störungen

Tabelle 10: BPS und komplexe PTBS nach DESNOS (Kühler et al., 2005, S. 28)

In Punkt 1 der Tabelle zeigt sich der deutliche Unterschied zwischen den Diagnosebereichen. Patienten mit komplexer PTSD zeigen sich hinsichtlich sozialer Kontakte eher ängstlich und vermeidend im Gegensatz zu BPS-Patienten. In den weiteren Punkten zeigt sich eine deutliche Parallele. Die Symptome einer Persönlichkeitsstörung sind andauernd und dürfen nicht auf Episoden psychischer Krankheiten begrenzt werden (ebd.). Bei der erfolgreichen Behandlung traumatisierter Patienten zeigt sich eine Reduktion der komplexen PTSD-Symptomatik. Diese würde dagegen sprechen, die beiden Diagnosen gleichzustellen. Unter Einbezug der Ätiopathogenese der Borderlinestörung, gestützt auf zahlreiche Studien, ziehen Kühler et al. folgende Schlüsse, die hier verkürzt zusammengefasst werden:

1. Die Ursache der BPS aufgrund neurophysiologischer Veränderungen in Folge früher Traumatisierungen ist häufig, aber nicht zwangsläufig.
2. Traumen in der Ätiopathogenese finden sich auch bei anderen Persönlichkeitsstörungen.
3. Die Diagnose der BPS kann nicht durch die Diagnose chronifizierte komplexe PTSD ersetzt werden. Unter den BPS gibt es noch eine noch zu bestimmende Untergruppe, für die das Bild der komplexen und chronifizierten PTSD zutrifft.
4. Als Konsequenz für die Forschung ergibt sich die Aufgabe einer genaueren Widmung hinsichtlich der Differenzialdiagnostik in beiden Störungen. Im Falle einer Bestätigung, dass die Borderline-Symptomatik tatsächlich durch isolierte Behandlung von Traumafolgen verschwindet, müsste die Klassifikation in der nächsten Fassung um die Diagnose „komplexe und chronifizierte PTSD“ ergänzt werden (Kühler et al., 2005. S. 30).

Schwere Kindheitstraumata führen zu schweren Symptombildungen im Erwachsenenalter. Fast alle Symptome der BPS sind als Traumafolge ableitbar. Besonderes Augenmerk gilt der steigenden Patientengruppe mit selbstverletzendem Verhalten (SVV). Traumatische Erinnerungen können so aus dem Bewusstsein ferngehalten werden. Dieses Verhalten gilt als wirksamste Möglichkeit, dissoziative Zustände zu beenden. „SVV ist das beste Antidissoziativum" (Sachsse et al., 2004, S. 101). Durch zunehmende Forschung stellte sich heraus, dass die Ursache von BPS trotz zahlreicher Belege sich nicht ausschließlich auf Kindesmissbrauch reduzieren lässt. Widersprüchliche Studienergebnisse erleichtern nicht die Diskussion. Welche Formen von Traumatisierungen zu welchen spezifischen Störungen im Erwachsenenalter führen, muss also weiterhin intensiv beforscht werden (ebd. S. 102).

2.7.4 Strukturelle Interviews und Fragebögen zur Erstellung der Diagnose

Strukturelle Interviews ermöglichen eine Diagnosestellung nach DSM IV bzw. ICD-10. Da sie sehr zeitaufwändig sind, werden sie in vielen Arbeitskontexten kaum durchgeführt (vgl. Lehmann, 2007). Die Durchführung setzt klinische Erfahrung voraus, um richtige Ergebnisse zu erzielen. Weniger Zeitaufwand benötigen Fragebogenverfahren und Selbstbeurteilungstests. Allerdings erlauben sie im Prinzip keine kategoriale Diagnose, erfassen jedoch den Schweregrad einer posttraumatischen Symptomatik. Eine Auswahl von Instrumenten für Erwachsene werden hier kurz vorgestellt.

Das DDIS (Dissociative Dissorders Interview Scedule) in der deutschen Version von Frör (2000) konzentriert sich neben der Erfassung dissoziativer Symptome auch auf Differenzialdiagnosen wie Schizophrenie, Depression, Somatisierungsstörung und Borderline-Persönlichkeitsstörung. Ebenso werden körperliche Beschwerden und Störungen durch Substanzmissbrauch erfasst (Sachsse, 2004c, S. 111). Das SCID-PTSD (Structured Clinical Interview for DSM) ist entlang der diagnostischen Kriterien, wie sie im DSM IV definiert sind, konzipiert. In der deutschen Übersetzung von Wittchen et al. (1997) gehört die Anwendung dieses Verfahrens zum Standard einer seriösen Traumadiagnostik und wird auch bei Forschungsfragen empfohlen (ebd.). Der SCID-D (dt.: Gast et al., 1999) gilt als *Gold-Standard* und gibt dem ausreichend geschulten Interviewer präzise Auskunft über das dissoziative Symptomspektrum (ebd.). Der FDS (Fragebogen zu dissoziativen Symptomen) gilt als wichtigstes Screening-Instrument zu dissoziativen Symptomen. In der deutschen Fassung DES (Dissociative Experiences Scale) nach Putnam et al. (1986) wurde die Skala um die körperlichen Symptome der Dissoziation erweitert (ebd.). Die IES-R (Impact of Event-Scale) (dt.: Hütter & Fischer, 1997) dient der Erfassung der Symptome einer PTBS wie Intrusionen, Vermeidung und Übererregung. Zuletzt sei noch auf das SIDES (Structured Interview for Disorders of Extreme Stress) hingewiesen. Es dient der Erfassung der komplexen PTBS bzw. DESNOS, und ist somit für jene Menschen konzipiert, die lang andauernde und interpersonelle Gewalterfahrungen erlebten (Lehmann, 2007).

2.8 Themen aus der speziellen Psychotraumatologie

Nachdem in dieser Arbeit der musiktherapeutische Schwerpunkt auf Traumatypen liegt, die der speziellen Psychotraumatologie angehören, wird hier dieses Teilgebiet in Kürze beleuchtet. Gemeint sind spezielle traumatische Situationen und Verläufe, welche situationsspezifische traumatische Reaktionen und Prozesse hervorrufen (Fischer & Riedesser, 2009, S. 268). Dazu gehören Holocaust, Folter und Exil, Kindheitstrauma, Vergewaltigung, Gewaltkriminalität, aber auch die Arbeitslosigkeit als psychisches Trauma, lebensbedrohliche Erkrankungen als Faktor psychischer Traumatisierung, und Mobbing. Nach Meinung der beiden Autoren besitzt die Darstellung des zu erwartenden traumatischen Prozessverlaufs mit den Phasen Situation – Reaktion – Prozess bei den einzelnen Patienten einen wissenschaftlich und diagnostisch höheren Erkenntniswert als die Darstellung nach einem Symptomkatalog. Fischer & Riedesser weisen darauf hin, dass eine systematische Darstellung der speziellen Psychotraumatologie wünschenswert wäre, jedoch noch nicht geleistet werden kann (ebd. S. 269). Die Beschäftigung damit verlangt also umso mehr eine sorgfältige Ausarbeitung besonderer Aspekte, die den Experten überlassen werden muss.

Folgen und Auswirkungen von Traumatisierungen aufgrund sexueller Gewalt, Vernachlässigung und schwerer Misshandlung, welche ebenfalls die spezielle Psychotraumatologie betreffen, wurden in den vorherigen Abschnitten in verschiedenen Zusammenhängen ansatzweise beschrieben. Im Folgenden sollen jene Traumatisierungen näher betrachtet werden, die einem besseren Verständnis der im Anhang beschriebenen Fallgeschichten dienen sollen. Überlegungen zu Migration und Exil sowie zum Kindheitstrauma werden dargestellt.

2.8.1 Migration und Exil

Kriegstraumata, Folter, Migration und Exil haben häufig verheerende Auswirkungen auf das Leben der Betroffenen. Im kulturellen Kontext sind u. a. rituell körperliche Misshandlungen, kulturell fixierte und erlaubte Gewalt und kollektive Traumatisierungen einer Volksgruppe zu nennen. Überlebende weisen unabhängig von kulturspezifischen Reaktionen und der individuellen subjektiven Erfahrung einerseits Gemeinsamkeiten in den Traumafolgestörungen auf, welche sowohl unmittelbar nach dem traumatischen Stress als auch Monate oder Jahre später auftreten können, andererseits gibt es eine breite Palette unspezifischer Symptome, die in der Beschäftigung mit komplexen Traumatisierungen nicht außer Acht gelassen werden dürfen. Häufig kommen noch psychotische Phänomene hinzu, etwa Halluzinationen und paranoide Ideen, bishin zu manischen Persönlichkeitsveränderungen. Oft suchen die Betroffenen Selbstheilung durch Selbstmedikation wie Alkohol- und Medikamentenmissbrauch.

Bereits unter normalen Umständen kann die Bewältigung der Exilsituation die Möglichkeiten der Psyche überfordern. Migration gelingt in Zeiten strenger Grenzsicherungen nur mit viel Glück. Migration bedeutet Stress. Die Betroffenen, die zusätzlich an traumatischen Folgen aufgrund eines Kriegstraumas oder aufgrund von politischen Gewalterfahrungen leiden, müssen obendrein mit den aktuellen Lebensbedingungen hierzulande zu recht kommen. Traumatisierende Erfahrungen müssen dann häufig verdrängt werden (Wiesmüller, 2011, S. 175).

Die Belastungsfaktoren der Exilsituation, die im therapeutischen Kontext berücksichtigt werden müssen, lassen sich in folgende sechs Gesichtspunkte unterteilen:

1. Der Migrations-Stress: In der Prämigrations-, Migrations- und Postmigrationserfahrung müssen Faktoren, wie Familienstatus vor der Flucht, Rollenbild, Erziehungssystem, Grad der Verfolgung und Folter u. v. m., sowie Faktoren während der Flucht und im Ankunftsland berücksichtigt werden.
2. Der Akkulturationsstress: Unterschiedliche Normen, denen der Flüchtling ausgesetzt ist, wie etwa die kulturelle Differenz, das Alter bei der Migration oder der Sprachgebrauch der Familie bestimmen den Grad der Akkulturation, also die Anpassung an ein fremdes Milieu.
3. Spezifischer Stress der jeweiligen Lebensperiode: Gemeint sind die Geschlechterrollenerwartung und die verschiedenen Phasen der Identität, beim Jugendlichen die Separationsphase- und Individuationsphase.
4. Der Familienstress: Beispielsweise Konflikte zwischen den Generationen und spezielle Konflikte wie psychische Symptome, Aggression und Schuldgefühle.
5. Beachtung der persönlichen Fähigkeiten des Flüchtlings: Erwähnt werden Adaptionsfähigkeiten, Coping-Strategien, Selbsthilfestrategien der Flüchtlingsgemeinschaft und Glauben.
6. Beachtung kulturspezifischer Krankheitsvorstellungen: Informationen über den kulturspezifischen Hintergrund von Krankheits- und Heilungsvorgängen ist für Ärzte und Berater unumgänglich, da jede Kultur ihre eigene Symptomwahrnehmung und Symptombewertung ausprägt.

Belastungsfaktoren in Zusammenhang mit der Exilsituation (Lee, 1988) (in Anlehnung an Fischer & Riedesser, 2009, S. 280f.)

Die Behandlung erfordert somit einen kultursensitiven Umgang. Kulturelle Unterschiede zeigen sich in den Bereichen Erziehung und Tradition, im Schamgefühl, im Angstausdruck und in der Erarbeitung der Stabilität (Özkan, 2004, S. 396f.). Therapie-Techniken müssen daher entsprechend adaptiert werden. Für die therapeutische Beziehung sind somit Kenntnisse vom Migrationshintergrund wie der soziokulturelle und geschichtliche Kontext von Sprache von enormer Bedeutung. Die kriseninterventorische und stabilisierende Arbeit mit traumatisierten Flüchtlingen ist für Therapeuten sehr fordernd. Nach Özkan ist es das Ziel, Lösungen zu finden, die langfristigen Anfordernissen entsprechen. In den „Sonnenberger Leitlinien“ (Machleidt, 2003) wurden diese für die psychiatrisch-psychotherapeutische Versorgung von Migranten formuliert.

2.8.2 Sexueller Kindesmissbrauch

Eine theoretische Auseinandersetzung mit diesem Thema ist für das Verständnis betroffener Erwachsener, die an Langzeitfolgen leiden, unabdingbar. Zur sexuellen Gewalt kommen Vernachlässigung und schwere Misshandlung häufig hinzu. Jedoch wird kein Thema in der gesamten Psychotraumatologie in Fachwelt und Öffentlichkeit so kontrovers diskutiert wie das Thema des sexuellen Kindesmissbrauchs. Seit der These von Freud, dass erwachsene Patientinnen mit *hysterischen* Symptomen in ihrer Kindheit sexuell missbraucht worden seien, verhält sich die Geschichte der Traumaforschung wechselvoll (vgl. Fischer & Riedesser, 2009, S. 297). Die Reaktion vieler Menschen ist durch Irrationalität geprägt, obwohl, oder gerade weil sexuelle Gewalt weltweit das häufigste Traumaereignis darstellt (vgl. Amir, 2004).

Sobald ein Erwachsener ein Kind sexuell ausbeutet, ist das Kind in einer traumatischen Situation gefangen. Es befindet sich in einer subjektiv ausweglosen Situation, da es meist durch Redeverbot mit einhergehender Belohnung oder Bedrohung an die heimliche Beziehung fixiert wird. Dieses gravierende Beziehungstrauma wird in mehrfacher Hinsicht deutlich:

1. Missbrauch der Zärtlichkeitsbedürfnisse des Kindes.
2. Missbrauch der Wünsche des Kindes nach einer dyadischen Beziehung.
3. Missbrauch der Bereitschaft des Kindes zu ödipalen Phantasien (erregende Zweierbeziehung unter Ausschluss eines Dritten).
4. Missbrauch der Bereitschaft des Kindes zum Gehorsam.
5. Missbrauch der Bereitschaft des Kindes zum Glauben an die Aussage der Eltern und der Unfähigkeit des Kindes, eine liebevolle zärtliche Annäherung von einer sexuellen Ausbeutung zu unterscheiden.
6. Missbrauch der Angst des Kindes vor Zerstörung der Familie (Schweigegebot)

(Fischer & Riedesser, 2009, S. 303f.)

In den Studien von Finkelhor et al. (1985), auf die sich Fischer & Riedesser beziehen, findet sich eine Darstellung von traumatogenen Situationsfaktoren und Verlaufsmustern traumatischer Reaktionen, die für sämtliche Felder der speziellen Psychotraumatologie von Bedeutung ist. Jede der traumatogenen Dynamiken entfaltet eine eigene pathogene Wirkung.

1) Traumatische Sexualisierung

Dynamik: Das Kind wird belohnt für altersunangemessenes sexuelles Verhalten, es tauscht Aufmerksamkeit und Zuwendung gegen das Erleiden sexueller Praktiken. Die sexuelle Beteiligung des Kindes wird zu einem Wert an sich: Das Kind lernt falsche Annahmen über sexuelles Verhalten und sexuelle Moral. Sexuelle Aktivität wird je nach Fall assoziiert mit negativen Emotionen und Erinnerungen.

Psychische Folgen: Überbetonung des sexuellen Bereichs, Verwirrung bezüglich der eigenen altersgemäßen Identität sowie sexueller Normen, Vermischung oder Verwechslung von Sexualität und Liebe und Fürsorge, Aversion gegen sexuelle Intimität.

Symptome: Zwanghaftes sexuelles Verhalten, Promiskuität, Prostitution, sexuelle Störungen, Vermeidung von Sexualität. Sexualisierung von Beziehungen auch zu den eigenen Kindern.

2) Stigmatisierung
Dynamik: Der Täter beschimpft und erniedrigt sein Opfer, erpresst es, die Handlungen geheim zu halten. Demzufolge erfährt das Opfer die Aktivitäten als etwas, wofür es sich schämen muss. Das Kind erntet schockierte Reaktionen auf Offenlegungsversuche. Es wird von anderen verantwortlich gemacht. Das Opfer wird von Aussenstehenden als „verdorben“ angesehen.
Psychische Folgen: Schuld- und Schamgefühle, beschädigtes Selbstwertgefühl, Gefühle der Entfremdung von anderen dadurch, dass die beschämenden Erfahrungen nicht mitteilbar sind.
Symptome: Selbstisolierung, Delinquenz, selbstschädigendes Verhalten, Selbstverletzungen bis hin zum Suizid, Drogen- und Alkoholkonsum als Versuche der Selbstbetäubung und Selbstmedikation.

3) Verrat
Dynamik: Das Vertrauen und die Abhängigkeit des Kindes werden ausgenutzt. Erwartungen von Schutz und Fürsorge durch Bezugspersonen werden enttäuscht, das Recht des Kindes auf Wohlbefinden missachtet. Unterstützung und Schutz von Seiten der nicht missbrauchenden Bezugspersonen bleiben aus.
Psychische Folgen: Trauer, Depression, extreme Abhängigkeit, Nichteinschätzenkönnen der Vertrauenswürdigkeit anderer, Misstrauen, vor allem gegenüber Männern, Ärger, Feindseligkeit als Ausdruck von Rachewünschen, erhöhte Vulnerabilität für weitere Missbrauchserfahrungen und Ausbeutung in intimen Beziehungen.
Symptome: Anklammerungsverhalten, aggressives Verhalten, Delinquenz als Weitergabe der Verratsdynamik an unbeteiligte Dritte, transgenerationale Weitergabe an die eigenen Kinder.

4) Ohnmacht
Dynamik: Die Körpergrenzen werden gegen den Willen des Kindes überschritten; es werden Gewalt oder Manipulation eingesetzt, um das Kind zu verführen; das Kind fühlt sich unfähig, sich selbst zu schützen oder den Missbrauch zu stoppen; das Kind kann sich nicht glaubwürdig mitteilen.
Psychische Folgen: Gefühl hoher Verletzbarkeit der Körpergrenzen, Angst, verringertes Gefühl der Selbstwirksamkeit, Selbstwahrnehmung als schutzloses Opfer, verstärktes Kontrollbedürfnis, Identifikation mit dem Aggressor.
Symptome: Albträume, Phobien, somatische Beschwerden, Ess- und Schlafstörungen, Depression, Dissoziation, Weglaufen, Schulprobleme, Schuleschwänzen, Probleme am Arbeitsplatz, Gefahr der Revictimisierung aufgrund der erlernten Hilflosigkeit, ungesteuert aggressives Verhalten bis hin zur Delinquenz, Übernahme der Täterrolle, um Ohnmacht in Allmacht zu verkehren.

5) Parentifizierung und verzerrte soziale Rollenzuweisung[17]
Dynamik: Das Kind wird in eine Erwachsenen-, oft in eine Elternrolle gedrängt. Durch den missbrauchenden Erwachsenen erhält es besondere Zuwendung, wird altersinadäquat belohnt und bekommt den Geschwistern und Gleichaltrigen ge-

17 Diese Dynamik ist nach Fischer & Riedesser bei innerfamiliärem Missbrauch zu beobachten.

genüber eine Vorrangstellung zugewiesen. Diese geht einher mit dem Verlust der eigenen Kindheit und Kindlichkeit, in der Fachliteratur bisweilen als Orphanisierung (von engl. orphan = Waise), als „Verwaisung“ bezeichnet.
Psychische Folgen: Geringe Frustrationstoleranz, Distanzverlust, Umkehr der Generationenrolle, Verlust der Kindheit.
Symptome: Störungen des Sozialverhaltens, anspruchliches dominierendes, manipulatives Verhalten, Konflikte mit Gleichaltrigen, Rivalität und Machtkämpfe mit Erwachsenen, frühreifes, pseudoerwachsenens Ausdrucksverhalten.
(Fischer & Riedesser, 2009, S. 304ff.).

Die traumatische Situation ist beim sexuellen Kindesmissbrauch häufig durch ein langjähriges Beziehungstrauma gekennzeichnet. Langzeitfolgen nach sexuellem Missbrauch treten sowohl in spezifischen als auch unspezifischen Formen in Erscheinung und werden auf unterschiedlichen Stufen untersucht.[18] Die im Erwachsenenalter auftretenden Störungsbilder lassen sich in komplexe posttraumatische Syndrome zusammenfassen.

2.9 Zusammenfassung

Die dargestellten theoretischen Grundlagen beschäftigten sich mit dem Phänomen psychischer Traumatisierung. Die Auswirkungen eines Psychotraumas wurden u. a. hinsichtlich seiner Entstehung und seiner Verlaufsform anhand der Konzepte von *Traumaschema* und *traumakompensatorisches Schema* beschrieben, innerhalb derer Symptombildung und der Wechsel von Symptomen im Kontext des traumatischen Prozesses zu verstehen sind. Die diagnostische Einordnung psychotraumatischer Symptome beruht auf dem Verständnis, seelische Verletzungen bis in die biologische Ebene hinein zu betrachten, um die Traumaphänomene auch aus der Schädigung des neurobiologischen, physiologischen und hormonellen Systems zu erklären. Dies ist von großer Bedeutung, da ein Psychotrauma für einen Außenstehenden nicht sichtbar ist und daher weniger real zu sein scheint im Unterschied zu sichtbaren körperlichen Verletzungen. Die Einsicht in die Realität psychischer Verletzungen erfordert die Einsicht in die Realität psychischer Vorgänge (Fischer & Riedesser, 2009, S. 25). Das bedeutet, die Wahrnehmung genau so als real anzuerkennen wir den Wahrnehmungsgegenstand. Letztlich ist Wahrnehmung ohne den Wahrnehmungsgegenstand nicht denkbar. Lange Zeit wurde der psychologische Gegenstand – das nicht sichtbare psychische Erlebniszentrum – aus der Wissenschaft verbannt, und somit blieben auch die psychischen Verletzungen unsichtbar. Manche Konzepte innerhalb der ‚wissenschaftlichen Gemeinschaft‘ beruhen auf Abwehrstrategien, ähnlich derer von verletzten Individuen: der reflexhafte Schutz vor der Wahrnehmung psychischer Verletzungen. Dieser *unsichtbare* Gegenstand

18 v. a. auf der Ebene der psychiatrischen und psychosomatischen Krankheitsbilder, jedoch können durch eine Analyse der traumatischen Prozess-Strukturen Missbrauchsfolgen auch unterhalb klinischer Krankheitsbilder aufgezeigt werden (vgl. Fischer & Riedesser, 2009, S. 312).

und die Abwehr verhindern manchmal den Zugang zur Psychotraumatologie. Als Wissenschaft untersucht sie vor allem die Verletzlichkeit psychologischer und psychosozialer Systeme (ebd., S. 26).

Das nächste Kapitel stellt Therapie-Strategien der traumazentrierten Psychotherapie in den Fokus.

3. Traumatherapie

Eine angemessene Verarbeitung des Traumas kann erst beginnen, wenn ein belastendes Ereignis ein objektives Ende gefunden hat und wenn die gemachte Erfahrung so vollständig wie möglich mit den dazugehörigen affektiven Komponenten wie Angst, Hilflosigkeit und Ohnmacht im Gehirn repräsentiert ist und diese auch in den richtigen Erinnerungsspeicher transportiert werden kann. Traumatisierte Menschen befinden sich im Konflikt zwischen dem Wunsch, furchtbare Ereignisse zu verleugnen, und dem Wunsch, sie auszusprechen. Das „[...] ist die zentrale Dialektik des psychischen Traumas" (Herman, 2003, S. 9). Die Erinnerungen traumatisierter Menschen sind häufig bruchstückhaft und widersprüchlich, sodass sie unglaubwürdig erscheinen. Auch Zeugen unterliegen dieser Dialektik des Traumas. Dem Beobachter gelingt es kaum, einen klaren Kopf zu bewahren, und für das unfassbar Gehörte die richtigen Worte zu finden und wieder zu geben. Zeugen setzen dadurch ihre Glaubwürdigkeit aufs Spiel (ebd.). Für die Arbeit mit traumatisieren Menschen ist daher ein hohes Maß an Auseinandersetzung mit dieser komplexen Dynamik erforderlich. Ebenso sind Reflexionsvermögen und Problembewältigungskompetenz für Therapeuten unabdingbar. Wichtige Vorbedingungen und Grundregeln für die Traumabehandlung müssen vor Beginn der Zusammenarbeit zwischen Patient und Therapeut besprochen werden. Ebenso müssen Möglichkeiten und Grenzen ausgelotet werden. Therapeuten sind wohlwollende Fürsprecher für die Patienten, aber nicht deren Retter. Diese Hoffnung kann nicht erfüllt werden, jedoch kann die bestmögliche Unterstützung und Begleitung für den Therapieprozess auch im Sinne eines Lernprozesses zugesichert werden. Meist wird weniger von „Heilung" als von „Integration des Traumas" (Huber, 2006, S. 22) gesprochen, und eine Einzelperson kann meist kein Trauma *heilen.* Es braucht die Unterstützung eines Teams, „[...] da die Gefahr sehr groß ist, sich als Therapeutin aufgrund der Heftigkeit der Übertragungsbeziehungen und Reinszenierungen beruflich und privat zu überlasten" (Weiß, 2005, S. 40). Aus all diesen Überlegungen heraus scheint eine Auseinandersetzung mit therapeutischer Haltung und therapeutischem Stil essenziell für die Arbeit mit traumatisierten Menschen, und es fällt auf, dass trotz unterschiedlicher therapeutischer Richtungen ein bereits hohes Maß an Übereinstimmung existiert. Der erste Abschnitt in diesem Kapitel widmet sich diesem Thema.

3.1 Die therapeutische Grundhaltung

Michaela Huber weist in ihren Ausführungen besonders deutlich darauf hin, dass vor allem für früh traumatisierte Menschen, deren Grenzen häufig überschritten wurden, das Wissen und die Wahrung von Grenzen besonders wichtig sind. Durch traumatisierende Beziehungserfahrungen können bei Patienten sowohl Misstrauen und Skepsis als auch überzogene Erwartungen existieren. „[…] Traumatherapie ist weder eine Freundschaft noch eine Mutter-Kind-Beziehung […]“ (Huber, 2006, S. 27). Keinesfalls darf sie eine Wiederholung der Täter-Opfer-Beziehung sein. Die wechselseitige Sympathie ist – wie übrigens für jede Psychotherapie – eine wesentliche Voraussetzung, damit eine respektvolle Arbeitsbeziehung zustande kommen kann (ebd.).

In Anlehnung an Huber sollen im Folgenden einige ethische Grundregeln, die als ungeschriebene Gesetze in die Traumatherapie Eingang gefunden haben, und die meines Erachtens für eine traumaadaptierte Musiktherapie ebenso Gültigkeit haben, erläutert werden.

Gemeinsamer Behandlungsplan

Therapeutin und Patientin planen die Behandlung gemeinsam. Weitere Faktoren, die vor Therapiebeginn genau geklärt werden müssen, sind die geplante Therapiedauer und die Kosten. Abgesehen von den jeweiligen Rahmenbedingungen, ob Klinik, ambulante Therapie oder freie Praxis, ist es besonders für traumatisierte Menschen von enormer Bedeutung, dass sämtliche Veränderungen die Therapeutin früh genug bekannt gibt. Jede unvorhergesehene Veränderung kann für die Patientin eine weitere Bedrohung bedeuten. Je weiter die Traumatisierung zurückliegt, umso mehr ist die Therapeutin mit sämtlichen Abwehrmechanismen der gesamten Persönlichkeit konfrontiert (Huber, 2006, S. 28ff.).

Pragmatisches und respektvolles Arbeitsbündnis

Das Arbeitsverhältnis zwischen Therapeutin und Patientin versteht sich als ein *nicht-hierarchisches* in dem Sinne, dass die Therapeutin nicht glaubt, sie wisse besser über die Patientin Bescheid, als die Patientin selbst (Huber, 2006, S. 31). Durch die *traumatherapeutische Grundhaltung* hat in gewisser Weise ein Paradigmenwechsel vor allem in psychodynamischen Therapierichtungen stattgefunden. Weder geht es – wie es in einem psychoanalytischen Therapieverständnis der Fall wäre – um Deutungen oder um ein Übertragungsgeschehen, noch wird eine Konfliktdynamik in Gang gesetzt. Die Patientin ist die Auftraggeberin und mit der Therapeutin wird der Therapieauftrag ausgehandelt (ebd.).

Die Patientin ist die Expertin ihres Lebens

Es wird davon ausgegangen, dass traumatisierte Menschen – bzw. deren Unbewusstes – die Lösungen für ihre Probleme am besten wissen. Die Gedächtnisforschung besagt, dass alle wichtigen Informationen – das gesamte Traumamaterial – gespeichert ist, jedoch die Person aufgrund dissoziativer Prozesse, welche möglicherweise aufgrund jahrelanger Traumatisierungen entstanden sind, nicht genügend aus den Erfahrungen lernen konnte. Dieser Lernprozess soll in der Therapie nachgeholt werden, indem die Therapeutin die Klientin im Prozess begleitet und sie dabei unterstützt, ihre eigene Wahrheit zu finden (ebd.).

Subjektivität und Intersubjektivität

Theoretische bzw. abstrakt gewonnene Modelle finden nicht von vorne herein auf die praktische traumazentrierte Psychotherapie Anwendung. Erkenntnisse werden innerhalb des Therapieprozesses gewonnen. Huber meint, dass nur während des Diagnoseprozesses sowie bei der Schlusserhebung sich die Therapeutin einen *objektivierbaren* Blick erlaubt, der eher als inter-subjektiv zu bezeichnen ist. Das bedeutet jedoch nicht, dass nicht alles sorgfältig zu überprüfen ist. Anonymisierte Daten werden ausgewertet und sollen ggf. in einer Vorher-Nachher-Messung bzw. in wissenschaftlichen Studien eine Überprüfung der Wirksamkeit des therapeutischen Prozesses ermöglichen. Es gilt der praktische Erfolg als entscheidendes Kriterium. Hilfreiche Interventionen werden weitergegeben bzw. soll vor fehlgeschlagenen Interventionen gewarnt werden. Das betrifft vor allem therapeutische Techniken im Rahmen der Konfrontationsbehandlung, die anstatt einer Integration des Traumas zu Retraumatisierung führen können (ebd., S. 32).

Die „empathische Abstinenz" der Therapeutin

Empathie bedeutet im weiteren Sinne *Mitschwingen*. Bindungsforscher und Musiktherapeuten verwenden den Begriff *attunement* bzw. Feinabstimmung. Dies ist ein zentrales Element für eine gute Arbeitsbeziehung. Abstinenz ist wichtig, damit die Patientin nicht erneut in alte Mechanismen, Rollenspiele, Täter-Opfer- bzw. Täter-Retter-Spaltungen verstrickt wird. Diese freundlich-solidarische Haltung hat sich als unerlässlich für eine erfolgreiche Traumatherapie erwiesen. Es gehört zum Ethos der Psychotraumatologie, Empathie und Abstinenz miteinander zu verbinden (vgl. Fischer & Riedesser, 2009). Therapeutinnen sind keine neutrale Projektionsfläche und wollen auch nicht objektiv sein, da die Gefahr einer Täterübertragung sehr hoch ist. Huber weist darauf hin, dass vor allem früh und langjährig gequälte Patientinnen ein feines Gespür dafür haben, wann eine Therapeutin versucht, die Patientin zum Objekt zu machen. Als Reaktion geschieht entweder Verweigerung oder eine Wiederholung der Täter-Opfer-Dynamik. Diese notwendige Forderung nach empathischer Abstinenz ist schwierig einzuhalten, da nicht selten die Patientin Rettungsappelle an die Therapeutin richtet. Ziel ist es, dass Patientinnen im Nachhinein kaum noch merken, dass sie unterstützt worden sind, sondern das Gefühl haben, „[…] eine organische eigene Entwicklung genommen zu haben" (Huber, 2006, S. 34).

Die Therapeutin verändert sich im Prozess der Traumatherapie

Während einer Traumatherapie erlebt sich die Therapeutin in einer Doppelfunktion. Sie ist sowohl Expertin als auch Lernende in der konkreten Praxis mit der Patientin (ebd. S. 35). Das Anhören unfassbarer Gewaltgeschichten bringt Therapeutinnen an nie gekannte Grenzen, gerade wenn durch zwischenmenschliche

Traumatisierungen der Täter *über alle Grenzen* der Patientin ging. Bewusst und unbewusst fordert die Patientin die Therapeutin zu Grenzerfahrungen und Grenzüberschreitungen heraus. Die Versuchung dabei, als Therapeutin zynisch zu werden und sich abzuhärten, ist groß. Letztendlich liegt es an den Therapeutinnen, auf konstruktive Weise das umzusetzen, was den Patientinnen vermittelt wird. Auf gute Weise mit den Herausforderungen umzugehen lernen, standzuhalten, wo es standzuhalten gilt, und sich zu verändern, wo es sich zu verändern gilt (ebd.).

Die Therapeutin als Beziehungsvorbild

Dieser positive Vorbildcharakter bezieht sich vor allem darauf, mit sich und anderen respektvoll und achtsam umzugehen, auch im therapeutischen Beziehungsgeschehen. Diese scheinbare Selbstverständlichkeit wird bewusst als Vereinbarung getroffen und ist für diejenigen Patientinnen, die von früher Kindheit an missbräuchliche und ausbeuterische Beziehungen erfahren haben, unerlässlich (ebd., S. 36).

Die Asymmetrie in der Beziehung

Sämtliche Unterschiede zwischen Therapeutin und Patientin, seien sie geschlechtsspezifisch, kulturspezifisch und/oder schichtspezifisch, müssen u. a. in Bezug auf Übertragungsphänomene beachtet und reflektiert werden. Männliche Therapeuten sind häufig mit einer Täterübertragung konfrontiert, die eine aktive Täterrolle beinhalten kann. Weibliche Therapeuten geraten oft in ein Übertragungsgeschehen, das eher mit Bagatellisieren und Wegschauen zu tun hat. Diese Übertragungen gilt es ebenso zu reflektieren wie die eigene Gegenübertragung, um nicht in eine Reaktion von Rechtfertigung hineinzugeraten. Huber appelliert in diesem Zusammenhang ausdrücklich an psychoanalytische Kollegen, sich Deutungen *ex cathedra* dringend zu verbieten. Deutungen würden zu einem Machtkampf innerhalb der Therapie führen. Komplex traumatisierte Patientinnen würden sich tendenziell unterwerfen anstatt einen Therapiefortschritt zu machen (ebd., S. 37). Diese Aspekte und viele mehr spielen nicht nur im Hinblick auf Übertragungsphänomene eine Rolle. Der Blick für diese Ungleichheiten ist auch ein wesentlicher Bestandteil im Therapieprozess und von entscheidender Bedeutung für das Beziehungsgeschehen. Das Wissen der Patientin um das *anders sein* birgt Chancen, z. B. die Erfahrung, dass sich Differenzen überbrücken lassen können, es birgt Enttäuschungen, denn manche Differenzen bleiben unüberbrückbar, und nicht zuletzt ist dieses Wissen mit Trauer verbunden. Entscheidend für die Patientin ist die Begegnung mit der Therapeutin, die ihr Anderssein anerkennt (ebd. S. 39).

Die Therapeutin denkt ganzheitlich und systemisch

Das *ganzheitliche* und *systemische Denken* bezieht sich in diesem Zusammenhang besonders auf die Spaltungsprozesse[19], von denen traumatisierte Menschen häufig betroffen sind. Das therapeutische Wissen um opfer- als auch täteridentifizierte

19 Spaltungsprozesse werden im Abschnitt Ego-State-Therapie ausführlich dargestellt.

oder täterloyale Anteile ist nötig, um als Therapeutin nicht auf eine Seite der inneren Täter-Opfer-Spaltung gezogen zu werden. Die Therapeutin behält alle Persönlichkeitsanteile im Blickfeld, mehr als dies der Patientin möglich ist. Die Therapeutin akzeptiert alle Bereiche und lädt diese in die Behandlung ein. Huber nennt eine Dreiteilung, die oftmals in der Persönlichkeit vorkommt: „die Alltagsperson (Host), die depressiv-verzweifelten Anteile und die zerstörerischen (destruktiven)“ (ebd. S. 40).

Der Zeitpunkt für die Traumaexposition

Der richtige Zeitpunkt für ein Durcharbeiten muss gründlich erwogen werden. Die zuvor hergestellte vertrauensvolle therapeutische Arbeitsbeziehung, die äußere und innere Sicherheit sind Voraussetzung für die Arbeit am unmittelbaren Traumamaterial. Bei Monotraumata können diese Voraussetzungen manchmal schnell erfüllt sein und man kann somit mit der Durcharbeitung beginnen. Bei komplexer posttraumatischer Belastungsstörung (komplexe PTSD) benötigt es meist viel mehr Zeit, bevor mit Traumaexposition begonnen werden kann. Aber auch hier muss die Therapeutin reflektiert genug sein, damit nicht sie selbst das Haupthindernis für eine zügige Durcharbeitung darstellt, aus Angst vor heftigen Gefühlen der Patientin. Manchmal können bestimmte Traumata früher bearbeitet werden als die restlichen. Solche erste *Trauma-Integrationen* können bereits enorme Entlastung bewirken (ebd., S. 41).

Huber führt in ihren Grundhaltungen der Traumaarbeit noch weitere wichtige Punkte an, welche die Therapeutin außerhalb und innerhalb des Settings berücksichtigt: Die Bildung eines professionellen Unterstützungsnetzwerkes für die Patientin, die Förderung eines unterstützenden sozialen Netzes, die Therapeutin, die sich nicht zur Komplizin der schlechten Verhältnisse macht, die Selbst- und Fremdgefährdung zum vorrangigen Thema macht und eine Traumaexposition nur bei ausreichender Stabilität und einer guten Arbeitsbeziehung durchführt. Abschließend bzw. vorweg sei darauf hingewiesen, dass ein gewisses Maß an Traumaexposition für eine erfolgreiche Traumaintegration unerlässlich ist und zeitlich so kurz wie möglich andauern soll. Es kann jedoch sein, dass bei mangelnder Stabilität der Patientin auf eine Exposition gänzlich verzichtet werden muss (ebd. S. 47).

3.2 Behandlungsansätze

Nicht jede Therapieform ist gleichermaßen für alle Betroffenen geeignet, schon gar nicht für traumatisierte Menschen: Sowohl die individuelle Unterschiedlichkeit als auch die Ausprägung traumatischer Syndrome müssen auf die jeweilige Therapie abgestimmt werden. „Das Spektrum traumatischer Störungen reicht von den Folgen eines einzigen, überwältigenden Ereignisses bis zu den vielschichtigen Folgen lang anhaltenden und wiederholten Missbrauchs“ (Herman, 2003, S. 11). Innerhalb traumazentrierter Psychotherapie müssen einzelne Therapieformen individuell adaptiert werden. Unabhängig von den therapeutischen Richtungen bedarf es effektiver Behandlungskonzepte, die eine ganzheitliche Betrachtungsweise von ätiologischen, pathogenetischen, psychophysiologischen und psychodynamischen Auswirkungen auf das Individuum berücksichtigen. Mit anderen Worten, es bedarf integrativer Konzepte, die sowohl psychodynamische als auch behaviorale Elemente miteinander verknüpfen, um den therapeutischen Basisstrategien *Information, Transparenz und Kontrolle* Rechnung zu tragen (vgl. Lehmann, 2008). Mittlerweile geht es nicht mehr um Abgrenzung einzelner Therapieformen voneinander, sondern um eine interdisziplinäre Zusammenarbeit und Diskussion, die auch der Überprüfung von Wirksamkeit traumatherapeutischer Behandlungsansätze dienen soll. *Die* Traumatherapie an sich gibt es nicht und der Begriff wirkt verfälschend. Tatsächlich geht es um gegenwärtige Symptomatik, und in weiterer Folge um die Bearbeitung der Erinnerungen an das Trauma (vgl. Sack, 2010, S. 5).

3.2.1 Psychotraumatologisch fundierte Psychotherapie (PFP)

Nachdem sich bereits mehrere Therapiemethoden etabliert haben, sollten diese bestimmten Kriterien entsprechen, um als anerkannte Verfahren innerhalb der Psychotraumatologie zu gelten. Fischer & Riedesser haben im Rahmen ihres Kriterienkatalogs 8 Punkte ausformuliert, die die Frage überprüfen, ob psychotraumatologisch fundierte Konzepte vorliegen, die den Anforderungen der klinischen Praxis und den wissenschaftlichen Ansprüchen genügen:

1. Lehrbuchartige Darstellung, günstigenfalls Manualisierung von Behandlungsprinzipien, die an der Ätiopathogenese von Trauma-Folgeerkrankungen ausgerichtet sind.
2. Adaption der empfohlenen Behandlungstechnik für einfache (Typ-I) und komplexe (Typ-II), akute und chronifizierte psychotraumatische Störungen einschließlich psychotraumatisch bedingter Persönlichkeitsstörungen. Bezüglich des Chronifizierungsgrades können Einteilung und Indikationsspektrum der MPTT zugrunde gelegt werden:
   - Akute Traumatisierung. Das traumatische Ereignis liegt nicht länger als maximal ein Jahr zurück. MPTT-Therapieindikation: 5–15 Sitzungen
   - Mittelfristiger traumatischer Prozess. Das Ereignis bzw. die belastenden Umstände finden im Allgemeinen im Erwachsenenalter statt und liegen bereits über ein Jahr zurück. MPTT-Therapieindikation: 15–20 Sitzungen, je nach weiteren Komplikationen
   - Langfristiger traumatischer Prozess, Z. B. Kindheitstrauma, schwere komplexe Traumatisierung. MPTT-Therapieindikation: In der Regel 40–80 Sitzungen, evtl. 120 Sitzungen.
3. Ein psychotraumatologisch begründetes Mehr-Ebenen-Prozessmodell (Veränderungsmodell) für akute und chronifizierte Störungen, zusätzlich zur Manualisierung von Behandlungsprinzipien unter (1).
4. Individualisierte Diagnostik traumaassoziierter Nosologie und Ätiopathogenese, hierauf basierende Beziehungsgestaltung und Therapieplanung.
5. Abwandlung der Therapieführung nach persönlichkeitsspezifischen Parametern.

6. Systematische Adaption von Diagnostik und Therapieführung an die wichtigsten Gebiete der Speziellen Psychotraumatologie (Unfälle, Gewalt, Katastrophen usf.).
7. Adaption an verschiedene Settings, wie stationär vs. ambulant, Paar-, Familien- und Gruppentherapie, Lebensaltersgruppen.
8. Evaluationsstudien nach unterschiedlichen Methodentypen (kontrollierter Gruppenvergleich, klinische Feldstudie, systematische Fallstudien) mit konvergentem Ergebnis aus mindestens zwei unterschiedlichen Studientypen (entsprechend dem intermethodalen Konvergenzprinzip).

(Anforderungsprofil der psychotraumatologisch fundierten Psychotherapie (PFP) Fischer & Riedesser, 2009, S. 248)

In Anlehnung an das von Fischer & Riedesser entwickelte Anforderungsprofil haben sich derzeit drei wesentliche Behandlungsansätze herauskristallisiert.[20] Die kognitive Verhaltenstherapie, das EMDR (Eye movement desensitization and reprocessing) und die psychodynamische Traumatherapie.

1. Innerhalb der kognitiven Verhaltenstherapie werden die Systemische Desensitisierung (SD)[21] nach Wolpe (1958) und die Prolonged Exposure (PE)[22] nach Rothbaum und Foa (1997) als wirksame und als weitgehend manualisierte Techniken für akute und mittelfristige Traumatisierung gesehen. Für chronifizierte psychotraumatische Störungen liegt nach Fischer & Riedesser bislang keine Adaption vor, und es bleiben in Bezug auf Grundregeln der Traumatherapie die Aspekte der Prozessorientierung und ein spezifisches Konzept für Beziehungsgestaltung in der Traumatherapie fraglich (Fischer & Riedesser, 2009, S. 246).
2. EMDR[23] ist als traumabearbeitende Technik manualisiert und eignet sich, ähnlich der SD und der PE, für Akuttrauma und mittelfristige traumatische Prozesse. Besonders wirkungsvoll erweist sich EMDR „[...] wenn es darum geht, Traumamaterial zu prozessieren und Vergangenes von Gegenwärtigem zu unterscheiden“ (Huber, 2006, S. 246). Dieser Vorgang wird als bilaterale Stimulation bezeichnet und ermöglicht ein Abklingen stressbegleitender Affekte und eine distanzierte Betrachtung des Traumamaterials. Eine Indikation für komplexe Traumata und für langfristige traumatische Prozesse wird von Vertretern des EMDR uneinheitlich gehandhabt. Besonders Huber warnt vor einer verfrühten Anwendung dieser Technik, denn ohne vorherige Stabilisierung könne es vor allem bei schwer leidenden Patientinnen durch die bipolare Stimulation der Hirnhemisphären – gemeint sind Augenbewegungen, oder tak-

20 Auf die umfassenden Kriterien des Anforderungsprofils in Bezug auf die hier dargestellten Behandlungsansätze von Fischer & Riedesser wird in dieser Arbeit nur in Hinblick auf das Kriterium 2 eingegangen.

21 Um ein Habituationslernen zu fördern, wird ein traumatischer Reiz z. B. mit einer Entspannungsübung gekoppelt (ebd.).

22 Es finden neun Einzelsitzungen zu je 90 Minuten statt. „Ab der dritten Sitzung geht die Patientin die erschreckenden Stimuli in wörtlicher Rede durch, bis die Angstreation nachlässt“ (Fischer & Riedesser, 2009, S. 250).

23 Schnelle instinktive Augenbewegungen sowohl im Schlaf als auch im Wachbewusstsein lassen einen lösungsorientierten Verarbeitungsprozess vermuten, den sich die Technik EMDR zunutze macht: Während der Traumadurcharbeitung werden bei der Patientin schnelle Augenbewegungen gezielt induziert.

tile abwechselnde links-rechts-Reize an den Händen oder akustische Signale – zu einer Dekompensation der Persönlichkeit kommen (ebd., S. 248f.). Der Empfehlung von Shapiro (1995) entsprechend, wird EMDR als Modul in psychodynamische und verhaltenstherapeutische Prozesse integriert (vgl. Fischer & Riedesser, 2009, S. 251).

3. Die Psychodynamische Traumatherapie (PTT), die aus der Psychoanalyse heraus entwickelt wurde, hat eigenständige Methoden und Behandlungsregeln in ein weiterhin genuin psychodynamisches Prozessmodell erstellt. Der Einbezug von Trainingselementen wird begründet in dem Verständnis, dass die traumakompensatorischen Fähigkeiten der Patientinnen u. a. durch den Einsatz von Übungen unterstützt werden können. Die beiden Verfahren Psychodynamisch Imaginative Traumatherapie (PITT[24]) nach Reddemann (2008) und die Mehrdimensionale Psychodynamische Traumatherapie (MPTT[25]) nach Fischer (2000) sind vor allem durch ihren Einbezug von Übungselementen in der Stabilisierungsphase charakterisiert. Es liegt eine Adaption für chronifizierte und komplexe psychotraumatische Störungen vor (vgl. Fischer & Riedesser, 2009, S. 252).

3.2.2 Das Phasenmodell

Innerhalb traumazentrierter Therapieformen hat sich ein gemeinsames Grundmodell entwickelt, das auf Pierre Janets Konzept der traumatischen Hysterie zurückzuführen ist (Fischer & Riedesser, 2009; Huber, 2006; Sachsse, 2004; Reddemann, 2008). Es beinhaltet im Wesentlichen die drei Phasen *Stabilisierung – Traumaexposition/Traumakonfrontation – Traumaintegration.* Dieses Phasenmodell dient als Therapie-Strategie für eine traumazentrierte Psychotherapie. Die einzelnen Phasen dürfen nicht als linear oder voneinander getrennt verstanden werden, viel mehr wechseln sie sich dynamisch ab, beeinflussen sich gegenseitig und stehen eher komplex zueinander (Sachsse, 2004d, S. 198).

Die Stabilisierungsphase als erste Phase gilt v. a. im deutschen und niederländischen Sprachraum als die längste und wichtigste Phase und wird als unabdingbarer Bestandteil besonders in Hinblick auf komplexe Traumafolgestörungen jeder erfolgreichen Traumatherapie verstanden (Huber, 2006; Reddemann 2008; Sachsse, 2004). Ihr zentrales Element liegt in der Herstellung von Sicherheit und in der Herstellung körperlicher, psychischer und sozialer Stabilität u. a. durch gezielte Ressourcen-Aktivierung. Vor diesem Hintergrund sollen in dieser Arbeit die Aspekte der *Psychischen Stabilisierung* und ihre Techniken besonders genau untersucht werden, vor allem in Hinblick auf musiktherapeutische Techniken und ihre traumaspezifischen Modifikationen.

---

24 PITT wird im Abschnitt Phasenmodell ausführlicher beschrieben, da es für die Behandlung komplex psychotraumatischer Störungen im (teil)-stationären Rahmen entwickelt wurde und es im Hinblick auf eine traumaadaptierte Musiktherapie im stationären Bereich für komplexe Traumafolgestörungen hilfreiche Inhalte anbietet.

25 MPTT wurde von Gottfried Fischer ebenfalls zur Behandlung komplexer PTSD entwickelt (Fischer, 2000).

Die Traumaexposition als zweite Phase beinhaltet das aktive Erinnern an die traumatischen Erfahrungen i. S. v. Traumakonfrontation oder Traumadurcharbeitung mit Hilfe unterschiedlicher Techniken (siehe Abschnitt 3.2.1). Im Falle komplexer Traumafolgestörung gilt, dass nach jeder Traumakonfrontation erneut Stabilität zu erarbeiten ist.

In der dritten Phase, der Integration und des Neubeginns, soll das Trauma in die individuelle Lebensgeschichte integriert werden. Ebenso soll eine (Re)Integration der Person in ihr altes oder neues soziales Umfeld stattfinden.

3.2.3 Traumatherapeutische Verfahren nach dem Phasenmodell

In den traumatherapeutischen Verfahren, die man mittlerweile auch *Schulen* nennen könnte, besteht mehr oder weniger Einigkeit, was den grundsätzlichen Ablauf des Phasenmodells anbelangt, wenn auch die Phasen nicht als linear verstanden werden dürfen. Unterschiede zeigen sich in der Gewichtung einzelner Aspekte innerhalb der jeweiligen Phasen. Die Verfahren nach Huber, Reddemann, Reddemann & Sachsse, Besser und Philips & Frederick werden vergleichend skizziert. In der Einteilung von Huber und Reddemann bzw. Reddemann & Sachsse richtet sich deren Schwerpunkt auf komplex traumatisierte Menschen. Den psychischen Stabilisierungsmöglichkeiten wird im Folgenden große Aufmerksamkeit geschenkt.

1. Nach Michaela Huber:

In ihrem Buch „Wege der Traumabehandlung“ (2006) erwägt sie ausführlich, welche therapeutischen Interventionen bei Langzeittraumata sich als sinnvoll und nützlich erwiesen haben. Weder ein zu schnelles Konfrontieren noch ein dauerhaftes Schweigen gilt als zielführend. Huber bezieht sich auf Methoden[26], die vor allem in Deutschland, aber auch weltweit angewendet werden. Sie weist auf die Notwendigkeit von Langzeitstudien hin, um bestimmte therapeutische Methoden zu etablieren, die langfristig helfen. Sie fügt jedoch auch hinzu, dass die beschrittenen Wege der Ergänzung, Erweiterung und kreativen Neuentwicklung harren und ermutigt sowohl Betroffene als auch professionelle Helferinnen, sich daran zu beteiligen (vgl. Huber, 2006, S. 12f.). Huber teilt die Stadien wie folgt ein:

Stadien der Traumabehandlung

A. Basics:
   - Keine weitere Traumatisierung;
   - Aufbau einer tragfähigen, vertrauensvollen therapeutischen Arbeitsbeziehung.

B. Stabilisierung:
   - Aufbau von Affektmodulation und Affektkontrolle (Selbstkontrolle, Suizidalität etc. steuern);

26 Hubers angewandte verbale und nonverbale Methoden beinhalten u. a. Übungen zur Ressourcen-Aktivierung, zum Schutz und zum Stress-Coping und imaginative Verfahren, die im Kapitel 3.2.6 detailliert beschrieben werden.

- Selbst-Rückgriff auf Ressourcen erlernen;
- Ich-Struktur und soziales Netz aufbauen;
- Erlernen von Selbstfürsorglichkeit und Fürsorglichkeit für Schutzbefohlene, auch in Stresssituationen;
- Aufbau von Beziehungs- und Konfliktfähigkeit;
- Berufstätigkeit oder andere sinnvolle Tätigkeit.

C. Distanzierung von Traumamaterial:
- (u. a. durch Erlernen imaginativer Hilfstechniken wie Sicherer Ort, Tresor, Bildschirmtechnik).

D. Durcharbeitung des Traumas durch Exposition:
- Mithilfe der Bildschirmtechnik als Traumasynthese
- und/oder durch EMDR.

E. Während des gesamten Prozesses von A bis D:
Integration, Trauerarbeit und Wiederanknüpfen an vor-traumatische Stärken.

(Huber, 2006, S. 14)

2. Nach Luise Reddemann & Ulrich Sachsse – Imaginative traumazentrierte Psychotherapie

Hier geht es in der Phase der Stabilisierung in erster Linie um das Erreichen von Erregungs- und Affektkontrolle und um Kontrolle über dissoziatives Verhalten zu erlangen (Sachsse, 2004d, S. 192).

I Stabilisierung durch Utilisation von Dissoziation und Spaltung

nur schlecht	nur gut
Intrusionen, Flashbacks	Tresor-Übung, Dissoziations-Stopp
Derealisationen	
Panik, Furcht, Paranoia	Sicherer Innerer Ort
Chaotische Beziehungen	nur gute Innere Helfer
Unkontrollierte Spontanregressionen	Arbeit mit dem Inneren Kind
Selbst- und Fremddestruktivität	Arbeit mit Täter-Introjekten
Depersonalisation	Aromatherapie, Qi Gong, Feldenkrais

II Traumasynthese
- Zusammenführung von Wort, Bild, Affekt und Körpersensation (Gestalterleben)
- Umwandlung einer unkontrollierbaren Stressreaktion in eine kontrollierbare Stressreaktion
- Integration von Unsagbarem ins verbale Wachbewusstsein
  Durch bifolkale Aufmerksamkeit
  Durch Pendeln zwischen dem Dort-und-Damals und dem Hier-und-Jetzt
- Aufheben von Verarbeitungsbremsen auf der Hirnebene
- Verändertes Wiederdurchleben führt zur Veränderung der Erinnerung
- State dependent learning
  Durch Eye Movement Desensitization and Reprocessing (EMDR, Shapiro)
  Durch Bildschirm-Technik/Beobachter-Technik

III Trauer und Neuorientierung

(vgl. Sachsse, 2004d, S. 193)

3. Nach Luise Reddemann – PITT:

Die Psychodynamisch Imaginative Traumatherapie (PITT) beruht auf den Prinzipien der psychodynamischen Psychotherapie und wurde von Luise Reddemann ebenfalls für die Behandlung von komplex traumatisierten Patienten mit komplexen Traumafolgeerkrankungen entwickelt. Darüber hinaus ist PITT aber auch mit anderen Verfahren, beispielsweise mit der Mehrdimensionalen Psychodynamischen Traumatherapie (MPTT) nach Fischer (2000) kombinierbar. Ebenso können die stabilisierenden Teile von PITT mit der Methode EMDR angewandt werden. Reddemann betont, dass in diesem Verfahren die traumakonfrontative Arbeit durch äußerste Behutsamkeit gekennzeichnet ist. Ihrer Behandlungsphilosophie entsprechend, nehmen die Bereiche, die sich auf Stabilisierung beziehen, wesentlich mehr Raum ein (Reddemann, 2008, S. 15). Bedeutsam scheint der Hinweis, dass PITT aufgrund der erprobten Imaginations-*Übungen* von einigen Kollegen fälschlicherweise als übendes Verfahren eingestuft wird. Jedoch basiert PITT auf dem Boden der analytischen und der tiefenpsychologisch fundierten Psychotherapie (AP und TP): Ausgehend davon, dass Menschen mit einer posttraumatischen Störung immer auch an innerseelischen Konflikten leiden. Ihrer Meinung nach ist die ausschließliche Konfliktorientierung genau so problematisch wie die ausschließliche Traumaorientierung. Ihre Einteilung sieht in der Kapitelstruktur folgendermaßen aus:

Phasen der Traumatherapie
- Der Beginn der Behandlung
  - Beziehungsaufnahme
  - Anamnese
- Stabilisierung
  - Äußere Sicherheit
  - Psychoedukation
  - Imaginationsübungen
  - Die Arbeit mit dem „inneren Kind"
  - Arbeit mit Täterintrojekten
- Traumakonfrontation
  - Das BASK-Modell[27]
  - Beobachtertechnik
  - Bildschirmtechnik
- Integrationsphase

(vgl. Reddemann, 2008, S. 7ff.)

---

27 Das BASK-Modell gilt als hilfreiche Orientierung für die Traumakonfrontation und meint das Zusammenfügen folgender Bereiche: Verhalten-**B**ehaviour, Gefühl-**A**ffekt, Körper-Erleben-**S**ensation, Gedanken-**K**ognition. Wenn die Integration gelingt und die Dissoziation aufgehoben ist, stellt sich ein Gefühl von Erleichterung ein, ebenso das Gefühl, dass das Trauma vorbei ist. (Reddemann, 2008, S. 154f.)

Die Punkte Arbeit mit *dem inneren Kind* und die Arbeit mit *Täterintrojekten* werden im Abschnitt in den Verfahren und Techniken innerhalb der Stabilisierungsphase erläutert.

4. Nach Lutz Besser – KReST[28]

Stadien der Traumabehandlung
Phase 1
– Anamnese, Beziehungsaufbau, Diagnostik, Instruktion
Phase 2 Stabilisierungs-/Vorbereitungsphase
– Ressourcenmobilisation
Phase 3 Traumaexposition/Traumasynthese
– Screentechnik
– EMDR
– Körpertherapietechniken
Phase 4 Trauer- und Neuorientierungsphase
(Besser, 2006, S. 9)

5. Nach Maggi Phillips & Claire Frederick – SARI[29]

Stadien der Traumabehandlung
- Phase 1 Sicherheit und Stabilisierung
- Phase 2 Schaffung eines Zugangs zum Traumamaterial und den damit verbundenen Ressourcen
- Phase 3 Durcharbeiten der Traumaerfahrung und Restabilisierung
- Phase 4 Integration in die Persönlichkeit und Festigung der Identität.

(zit. nach Peichl, 2007, S. 180).

Aus den Modellen wird ersichtlich, dass vor bzw. am Beginn der Stabilisierungsphase noch entsprechende Aspekte berücksichtigt werden müssen. So hat sich das ursprünglich dreiphasige Traumatherapiemodell in gewisser Weise zum Vier-Phasen-Modell entwickelt. Die Vor-Phase vor Beginn der Stabilisierungsphase wird manchmal auch als *Orientierungsphase* bezeichnet (vgl. Lehmann, 2007). Der nächste Abschnitt soll als Annäherung an die eigentliche Stabilisierungsphase verstanden werden, wobei ein besonderes Augenmerk auf Psychoedukation und den sog. Basisstrategien liegt.

3.2.4 Die Orientierungsphase

Die Klärung äußerer Sicherheit und eine gewisse Vorhersagbarkeit ist die Voraussetzung für zielgerichtetes therapeutisches Handeln. Stabilisierung beansprucht häufig

---

28 KREST: **K**örper-, **R**essourcen- und **S**ystemorientierte **T**raumatherapie (Besser, 2006, S. 9)

29 SARI: **S**afety and **S**tabilization, **A**ccessing, **R**esolving and **R**estabilization, **I**ntegration and **I**dentity (Philips & Frederick, 2003).

die meiste Therapiezeit, weil die Traumabearbeitung einen sicheren Boden braucht braucht, der oft noch gar nicht vorhanden ist (Huber, 2006, S. 91). Vermittelte Basisstrategien innerhalb der Orientierungsphase bzw. zu Beginn der Behandlung sind für den Aufbau einer tragfähigen, vertrauensvollen therapeutischen Beziehung nötig, da bereits im Vorfeld viele Unsicherheiten ausgeräumt und Ängste abgebaut werden. Die hier vorgestellte Basisstrategie *Information, Transparenz und Kontrolle* ist meines Erachtens für eine traumaadaptierte Musiktherapie von Relevanz.

Basisstrategie: Information, Transparenz und Kontrolle als Psychoedukation

Ziel ist es, einen größtmöglichen Kontrast zur traumatischen Situation herzustellen. Die typischen Phänomene Chaos, Unvorhersagbarkeit, Kontrollverlust, Ohnmacht und Hilflosigkeit innerhalb traumatischer Situationen werden kontrastiert, indem verstehbare und transparente Informationen angeboten und ebenso ausreichende Kontrollmöglichkeiten eingeräumt werden. Basisstrategien tragen dazu bei, den traumaspezifischen Hyperarousal zu senken. Informationen an den Betroffenen über Trauma, Traumacoping und Traumafolgen auch *Psychoedukation* genannt, ist Bestandteil professioneller Interventionen und sollte bei traumatisierten Menschen in einem noch umfassenderen Sinn verstanden werden (vgl. Reddemann, 2008, S. 99f.). Das heißt, dass die Symptomatik als eine dem Überleben dienend und somit als sinnvoll anerkannt wird und dass möglicherweise mehr Mitteilung über die eigene Person und Personen innerhalb eines Teams nötig ist, als es üblicherweise in therapeutischen Vorgehensweisen der Fall ist. Im Weiteren wird auf mögliche traumaspezifische Reaktionen und Verarbeitungsverläufe, insbesondere auf deren Prozesshaftigkeit hingewiesen. Wenn Betroffene informiert werden, dass sich ihr Zustand im Laufe eines Therapieprozesses durch das Entstehen eines sog. *Trauma-U's* – im Sinne eines *U*-förmigen Verlaufes – zwischendurch verschlechtern kann, ist dies ein Beitrag zur Entpathologisierung.

Transparenz kann geschaffen werden, indem sämtliche organisatorische, infrastrukturelle und therapeutische Abläufe durch Ankündigungen durchschaubar gemacht werden.

Lehmann (2008) weist noch auf die Notwendigkeit eines klaren Ausdrucksverhaltens hin, z. B. der Übereinstimmung zwischen verbalen und nonverbalen Ausdruck, da interpersonell Traumatisierte ein sicheres Gespür für Inkongruenzen haben. An dieser Stelle erfolgt vorweg ein musiktherapeutischer Blick. Musiktherapie kann neben ihren vielfältigen Möglichkeiten gerade im musikalisch-improvisatorischen Geschehen einen wertvollen Beitrag diesbezüglich leisten: die empathisch wohlüberlegten und professionell eingesetzten musikalischen Ausdrucksmöglichkeiten, die Storz (1997, S. 119) als musiktherapeutische Grundtechniken versteht, eignen sich geradezu ideal für die Herstellung von Kongruenz und Transparenz. Sei es durch den eigenen musikalischen Ausdruck der Therapeutin als auch durch das Zusammenspiel mit der Patientin.

Ebenso ist die Dimension der stimmlichen Ausdrucksmöglichkeiten, des Sprechens und der Sprechpausen von Bedeutung. Längere und bedeutungsschwangere Gesprächspausen sind zu vermeiden. Eine klare und freundliche Sprechstimme beugt Retraumatisierungen vor. Opfer sexualisierter Gewalt waren manchmal über Jahre mit einer einschmeichelnden Täterstimme konfrontiert. Hier können frühzeitig Trigger vermieden bzw. identifiziert werden, indem Betroffene über traumaspezifische Auslöserreize informiert werden. Diese liegen häufig unter der bewussten Wahrnehmungsschwelle und können heftige Notfallreaktionen auslösen. Kontroll- und Steuerungsmöglichkeiten werden ebenfalls mit äußerster Sorgfalt etabliert. Die therapeutische Situation soll sich von den traumatischen Erfahrungen in möglichst allen Aspekten unterscheiden. Durch das explizite Angebot, Vertrauenspersonen zu Behandlungsbeginn mitzunehmen, kann ungewohnten Gesprächssituationen die Angst genommen werden. Das wiederholte Angebot zu Mitspracherecht und Wahlmöglichkeiten ohne zu einer Stellungnahme oder Aktivität zu drängen, erzeugt positive Erfahrungen.

3.2.5 Die Stabilisierungsphase

Besser beschreibt in seinen Ausführungen, dass für viele seiner Patienten durch das systematische traumainduzierte Vorgehen überraschend schnell Stabilisierung und Symptomreduktion eintritt (Besser, 2006, S. 10). Oberste Grundregel ist die Reorientierung im Hier und Jetzt und keine Reaktivierung des Traumas. Stabilisierung kann Wochen bis Jahre dauern und manchmal kann es sein, dass die Phase der Stabilisierung für schwer traumatisierte Menschen nie ganz abgeschlossen ist. Dann muss sie zu einem lebensbegleitenden Prozess werden (Sachsse, 2004d, S. 198).

Zunächst sind drei Ebenen der Stabilisierung zu unterscheiden: die körperliche, die soziale und die psychische Stabilisierung.

Körperliche Stabilisierung ist nötig, da sämtliche psychotraumatische Prozesse nahezu immer mit körperlichen Folgeerscheinungen einhergehen: Selbstverletzendes Verhalten, Suchterkrankungen, Somatoforme Störungen, Verletzungen und Krankheiten. Sie müssen für ein weiteres therapeutisches Vorgehen entsprechend medizinisch behandelt werden (Lehmann, 2008).

Soziale Stabilisierung bezieht sich auf das Herstellen stabiler sozialer Verhältnisse und eines sicheren sozialen Beziehungsnetzes. Dies gestaltet sich häufig als besonders schwierig, vor allem dann, wenn noch Täterkontakt besteht. Dann kann nur bedingt mit psychischer Stabilisierung, aber nicht mit Traumabearbeitung begonnen werden (ebd.).

Psychische Stabilisierung bezieht sich darauf, dass der auf die Angst gerichtete Focus weggeführt wird auf die inneren Kräfte der Person. Ich-Funktionen sollen gestärkt und ressourcenorientierte Strategien sollen vermittelt werden. In den folgenden Abschnitten ist mit Stabilisierung immer die psychische Stabilisierung gemeint. Vieles, das in der Stabilisierungsphase Anwendung findet, kann auch in den anderen Phasen zum Thema werden. Gängige Verfahren und Techniken mit ihren Übungen werden im Folgenden systematisch dargestellt. Jene Techniken, die sich meines Erachtens in musiktherapeutische Methoden und Techniken integrieren lassen, werden im nächsten Kapitel ausführlich beschrieben.

3.2.6 Verfahren und Techniken innerhalb der Stabilisierungsphase

> „Machen Sie sich bitte innerlich schöne Zustände von Sicherheit, sozialer Unterstützung, Auftanken in der Natur oder Reinigung! Halten Sie diese Zustände so lange wie möglich aufrecht! Beeinflussen Sie Ihre innere Befindlichkeit!" (Sachsse, 2004d, S. 229)

Dieser Abschnitt soll letztlich zu einer traumaadaptierten Musiktherapie hinführen, als dass sich allgemein angewandte Stabilisierungstechniken in musiktherapeutische Techniken einfügen und weiterentwickeln lassen. In den Darstellungen zu den einzelnen Verfahren und Techniken wird häufig der Begriff *Übungen* verwendet. Die Übungen sind im jeweiligen therapeutischen Kontext nicht als ein im Vorfeld beschlossenes Programm, sondern als kreative Ideenanreger zu verstehen. Die folgende Einordnung ist in gewisser Weise künstlich und sollte nicht von einer ganzheitlichen Betrachtungsweise traumatherapeutischer Konzepte ablenken.

1. Imaginative Verfahren	1a) Die Arbeit mit inneren Ressourcen
	1b) Die Arbeit mit äußeren Ressourcen
2. Ego-States Therapie	2a) Die Arbeit mit dem *inneren Kind*
	2b) Die Arbeit mit *Täterintrojekten*
3. Dialektisch-behaviorale Therapie	
4. Körpertherapeutische Techniken	
5. Meditationstechniken/Entspannungstechniken	
6. Kunsttherapeutische Techniken	

(in Anlehnung an Wolf, 2009)

1. Imaginative Verfahren

1a) Die Arbeit mit inneren Ressourcen

Traumatisierte Menschen tragen in sich *schlechte Bilder* – Intrusionen und Flashbacks, die bei ihrem Auftauchen wiederum Retraumatisierung bewirken. Aus dieser Tatsache heraus hat sich eine Tradition für imaginative Verfahren entwickelt, die als sinnvolle Vorbereitung für die Traumaexposition gesehen wird. Ziel ist es, die verlorene Kontrolle über die eigene Innenwelt wieder zu bekommen, indem mit den Patienten *gute Bilder* eingeübt werden. Das bedeutet, dass die Betroffenen gezielt assoziieren und dissoziieren lernen. Mit anderen Worten, dass sie lernen, bewusst zu spalten, um eine Balance zwischen guten und schrecklichen Bildern zu finden. Imaginative Verfahren erfordern keine mühsamen Lernprozesse und lassen sich gut mit anderen Verfahren kombinieren. Mittlerweile werden diese von sämtlichen traumazentrierten Psychotherapien integriert.

Die Übungen wurzeln in ältesten schamanistischen Heilverfahren (vgl. Reddemann, 2008) und finden Anwendung in der Hypnotherapie, dem Neurolinguistischen Programmieren (NLP), der Katathym-imaginativen Psychotherapie (KiP) und in der Psychodynamischen Imaginativen Traumatherapie (PITT). Die Imaginationsübungen wurden und werden entsprechend adaptiert und erweitert und können in Einzeltherapien gemeinsam mit der Patientin weiterentwickelt werden. Patienten sind oft erstaunlich kreativ, was die individuelle Gestaltung dieser Übungen betrifft, solange klar erkennbar ist, dass die Patientin sich damit besser fühlt und sie die Übungen nicht in selbstdestruktive Handlungen umgestaltet (vgl. Reddemann, 2008, S. 102f.). Die therapeutische Kunst mag wohl in der Balance liegen, einerseits die Patientinnen zu ermutigen, sich auf die Übungen einzulassen, auszuprobieren und zu üben – eine tragfähige vertrauensvolle Beziehung vorausgesetzt – andererseits ist therapeutisches Wissen und Erfahrung in der methodischen Herangehensweise und in Bezug auf Nebenwirkungen erforderlich. Die Gefahr eines Beziehungsabbruchs ist hoch, wenn sich die Therapeutin in zu viele Technizismen verstrickt oder sich auf nur eine Technik fixiert. Bei noch unzureichender äußerer Sicherheit dürfen bestimmte Imaginationsübungen nicht angewendet werden: z. B. kein *innerer sicherer Ort* bei bestehendem Täterkontakt, da dies die Gefahr eines erneuten ungewollten Dissoziierens erhöht[30]. Zunächst erscheint es sinnvoll, imaginative Techniken als Überblick anhand der klassischen Symptomatik von Traumafolgestörungen zu unterteilen:

Allgemeine Erläuterungen – Einstiegsübungen

Einstiegsübungen werden genutzt, um Patienten mit den Vorgehensweisen des Imaginierens, Transformierens, Kontrastierens, Manipulierens und Externalisierens vertraut zu machen und sie schrittweise an die Arbeit mit imaginativen Verfahren heran zu führen. (vgl. Lehmann, 2008). Im Allgemeinen erfordert die Durchführung aller Imaginationsübungen keine spezielle Vorbereitung im Sinne einer Tiefenentspannung, da Imagination und Entspannung eng miteinander korrelieren. Bei Patienten mit erhöhtem Kontrollbedürfnis und dissoziativen Symptomen werden Entspannungsübungen eher gemieden und imaginative Verfahren external bzw. im Dialog mit der Therapeutin angeleitet, vergleichbar mit einem Expertengespräch, wie ein perfekter *Tresor*, ein idealer *Garten* etc. aussehen könnte (ebd.). Eine kurze, individuell adaptierte Entspannungsinduktion vor der eigentlichen Übung hat das Ziel, dass Patienten besser mit sich in Kontakt kommen[31]. Danach kann die eigentliche Einstiegs- bzw. Imaginationsübung angeleitet werden.

---

30 Ausführliche Literatur und Anleitungen zu allen hier erwähnten Übungen finden sich bei Lehmann, 2008; Huber, 2006; Sachsse, 2004 und Reddemann, 2008; 2010.

31 Ein Anleitungsbeispiel für eine Entspannungsinduktion siehe im Punkt Behandlungstechnik der Ego-State-Therapie in der Stabilisierungsphase

Beispiel: *Der schöne Morgen*

Bei dieser Einstiegsübung kann die Erfahrung gemacht werden, dass Imagination an sich nichts Esoterisches ist, sondern eine Alltagsfähigkeit darstellt, bei der reale und in weiterer Folge auch fantasierte Erlebnisse möglichst sinnesnah ins Hier und Jetzt geholt werden. Anhand einer positiven, zunächst realen Erfahrung wird ein schöner Morgen imaginiert. Auf diese einfache Weise werden Methodenängste ausgeräumt und erste Sicherheiten im Umgang mit Imaginationsübungen implantiert (vgl. Lehmann, 2008).

Distanzierungs- und Kontrolltechniken bzw. Containertechniken

Sie dienen der gezielten Dissoziation als Ressource und eignen sich bei Vorhandensein von sog. Positivsymptomatik wie Intrusionen und Hyperarrousal. Ziel ist es, traumatisches Material aktiv zu verdrängen, das heißt Kontrolle, aber nicht Vernichtung über die Erinnerung.

Beispiel: *Der innere Tresor*

Die Tresorübung kann bereits im Erstkontakt als *Gebot der Stunde* genutzt werden, um der Patientin eine bewusste Kontrolle ihres Traumaerlebens zu ermöglichen. Die Patientin macht dabei die wertvolle Erfahrung, dass sie bereits *jetzt* etwas tun kann, indem sie Unangenehmes deponiert (Reddemann, 2010, S. 51). Oftmals ist dieses Deponieren traumatischer Inhalte die wichtigste Voraussetzung, dass die Patientin arbeitsfähig wird. Lehmann (2008) empfiehlt, die Tresorübung in einem möglichst stressfreien Zustand zu konstruieren und mit der Patientin durch dialogisches Anleiten verbal eng im Kontakt zu bleiben: *„Wenn Ihr Tresor hier im Raum steht, wie groß ist er?" „Wie hoch ...?" „Ist er 100%ig sicher?"* Bei der Übung wird die Patientin eingeladen, traumatisches Material in den Tresor zu schließen, dessen Schlüssel nur sie besitzt. Es wird nicht zwingend nach dem Inhalt gefragt, und die Patientin entscheidet, ob und wann sie den Tresor öffnet. So beinhaltet die Tresorübung[32] bereits das Wissen, dass das Weggepackte doch noch einmal betrachtet werden will, daher ist diese Übung wesentlicher Bestandteil für die Vorbereitung auf die Traumakonfrontationsphase.

Ähnlich der Tresorübung sind die hier erwähnten weiteren Techniken für spezielle Traumainhalte bzw. für andere schwierige, aber auch positive Inhalte geeignet. Sie fördern kreative Fantasien und die Imaginationsfähigkeit.

Beispiele für weitere Distanzierungstechniken:

Eisfachtechnik (heiße Affekte: Wut und SVV)
Schatzkästchen (Meine schönsten Erlebnisse)
Kommode („Welche Schublade können wir heute öffnen?")

---

32 Siehe Fallrekonstruktion Patientin B im Anhang

Rahmentechnik
Weltraumperspektive
Zehn-Jahres-Plan (Was heute stresst, ist in zehn Jahren unbedeutend.)

Wenn etwas emotional als sehr *heiß* oder sehr *vital* erlebt wird, kann es mit Hilfe der Eisfachtechnik *schockgefroren* werden (es rollt nicht entgegen wenn man es öffnet). Als Übungserweiterung zur Tresorübung bietet sich i. S. e. ressourcenorientierten Zugangs parallel dazu das *Schatzkästchen* an mit der Idee, dass viele und komplexe Gefühle und Erfahrungen im Leben existieren (z. B. Trauergefühle, schönste Lebensereignisse etc., die sich nicht in einen Tresor schließen lassen). Die Übung *Kommode,* die positive und negative Erfahrungen integriert, kann bei der Patientin ein Gefühl von Normalität und Realität (Lachen und Weinen) erzeugen. „Fragt man die Patientin nach einem Geheimfach und die Patientin antwortet mit *Ja,* dann kann man von einer *Bombe* ausgehen" (Lehmann, 2008, mündliche Mitteilung). Die Übung *Rahmentechnik* findet Anwendung bei Stress- und Angstgefühlen. Die Patientin imaginiert sich oder eine andere (z. B. stressverursachende) Person und verändert das Bild entsprechend, um nicht mehr in diesem Negativzustand verharren zu müssen. Nachdem das Bild vollständig imaginiert wurde, rahmt es die Patientin in einem kleinen Bilderrahmen zum Hinstellen. Danach kann das Bild als harmlos betrachtet werden. Die Übung *Weltraumperspektive* erlaubt es, belastende Gedanken und Gefühle aus einer großen Distanz zu betrachten, sodass sie vorübergehend kaum bedrohlich erscheinen. Die Übung ist nicht für psychotische (Derealisations- und Depersonalisationserleben) und suizidale Patienten und nicht für Patienten mit dissoziativen Störungen geeignet, da diese Ängste und Auflösungsgefühle schüren kann. Die Übung *Zehn-Jahres-Plan* ermöglicht es, dass das vorherrschende Problem aus zeitlicher Distanz betrachtet werden kann. Sie ist geeignet für Patienten, die mit einer abstrakten zeitlichen Distanzierung besser zu recht kommen als mit einer visuellen.

Selbstberuhigungs- und Selbsttröstungstechniken

Sie dienen der gezielten Assoziation als Ressource und eignen sich bei Vorhandensein von sog. Negativsymptomatik wie Avoidance, Numbing und Depressionen. Ziel ist es, in sich selbst Sicherheit und Trost zu finden.

Beispiele: *Der innere sichere Ort*
Die inneren Helfer
Der innere Garten
Gepäck ablegen

Von allen imaginativen Verfahren stellt die Übung *der innere sichere Ort* meines Erachtens das zentrale Thema innerhalb des gesamten Phasenmodells dar. Gelingt es, diesen Ort, der in Wahrheit als innerer sicherer Zustand zu verstehen ist, zu etablieren, hat die Patientin ein besonders hilfreiches Handwerkzeug zur Verfügung. Die Patientin – und nur die Patientin – muss die Kontrolle haben. Das heißt, dass möglichst wenige, am besten keine Vorschläge von therapeutischer Seite gemacht werden, um der Imaginationsfähigkeit der Patientin nicht die Kraft nehmen. Es ist ein Ort, den man nur alleine betreten kann, mit Ausnahme von hilfreichen Wesen, die aber keine realen Menschen darstellen, weil Beziehungen immer auch negative Erfahrungen beinhalten. *Der innere sichere Ort* soll gut geschützt und begrenzt sein, sodass die Patientin vor unerwünschten Eindringlingen absolut sicher ist (vgl. Lehmann, 2008).

Die Übung *innere Helfer* erschafft innere hilfreiche Wesen, die Schutz, Stütze und Trost geben. Sie sind Begleiter in guten und schlechten Zeiten und eignen sich für die Klärung umfassender Lebensfragen. Sie haben besondere Kräfte und Fähigkeiten (z. B. Tiere, Riesen, Zwerge, Feen, Engel etc.). Beide Übungen *innerer sicherer Ort* und *die inneren Helfer* werden auch in der Traumakonfrontationsphase genutzt. Während der Konfrontation kann dieser *sichere Ort* aufgesucht werden, um zwischenzeitlich aufzutanken, und alle Helfer stehen tröstend bei, wenn dem Schrecken begegnet wird (Reddemann, 2010, S. 42). Ebenfalls gehören diese zum Standardprogramm für die Ego-State-Arbeit. Die Übung *der innere Garten* eignet sich als Symbol für gute Zukunftsvorstellungen, wenn die Gegenwart schwierig und belastend ist. Die Übung beinhaltet einen lösungsorientierten Ansatz in dem Sinne, dass alles, das nicht mehr gebraucht wird, auf den Kompost kommt, damit daraus nützliche Erde wird. Somit bietet sie eine Alternative zur Tresorübung. Von manchen wird *der innere Garten* auch mit dem *sicheren Ort* verglichen. Jedoch wird aus den vorangegangen Ausführungen deutlich geworden sein, dass ein *nur* guter Ort zuwenig, und nur der *innere sichere Ort* ganz speziell, weil absolut sicher ist. Die Übung *Gepäck ablegen* trägt dazu bei, dass es erlaubt ist, sich von belastenden Gedanken und Erinnerungen frei zu machen, sie sogar zurück zu lassen (vgl. Lehmann, 2008).

Imaginative Verfahren

1b) Die Arbeit mit äußeren Ressourcen

Eine weitere Dimension imaginativer Verfahren bezieht sich auf real erlebte Erfahrungen, indem die Patientin eingeladen wird, sich ein vergangenes Ereignis so detailliert wie möglich zu vergegenwärtigen. Ideale Techniken sind jene, die zur Verstärkung und Verankerung real erlebter Zustände beitragen, auch Geschehenes auf Distanz zu bringen. Die Patientin beobachtet sich in der Szene, anstatt in der Szene zu sein. Durch das Einnehmen der Beobachterperspektive werden andere Wahrnehmungen als die unmittelbare Ich-Perspektive ermöglicht. Die im folgenden Abschnitt dargestellten Dosierungstechniken zeigen das zentrale Wirkprinzip dieser visuell/kinästhetischen Dissoziationstechnik (vgl. Lehmann, 2008).

Dosierungstechniken

Sie dienen sowohl dem gezielten Assoziieren als auch dem gezielten Dissoziieren. Die Patientin *dosiert,* wie nahe sie positive Erfahrungen herbeiführt bzw. traumatische Erfahrungen gezielt auf Distanz hält.

Beispiel: *Screentechnik und Regler-Übung*
Die *Screentechnik*, in früheren Zeiten auch Bildschirm-, Video- oder Leinwandtechnik genannt, bietet sich als ideales Hilfsmittel für den Erinnerungsprozess an. Als Ressourcenarbeit genutzt, sind tatsächlich schöne erlebte Ereignisse auf einem vorgestellten Bildschirm zu betrachten und mit einer imaginierten Fernbedienung die damit verbundenen positiven Gefühle zu verdeutlichen, zu verdichten und nachhaltig zu verankern. Diese Technik ermöglicht der Patientin nicht nur fantasierte innere Bilder, sondern auch real erlebte gute Erfahrungen den realen Traumaerlebnissen entgegen zu halten (vgl. Lehmann, 2008).

Die *Regler-Übung* kann sowohl bei heftigen und bedrängenden Gefühlen Anwendung finden als auch bei Gefühlen, die kaum gespürt werden. Reddemann empfiehlt, diese Übung sehr behutsam anzugehen, sehr kleinschrittig zu regulieren unter der Berücksichtigung, dass Traumatisierte immer aus gutem Grund ihre Gefühle nicht oder nur wenig zulassen können. Die Patientin wird eingeladen, sich einen Regler vorzustellen (z. B. wie bei einer Heizung) mit der Frage, bei welcher Einstellung sich das Gefühl gerade befindet. Danach regelt die Patientin imaginär entsprechend ihr Gefühl herunter oder herauf (vgl. Reddemann, 2010, S. 71f.).

Aus den klinischen Erfahrungen geht hervor, dass sich sämtliche Imaginationsübungen bewährt haben, wenn die Patienten diese Übungen gerne machen. Sowohl für professionelle Helfer als auch Patienten ist es sinnvoll, alle Übungen kennen zu lernen und herauszufinden, welche der Übungen ansprechend sind, und diese auch eine Zeit lang regelmäßig zu üben. Weiters ist es hilfreich, nach eigenen Bildern zu suchen, wenn die angebotenen Bilder als gänzlich fremd empfunden werden. Wie in allen anderen Bereichen kann auch das Imaginieren ein Trigger für traumatische Erfahrungen sein, weil traumatische Ereignisse häufig mit bestimmten visuellen, akustischen, taktilen oder olfaktorischen Eindrücken verbunden sind, die rasch auftauchen, wenn sich jemand seinem Selbst zuwendet. Dann ist es wichtig, Übungen anzubieten, die auf andere Sinneskanäle, die nicht aktiviert wurden, überzugehen (vgl. Sachsse, 2004d, S. 229).

2. Die Ego-States-Therapie

Die Ego-States-Theorie als Basis für diese Therapie stammt ursprünglich aus psychoanalytischem Gedankengut. Es wurde durch John und Helen Watkins zu einer konzeptionellen Grundlage entwickelt. Nach und nach wurde das Konzept – je nach therapeutischer Grundannahme – weiterentwickelt (Objektbeziehungstheorie nach Kernberg, Hypnotherapie nach Erikson, dem NLP und dem EMDR nach Shapiro). Das Modell nach Watkins & Watkins (1997) lässt sich als eine Theorie über die persönliche Identität verstehen und wird in verschiedenen traumatherapeutischen Richtungen bei dissoziativen Patienten genutzt. Ausgehend von dem Verständnis eines multidimensionalen und multimodalen Selbst[33] anstelle eines konsistenten Ich's, erfordert die Ego-States-Therapie als beziehungsorientierte Therapie die Arbeit auf verschiedenen Ebenen:

> 1. Zusammenarbeit zwischen der Therapeutin und der Erwachsenen an erster Stelle;
> 2. Zusammenarbeit zwischen der Therapeutin und dem ‚Inneren Kind', wenn möglich über die Erwachsene;
> 3. Zusammenarbeit der Patientin mit ihren States, etwas, das sich besonders bewährt und das erwachsene Ich in der Regel stärkt;
> 4. Zusammenarbeit aller States.
>
> (Reddemann, 2008, S. 123)

Peichl weist darauf hin, dass es sich beim Begriff Ego-States immer um metaphorische Beschreibungen eines momentanen aktiven neuronalen Netzwerkes handelt, wenn von diesen Teil-Persönlichkeiten auf der inneren Bühne eines Menschen die Rede ist (Peichl, 2007, S. 62). Trotz Gefahr der Verdinglichung erleichtert diese Art von Sprache die therapeutische Arbeit. Es lassen sich wesentliche Merkmale der Selbst-Anteile zusammenfassen:

> – Ego-States kann man nicht eliminieren, umbringen und vernichten, man kann sie nur ändern.
> – Ego-States haben je eigene Wahrnehmung, Motivation und Rollen innerhalb der Gesamtpersönlichkeit.
> – Ego-States haben ihren eigenen Charakter, Werte, Bedürfnisse, Interessen und Ziele.
> – Ego-States haben eine überdauernde und in sich geschlossene Geschichte, Kognitionen und Affekte.
> – Ego-States können sich in Stimmungen oder Symptomen (Depression, Kopfschmerzen, Angst) manifestieren.
> – Ego-States können untereinander Konflikte erzeugen, die sich als Symptome zeigen können.
> – Ego-States kann man ansprechen und befragen wie eine Person (Alter, Geschlecht, Funktion, Bedürfnisse).
> – Ego-State-Pathologie entsteht, wenn ein oder mehrere Teile mit den anderen nicht in Harmonie sind, selbstbezogen handeln und Symptome produzieren.
> – Das Ziel der Ego-State-Therapie ist Ko-Bewusstheit und Integration und nicht die Verschmelzung der States. (Peichl, 2007, S. 62f.)

Somit lassen sich diese Ich-Zustände als organisierte Systemeinheiten definieren, die mehr oder weniger scharf abgegrenzt sind. Ein Mensch kommt mit etwa fünf Ich-Zuständen auf die Welt, danach kommen einige im Zuge normaler Differenzierung hinzu. Sie lassen sich auch als Abwehr- und Anpassungsstrategien, als eine Art Copingmechanismus verstehen. So genannte Oberflächen-Ego-States (surface-states) sind leicht abrufbar und aktivierbar und sie sind hilfreich bei der All-

33 Verwandte Konstrukte zum multidimensionalen Selbst sind durch folgende Theorien entstanden: Transaktionsanalyse nach E. Berne, Internal Family System Therapy nach R. Schwarz, Kommunikationstheorie nach F. Schulz von Thun, u. a. (vgl. Peichl, 2007, S. 42).

tagsbewältigung. Die in der Vergangenheit gebrauchte und solche, die Wichtiges aus der Vergangenheit aufbewahren, werden Tiefen-Ego-States (underlying states) genannt (Peichl, 2007, S. 63f.). Nimmt eine psychopathologische Entwicklung ihren Lauf, entwickeln sich im Säuglings- und Kleinkindalter massive Abspaltungen i. S. e. dissoziativen Abwehr, die das Verhalten der Person unbewusst mitbestimmen. Durch ein Trauma kann sich also ein neues Ego State bilden, das in weiterer Folge zu einer Ego State Disorder führen kann. Die Wahrscheinlichkeit des Auftauchens einer chronifizierten Form solcher dissoziativen Störungen erhöht sich durch wiederholte Traumatisierungen. Peichl unterscheidet bei seinen Patienten – die Vielfalt möglicher Selbst-Anteile betreffend – drei Gruppen:

- Der Anpassung dienende Ego-States
- Introjekte
- Traumabezogene Ego-States

(Peichl, 2007, S. 65)

Die der Anpassung dienenden Ego-States können schon seit früher Kindheit als *innere Helfer* existieren und sind entweder aus realen Erfahrungen durch hilfreiche Unterstützung hervorgegangen oder wurden aufgrund eines äußeren Mangels in der inneren Welt fantasiert. Innerhalb der adaptiven Ego-States werden diese Helfer-States als die konfliktfreiesten Teile betrachtet (ebd.).

Introjekte bilden sich durch unbewusste Internalisierung von wichtigen Elternfiguren in der frühen Entwicklung. Positive Introjekte gelten als liebevolle und nährende Ego-States (vgl. Peichl, 2007, S. 67). Negative Introjekte, darunter sind sowohl destruktive Ich-Zustände als auch Täterintrojekte zu verstehen, etwa wenn nach traumatisierenden Erfahrungen ein Opfer einem oder mehreren Tätern gegenübersteht. Täterintrojekte beinhalten Glaubenssätze, Verhalten, Meinungen und Bedürfnisse der introjizierten Person. Peichl betont, dass das Introjekt zum „Fremdkörper im Selbstsystem" wird, je mehr der Rolleninhalt der introjizierten Person von den Wertenormen des Opfers abweicht (ebd.). Bezogen auf die therapeutische Arbeit ist es von entscheidender Bedeutung, ein gutes Arbeitsbündnis und eine verlässliche Allianz zustande zu bringen. Wenn auch intensiv in Szene gesetzte Ausbrüche von Wut und Entwertungen durch Täterintrojekte und durch andere schwerwiegende Erinnerungen auftauchen, können durch ein gelungenes Arbeitsbündnis verlässliche Co-Therapeuten daraus werden.

Traumabezogene Ego-States tragen die unmittelbare Traumaerfahrung und die Adaption des Individuums an diese traumatischen Erlebnisse in sich. Je nach Alter des Individuums während einer traumatischen Erfahrung sind die jeweiligen Aspekte wie Kognition, Gefühl, Körpererinnerung, Bild oder Handlungsimpuls mehr oder weniger im Vordergrund. Im sog. *Trauma-State* kommt es zur Fragmentierung, einem Zerfall der normalerweise synchronisierten Wahrnehmungskanäle, da das Gehirn durch die Überflutung von Stresshormonen eine Zusammenarbeit zwischen hippocampalen Gedächtnis und Wahrnehmung nicht mehr ermöglicht. Die entstandenen Fragmente werden an unterschiedlichen Orten der rechten Gehirnhälfte abgespeichert. In der linken Gehirnhälfte ist das Broca-Areal, das Sprachzentrum, blockiert und deshalb können die Erfahrungen nicht sprachlich symbolisiert werden. Peichl weist darauf hin, dass sich die Bildung traumabezogener Ego-States unter einer wirksamen Überlebensstrategie vollzieht, der peritraumatischen Dissoziation (a. a. O.) (Peichl, 2007, S. 71f.). Wenn dieser Mechanismus im späteren Leben zur Traumabewältigung genutzt wird, kann es zu einer Beeinträchtigung des Identitätsgefühls kommen, „[...] weil die einzelnen Fragmente, die untergeordneten Teile des Bewusstseins nicht in der Lage waren miteinander zu kommunizieren und zu interagieren" (ebd.). Aus heutiger Sicht kann davon ausgegangen werden, dass für die Ausbildung der Ego-States der jeweils überwältigende Affekt (Angst, Scham, Ekel, Hass etc.) als führende Qualität verstanden werden kann. Huber beschreibt die verschiedenen Ich-Zustände bei dissoziativen Störungen:

- ANP: der „Anscheinend normale Persönlichkeitsanteil" (Apperently normal part of the personality). Diese Gastgeberpersönlichkeit, welche bei ausgeprägter Dissoziation auch *Host* genannt wird, kann sich nicht an die emotionalen Qualitäten des Traumas erinnern und auch nicht an die raumzeitliche Einordnung der eigenen Biografie. Dieser Anteil ist alltagstauglich und versucht die EP's im Zaum zu halten.
- EP`s: die „Emotionalen Persönlichkeitsanteile" (Emotional parts of the personality): Diese sind von der ANP als abgespaltene, getrennte Zustände in Bezug auf die Traumaerfahrung zu verstehen. Bei komplexen dissoziativen Störungen i. S. e. Dissoziativen Identitätsstörung kommt es zu einem Auseinanderdriften verschiedener Persönlichkeitsbereiche, „die in sich dann wiederum aufgespalten unterschiedliche „Existenzformen" und unterschiedliche Grade von „Autonomie" erreichen können" (Huber, 2007, S. 131). Diese sog. tertiäre Spaltung lässt sich in vier Bereiche unterteilen:

  1. „Das Opfer" – Gefühle, Schmerzen, Wahrnehmungen, Handlungen während des Traumas, meist zersplittert in:
     - Psychosomatischen Schmerz; Somatisierung;
     - Opferidentität: „Bin selbst schuld"; „Ich bin hilflos – hilf mir doch! (Erlernte Hilflosigkeit);
     - Süchte, um nichts (mehr) zu spüren;
     - „Ruhe nach dem Sturm", Fühllosigkeit, jede Bewegung bringt den Schmerz; Depressivität, u. U. Suizidalität.
  2. „Beobachter" – depersonalisierte, distanzierte Teile der Persönlichkeit:
     - neutraler affektferner, funktionierender Teil;
     - Wächter, der innerlich für Ordnung sorgt;
     - liebvoller Helferanteil, „Engel" etc.;
     - täterloyaler Teil (gleichgültig dem Opfer gegenüber).
  3. „Täteridentifizierte (Identifikation mit dem Aggressor, oft im Moment des äußersten Schmerzes) und selbstschützend aggressive Anteil/e" (die Aggressivität des „bösen", abgelehnten Kindes und der aufbegehrenden Jugendlichen):

- sadistisch-quälender Persönlichkeitsanteil; hat u. U. Spaß an der Macht über Leben und Tod;
- reiner Affektdurchbruch: Hass pur;
- ideologisch die Täterseite vertretender Teil („Sex mit Kindern ist geil“);
- zynischer, aggressiver, aber u. U. auch
- beschützender Anteil („Outlaw“, „Django“ …)

4. Das „unbeschwerte Kind“ ohne Trauma – entwickelt sich zum host (ANP) (Gastgeberpersönlichkeit oder „Fassade“) bzw. zu den hosts – oft zusammen mit täterloyalen, die Gewalt verleugnenden Anteilen („Die Schläge haben mir nicht geschadet“ – „Meine Eltern wollen nur mein Bestes“) (Huber, 2007, S. 131f.).

Aus diesen Darstellungen wird ersichtlich, dass eine Aktivierung traumabezogener Ego-States zu beträchtlichen Störungen führen kann, und dass es in der Therapie notwendig ist, mit dem Erwachsenen-Anteil zuerst zu klären, inwieweit eine Aktivierung überhaupt sein darf. Nach Peichl haben diese Ego-States die größte Furcht vor einer existenziellen Bedrohung durch den Therapeuten, da sie aus ihrer Sicht das gesamte System vor Re-Traumatisierung nur schützen wollen (vgl. Peichl, 2007, S. 74). Therapeutisch betrachtet liegt in den traumabezogenen States das größte Potenzial zur Veränderung, das im traumatisierten Selbst-System vorhanden ist (ebd.).

Die Behandlungstechnik der Ego-States-Therapie in der Stabilisierungsphase

Betrachtet man die Phase der Stabilisierung aus Sicht der Ego-States-Theorie, so muss der anscheinend normale Teil der Persönlichkeit (ANP) mehr Kontrolle über die emotionalen Persönlichkeitsanteile (EPs) bekommen. Neurobiologisch bedeutet das, dass der mediale präfrontale Kortex gestärkt werden muss und es mehr bewusste Kontrolle über das limbische System braucht. Eine tragfähige therapeutische Beziehung wirkt durch das Beziehungsangebot aktivierend auf das Bindungssystem. Als Folge kommt es zur Beruhigung im neurobiolgischen System und der präfrontale Kortex arbeitet besser (vgl. Peichl, 2007, S. 181). Ego-State-Arbeit beginnt damit, die Ressourcen der Patientin kennen zu lernen, damit sie aus eigenem Antrieb etwas zur Stabilität beitragen kann. Darüber hinaus werden auch hier Imaginationsübungen wie der *innere sichere Ort*, die *inneren Helfer* und die *Tresortechnik* vermittelt. Auch Peichl bezieht sich auf die beschriebenen Übungen von Reddemann und Besser. Je nach Vorliebe erhalten sie eine entsprechende Eigenversion und einen gewissen Spielraum. In Peichls Herangehensweise ist die „Tranceinduktion“ (Peichl, 2007, S. 183) als Einleitung für die Imaginationsübung von Wichtigkeit, die jedoch nicht i. S. einer Induktion spontaner oder formaler Trance wie in der Hypnotherapie zu verstehen ist. In seiner entwickelten dreischrittigen Skala[34] für die Ego-State-Arbeit mit traumabasierten Störungen ist eine leichte Trance völlig ausreichend. Im Stadium der Somnulenz unterscheidet sich die Bewusstseinsaktivität kaum vom Wachzustand. Die Patientin kann einfache Sugges-

34 Leichte Trance (Somnulenz), mittlere Trance (Hypotaxie), tiefe Trance (Somnambulanz)

tionen über imaginative Techniken gut annehmen und behält trotzdem das Gefühl von Kontrolle mit Hilfe des vereinbarten Stopp-Signals. Zum besseren Verständnis soll hier das von Peichl beschriebene Beispiel zitiert werden, das sich als Einleitung für sehr ängstlich aufgewühlte und dissoziative Patienten eignet:

> „Für diese Übung können Sie zur besseren Konzentration die Augen schließen, Sie können sie auch geöffnet lassen. Dann lassen Sie den Blick bitte auf einem Punkt auf dem Boden vor sich oder an der Wand ruhen. (Pause) Bitte prüfen Sie jetzt, ob diese Übung hier und jetzt für Sie richtig und stimmig ist. Wenn Sie spüren, dass diese Übung für Sie im Moment jetzt nicht gut wäre, dann machen Sie meine Worte wirksam: Lassen Sie sie vorbeiziehen wie Wolken am Himmel oder vorbeirauschen wie Wasser im Bach. Geben Sie mir dann mit Ihrer rechten Hand ein Stopp-Signal. (Pause) [wenn der Patient keinen Stopp signalisiert, fahre ich fort].
> Wenn Sie sich jetzt entschlossen haben, die Übung zu machen, dann wählen Sie bitte eine Haltung, die für Sie die richtige ist. Es kann für Sie auch richtig sein, eine Muskelgruppe angespannt zu lassen: die Arme zu verschränken, die Beine übereinanderzuschlagen oder eine Faust zu ballen, um das Gefühl der Kontrolle zu behalten. Denn ist es [sic] wichtig, dass wir die Kontrolle haben über das, was in unserem Inneren geschieht (Modifiziert nach Sachsse, 2004)." (Peichl, 2007, S. 183f.)

Danach schließt sich die eigentliche Imaginationsübung an.

2a) Die Arbeit mit dem ‚inneren Kind'

Grundsätzlich geht es in der Arbeit mit dem *inneren Kind* um eine direkte Auseinandersetzung mit ängstlichen, schmerzlichen und schamvollen Gefühlen. Diese Arbeit kann jedoch nur mit einem stabilen Erwachsenen *Ich* gelingen. Oftmals ist eine klare Trennung zwischen der Erwachsenen und dem *Kind* erforderlich, denn solange die Patientin nur mit dem Kind identifiziert ist, ist *Innere-Kind-Arbeit* nicht möglich. Die Erkundung hilfreicher States, die dem *Kind* beistehen können, ist besonders wichtig. Ebenso die Ermutigung an die Patientin, dem *Kind* imaginativ das zu geben, was es braucht. Die Patientin soll Bilder finden, wie das *Kind* aus der belastenden Szene heraus, und an einen guten Ort kommt, an dem es sich wohl fühlt (ebd.). Es geht um die Anerkennung des Schmerzes, der jedoch nicht vertieft werden sollte. Der Patientin soll geholfen werden, „[...] das Hier und Jetzt vom Dort und Damals zu unterscheiden" (Reddemann, 2008, S. 124).

2b) Die Arbeit mit Täterintrojekten

Der Begriff sollte nur verwendet werden, wenn eine Tat bekannt ist, und an Täterintrojekten sollte nur gearbeitet werden, wenn sie sich störend bemerkbar machen. Als Erwachsene benehmen sie sich stark und angstfrei. Täterintrojektion wird als Schutzmechanismus verstanden, der während einer traumatischen Situation vor überwältigender Ohnmacht schützt (Reddemann, 2008, S. 136). In der Ego-State-orientierten Arbeit mit Täterintrojekten muss der Teil als solcher benannt und mit ihm Kontakt aufgenommen werden. Er gilt grundsätzlich als willkommen. Dabei werden positive Erklärungen über den Sinn eines Täterintrojekts angeboten sowie Anregungen zu innerer Kommunikation und Kooperation geleistet. Jeder Anflug von Humor wird unterstützt. Schließlich geht es darum, entweder gemeinsame Lösungen oder die Bereitschaft zu respektvoller Koexistenz zu finden (ebd. S. 142f.).

Ego-States-Arbeit beginnt im Rahmen der Stabilisierungsphase an der Stelle, an der bei der Patientin „[…] die positivsten und ressourcenvollsten Ego-States“ (Peichl, 2007, S. 190) vermutet werden. Ein gangbarer Weg dazu sind die beschriebenen Imaginationsübungen – wie u. a. die Arbeit mit dem *inneren Kind* – mit deren Hilfe bereits vorhandene, jedoch vergessene, sicherheit- und haltgebende Ego-States gestärkt werden, und nicht zuletzt die Arbeit mit Täterintrojekten.

3. Die Dialektisch-behaviorale Therapie (DBT)

> „Skills-Training und Therapie-Struktur sind wie Etüden. Therapie ist wie Jazz.“
> (Marsha Linehan)

Die DBT wurde von Linehan (1998) für jene Personen entwickelt, bei denen selbstverletzendes Verhalten bzw. latente Suizidalität im Vordergrund stehen. Diagnostisch sind diese Menschen meist der Borderline-Persönlichkeitsstörung (BPS) oder der komplexen posttraumatischen Belastungsreaktion zugeordnet. Die Bausteine der Therapie sind Einzeltherapie, Skillstraining, Telefonberatung, Supervision und ergänzende Therapie-Strategien (Unckel, 2004, S. 180). Das Skills- oder Fertigkeitstraining beinhaltet das Üben von Achtsamkeit zur Spannungsreduktion zur Verminderung von Emotionen und Stress, sowie das Erlernen von zwischenmenschlichen Fertigkeiten. Der Notfallkoffer enthält die für die Patientin am besten wirksamen Skills. Diese Skills sollte sie stets zur Verfügung haben, falls die Spannung steigt (ebd.).

4. Körpertherapeutische Techniken

Körperarbeit in traumatherapeutischen Verfahren stellt ein weiteres stabilisierendes Element dar. Viele Traumatisierte können keinen guten Zugang zu ihrem eigenen Körper finden, da er meist den zentralen Ort der Traumatisierung darstellt. Sich selbst zu berühren ist nach Reddemann schwierig, weil die eigene Berührung zunächst nicht von der verletzenden Berührung durch andere unterschieden werden kann. Dass Selbstberührung wohltuend sein kann, z. B. durch die Breema-Körperarbeit, ist eine wichtige Erfahrung, die gelernt werden kann (vgl. Reddemann, 2010, S. 92ff.). Ein weiterer Ansatzpunkt ist in jenen Übungen zu finden, die eine positive Vorstellung von der eigenen Kraft vermitteln und somit auch mehr bewusste Kontrolle über das emotionale Gehirn ermöglichen. Ein bewusstes Gegensteuern ist Aktion durch Bewegung (vgl. Peichl, 2007, S. 182). Gängige körpertherapeutische Techniken sind u. a. Chi Gong, Tai Chi, weiters Tanzen, Yoga und Körperwahrnehmungsübungen sowie Entspannungsverfahren wie die Progressive Muskelrelaxation (PMR) nach Jacobson. Besondere Aufmerksamkeit hat die Methode Konzentrative Bewegungstherapie (KBT) durch Veröffentlichungen zum Thema KBT-Trauma-Arbeit erfahren (Schmitz & Peichl, 2004). Nachdem jede Körperarbeit zu Reaktionen von im Körper gespeicherten traumatischen Erinnerungen führen kann, sollen dies Techniken nur von traumatherapeutisch erfahrenen Körpertherapeuten angewendet werden (Huber, 2006, S. 94).

5. Meditationstechniken und Entspannungstechniken

Hier soll das Thema Achtsamkeit hervorgehoben werden. Die Erfahrung zeigt, dass durch ein achtsames Wahrnehmen der Gegenwart die Ängste, die mit Vergangenheit und Zukunft zu tun haben, reduziert werden können. Dabei wird besonders die Fähigkeit des Beobachtens bewusst genutzt. Reddemann empfiehlt Achtsamkeitsübungen sowohl den Patienten in der Stabilisierungsphase, um sich von den Schreckensbildern distanzieren zu lernen als auch den Therapeuten zur Vorbeugung eines Burn-out-Syndroms. Eine besonders wirksame Distanzierungstechnik ist *der innere Beobachter* (vgl. Reddemann, 2010, S. 39f.). Sie schafft Abstand von schwierigen Gefühlen und bedrohlichen Gedanken. Das *Nicht-mehr-identifiziert-sein* mit einem Gefühl bedeutet, dass es unter Kontrolle gebracht werden kann. Eine weitere dazugehörige Technik ist das Autogene Training (AT).

6. Kunsttherapeutische Techniken

Hier soll bereits die Musiktherapie in die folgenden Betrachtungen zu Kunst- und Gestaltungstherapie im Sinne von Parallelen miteinbezogen werden. Kunst- und gestaltungstherapeutische Prozesse haben wie musiktherapeutische Prozesse zwei Besonderheiten. Imagination und innere Prozesse finden einen nonverbalen Ausdruck, der von anderen wahrgenommen und mit anderen geteilt werden kann. Umgekehrt führt künstlerisches Gestalten sowie das Musizieren zu inneren Bildern hin bzw. werden diese verstärkt und vertieft. Malen, Bildhauern, Töpfern, Kneten – jede Gestaltung kann einen Zugang zu den jeweiligen Belastungen und Ressourcen zu der Patientin schaffen. Werden innere Prozesse externalisiert, ermöglichen sie Distanz und erlauben einen neuen Blick auf inneres Geschehen (Lücke, 2010, S. 132). Spontan entstandene Bilder können real oder symbolisch traumatisches Geschehen abbilden. Wie im musikalischen Ausdruck kann es sich um Erleben handeln, das noch nicht bewusst zugänglich ist. Manches kann (noch) nicht verbalisiert werden. Diese Bilder wie musikalische Spiele müssen entsprechend therapeutisch gewürdigt werden, indem sie aufmerksam und zugewandt zur Kenntnis genommen werden. Freies Gestalten wird wie freies Musizieren von vielen als entlastend und spannungslösend erlebt. Die klinische Erfahrung zeigt jedoch, dass dies vor allem bei Menschen mit komplexen Traumafolgestörungen wie schwere dissoziative Störungen nicht immer gültig ist (ebd. S. 135). Wenn die Patientin noch nicht in der Lage ist, sich von belastenden Bildern zu distanzieren, so kann spontanes und explizites Gestalten, ebenso wie freies Improvisieren intrusive Zustände auslösen und verstärken. Bestimmte Materialien können wie Musikinstrumente durch Berührung und durch entstehende Geräusche während der Handlungsabläufe einen Triggerreiz darstellen. Solche belastenden Auslöserreize sollten zu Therapiebeginn herausgefunden werden, um die Patientin in der bewussten Wahrnehmung solcher Reize zu unterstützen. Entsprechende Strategien zum Umgang mit diesen Triggerreizen müssen entwickelt werden. Darüber hinaus wird vor allem in der Stabilisierungsphase darauf geachtet, den Focus auf strukturierende Techniken zu richten. Unabhängig von Diagnosen und therapeutischen Einrichtungen hat sich besonders das Ausmalen und Malen von Mandalas bewährt. Diese Kreisbilder sind klar begrenzt, sehr strukturiert und erzielen die Effekte Beruhigung, Konzentration und Sammlung. Traumatherapeutisch gesprochen erweisen sich Mandalas auch bei jenen Patienten als hilfreich, die zuvor durch das Malen in dissoziative Zustände geraten sind (ebd.). Zuletzt sei noch das Malen nach Musik erwähnt, welches von Therapeuten unabhängig von therapeutischen Richtungen zur Ergänzung eingesetzt wird.

3.2.7 Ziele der Stabilisierungsphase

Hauptziele der hier dargestellten Ansätze mit ihren Techniken bzw. Ressourcenübungen sind Ich-Stabilisierung und eine Verbesserung der Beziehungsfähigkeit. Michaela Huber bezieht in ihren Zielformulierungen Therapeuten verschiedener Berufsgruppen wie Ergotherapie, Gestaltungstherapie und Beschäftigungstherapie mit ein. Meines Erachtens sind die folgenden Ziele auch in einer traumaadaptierten Musiktherapie, unabhängig von ihren Besonderheiten, anzustreben:

- gezielt dissoziieren lernen;
- gezielt assoziieren lernen;
- sich auf den Punkt genau konzentrieren lernen;
- unangenehme Wahrnehmungen vorübergehend verbannen lernen, um sich später gezielt damit beschäftigen zu können;
- innere Ruhe finden;
- etwas Verletztes und Verletzliches innerlich in Sicherheit bringen lernen;
- sich innerlich trösten lernen;
- innere Dialoge und „Multiloge“ (Gespräche mit verschiedenen inneren Anteilen) führen lernen;
- den Fokus auf Stärke, Ermutigung und innere Förderung legen können;
- Respekt und Sorgfalt im Umgang mit den eigenen Verletzungen erlernen;
- Aus der Vogelperspektive einen Blick auf die eigene Traumageschichte werfen können;
- Die eigenen Bewältigungsmuster und früheren Ressourcen akzeptieren und ggf. wieder finden oder (weiter)-entwickeln lernen;
- Allem innerlich seinen Platz geben und feststellen, dass man – auch wenn man sich noch so sehr gespalten fühlt – „eins“ ist (Huber, 2006, S. 126).

3.2.8 Untersuchungen von ambulanten und stationären Behandlungen mit komplex traumatisierten Patientinnen

Bei Patientinnen mit Posttraumatischer Belastungsstörung, die zusätzlich an komplexen Traumafolgestörungen leiden, erfolgt in Deutschland überwiegend eine stabilisierende Behandlung bzw. eine traumaadaptierte psychodynamische Therapie. Die Wirksamkeit von traumaadaptierten Therapien ist durch mehrere kontrollierte Studien (Sachsse et al., 2006; Lampe et al., 2008; Kruse et al., 2009) belegt. Allerdings besteht weiterhin ein großer Bedarf an kontrollierten Studien. Rosner et al. (2010) beispielsweise untersuchten die Wirkung von Stabilisierung und Konfrontation bei 147 sexuell traumatisierten Frauen, die im stationären Setting vorwiegend eine stabilisierende integrative Behandlung erhielten. Am Ende des stationären Aufenthalts verbesserte sich zwar deutlich die allgemein psychische Belastung, jedoch zeigten sich nur kleinere bis mittlere Effekte im Bereich der posttraumatischen Symptomatik (Rosner et al., 2010, S. 127).

Reddemann & Wöller (2011) widersprechen der gegenwärtig verbreiteten Tendenz, die Wirksamkeit eines Verfahrens ausschließlich auf der Grundlage von randomisiert-kontrollierten Therapiestudien (RCT) zu beurteilen. Diese mit breiten Ausschlusskriterien durchgeführten Studien gelten nicht als repräsentativ, da sie häufig Patienten mit entsprechender Traumapathologie und Komorbidität ausschließen. Genau diese Komponenten betreffen jedoch die klinische Versorgungsrealität. Daher fordern die Autoren naturalistische Studien, in welcher die klinischen Erfahrungen mitberücksichtigt werden (ebd., S. 588). Traumatherapeutische Techniken ohne ausreichende Stabilisierung und ohne Berücksichtigung der bestehenden Beziehungsproblematik gelten für die Patienten mittlerweile als schädlich. Das Behandlungsangebot sollte sich nach den spezifischen Schwierigkeiten, die Bindungs- und Entwicklungspathologie betreffend, ausrichten.

Die heutige Sichtweise betont zunehmend psychodynamische Konzepte, deren Ziel es ist, von einem unsicheren und desorganisierten Bindungsstil zu einem sicheren Bindungsstil hinzuführen. Somit können psychodynamische Traumatherapien am ehesten der Bandbreite komplexer posttraumatischer Phänomene gerecht werden.

4. Musiktherapie und Psychotraumatologie

Dieses Kapitel trifft auf die Kernthemen der vorliegenden Arbeit. Es scheint, als würden mittlerweile unterschiedliche Ansichten nicht nur außerhalb, sondern auch innerhalb der Musiktherapie hinsichtlich ihrer Präsenz im Forschungs- und Praxisfeld der Psychotraumatologie existieren. Eine Ursache bilden die unterschiedlichen Identitäten der Musiktherapie, die unabhängig vom traumatherapeutischen Themenfeld zahlreichen Verallgemeinerungen unterliegen. In der psychotraumatologischen Literatur ist der Stellenwert der Musiktherapie nach wie vor wenig anerkannt. Musiktherapie wird häufig als ein rein kartharsisorientiertes Verfahren angesehen, das somit ein hohes Retraumatisierungsrisiko in sich birgt. Klänge und Rhythmen können tatsächlich als reinste Triggerreize wirken und zu Flashbacks, Intrusionen und dissoziativen Zuständen führen. Andererseits wird dem Medium Musik ein enormes ressourcenstärkendes Potenzial eingeräumt. In der S3-Leitlinie für Posttraumatische Belastungsstörung der wissenschaftlich medizinischen Fachgesellschaften wird in der Leitlinienempfehlung 7 die Musiktherapie mittlerweile als adjuvantes Verfahren eingestuft, das in einem traumaspezifischen Behandlungsplan berücksichtigt werden kann (Flatten et al., 2011). Somit wird Musiktherapie innerhalb der Traumatologie im Spannungsfeld von einem kontraindizierten bis hin zu einem ergänzenden ressourcenorientierten Verfahren wahrgenommen. Eine noch unzureichende Verortung durch zu wenige nach außen präsente, aber bereits vorhandenen Publikationen (Weiß, 2005, S. 131), lassen die Musiktherapie als traumazentriertes psychotherapeutisches Verfahren im psychotraumatologischen Themenkomplex noch nicht erkennen.

4.1 Ein Literatur- und Forschungsüberblick

Innerhalb der Musiktherapie entstanden in den letzten fünfundzwanzig Jahren bedeutende Publikationen, die sich besonders durch Fallvignetten auszeichnen. Musiktherapeutische Denk- und Herangehensweisen werden entsprechend dem jeweiligen psychotraumatologischen Themenfeld abgebildet. Im deutschen (z. B. die Beiträge in der *Musiktherapeutische Umschau)* sowie im internationalen Sprachraum (etwa Montello, 1999; Austin, 2002; Bergmann 2002 und Amir 2004) existiert seit langem eine Reihe von Publikationen, die sich mit traumatherapeutischen Aspekten innerhalb der Musiktherapie auseinander setzt.

Entsprechende Sammlungen wurden erstmals von Sutton (2002), Weiß (2005) und Wolf (2007) erstellt:

In einer Konferenz in Belfast im Jahr 2000 widmete sich eine internationale Gruppe von Musiktherapeuten den unterschiedlichen Perspektiven zu Musiktherapie und Trauma. Diese Beiträge wurden von Julie Sutton (2002) veröffentlicht. Es ist das Verdienst von Regina Weiß, dass sie im Rahmen ihrer Diplomarbeit „Trauma und Musiktherapie" (2005) ein fundiertes Grundlagenwerk auch für den deutschen Sprachraum zur Verfügung stellt. Weiß ortet einen wachsenden Bedarf hinsichtlich der Beschreibung und Erforschung musiktherapeutischer Methoden und therapeutischer Kompetenzen (ebd. S. 62). Ihrer Untersuchung zufolge zentrieren sich die Publikationen am häufigsten um die Themenbereiche sexueller Missbrauch und Vernachlässigung, wobei der Begriff *Psychotrauma* noch wenig Erwähnung findet. Anhand sorgfältiger Literaturrecherche stellt sie fest, dass die Erkenntnisse und Entwicklungen innerhalb der Psychotraumatologie die Chance für Musiktherapeutinnen birgt, ihre Handlungsfelder zu erweitern:

> „Aufgrund der bisher untergeordneten Rolle der Musiktherapie in der Psychotraumatologie, muss die Musiktherapie auf sich aufmerksam machen und sich aktiv an dieser Entwicklung beteiligen. Hierfür bedarf es neben der Erforschung der Traumatherapie in der Musiktherapie sowohl einer gemeinsamen Verortung der Musiktherapie in der Psychotraumatologie als auch der systematischen Ausdifferenzierung und Zusammenführung der Traumatherapie in der Musiktherapie" (Weiß, 2005, S. 131).

Der Tagungsband der 15. Musiktherapietagung am Freien Musikzentrum München „Musiktherapie und Trauma" von Wolf (2007) beinhaltet Fachvorträge, die sich sowohl mit grundlegenden traumatherapeutischen Methoden und Überlegungen als auch mit spezifischen Themen auseinandersetzten: Die Arbeit mit traumatisierten Kindern und Jugendlichen, mit Klienten nach erworbener Hirnschädigung, kriegstraumatisierten Menschen sowie der Rolle der Musiktherapie im klinisch-stationären Bereich.

Unter den Publikationen ab 2005[35] sind weitere Forschungsarbeiten zu nennen. In der Dissertation von Strehlow (2010) werden psychotraumatologische Aspekte in die musiktherapeutischen Forschungen über Borderline-Patientinnen miteinbezogen. Die Dissertation von Maack (2012) befasst sich mit dem Vergleich zwischen Behandlungsergebnissen der Methode Guided Imagery and Music (GIM) und der Psychodynamischen Imaginativen Traumatherapie (PITT) bei Patientinnen mit komplexer PTBS. Relevant sind ferner die Beiträge über sexualisierte Gewalt bzw. sexuellen Missbrauch von Decker-Voigt et al. (2005), durch Theoriebeiträge sowie Analysen von Langzeitverläufen, wobei die besondere Rolle der Improvisation als Verarbeitungsmöglichkeit und Heilung traumatischer Erfahrungen hervorgehoben wird (vgl. Mitzlaff & Strehlow, 2005 sowie Strehlow, 2009a; 2009b).

35 Eine ausführliche Literaturübersicht bis zum Jahr 2005 findet sich bei Weiß (2005; 2008).

Zu allgemeinen Traumathemen sind in der neueren musiktherapeutischen Literatur die Artikel von Berkmann (2007), Sonntag & Jüchter (2007) und Sutton & De Backer (2009) hervorzuheben. Im Beitrag von Berkmann wird die Musiktherapie bei traumatisierten Kindern und Jugendlichen vor einem tiefenpsychologischen Hintergrund betont, wobei sie besonderes Augenmerk auf die Externalisierungsprozesse in der Musik legt. Sonntag & Jüchter präsentieren die Ergebnisse des ehemaligen Arbeitskreises der DGMT-LAG Nord „Musiktherapie und Trauma."

12 musiktherapeutische Methoden, deren besondere Aspekte, Wirkungen und Gefahren werden genau dargestellt und dazu 11 hilfreiche Regeln für das musikalische Tun empfohlen. Sutton & De Backer beschreiben die Phänomene Musik und Trauma im Kontext von Zeiterleben und Stille. Die in der Improvisation mit traumatisierten Menschen auftauchenden Wiederholungen und Fragmente finden ebenso Erwähnung wie der verlorene Denkraum, inwieweit durch Improvisationen Traumaerfahrungen modelliert und einen neuen integrierten Bezugsrahmen erhalten.

In den Bereichen Flucht, Folgen des Holocaust und Migration finden sich Beiträge von Orth (2005), Stegemann (2005), Braak (2007), Amir (2006; 2007) und Wiesmüller (2011). Braak und Wiesmüller heben das individuelle musiktherapeutische Vorgehen hinsichtlich vorhandener Ressourcen hervor, die eng an die kulturspezifischen Aspekte geknüpft sind.

Schultz (2006) widmet sich in seinem Artikel über „Avantgarde und Trauma" der Musik im Kontext der beiden Weltkriege. Schließlich sind noch die Themen über transgenerationale Traumata zu beachten wie die „Generationsgrenzstörungen bei sexuellem Missbrauch" von Strehlow (2005) und „Transgenerationale Interaktionen in der Musiktherapie" von Timmermann (2011). Er beleuchtet das Phänomen transgenerationaler Übertragungen im Allgemeinen sowie im Kontext von Trauma, Bindungsstörung und Gewalt und im Rahmen kollektiver Traumatisierungen.

Bestandsaufnahmen und Umfragen in Deutschland zur musiktherapeutischen Arbeit mit traumatisierten Menschen sind bei Fees und Wölfl zu finden. Fees (2007) beschreibt in seiner Masterthesis musiktherapeutische Einsatzmöglichkeiten am Beispiel der Traumatherapie im Bundeswehrkrankenhaus Hamburg einschließlich einer Bestandsaufnahme des Einsatzes von Musiktherapie in der stationären Traumatherapie in Deutschland. Im Herausgeberwerk von Wolf (2007) befindet sich der Beitrag von Wölfl, dessen Umfrage[36] an Mitglieder des deutschen Berufsverbandes Musiktherapie zu folgenden Ergebnissen führt: zwei Drittel der Umfrageteilnehmer arbeiten mit traumatisierten Patienten, davon 75% im stationären Rahmen, bezogen auf die Praxisfelder von Erwachsenen-, Kinder- und Jugendpsychiatrie, psychosomatische Kliniken und Tageskliniken. Die Erhebung zeigt eine gemischte Patientenstruktur hinsichtlich der Ätiologie psychotraumatischer Störungen. Als

36 184 Fragebögen davon 40 Antworten (Wölfl, 2007, S. 128).

therapeutische Aufgaben werden Stabilisierung, Ressourcenaktivierung, aber auch Traumabearbeitung genannt. Methodische Vorgehensweisen werden im aktiven und rezeptiven Modus im Einzel- und Gruppensetting variabel gehandhabt. In Bezug auf angewandte musiktherapeutische Techniken überwiegen die strukturierte und freie Improvisation, das Singen, musiktherapeutische Rollenspiele, Entspannungs- und Imaginationsübungen (Wölfl, 2007, S. 115f.).

Im deutschen Sprachraum entstanden das Praxisforschungsprojekt am Berliner Behandlungszentrum für Folteropfer (BZFO) in Zusammenarbeit mit der Universität Witten-Herdicke (Birck, 2002) und das Projekt „Musiktherapie mit sexuell missbrauchten Kindern" mit dem Verein Dunkelziffer in Zusammenarbeit mit der Musikhochschule Hamburg (Decker-Voigt & Dunkelziffer e. V., 2005).

Auf internationaler Ebene sind unter den wissenschaftlichen Projekten und Forschungsarbeiten folgende zu beachten: Bereits 1997 wurde in Sarajewo in einem psychosozialen Projekt die musiktherapeutische Arbeit mit kriegstraumatisierten Kindern von der Musiktherapeutin Dorothee Storz supervisorisch begleitet (Storz, 2001). Von der Organisation War Child in Bosnien-Herzegowina wurde im Pavarotti Music Centre in Mostar Musiktherapie für kriegstraumatisierte Kinder eingerichtet und wissenschaftlich unterstützt (Weiß, 2008, S. 9). Im kürzlich erschienen Artikel über „Musiktherapie zur Behandlung von traumatischen Stress" berichtet Behrens (2011) über ein Forschungsprojekt in Bethlehem. Untersucht wurde die emotionale Abwehrfähigkeit von Kindern, die aufgrund von andauernden bewaffneten Konflikten unter schweren Traumafolgestörungen litten. Nach nur fünf Wochen musiktherapeutischer Behandlung konnten signifikante Veränderungen bei emotionalen Kompetenzen von Kindern anhand eines Sieben-Punkte-Protokolls festgestellt werden. Ebenfalls in Israel berichtet Sekeles (2011) anhand des von ihr entwickelten „Developmental-Integrative Music Therapy Model" (DIMT) über ihre musiktherapeutische Arbeit mit einem paraplegischen Soldaten. Weitere aktuelle Literatur über Musiktherapie mit traumatisierten Männern findet sich bei Sutton & McDougall (2011). Die Autoren beschreiben die dreijährige gemeinsame Arbeit in Belfast mit schwer traumatisierten jungen Männern, wobei das klinisch musikalische Material anhand eines Protokollbogens analysiert wurde. Unterschiedliche Themenbereiche wie Affekt, Übertragung, musikalische und verbale Äußerungen, Wesen und Thematik sowie äußere Umstände wurden entsprechend eingeordnet. Mit den Jahren konnten sich die jungen Männer einen eigenen Zeit-Raum hinsichtlich Vergangenem und Gegenwärtigem aneignen und eigene Möglichkeiten entwickeln. Eine Dissertation von Curtis (2000) und ein Forschungsprojekt von York (2006) wurden im Rahmen ambulanter Behandlung mit traumatisieren Frauen erstellt. Day et al. veröffentlichten 2009 im *Nordic Journal of Music Therapy* die Ergebnisse eines *Songwriting*-Gruppenprogramms mit in der Kindheit traumatisierten Müttern.

Das zunehmende Interesse der Musiktherapie am psychotraumatologischen Themenfeld zeigt sich in Tagungen (Belikon/Schweiz 2006; München 2007, Ulm 2007 und Heidelberg 2008), entstandenen Arbeitskreisen und Fortbildungen (DGMT-LAG Nord 2005; Curriculum Musik-Traumatherapie München 2009–2011, ÖBM Wien, 2011).

Mittlerweile wurde von der World Federation of Music Therapy (WFMT) eine Online-Plattform ins Leben gerufen, welche Musiktherapeuten die Möglichkeit bietet, über ihre Arbeit zu berichten bzw. sich auszutauschen. Die Global Crises Intervention Commission unterstützt weltweit Musiktherapeuten, welche unmittelbar als Helfer für Überlebende in Katastrophengebieten sowie Man-Made-Traumatisierungen beteiligt sind. Die Global Crises Intervention Column umfasst regelmäßige Updates musiktherapeutischen Engagements bei Naturkatastrophen (etwa Erdbeben in Haiti, Sichuan/China, Chile oder Flutkatastrophen in Australien und Kolumbien) Krieg (Naher Osten) Armut (Brasilien) soziale Gewalt (Südafrika) etc.

4.2 Musiktherapeutische Behandlungsansätze

Musiktherapie weist in ihrem Verständnis je nach Grundorientierung verschiedene differenzierte Modelle auf und findet aufgrund ihres breiten Indikationsspektrums in den unterschiedlichsten Bereichen Anwendung (vgl. Storz, 2003, S. 36). Es würde den Rahmen dieser Arbeit sprengen, den Sammelbegriff Musiktherapie in sämtliche theoretische und praktische Bereiche zu unterteilen und zu beschreiben. Der Vollständigkeit halber soll jedoch eine punktuelle Zuordnung vorgenommen werden. Smeijsters fasst die theoretischen Ansätze in einer Dreiteilung zusammen. Sie soll in dieser Arbeit als Überblick verstanden werden, bevor die innerhalb der psychotherapeutisch orientierten Musiktherapie angewendeten Methoden und Techniken auf ein traumatherapeutisches Grundverständnis untersucht werden:

An der Psychotherapie orientiert:
- Analytische Musiktherapie
- Gestalttherapeutische Musiktherapie
- Klientenzentrierte Musiktherapie
- Verhaltenstherapeutische Musiktherapie
- Paradoxale Musiktherapie
- Kognitive Musiktherapie

An der Musik orientiert:
- Musikorientierte Psychotherapie
- Music-centered music therapy

An der Identität psychischer und musikalischer Prozesse orientiert:
- Morphologische Musiktherapie
- Theorie der dynamic forms
- Analoge Musiktherapie
- Metaphorische Musiktherapie

(Smeijsters, 2009, S. 268)

Hier zeigt sich die etablierte Vielfalt hinsichtlich musiktherapeutischer Richtungen. Es gibt in der Musiktherapieliteratur kein einheitliches Verständnis darüber, ob eine Therapieschule als Verfahren oder als Methode definiert wird. Auch in ihren jeweiligen Vorgehensweisen werden die Termini unterschiedlich gehandhabt: Musiktherapeutische Techniken (Storz, 2011), – Vorgehensweisen (Timmermann, 2008), – Methoden (Lutz-Hochreutener, 2009), Interventionen (Schumacher, 1999), Behandlungsformen (Smeijsters, 1999), Handlungsbegriff (Metzner, 2009) etc. (vgl. Storz, 2011, S. 47). Timmermann beschreibt Musiktherapie als eine Methode, „[…] deren Theoriebildung in Richtung auf die Etablierung als Verfahren geht“ (Timmermann, 2008a, S. 55). Er weist darauf hin, dass die musiktherapeutische Arbeit mit den erforschten und beschriebenen Gesetzmäßigkeiten der Psyche in Einklang zu bringen ist (ebd.). Eine Einteilung des Methodenrepertoires in musiktherapeutischen Vorgehensweisen nimmt Timmermann anhand rezeptiver und aktiver Möglichkeiten vor:

Einzel	*Gruppe*
Musikspiel für den Klienten (Live, Tonträger)	Musikspiel für die Gruppe (Live, Tonträger)
Lieder singen für den/mit dem Klienten	Lieder singen für den/mit der Gruppe
Frei improvisierter Dialog	Freie Gruppen-Improvisation
Themenorientierter Dialog	Themenorientierte Improvisation
Regelspiel	Regelspiel
Rollenspiel	Rollenspiel
Systemische Aufstellung mit Instrumenten	Systemische Aufstellung mit Stellvertretern und Instrumenten

Tabelle 11: Musiktherapeutische Vorgehensweisen (Timmermann, 2008a, S. 56)

Diese spezifischen aktiven und rezeptiven Vorgehensweisen finden ihre Entsprechung in psychotherapeutischen Techniken wie *Halten, Stützen, Nähren, Spiegeln, Konfrontieren/Prozessieren, Durcharbeiten, Verbalisieren/Deuten/Nonverbales verdeutlichen* (Timmermann, 2008a, S. 58). Im psychodynamischen Verständnis von Musiktherapie realisieren sich dann musiktherapeutische Techniken in der Verbindung mit den hier angeführten psychotherapeutischen Techniken. Nach Storz sind musiktherapeutische Techniken jedoch abhängig vom therapietheoretischen Kontext und dem musiktherapeutischen Prozess zu verstehen (Storz, 2011, S. 48). Dieser Ansatz kommt einer traumaadaptierten Musiktherapie besonders entgegen.

Die bewusste Verbindung psychotherapeutischer Techniken mit musikalischen Qualitäten, aus denen musiktherapeutische Techniken resultieren, erfolgt durch die gezielte Arbeit mit musikalischen Parametern wie Metrum, Rhythmus, Klang, Tonalität, Melodik, Tonhöhe, Dynamik etc. Aus den 4 Kategorien Produktion,

Reproduktion, Rezeption und Reflexion, finden sämtliche musiktherapeutische Techniken ihre Umsetzung, die Storz folgendermaßen beschreibt:

> „Zur Produktion zählen alle Formen musiktherapeutischer Improvisationen (strukturiert/thematisch/kommunikativ/frei) mit Instrumenten/Stimme/Körper. Im Mittelpunkt stehen hierbei das Finden des eigenen Ausdrucks und die Beziehungsgestaltung. Bei der Reproduktion (mit Instrumenten/Stimme) stehen die Halt gebend Form und aktualisierte Erinnerungen im Vordergrund. Schwerpunkte der Arbeit mit Musikrezeption sind der Bezug zur momentanen Befindlichkeit, aufsteigende Assoziationen und manchmal Relaxation (live/Tonträger); letztere kann mittels archaischer Instrumente ein verändertes Wachbewusstsein anstreben“ (Storz, 2000, S. 444f.). *„Die Reflexion dient der verbalen Aufarbeitung im Hinblick auf einen Bewusstwerdungsprozess des in der musiktherapeutischen Improvisation unbewussten Geschehens“ (Storz, 2011, S. 49).*

4.2.1 Beispiele musik-traumatherapeutischer Handlungsmodelle

Eine methodische Auseinandersetzung auf der Grundlage traumatherapeutischer Konzepte existiert auf nationaler und internationaler Ebene seit geraumer Zeit. Weiß zufolge bestehen zwar konzeptionelle Gemeinsamkeiten in Bezug auf Stabilisierung und Traumaexposition, jedoch mangelt es in den zahlreichen Publikationen an konkreten Aussagen im Hinblick auf methodische Vorgehensweisen für die Traumaintegration sowie für den Behandlungserfolg (Weiß, 2005, S. 126).

Von den bereits entwickelten Modellen sollen hier das dreiphasige Behandlungsverfahren nach Montello (1999) und die Methode der Guided Imagery and Music (GIM) (Maack, 2007) beschrieben werden, sowie weitere rezeptive Verfahrensansätze nach Hess (1992), Strobel (1994) und Decker-Voigt (2009) Erwähnung finden.

Die Stabilisierungsphase nach Montello zeichnet sich dadurch aus, dass zu Beginn auf das Improvisieren verzichtet wird. Stattdessen wird die Patientin dazu ermutigt, eigene Musik mitzubringen, die gemeinsam gehört und daraus entstehende Reaktionen ausgetauscht werden. Die Aufnahme soll Halt und Stabilität bieten, gerade wenn im Alltag traumatische Erinnerungen auftauchen. Weiters wird durch das Ausprobieren und Experimentieren mit Instrumenten zu musikalisch spielerischen Interaktionen eingeladen. Ebenso beinhaltet diese Phase bei Ängstlichkeit und Anspannung musikalische Entspannungsübungen, die Montello für die Patientin im Vorfeld erstellt. In der Traumabearbeitungsphase wird gezielt mit Improvisationstechniken gearbeitet mit dem Ziel, dissoziative Teile des Selbst sowie traumabezogene Gefühle zu explorieren. Montello improvisiert mit der Patientin unter Verwendung stützender, spiegelnder und führender Techniken, wobei er Singen und Stimmimprovisationen als besonders wirksame Techniken erachtet. Gemeinsames Singen emotional hoch besetzter Lieder wirkt in diesem Kontext kathartisch und gleichzeitig kontrollierbar. Die Traumintegrationsphase beinhaltet das Schreiben von Liedern mit dem Ziel, das fragmentierte Selbst wieder aufzubauen. Die eigene Geschichte bekommt durch die selbst verfassten und gesungenen

Liedtexte eine neue Qualität. Anstatt Verbitterung und Groll können hoffnungsvollere Gefühle entstehen. Die freie Improvisation ermöglicht in diesem Zusammenhang eine Alternative zur Opferrolle. Abgespaltene Anteile können dadurch akzeptiert und integriert werden, dass in weiterer Folge eine Neuorientierung für das weitere Leben bewirkt.

Guided Imagery and Music (GIM) ist eine rezeptiv musikpsychotherapeutische Methode, die bereits 1970 von der amerikanischen Musiktherapeutin Helen Bonny entwickelt wurde. Als anspruchsvolle Methode bedarf sie einer fundierten Ausbildung. Die Verwendung von klassischer Musik in der Einzeltherapie soll den Patienten im entspannten Zustand zu einem Prozess spontaner Imaginationen verhelfen. Während des Musikhörens beschreibt der Patient seine Imaginationen (Erinnerungen, Gedanken, innere Bilder, Körperempfindungen). Maack beschreibt die Einteilung der GIM-Sitzungen:

1. Vorgespräch (ca. 15–20 Minuten)
   - Wie geht es dem Patienten?
   - Wie hat die letzte Sitzung nachgewirkt?
   - Thema der Sitzung
2. Induktion (ca. 3–5 Minuten)
   - Körperliche Entspannung
   - Fokus
3. Musikhörphase (ca. 25–50 Minuten)
   - Imaginieren
   - Verbaler Kontakt zwischen Patient und Therapeut
   - Aufgaben des Therapeuten: unterstützen, vertiefen, Sicherheit geben
4. Nachgespräch
   - Was war besonders wichtig für den Patienten?
   - Was bedeuten die symbolischen Imaginationen?
   - Wie kann das ins Leben des Patienten integriert werden?

(Maack, 2007, S. 4f.).

Mittlerweile wurde GIM für die therapeutische Arbeit mit komplex traumatisierten Patienten adaptiert. Je nach Ich-Stärke der Patienten bedarf es einer Veränderung der Sitzungsfrequenzen, der Musik sowie die Art der therapeutischen Begleitung während der Sitzungen (ebd.). Die zu berücksichtigenden traumatherapeutischen Aspekte finden somit ihren entsprechenden Niederschlag. Die Musikimagination in GIM wird traumaadaptiert als fokal (positiv und negativ) und stützend (ausschließlich positiv) eingesetzt. Der Therapeut stellt sich bei fokalen Musikimaginationen als treibende Kraft zur Verfügung. Er hilft, die innere Welt in handhabbare Stücke zu teilen. In der stützenden Musikimagination hält er den Rahmen für positive Erlebnisse bereit und bestärkt diese. Er hilft dem Patienten, Kontakt zu seinen Ressourcen aufzunehemen (ebd., S. 6). Maack fasst die erfolgreichen Therapieresultate durch den Einsatz von GIM und ihren Adaptionen wie folgt zusammen:

- Traumatische Imaginationen werden in symbolische Imaginationen umgewandelt
- Herstellen kognitiver Erinnerungen und eines positiven Verständnisses
- Integration diskursiver Symbole mit analogen Symbolen und Affekt
- Ressourcen finden und ausprobieren
- Steigerung des Selbstbewusstseins
- Mit Gefühlen und Emotionen in Kontakt kommen und sie durcharbeiten
- Wiedererlangen von Hoffnung
- Entspannung
- Verminderte Hypervigilanz
- Reduktion intrusiver Gedanken
- Verbesserung der Affektregulation
- Vermindertes Suchtverhalten

(Maack, 2007, S. 13f.)

Abschließend sei hier noch auf den Einsatz der Klangtrance (vgl. Hess, 1992; Strobel, 1994) sowie auf die Musiktherapeutische Tiefenentspannung (MTE) nach Decker-Voigt (2009) als Sonderformen der Rezeptiven Musiktherapie hingewiesen. Für den Einsatz dieser Methoden wurden von den Autoren unterschiedliche Techniken und differenzierte Vorgehensweisen zu den Phasen einer (klang) geleiteten Trance bzw. Entspannung entwickelt. Gezielte Trancezustände, die über das Stadium eines entspannten Wachzustandes hinausgehen, verlangen vom Patienten die Bereitschaft, sich auf einen vorübergehenden Kontrollverlust einzulassen. Besonders für komplex traumatisierte bzw. hoch dissoziative Patienten muss eine Trance- bzw. Entspannungsinduktion individuell adaptiert sein.

4.3 Musiktherapie als traumaadaptierter Behandlungsansatz

Dieser Abschnitt nähert sich unter Einbezug musiktherapeutischer Beziehungsgestaltung schrittweise den Vorgehensweisen für eine – in dieser Arbeit vorgestellten – traumaadaptierten Musiktherapie. Die Arbeit mit schwer traumatisierten Menschen verlangt, dass Musiktherapeuten ein fundiertes Wissen über Psychotraumata und deren Folgeerscheinungen besitzen müssen. Jedoch auch das Wissen über den individuellen Traumahintergrund, deren konkrete Folgestörungen sowie die Erstellung einer sorgfältigen Indikation sind Voraussetzung, um innerhalb eines Therapieprozesses den richtigen Zeitpunkt für die jeweilige Intervention zu setzen.

Wenn das Psychotrauma auf der Ebene von Neurobiologie, Neuropsychologie und Psychodynamik – Musik spricht diese Ebenen an – verstanden werden will, kann auch in der Musiktherapie weder die ausschließliche Konfliktorientierung noch die ausschließliche Traumaorientierung im therapeutischen Geschehen als zielführend erachtet werden. Der therapeutische Fokus zielt nicht primär auf Konfliktzentrierung ab, jedoch wird psychodynamisches Geschehen grundsätzlich berücksichtigt. Im Vordergrund des Settings, am Beginn der Behandlung, stehen erlebnis- und übezentrierte Funktionsebenen. Es werden musiktherapeutisch-psychoeducative Elemente vorgeschlagen. Dies mag in gewisser Weise verhaltenstherapeutisch wenn nicht sogar pädagogisch anmuten. Dies soll die Bezugnahme auf traumatherapeutische Konzeptionen verdeutlichen.

Die folgenden Ausführungen zur musikalischen Beziehungsgestaltung sowie die musiktherapeutischen Strategien am Beginn der Behandlung (Settinggestaltung), zu Stabilisierung und zu Traumabearbeitung sollen einem modellhaften Verständnis dienen. Das Phasenmodell wird als wichtige theoretische Grundlage verstanden, jedoch birgt eine zu starke Einschränkung darauf das Risiko – auch bei Patienten mit chronischen und komplexen Traumafolgestörungen – das eigentliche musiktherapeutische Potenzial zu wenig auszuschöpfen. Meines Erachtens ist für ein individuelles Behandlungskonzept auch ein integrativer Ansatz im Sinne einer *schonenden Traumatherapie* (Sack, 2010) dienlich.

Es wird sowohl auf Potenziale als auch auf Risiken der Musik hingewiesen. Die im Kapitel 4.3.5 vorgestellte Sammlung musiktherapeutischer Techniken orientiert sich an den Ergebnissen des ehemaligen Arbeitskreises der DGMT-LAG-Nord[37] (Sonntag & Jüchter, 2007) und dem Curriculum Musik-Traumatherapie am FMZ München (2009–2011).

4.3.1 Die musikalische Beziehungsgestaltung

Ergänzend zu den Ausführungen im Abschnitt 3.1 Therapeutische Grundhaltung soll vorweg die therapeutische Beziehung mit den verschiedenen Beziehungsebenen der Musik betrachtet werden. Musiktherapie beinhaltet beziehungsrelevante Aspekte zwischen Patientin und Therapeutin, zwischen Patientin und Musik, zwischen Therapeutin und Musik und der musikalischen Beziehung miteinander.

Die Beziehungserfahrungen traumatisierter Menschen, deren Grenzen häufig überschritten wurden, äußern sich entsprechend in ihrem Kontaktverhalten. Das Bedürfnis nach vertrauensvoller Beziehung ist überlagert von Angst, Misstrauen, Abwehr, mangelnde Empathiefähigkeit und Vermeidungsverhalten, das sich sowohl im direkten therapeutischen als auch im Übertragungsgeschehen widerspiegelt. Wenn sich die therapeutische Beziehung durch eine sichere, stabile und vertrauensvolle Haltung auszeichnen soll, geht es immer um die Frage, wie diese Qualitäten musikalisch vermittelbar sind. Mit dem Augenmerk auf Traumafolgestörungen, indem in der Therapie ein Kontrast zur traumatischen Situation hergestellt werden soll, verlangt es umso mehr nach musikalisch verstehbaren und nachvollziehbaren Inhalten für die Patientin.

37 Der ehemalige Arbeitskreis DGMT-LAG Nord entwickelte Behandlungs- und Interventionstechniken insbes. für die Stabilisierungsphase u. a. unter Einbezug spezifischer Themen wie komplexe frühkindliche Traumata.

Storz spricht von klaren und transparenten Strukturen in der Kommunikation, die im musiktherapeutischen Spiel zum Tragen kommen (vgl. Storz, 1997, S. 118). Nicht allein ist eine Strukturvorgabe durch eine formale Einteilung beschränkt, sondern „[...] in enger Verbindung mit einer stützenden, zugewandten Haltung und einem inhaltlichen Verständnis, das sich naturgemäß an der Patientin orientiert“ (ebd.). Diese für die Patientin deutlich erkennbare Klarheit im musikalischen Ausdruck der Therapeutin schafft Halt und Orientierung. Storz beschreibt folgende musiktherapeutische Grundvoraussetzungen[38], die im Hinblick auf eine traumaadaptierte Musiktherapie von hoher Relevanz sind:

> „So bedeuten Ruhe und Gelassenheit z. B. kurze, klare, ruhige musikalische Motive, angeboten auf einem ruhigen Metrum, oder – eingehend auf ein schnelleres Metrum – eine entsprechende metrische oder rhythmische Akzentuierung, z. B. im Sinne einer Halbierung des Zeitmaßes“ (Storz, 1997, S. 119f.).

Die Faktoren *Ruhe und Gelassenheit* sind eine wichtige Grundlage dafür, dass eine vertrauensvolle und Sicherheit gebende Beziehung entstehen kann. Eine für die Patientin erkennbare Ruhe der Therapeutin, ermöglicht eine bessere Einschätzung und Nachvollziehbarkeit der Situation. Es kann vielleicht bedeuten: *„Wir haben miteinander Zeit, wir können uns gelassen auf etwas musikalisch Gutes einlassen.“* Es bedeutet auch, dass sich Therapeutinnen nicht durch die Macht und Dramatik der Traumadynamik unter Druck setzen lassen, und es bietet die Möglichkeit, den traumaspezifischen Hyperarousal zu senken.

> „Einfachheit und Eindeutigkeit kommen, wie wir wissen dadurch zum Ausdruck, dass sowohl Rhythmus als auch Tonalität oder jedwelche Melodiesequenzen transparent, klar erkennbar und nachvollziehbar sind“ (ebd.).

Klar strukturierte Rahmenbedingungen ermöglichen auch in der Musik dem Kontrollbedürfnis der Patientin entgegen zu kommen. Musikalische Abläufe können so durchschaubar gestaltet werden, indem Therapeutinnen nichts Unangekündigtes tun und nichts für selbstverständlich halten. Dafür ist es sinnvoll, die Patientin selbst zur Validierung einzuladen. Die Patientin selbst darf und soll die Musik und das Spiel korrigieren und ergänzen.

> „Verlässlichkeit und Kontinuität können nur spürbar vermittelt werden durch ein „musikalisches Da-sein“, damit wird das reale Gegenüber greifbar in einem sowohl realen als auch symbolischen, nämlich musikalischen Dialog. Das kann ein zwar mitschwingendes, jedoch gleich bleibendes Metrum oder auch etwaige Wiederholungen eines Motivs bedeuten; es kann aber auch auf die Notwendigkeit hinweisen, dass nicht jede rhythmische oder tonale Abweichung bzw. Entfernung mitgegangen d. h. mitgespielt wird, sondern dass „mitschwingend“ – auf eine mögliche Rückkehr wartend – beim

38 Storz orientiert sich hier an den von Ciompi (1982) angeführten Qualitäten, die sie als musikalisch vermittelbar erachtet.

Ausgangsmotiv, beim Ausgangsrhythmus und auch der damit verbundenen Tonalität geblieben wird“ (ebd.).

Hier wird deutlich, dass die Patientin einen geschützten Spielraum zur Verfügung hat, innerhalb dessen sie sich sowohl gebunden als auch frei bewegen kann. Es soll das Empfinden gestärkt werden, dass der Spielraum ein berechenbarer Ort sein kann. Die Therapeutin ist in ihrer Musik zuverlässig, und wenn eine *tonale Abweichung*, etwas Neues entsteht, kann es im Vorfeld durch Vereinbarungen verbal oder musikalisch nonverbal angekündigt werden. Durch diese Form des *musikalischen Da-seins* kann die Patientin neue (Spiel)Formen sowohl für sich als auch für ein Miteinander erproben.

„Vertrauen und Gradheit können verstehbar werden durch musikalisches Stützen, Begleiten und Verstärken; darüber hinaus auch dadurch, das nicht unerwartet und unverständlich provoziert oder gar ‚musikalische Tricks‘ verwendet werden. Auch kann das heißen, dass wir direkt, d. h. ohne Umwege reagieren und unseren eigenen musikalischen Ausdruck nachvollziehbar und verstehbar gestalten“ (ebd.)

Traumarelevante Symptome werden im zwischenmenschlichen Bereich am deutlichsten und durch diese elementare Grundtechnik am ehesten aufgehoben. Die häufig durchlebte Erfahrung der Unvorhersehbarkeit kann durch zuviel musikalischer Flexibilität oder gar durch ein *Vorgaukeln* verstärkt werden. Musikalischer Ausdruck ist weder diffus, geheimnisvoll noch bedeutungsschwanger, und auch nicht durch spannungsvolle Pausen gekennzeichnet.

„Unter Toleranz verstehe ich, dass jeder Grad an Ausdrucksfähigkeit akzeptiert und ebendort musikalisch angeknüpft wird, d. h. auf die musikalische Sprache des Gegenübers eingegangen wird und dass wir mit kleinen Abweichungen, die sich durch ein „Nicht-vertraut-sein“ mit dem Medium bedingen, mitgehen“ (ebd.).

Die Therapeutin schafft die Bedingungen, dass sich die Patientin in ihren musikalischen Ausdrucksmöglichkeiten und –fähigkeiten voll und ganz akzeptiert fühlt und darüber hinaus als Entmachtete die Erfahrung von Wiederermächtigung erlangen kann.

„Die Authentizität ist hier ganz besonders im Zusammenhang der symmetrisch musiktherapeutischen Beziehung zu betrachten, in der wir als greifbare, reale Partner im extraverbalen Spiel fungieren. Würde sie nicht gewahrt werden, gestalteten sich alle anderen Qualitäten als hohl und unglaubwürdig“ (ebd.).

Vor allem interpersonell Traumatisierte haben ein feines Gespür für mangelnde Echtheit und Inkongruenzen. D. h. sie können sehr irritiert sein, wenn das *Innen* und das *Außen* sowie verbaler und nonverbaler Ausdruck der Therapeutin nicht übereinstimmen.

Storz hält diese angeführten „[…] therapeutischen Grundqualitäten für wesentlicher als die originellsten Spielregeln“ (ebd.). Grundqualitäten sind notwendiger

Nährboden für wachsende Ausdrucksfähigkeiten, auf dem die Spielregeln wirksam werden können.

Ist beziehungsdynamisches Geschehen innerhalb einer Therapie im Vordergrund, wirken auch traumatherapeutische Techniken und Übungen nur bedingt. Dann wird es wichtig sein, den Focus auf das Konzept von Übertragung und Gegenübertragung zu richten – nicht im Sinne einer Übertragungsneurose[39], sondern im Sinne eines interaktiven Verständnisses der therapeutischen Beziehung[40]. Therapeuten nehmen keine neutrale Haltung gegenüber einer traumatisierten Patientin ein, da dies unbewusst ihre Selbstbeschuldigungstendenzen verstärken, wenn nicht sogar die Wiederkehr intrusiver Erinnerungen auslösen könnte. Unterliegt die Traumatherapie bzw. das Phasenmodell grundsätzlich einem stark schematisierten Rahmenprozess, so lässt die Musiktherapie wie alle anderen psychodynamischen Konzepte selten schematische Abläufe erkennen. Umso mehr besteht musiktherapeutisches Handeln in einer Pendelbewegung zwischen Psychodynamik und Traumadynamik. Wolf (2010) verweist in diesem Zusammenhang auf das Bild der *drei Hüte:* Der musiktherapeutische, psychodynamische und traumatherapeutische *Hut,* den es jeweils zu *tragen* gilt. Ist traumatisches Gegenübertragungsgeschehen im Vordergrund, empfiehlt es sich, den *traumatherapeutischen Hut zu tragen.* Das bedeutet Kontrollbedürfnisse und –möglichkeiten zu akzeptieren und nicht zu thematisieren.

4.3.2 Das Setting

Die Art der Setting-Gestaltung soll so gut wie möglich an die traumabedingten Gegebenheiten und an die daraus entstehenden Bedürfnisse der Patientin angepasst werden. Letztere müssen im Rahmen der Therapieplanung und –durchführung sowie im Laufe des Therapieprozesses immer wieder überprüft werden. Hier geht es vor allem bei komplexen Traumatisierungen auch um die Fragen, inwieweit es nötig ist, sämtliche Traumata aufzuarbeiten, oder ob es nicht sinnvoller wäre, sich ausschließlich auf die gegenwärtige Symptomatik zu beschränken. Sachsse formuliert dazu folgende Fragen:

> „Wann ist Ressourcenaktivierung die beste und hinreichende Behandlung?
> Wann geht es um eine pychodynamische Behandlung der Beziehungsverzerrungen?
> Wann ist eine Traumaexposition zur Traumasynthese die beste ‚Stabilisierung'?"
> (Sachsse, 2010, S. X)

Das Setting ist aber auch abhängig vom jeweiligen Konzept der therapeutischen Einrichtung sowie von den fachlichen und persönlichen Variablen der Musikthera-

---

39 Fischer (2000) spricht in diesem Zusammenhang von einer Übersozialisation bei Neurosekranken, während Patienten mit einer Posttraumatischen Belastungsstörung häufig an Problemen einer Untersozialisation zu leiden hätten (zit. n. Reddemann, 2005, S. 25).

40 Vgl. die im Kapitel 3.1 beschriebene „empathische Abstinenz" der Therapeutin.

peutin. Beide Variablen sollen sich so gut wie möglich ergänzen. Die persönlichen Möglichkeiten und Grenzen sind abhängig vom eigenen biografischen Hintergrund, der durch Eigentherapie, Supervision und Selbsterfahrung sorgfältig reflektiert sein sollte. Die fachlich musiktherapeutischen Möglichkeiten und Grenzen werden über die musik-traumatherapiespezifische Weiterbildung bestimmt. Um Enttäuschungen zu vermeiden, gilt es, die Patientin rechtzeitig darüber zu informieren, ob und welche Unterstützung im musiktherapeutischen Kontext möglich ist (z. B. im stationären Setting die Vermittlung zu anderen Institutionen). Häufig werden die hohen Erwartungen der Patientin an die Therapeutin unterschätzt. Infolge entsteht ein erhöhter Helfer-Druck auf die Therapeutin, und dies beeinträchtig enorm die therapeutische Beziehung.

Einzeltherapien sind häufig am Anfang einer Therapie indiziert, grundsätzlich bei erhöhter Gefahr von Flashbacks (vgl. Sonntag & Jüchter, 2007, S. 112) und dissoziativen Zuständen, die durch Anwesenheit und Interaktionen anderer auslösbar sind sowie bei Patienten mit komplexen Traumafolgestörungen, welche einen langfristigen Zeitraum zur Stabilisierung benötigen. Unabhängig davon können nur in Einzeltherapien die verschiedenen und zuweilen sehr komplexen Phasen der Traumaarbeit differenziert angewendet werden (ebd.).

In Gruppentherapien gilt es, sämtliche Faktoren wie Gruppengröße, Zusammensetzung, Kontinuität, Gruppenprozess etc. zu berücksichtigen. Wie in anderen traumatherapeutischen Verfahren eignen sie sich als ressourcenorientiertes Angebot für stabilere Patienten, die ein entsprechendes Maß an Beziehungsfähigkeit besitzen. Die Gruppenkohärenz kann als Schutzraum erlebt werden, in dem erlebtes Leiden geteilt und mitgeteilt werden kann[41]. Andere Teilnehmer wirken als Vorbilder. Das Entstehen von musikalischer und anderer Resonanz sowie die Möglichkeiten von Erfahrungen neuer Kontakte und dem kritischen Hinterfragen von Opfer- und Täterkonstellationen (ebd.) schaffen Raum für neue befriedigende interpersonale Beziehungen.[42]

Der Wechsel von Einzel- zu Gruppentherapie, bzw. umgekehrt, sowie die Kombination beider ist abhängig von der jeweiligen Indikation. Wird beispielsweise in der Einzeltherapie ein individuelles Behandlungskonzept verfolgt, so kann ein Gruppensetting, das ausschließlich auf Stabilisierung und Ressourcenaktivierung fokussiert, als Ergänzung herangezogen werden.

---

41 Die Wirkung von Gruppenkohäsion: die Kraft, die Gruppenmitglieder untereinander verbindet und die Wirkung von Altruismus: PatientInnen helfen sich innerhalb einer Gruppe gegenseitig (vgl. Mayr, 2001).

42 Die Wirkung durch interpersonales Lernen. Die Gruppe wird als sozialer Mikrokosmos betrachtet (ebd.).

Die Settingvariablen Raum und Zeit

Die jeweils örtlichen musiktherapeutischen Gegebenheiten, wie räumliche Anordnung, Farbgebung, Ausstattung, können auf Patienten triggernd wirken. Es benötigt einen therapeutisch geschulten Blick, wie weit eine Patientin dadurch beeinflusst wird. Für ein körper- und sinnesnahes Setting, auch im Sinne therapeutischer Selbstfürsorge, stellt sich die Frage, ob der Musiktherapieraum so gestaltet ist, dass er die Sinne beruhigt – wie durch sparsame Möblierung, ausreichend gute und angenehme Beleuchtung, bequem verschiebbare Stühle etc. Vor allem hypervigilante Patienten benötigen eine reizarme ruhige Umgebung. Auf der anderen Seite ist es wichtig, spezifische Reize anzubieten, da bei traumatisierten Menschen aufgrund starken Vermeidungsverhaltens sämtliche Sinneskanäle defizitär sein können. Um bewusste Sinneswahrnehmung zu ermöglichen, soll es ein Angebot guter visueller, taktiler, akustischer, olfaktorischer und ggf. auch gustatorischer Reize geben. Dadurch wird verdeutlicht, dass der Körper nicht nur Träger traumatischer Erfahrungen ist, sondern auch Träger von Wohlbefinden und Genuss. Insbesondere dienen gezielte Sinnesreize dazu, teilweise und vollständige körperliche Dissoziationen vorsichtig aufzulösen und den Körper schrittweise in eine bewusste Aufmerksamkeit hereinzuholen (vgl. Lehmann, 2008). Sensible Termine, die an die traumatische Situation erinnern (Uhrzeiten, Jahrestag), aber auch Termine kurz vor dem Wochenende oder abends sind nicht ratsam, da kritische Zustände nicht adäquat behandelt werden können.

Die musikalische *Triggerakte*

Es ist nicht möglich, traumatische Auslöserreize vollständig zu vermeiden, da viele unterhalb der bewussten Wahrnehmungsschwelle liegen. Jedoch ist es wichtig, bewusste spezifische

Reize so rasch wie möglich zu identifizieren, da sie hoch belastend sein können. Nachdem so gut wie alles ein Triggerreiz sein kann, muss dieses Thema auch in musikalischer Hinsicht besonders beachtet werden. Akustische und somit auch musikalische Triggerreize kommen häufig vor und können heftige Reaktionen in Form von Angst, Panik, Wut und Trauer auslösen, die bis zu einem dissoziativen Flashback führen können. Auch ursprünglich emotional positive Zustände können ebenfalls als Triggerreize wirken, sodass in weiterer Folge positive und negative Erregungszustände nicht mehr unterscheidbar sind. Es empfiehlt sich, eine differenzierte *musikalische Triggerakte*[43] mit der Patientin zu führen. Zunächst gilt es, bewusst und gezielt *gefährliche* Instrumente und Musik zu vermeiden, um einen ersten wirksamen Schutz und eine zunehmende Kontrolle im musiktherapeutischen Geschehen zu erlangen[44]. In einem zweiten Schritt kann zwischen objektiv

43 Ein verwendeter Begriff der Autorin (Anm.). Im musiktherapeutischen Alltag hat sich das Anlegen einer tatsächlich schriftlichen Akte insofern bewährt, als dass sich die Patientin umso mehr verstanden fühlt.

44 Interessant scheint hier der Hinweis von Tonius Timmermann in Bezug auf ergotrope (aktivierende) und trophotrope (beruhigende) Musikstrukturen: „Ein Klient allerdings, der gar

harmloseren und objektiv gefährlicheren Triggerinstrumenten sowie Triggermusik unterschieden werden. In einem dritten Schritt kann eine angemessene Reaktion auf den Triggerreiz geübt werden. Folgende systematische Fragestellung kann zu einer Triggervermeidung beitragen:

Was empfindet die Patientin als unerträglich/unangenehm/schrecklich/problematisch:

- Instrumente insgesamt?
- Eigenschaften am Instrument (optisch, akustisch, haptisch etc.)?
- Andere Gegenstände im Musiktherapieraum?
- Stellen des Raumes?
- Musik (ergotrop, trophotrop)?
- Musikalische Elemente (Klänge, Rhythmen, Geräusche etc.)?
- Zeitliche Situationen (Wochentage, Uhrzeiten, etc.)
- Andere sensorische Eindrücke (Gerüche, Szenen, Stimmungen)?
- Stellen des Körpers, die nicht berührt werden dürfen?[45]

Diese verhaltenstherapeutisch anmutende Vorgehensweise mag eine enorme Spielraumeinschränkung bedeuten. Jedoch kann jede *Nähe von Gefühlen* – auch positive durch Musik und Instrumente ausgelöste – eine Triggerwirkung haben, solange die Patientin nicht ausreichend stabilisiert ist (vgl. Wolf, 2007). In diesem Zusammenhang sei auf die Appellwirkung und Symbolkraft der Musikinstrumente hingewiesen (Höhmann, 1988; Decker-Voigt, 1991; Timmermann, 2003). Erwähnt sei hier die Appellspektrumsanalyse von Kliphuis (1977), welche von Waardenburg (1977) zur Erforschung des Ausdruckspotenzials sowie der spezifischen Appellwirkung eines Musikinstruments auf eine Person verwendet wurde. Auf einem von Kliphuis entwickelten Fragenbogen mit 32 Appellen sind Personen aufgefordert, Gefühle, Zustände etc. anzugeben, die ein Instrument hervorruft. Kliphuis unterscheidet zwischen einem breiten – wenn viele der aufgelisteten Appelle beantwortet werden – und einem schmalen Appellspektrum – wenn es sich um wenig miteinander verwandte Bedürfnisse mit hohem Appellwert handelt (Kliphuis, 1977, S. 107f.). Höhmann verweist hinsichtlich der jeweiligen Appellwirkung eines Musikinstruments auf „[…] die höchst individuelle seelische und körperliche Befindlichkeit, Bedürfnislage und Vorgeschichte der Person, die mit einem Instrument in Berührung kommt“ (Höhmann, 2009, S. 45).

---

nicht beruhigt werden will, kann durch eine beruhigende Musik noch erregter werden, als er bereits ist – und sich gleichzeitig unverstanden und mit seinem Eigenen nicht beachtet fühlen“ (Timmermann, 2008a, S. 57). Gehen wir von einer Patientin mit schweren Traumafolgestörungen aus, die sich tatsächlich durch Musik beruhigen möchte, so könnte diese sich gerade durch die erwünschte trophotrope Musik in einen Hyperarousal hinein manövrieren.

45 Gemeint ist sozial adäquater Körperkontakt wie Händeschütteln oder eine kurze Berührung an der Schulter (Anm. der Autorin).

Stopp-Signale und Stopp-Spiele

Der Patientin dienen sie dazu, musikalisch kritische Interaktionssituationen unterbrechen zu können, da in Stress-Situationen häufig die Sprache versagt. Ein nonverbal gestisches Signal wird vereinbart, damit jederzeit z. B. ein Spiel gestoppt werden kann. Die vereinbarte Geste soll im Vorfeld mehrmals ausgeführt werden, um sie ausreichend im Körpergedächtnis zu verankern, und sie soll sich deutlich von normalen alltäglichen Gesten unterscheiden. Wesentlich ist das sofortige Reagieren der Therapeutin auf das Signal. Die Therapeutin verzichtet auf eine Begründung der Patientin, um genau jene Belastung zu vermeiden, die durch das Stopp-Signal versucht wurde.

Die Therapeutin wendet die Stopp-Regel an, wenn der Eindruck einer musikalischen Überforderungssituation seitens der Patientin entsteht. Die Patientin wird im Vorfeld darüber informiert, dass man sie mittels eines verbalen Signals, eines deutlich ausgesprochenen *Stopp*, unterbrechen wird, mit dem Ziel, retraumatisierende und triggernde musikalische Handlungen zu stoppen. Bei dissoziativen Störungen werden im Vorfeld weitere Vereinbarungen getroffen: z. B. die Körperposition verändern, Instrumente zählen, ein vereinbartes Lieblingslied singen, etc.

Insgesamt beinhaltet therapeutisches Vorgehen gerade am Beginn der Therapie bewusst viel Redundanz, da das Prinzip von Regelmäßigkeit, Wiederholung und Wertfreiheit einen kreativen und zugleich geschützten Rahmen schafft. Sowohl in der Einzel- als auch in der Gruppenmusiktherapie müssen der Patientin ausreichende Kontroll- und Distanzierungsmöglichkeiten eingeräumt werden, um Gefühle von Ohnmacht und Hilflosigkeit zu vermeiden, und um die Gefahren von Affektüberflutung und Triggerreizen zu verhindern. Alle musiktherapeutischen Angebote, verbal und nonverbal, sind klar, strukturiert und kontextbezogen. Ein Ziel ist, im Sinne von Psychoedukation, sich eigenverantwortlich schützen zu lernen, indem die Basisstrategien Information, Transparenz und Kontrolle (Kapitel 3.2.4) bewusst eingesetzt werden.

4.3.3 Stabilisierung durch Ressourcenaktivierung

Der Kontakt zu den eigenen Ressourcen ist die erste Voraussetzung, um einen Kontrast zu den destruktiven Wirkmechanismen des Traumas herzustellen. Dies ist für traumatisierte Patienten alles andere als selbstverständlich und auch nicht unproblematisch. Jedes Aufspüren von Ressourcen und den damit einhergehenden positiven Gefühlszuständen kann triggernd wirken, ist also immer mit dem Risiko einer Spontanreaktion der Dissoziation verbunden. Zunächst wird auf musikalische Möglichkeiten hingewiesen, die als sichere Basis für weitere konkrete Spielangebote verstanden werden können, ebenso wird dadurch dem Risiko einer möglichen Täterübertragung vorgebeugt.

Die musikalische Biografie

Als zielführend erweisen sich jene Angebote, die an positive Lebenserfahrungen anknüpfen. Daher ist es sinnvoll, in einem ersten Schritt die musikalische Biografie im Sinne einer Glücksbiografie der Patientin durch Zuordnung von Musik zu guten Lebensphasen und –ereignissen zu erheben. Die gemeinsame Suche von Therapeutin und Patientin nach deren guter Musik kann sehr ermutigend und Sicherheit gebend sein, sodass auf diesem Boden Spielfreude und Kreativität entwickelt werden können. „Die biografischen Assoziationen haben nichts mit dem Charakter einer Musik zu tun, sondern damit, in welchen Lebensmomenten sie für den Hörenden eine Bedeutung hat" (Timmermann, 2008a, S. 57). Nicht die Musik bzw. deren Parameter haben eine auslösende Wirkung, sondern die Assoziationen, die damit verbunden werden. Frühzeitiges Ausloten positiver und negativer Besetzungen und Assoziationen von Musik bzw. musikalischen Hör-, Spiel- und Singerfahrungen bereitet den Boden für ein späteres angstfreies Experimentieren und reduziert die Gefahr von Triggerreizen. Zugleich wird diese Art von Ressourcenstärkung auch dazu führen, dass durch das Erleben dieser Musik ein schnellerer Zugang zu einer guten Innenwelt wie Gestaltbildungen und Tagträumen gefunden werden kann, und somit eine spätere Auseinandersetzung mit dem Trauma besser aushaltbar ist.

Ein erster Schritt zur Erhebung der musikalischen Biografie ist die eigene, persönlich bedeutsame Musik, welche die Patientin von sich aus in die Therapie mitbringt. Sonntag & Jüchter fassen im Rahmen rezeptiver Konzeptionen „mitgebrachte Musik" unter folgenden Punkten zusammen:

Besondere Aspekte

- Hilfreich insbesondere am Beginn der Therapie, um einen Patienten kennen zu lernen, sein Lebensgefühl, seine Ressourcen, Träume usw.
- Bietet sicheren und strukturierten Rahmen
- Gibt Einblick in die Lebenswelt des Patienten (Text, Stimmung, Genre, Funktion …)
- Die Patienten zeigen sich in der Gruppe mit etwas persönlichem und bekommen Feedback

Wirkung

- Die Bedeutung der mitgebrachten Musik kann durch das Hören in der Therapie vertieft werden
- Erlernen eines bewussteren Umgangs mit Musik
- Erleben von Angenommen-Werden

Besonders beachten

- In der Gruppensituation sollte der Therapeut die Musik kennen, bzw. die Wirkung einschätzen können (bei unbekannter Musik die Information des Patienten einholen)
- Die gehörte Musik sollte nicht bewertet werden, stattdessen Anerkennung der Vielfalt von Erleben

(Sonntag & Jüchter, 2007, S. 111)

Musikalische Achtsamkeitsübungen

Geht es in traumatherapeutischen Verfahren auch immer um das Erlernen von Achtsamkeit, so erscheinen die traditionell musiktherapeutischen Vorgehensweisen *Einstimmung* und *Für-Spiel* als wertvolle Beiträge für eine traumaadaptierte Musiktherapie. Diese Termini werden in dieser Arbeit als musikalische Achtsamkeitsübungen verstanden.

Der von Alfred Schmölz (1983) geprägte Begriff der Einstimmung meint hier die bewusste Gestaltung von Zeit und Raum, damit sich die Patientin gut auf die Gegenwart einlassen kann. Das *Nachlauschen von Tönen* (vgl. Mössler, 2008, S. 183) durch ein elementar eingesetztes Klangmaterial ermöglicht ein Wahrnehmen des Augenblicks, Ängste und Unruhezustände können die Patientin weniger erreichen. Die Einstimmung geht dem Für-Spiel durch Momente der Stille, durch Fokussierung auf die eigene Befindlichkeit, den Körper, den Atem und zuletzt dem Hinlenken der Aufmerksamkeit zum aktiven Zuhören voraus.

Ein rezeptives Angebot der Therapeutin, sowohl *live* als auch vom Tonträger, meint besonders in diesem Kontext, nicht ein Vorspiel sondern ein Spiel *für* den Patienten, (Timmermann, 2008a, S. 56f.). Es kann sich um eine Wunschmusik handeln, wobei der Beziehungsaspekt und weniger die *medikamentöse* Musikwirkung (ebd.) im Vordergrund steht. Im aktiven Modus bedeutet es, dass eine konkret gewünschte Musik von der Therapeutin so gespielt wird, dass sie die Patientin mit ihrer Musik dennoch im Hier und Jetzt, in ihrer momentanen Befindlichkeit abholt. Der musikalische Ausdruck wird so moduliert, dass ein affektives Mitschwingen, eine musikalische Feinabstimmung hörbar und verstehbar wird. Therapeutische Voraussetzung dazu ist die musikalische Fähigkeit auf jedem vorhandenen Instrument situationsadäquat spielen bzw. singen zu können. „Dabei ist sichere Einfachheit überzeugend. Entscheidend ist, dass hier nichts schwankt, so dass sich der Patient getragen und geschützt fühlt“ (ebd.). Beim gewünschten Musikstück vom Tonträger bedeutet es, so nahe im Kontakt mit der Patientin zu bleiben, sodass bei Stimmungsänderungen durch eine gewisse Vorhersehbarkeit und Vorher*hör*barkeit angemessen reagiert werden kann. Ein weiterer hilfreicher Aspekt im Üben von musikalischer Achtsamkeit ist das Anlegen eines *Musikfreudetagebuchs* und/ oder eines musikalischen *Kraftkoffers.* Die Patienten werden dazu motiviert, die im Alltag angenehm empfundenen Musikstücke zu notieren. Das Aufschreiben dieser bewirkt eine erhöhte Aufmerksamkeit und Wahrnehmung von *guter Musik* (Wiesmüller, 2011, S. 191). Das Sammeln von Tonträgern, etwa Lieblingsstücke sowie in der Therapie aufgenommenes musikalisches Material, verstärken das Sicherheitsgefühl auch außerhalb. Die gewählte Musik eignet sich dann als Übergangsobjekt (vgl. Maack, 2004) sowie als Unterstützung für bestimmte Imaginationsübungen.

Entspannung

Entspannung gilt als wichtiges Therapieziel bei Menschen mit Traumafolgestörungen (Sonntag & Jüchter, 2007, S. 110). Es ist allgemein bekannt, dass Entspannung von traumatisierten Menschen, vor allem jenen, die sich in einem stressreichen Zustand von Übererregung befinden, sehnlich herbeigewünscht wird. Musik zur Entspannung kann einen Anker bieten und den Entspannungsprozess strukturieren (ebd.). Jedoch kann die Musik die Angst vor Kontrollverlust noch intensiver erlebbar machen und durch mögliche Affektüberflutung gefährlich werden. Ebenso kann das passive Hören die Opferrolle forcieren durch Gefühle des hilflosen Ausgeliefert-Seins. Durch das Gegenübertragungs- und Übertragungsgeschehen besteht das Risiko, als Therapeutin in eine Täterrolle zu geraten. Um ausreichende Kontrollmöglichkeiten anbieten zu können, ist die wichtigste Intervention für aktive und rezeptive Entspannungsmusik ein strukturiertes Angebot und die vorhergehende Erörterung von Ausstiegsmöglichkeiten, auch um ein zu starkes Regredieren zu vermeiden (ebd.).

Musikalisches Handeln und Gestalten

In der aktiven Musiktherapie können Spielräume durch Improvisationen mit Instrument und Stimme, je nach thematischer Indikation, zu einem geschützten als auch zu einem weiten Experimentierfeld werden. Improvisation, aus dem Lateinischen *improvius,* bedeutet *unvorhersehbar, unerwartet* (Timmermann, 2008b, S. 66). Das bedeutet, dass gerade am Beginn ausreichende Kontroll-, Distanzierungs und Dosierungsmöglichkeiten musikalisch vermittelt werden. Musikalisches Handeln soll einerseits alltagsbezogen sein, sodass das Spiel keinen esoterischen oder suggestiven Touch bekommt. Andererseits lädt es dazu ein, neue kreative Spielformen zu entdecken. Aktives Handeln in der Improvisation ermöglicht:

- eine Veränderung des Selbsterlebens bei häufig konditionierter Hilflosigkeit;
- das Erleben von Urheberschaft mit der Möglichkeit der Steuerung und Regulierung, was zur Möglichkeit der Affekttoleranz führen kann;
- Nähe-Distanzregulation im Kontakt kann besonders für Patienten mit *man-made*-Traumatisierungen von Bedeutung sein, denn gerade für sie ist Kontaktgestaltung schwierig;
- Musik kann als Puffer dienen, ermöglicht Resonanzerfahrungen durch ein Berührt-sein ohne Berührung (Wölfl, 2010).

Gelingende stabilisierende Behandlung kann die Symptomatik ein wenig reduzieren, jedoch sind die Patienten meist nicht beschwerdefrei (vgl. Sack, 2010, S. 4). Der folgende Abschnitt beschäftigt sich mit den Möglichkeiten der Symbolisierung innerhalb einer schonenden Traumabearbeitung. Sie bedeutet eine flexible Anpassung an die individuelle Belastbarkeit der Patienten, die Aufrechterhaltung des Gegenwartsbezuges, um einen Transfer in den Alltag zu gewährleisten.

4.3.4 Schonende Traumabearbeitung durch Symbolisierung

„Gib Worte dem Schmerz, denn Schmerz der nicht spricht, geht ans Herz bis es bricht" (Shakespeare, Macbeth)

Der richtige Zeitpunkt der Traumabearbeitung – in der korrekten Begrifflichkeit als Bearbeitung traumatischer Erinnerungen zu verstehen (Sack, 2010, S. 104) – hat auch das Ziel, einer stagnierenden Stabilisierungsphase entgegenzuwirken (vgl. Sachsse, 2010, S.IX). Unaussprechliches traumatisches Material, welches sich im musikalischen Ausdruck und Handeln zeigt, kann mithilfe therapeutisch musikalischer Mittel einen Weg zur Versprachlichung finden. Unabdingbare Voraussetzung dafür ist die etablierte therapeutische Beziehung, die Vertrautheit mit der therapeutischen Situation sowie mit dem musikalischen Material. Die Gefahr der Affektüberflutung und anderen Nebenwirkungen bleibt hoch, wenn das gesamte Ausmaß traumatischer Erinnerungen aktualisiert wird (vgl. Sack, 2010, S. 4) oder wenn die Patientin durch die Musik völlig unvorbereitet in Kontakt mit völlig abgespaltenen Gefühlen kommt (vgl. Wölfl, 2010). Gemeint sind hier die emotionalen Reaktionen traumatischer Erinnerungen wie Ohnmacht und Hilflosigkeit, Ekel, Scham, Trauer, Ärger und Aggressionen sowie Schuldgefühle und die Übernahme einer Opferrolle. Als sinnvolle Alternative bieten sich jene schonenden Vorgehensweisen an, die dazu beitragen, zunächst Teil-Inhalte mit geringerem traumatischem Ausmaß einem Symbolisierungsgeschehen zuzuführen. Beispielsweise im musikalisch szenischen Rollenspiel, in welcher der Patient die völlige Kontrolle übernimmt und nicht mehr als Opfer hervorgeht, oder in aktiven Spielformen, in denen die darin enthaltene Kraft gespürt werden kann, welche zuvor aus Angst vermieden wurde. In Improvisationen kann Ausdruck, Inszenierung und Distanzierung gleichermaßen möglich werden. All diese und weitere Formen (musiktherapeutische Techniken – Kapitel 4.3.5) von Be- und Verarbeitung traumatischer Erinnerungen bewirken häufig eine unmittelbare Entlastung innerhalb der einzelnen Sitzungen. Durch diese Erfahrung kann in weiterer Folge die schrittweise Bearbeitung schwerwiegender traumatischer Inhalte erfolgen.

4.3.5 Beispiele traumaadaptierter musiktherapeutischer Techniken

Unabhängig von Stabilisierung und schonender Traumabearbeitung lässt sich als Grundregel sagen: Je komplexer das Störungsbild umso strukturierter die Spielangebote. Dies geht auf Kosten des Spielraumes: „Musik wirkt ja gerade dann, wenn wir uns ihr in gewisser Weise überlassen" (Sonntag & Jüchter, 2007, S. 101). Dabei handelt es sich um eine Gratwanderung. Einerseits geht es um die Schaffung eines optimalen Schutzraumes, als ein relativ äußerer sicherer Ort, andererseits bietet die Musik *den* Raum für das Erleben der eigenen Kraft und Lebendigkeit. Diese Gratwanderung verlangt eine musiktherapeutische Balance. Die Erfahrung zeigt, wenn sich Patienten sicher fühlen, dann entwickelt sich auch der Spielraum. Als definitiv kontraindiziert gelten alle kathartisch-ausagierenden sowie emotional-evokative

Reinszenierungen (Wölfl, 2007, S. 118). Die meisten der hier dargestellten Techniken finden ihren Niederschlag in den Fallrekonstruktionen (Anhang).

Stimmimprovisationen

Textfreie Stimmimprovisationen sind als erweiterte Struktur bzw. als erweiterter Spielraum zu verstehen. „Der Ausdruck der Stimme ist körperlich und damit sehr unmittelbar" (Sonntag & Jüchter, 2007, S. 109). Die innere Befindlichkeit wird dadurch direkt ausgedrückt. Singen kann einerseits Ängste auflösen und vertrauensbildend sein, andererseits kann die Arbeit mit der Stimme, also die Körperarbeit, jederzeit auch Angst und Flashbacks auslösen. Die stimmliche Begleitung der Therapeutin kann das Gefühl von Halt, Geborgenheit und Angenommensein stärker als eine instrumentale Begleitung vermitteln. Singen in der Gruppe fördert das Gemeinschaftsgefühl. In Einzeltherapien wird die therapeutische Beziehung durch das gemeinsame Singen sehr intim. „Die Schamgrenzen des/der Patienten müssen gut eruiert werden. Schlechte Erfahrungen aus der Kindheit (besonders Schule) durch v. a. abwertende Bemerkungen könnten wiederbelebt werden" (ebd.). Traumatische Erfahrungen in der Kindheit wie sexuelle Gewalt durch ein Familienmitglied, stellen in der therapeutischen Situation höchstes Retraumatisierungsrisiko dar, wenn beispielsweise im Nebenraum gesungen wurde.

Tradierte Lieder

Ausgehend von strukturierten Angeboten zu jenen, die mehr Freiheit ermöglichen, beginnt eine enge Struktur im Sinne von Schutz bei vertrauten, gemochten und gern gesungenen Liedern. Sie bieten in der Regel einen sicheren Rahmen zum Ausdruck von Gefühlen, Sehnsüchten und Stimmungen. Die von Patienten ausgewählten Lieder können wichtige Lebensthemen deutlich machen und ebenso anamnestisch bedeutsam sein. In der Arbeit mit traumatisierten Flüchtlingen fällt auf, dass diese Menschen häufig über ihr Leid nicht sprechen können, aber mit Hilfe ihrer traditionellen Lieder darüber singen können. Einerseits ist das Singen in anderen Kulturkreisen traditionell stärker verankert und somit selbstverständlicher, andererseits ist das Singen eine häufige Bewältigungsstrategie: „Ich habe überlebt, weil ich getanzt und gesungen habe" (mündliche Mitteilung eines kriegstraumatisierten Patienten). Gelingt es durch eine instrumentale Begleitung oder durch das gesprochene Wort, einen nahen Bezug zu den Bedürfnissen herzustellen, empfinden die Menschen es als Einladung, sich auszudrücken (vgl. Orth, 2005).

Allerdings ist auch zu betonen, dass traditionelle Musik nicht nur das Verlusterleben und die Heimatlosigkeit wieder beleben kann, sondern auch damit verbundene traumatische Ereignisse. Im musiktherapeutischen Alltag hat sich gezeigt, dass v. a. bei sexuellen Traumatisierungen traditionelle Lieder oft massiv abgelehnt und verweigert werden[46].

46 Sexuell traumatisierte Frauen anderer Kulturkreise in einer Wiener psychiatrischen Tagesklinik (Anm. der Autorin).

Eigene Lieder schreiben und vertonen

Beim Schreiben und Vertonen eigener Lieder, sowohl vokal als auch instrumental, ist folgendes zu beachten: Für das Schreiben wird die linke Hirnhemisphäre aktiviert. Die Tätigkeit des Schreibens ermöglicht reflexives Denken und Distanz zum Geschehen. Das selbst geschriebene Lied kann emotionales Material ordnen. Es kann während des Schreibens oder danach immer wieder verändert werden, sodass es der Patientin die Kontrolle darüber ermöglicht (vgl. Amir, 2007, S. 89f.). Die eigene Schaffung und Vertonung lässt schwierige Gefühle in einer besonderen, sehr persönlichen Form ihren Ausdruck finden, der mit Sprache allein oder mit Musik allein nicht möglich ist. Durch das entstandene und reproduzierte Werk kann biografisches und somit auch traumatisches Material verarbeitet werden. Sowohl das Schreiben von Liedern als auch das Lesen und Singen können dazu beitragen, „einen geordneten Ablauf von Ereignissen zu schaffen und beizubehalten […]“[47] (ebd.). Eine Neudichtung eines Liedes unterstützt besonders die Verarbeitung biografischen Materials.

Trommeln

Die vielfältigen Spielformen des Trommelns spannen sich von metrisch-rhythmisch klaren Vorgaben weiter zu gebundenen Improvisationen, zu dialogischen und interaktionellen Formen wie Frage-Antwort-Spiele, Solo-Tutti-Spiele und letztendlich zu freien Improvisationen.

Möglicherweise hat das Trommeln von allen Instrumentalspielen das stärkste Wirkungspotenzial in positiver und negativer Hinsicht. Die eigene Kraft kann positiv erlebt und gespürt werden. Das Trommeln trägt zu einer verbesserten Körperwahrnehmung bei, fördert die Kohäsion und macht auch noch Spaß. Der direkte Haut-Kontakt von Hand zum Trommelfell fördert den Kontakt zum Selbst. Trommeln haben Containerfunktion und eignen sich somit *klassisch* für den Abbau von Aggressionen, Spannungen und innerer Unruhe. Trommeln sind meist leicht handhabbar, relativ homogen und bieten in rhythmisch strukturierten Improvisationen Sicherheit, Schutz und Halt. Jedoch wird kaum ein anderes Instrument so stark mit Gewalt (häufig sexueller) und Schlägen assoziiert. Abgewehrte Täter- und Opferintrojekte können heftige Ängste und Aggressionen auslösen. Trommeln können typisch traumabedingte Symptome wie ein *Angetriggert-werden* bis zu schweren Flashbacks und dissoziativen Zuständen auslösen. Als besonders kontraindiziert kann das sukzessive Schnellerwerden des Tempos und/oder der schnelle Gleichschlag gesehen werden (Sonntag & Jüchter, 2007, S. 108).

Strukturierte Improvisation

Das Maß und die Weise einer strukturierten Improvisation entscheidet zunächst die Therapeutin abhängig von Indikation und dem jeweiligen Prozessmoment (vgl. Timmermann, 2008b, S. 65). Durch die therapeutische Beziehung und durch die

47 Amir beschreibt dies anhand eines Fallbeispiels, einer 60jährigen Holocaust Überlebenden.

Strukturvorgabe im Spiel erlebt die Patientin Sicherheit, Halt, Orientierung und Schutz – besonders wichtig zu Therapiebeginn. „Die äußere Struktur ermöglicht eine innere Distanzierung zum Gespielten und Erlebten" (Sonntag & Jüchter, 2007, S. 104). Affektregulierung kann durch die Struktur erleichtert werden, weil sie Anfang und Ende hat. Später wird die Patientin selber Strukturen vorschlagen und entwickeln, dabei werden Sicherheitsbedürfnisse und Ausdruckswille deutlich. Sie kann sich darin üben, ihre Ressourcen gezielt und dosiert zu entwickeln. Doch auch die Hörbarkeit der Krise oder die Hörbarkeit des Schreckens kommen durch Inhalte und Formen einer improvisierten Musik ans Licht (vgl. Timmermann, 2008b; Decker-Voigt, 2005). Hier müssen sorgfältig Grenzen und Grenzerweiterungen erwogen werden. D.h, wenn Strukturen mit der Patientin weiterentwickelt werden, dürfen sie weder einengen – dies würde den Heilprozess verzögern – noch zu rasch erweitert oder gar aufgelöst werden. Des Weiteren können strukturierte Improvisationen schnell dazu verführen, im Nachgespräch mit *richtig* oder *falsch* bewertet zu werden" (Sonntag & Jüchter, 2007, S. 104). Nicht eingehaltene Strukturen sollen im Nachgespräch auf ihre Sinnhaftigkeit überprüft werden (ebd.).

Die in der Improvisation gestalteten Strukturen können in mehrfacher Hinsicht verstanden werden:

- Strukturen durch musikalische Vorgaben i. S. v. Instrumentenauswahl und/oder musikalischen Spielregeln (z. B. Solo/Tutti, oder den Ablauf der Improvisation betreffend z. B. A-B-A-Form) (Sonntag & Jüchter, 2007, S. 104);
- Musikbezogene Strukturen durch die Vorgabe musikalischer Parameter (vgl. Mayr, 2001) (z. B. Gegensätze spielen – laut/leise, langsam/schnell, kurz/lang);
- Musikbezogene Strukturen, die sich aus der Wirkung der Komponenten[48] (Klang, Rhythmus, Melodie, Dynamik und Form) heraus entwickeln lassen (z. B. die Begrenzung oder Erweiterung eines Tonraums oder der Dynamik, oder rhythmischer Natur, indem jemand mit einem Rhythmus beginnt und die anderen übernehmen diesen);

Die thematische Improvisation

Hier steht die Darstellung und Aktualisierung eines Themas und deren klangliche Gestaltung im Vordergrund (vgl. Mayr, 2001) wie z. B. Bilder, Erinnerungen, Gefühle und Körperhaltung, aber auch Stimmungsbilder wie Landschaften, Wetter, Jahreszeiten und Orte. Der Fokus wird auf positive Zustände gerichtet. Je konkreter die Bilder vor der thematischen Improvisation abgesprochen sind, desto genauer wird die Adaption von Bild und Musik und desto sicherer der Rahmen.

> „Positive Bilder werden durch die musikalische Umsetzung verstärkt und tiefer verankert Stimmungen und Gefühle können im geschützten Rahmen symbolisiert aus-

48 Hegi (1998, S. 45) beschreibt Wirkungskomponenten u. a. als komponierende An-Teile der Musik mit musikalischem Eigenleben und gleichzeitig mit der Tendenz, eine Ganzheit wieder herzustellen.

gedrückt werden. Die PatientIn kann durch die aktiv musikalische Umsetzung einer Fantasie handlungsfähiger werden" (Sonntag & Jüchter, 2007, S. 105).

Die thematische Improvisation in Verbindung mit Imaginationsübungen

Diese beiden, einander ergänzenden Möglichkeiten eignen sich besonders zur Stabilisierung für ängstliche und sich in der Vermeidung befindliche Patienten. Voraussetzungen für diese Improvisationsform in Verbindung mit Imaginationsübungen sind eine bereits tragfähige Beziehung zwischen Therapeutin und Patientin.

Eine Improvisation in Verbindung mit archetypischen Themen wie etwa *der schöne Morgen/Abend, der innere Garten* (Kapitel 3.2.6) eignet sich auch in Gruppentherapien als Einstiegsübung besonders für jene Patienten, die sehr leicht in dissoziative Zustände geraten. Sie ermöglicht eine neue Wahrnehmung der Innenwelt, die bisher als unsicher bzw. bedrohlich erlebt wurde. Gelingt der Patientin hier eine gute Erfahrung, empfiehlt es sich in weiterer Folge, die Übung *innerer sicherer Ort* anzubieten, allerdings ist diese nur für das einzelmusiktherapeutische Setting geeignet. Ist der *innere sichere Ort* bereits imaginiert, wird die Patientin gebeten, den Ort auf allen Sinneskanälen so anschaulich wie möglich zu beschreiben. Da viele Patienten im genauen Beschreiben eher ungeübt sind, gilt es, im engen Frage-Kontakt mit der Patientin zu bleiben (z. *B. „Vielleicht sehen Sie Bilder?" „Vielleicht spüren Sie irgendetwas?" „Vielleicht hören Sie etwas?").* Wichtig ist das Nachfragen, wenn die Antworten sparsam ausfallen (z. B. *„Wie blau ist das Meer?" „Wie hoch sind die Wellen?").* Bei erfolgreicher Etablierung wird dieser *Ort* im Anschluss musikalisch umrahmt, indem die Patientin ihre eigene Musik kreiert. Die Therapeutin behält den Bezugsrahmen im Blick. Es wird darauf geachtet, dass die Musik für die Patientin nur gut und sicher ist, indem sich die Patientin musikalisch nicht von diesen Eigenschaften entfernt.

Es kann aber auch sein, dass das visuelle Imaginieren gar nicht möglich ist. Dann kann durch die thematische Improvisation dieser *Ort* erstmals entwickelt werden (*„Wie klingt Ihr innerer sicherer Ort?").* Überraschend häufig gelingt mit Hilfe der Musik ein plötzliches *Sehen* eines inneren Bildes. Möglicherweise wird durch aktiv gespielte Musik ein Zugang zu inneren Bildern leichter erreicht.

Musikalische Rollenspiele

Rollenspiele haben häufig eine stabilisierende Wirkung auf die Patientin, da ihre Inhalte meist realitätsbezogen sind. Sie ermöglichen nicht selten eine humorvolle Reflexion des eigenen Verhaltens und bieten eine kreative Distanzierungsmöglichkeit zu der eigenen Situation. Ressourcen können durch das spielerische Handeln gut aufgespürt werden und regen zu alternativen Verhaltensstrategien an. Der Fokus kann auf geschützte Weise auf konflikthafte bzw. traumatische Inhalte gerichtet werden. Dies ermöglicht ein Erleben von direkter Resonanz durch ein Gegenüber und ein Probehandeln neuer Verhaltensweisen.

Eine Szene wird von der Patientin beschrieben, und die darin vorkommenden Personen werden ja nach Anzahl der Rollen durch die Patientin den anderen Teilnehmern und/oder der Therapeutin zugeteilt. Zu den Rollen werden Instrumente ausgesucht und die Rollen werden musikalisch dargestellt. Die Rollen können getauscht werden. Danach erfolgt durch die Teilnehmer eine Feedbackrunde.

Musikalisches Rollenspiel in der Ego-State-Therapie

Eine notwendige Modifikation musikalischer Rollenspiele anhand der Ego-State-Therapie (a. a. O.) wurde bereits vom Arbeitskreis DGMT-LAG-Nord erarbeitet. Verschiedene Instrumente werden verschiedenen Persönlichkeitsanteilen wie zum Beispiel das *innere Kind*, Täter- und Opferintrojekten etc. zugeordnet. Im Spiel, vor allem im Zusammenspiel mit den externalisierten Anteilen kann sich ihre Bedeutung klarer herausbilden bzw. verändern. Diese Form des Rollenspiels setzt eine relativ stabile Ich-Struktur voraus, in der Belastbarkeit, Reflexions- und Introspektionsfähigkeit Voraussetzung sind. Ziel im Sinne der Ego-State-Therapie ist die

- Wahrnehmung und Würdigung der verschiedenen Anteile
- Untersuchung der Anteile hinsichtlich ihrer gegensätzlichen Qualitäten (z. B. Kraftquelle, schwach-bedürftig, hindernd)
- Wahrnehmung sowohl getrennt als auch in ihrer Interaktion mit anderen

Die Arbeit mit dem *Inneren Orchester*

Dieses Konzept stellt eine Modifikation der von Huber entwickelten *Inneren Landkarte* dar (Huber, 2006, S. 121ff.) und wurde von Pommerien (2006) musiktherapeutisch adaptiert. Das *Innere Orchester* bietet die Möglichkeit der Außendarstellung und der Lautwerdung innerer Anteile, wobei schon während des Beschreibens und des Zuordnens an Instrumente die Bedeutung, Lautstärke und Qualität sichtbar und hörbar wird.

> „Wie bei Michaela Huber beschrieben beginnen die TeilnehmerInnen mit dem Auflisten der aktuellen inneren Anteile, richten diese im 2. Schritt bildlich in einer Art „Landkartenbestimung" von außen-innen aus. Im Weiteren sucht sich eine TeilnehmerIn – die später zur DirigentIn wird – für sie spontan passende Instrumente zu den einzelnen Anteilen aus und ordnet sie im Raum so an, wie sie diese im Moment im Bezug zueinander erlebt. […]Nach dem Aufstellen der Instrumente wird jedem Anteil eine SpielerIn zugeordnet, die sich auf dem Platz, auf das Instrument des Anteils einlässt. Daraufhin gibt es eine kurze Wahrnehmungsrunde der einzelnen SpielerInnen, wie es ihr an diesem Platz geht. Danach beginnt der spannende Moment des Musizierens: die „Anteilsperson" darf die einzelnen Anteile zum Spielen dirigieren. Sie bestimmt, wann wer, wie laut, wie lange spielt. Sie kann auch nur einzelne Anteile erklingen lassen und so lange ausprobieren, bis sie eine für sich gut erlebbare Musik hört. Sie hat das Orchester „in der Hand", sie darf bestimmen und lauschen. Anschließend findet wieder ein Austausch über das Erlebte aller SpielerInnen statt!" (Pommerien, 2006, unveröffentlichtes Skriptum).

Pommerien betont, dass bereits in der Phase der Instrumentenauswahl und –zusammenstellung viel an Kraft, Spannung, Bedrohung, Unklarheit etc. spürbar wird. Die Patientin kann den Darstellern ihrer externalisierten Anteile zuhören und ihren Wünschen, Bedeutungen und Erlebnissen Aufmerksamkeit schenken. Die besondere Erfahrung der Patientin liegt in der musikalischen Aktion selbst: sie darf und kann ihre Anteile steuern, die Vielfalt an Möglichkeiten durch ihre eigene Hervorhebung bestimmter Anteile erleben und befindet sich somit nicht mehr in einem Zustand des Ausgeliefert-Seins. Durch das eigene Experimentieren/Dirigieren mit Dynamik, Hervorheben, Abwinken etc. kann eine *innere Musik* ins Außen kommen, die wohltuend ist. Als besondere Erfahrung hebt Pommerien die Bedeutung negativ besetzter Anteile hervor. Oftmals wird diesen eine neue Bedeutung im Sinne von Kraft, Fundament und Sicherheit durch Rhythmus und einem *nach vorne gehen* beigemessen. Die verschiedenen Anteile kommen in eine Art Wechselspiel, ein Miteinander, ein voneinander Abgrenzen oder in ein gemeinsames Orientieren. „Die Vielfalt der inneren Anteile kann durch das Hörbarmachen zu einem Reichtum werden, anstelle zu einer täglichen Bedrohung“ (ebd.).

Traumaadaptierte musikalische Rollenspiele tragen zu einer Ermutigung und zur Stärkung des Selbstwertgefühls bei. Unvermutete Kraftquellen können von schwächeren Anteilen als Helfer wahrgenommen werden und durch die musikalische Gestaltung stärker verankert werden. In der musikalischen Interaktion werden durch mögliche Veränderungen der Rollenqualität Überlebensstrategien der Opferanteile als aktive Lösungsstrategie gewürdigt. Auf diese Weise kann eine Integration der verschiedenen Anteile angebahnt werden (vgl. Sonntag & Jüchter, 2007).

Die Freie Improvisation

Diese zeichnet sich für gewöhnlich dadurch aus, dass ohne Vorabsprache improvisiert wird. Somit kann alles gespielt werden, was nach Ausdruck verlangt. Gerade im Kontext auftretender traumatischer Phänomene wie Angstzustände, Übererregung, dissoziative Zustände, ist die Vertrautheit mit der therapeutischen Situation sowie die durchgehende musikalische Präsenz der Therapeutin grundlegende Voraussetzung. Hier ist es besonders wichtig, spezielle Hilfestellungen anzubieten: die zeitliche Begrenzung, das Voraushören unerwarteter musikalischer Entwicklungen sowie das rechtzeitige Betätigen einer *Notbremse* durch die vorab besprochene *Stopp-Regel* (vgl. Sonntag & Jüchter, 2007, S. 106). Durch gelungene therapeutische Begleitung und einer ausreichenden Vertrautheit im musiktherapeutischen Geschehen erweist sich die Freie Improvisation als besonders wirkungsvoll in der Entdeckung verschütteter Gefühle und in der Aktivierung kreativer Ressourcen. Selbst-Objekte, Ich-Funktionen und soziale Kompetenzen werden gestärkt. Das Erleben von Selbstwirksamkeit führt zu einem neuen Selbstbewusstsein (ebd.)

4.3.6 Ziele im traumaadaptierten Behandlungsansatz

Therapeutische Ziele durch musiktherapeutisch-musikalisches Handeln lassen sich als Kontrast zur traumabedingten Symptomatik definieren (vgl. Sonntag & Jüchter, 2007, S. 113; Wölfl, 2007, S. 117):

- Stabilisierung bedeutet das Wieder-Erlangen von Handlungskompetenz anstatt Unsicherheit und Hilflosigkeit, durch das Erproben alternativer Handlungen (musikalisches Probehandeln).
- Die Fähigkeit zur Selbstkontrolle anstatt Ohnmacht und Kontrollverlust sowie Gefühlschaos wird durch das Angebot musikalischer Kontroll-, Distanzierungs- und Dosierungsmöglichkeiten erreicht (musikalische Affektregulierung).
- Selbstschutzmechanismen – die Fähigkeit zur Grenzsetzung – anstatt der Opferrolle, werden durch gezielte musikalische Übungen verstärkt (z. B. *Stopp*-Regel, *Stopp*-Spiele).
- Ressourcenaktivierung gelingt durch das Erzeugen vorhandener positiver Gegenbilder als Gegengewicht zu den intrusiven Schreckensbildern (z.B Musikalische Biografie).
- Ressourcenbildung wird durch das Erzeugen neuer positiver Bilder erreicht (z. B. Thematische Improvisation in Verbindung mit Imaginationsübungen)
- Beziehungsfähigkeit und Vertrauensbildung anstatt Rückzug, Isolation und Misstrauen wird durch das Aufnehmen musikalischer Beziehungsangebote entwickelt.
- Integrität anstatt Fragmentierung traumatischer Inhalte gelingt auf dem Weg der Symbolisierung (z. B. musikalisches Rollenspiel in Verbindung mit Ego-States-Therapie).
- Ausdrucksfähigkeit anstatt Sprachlosigkeit und Erstarrung kann insgesamt durch den musikalisch-künstlerischen Ausdruck im Sinne einer Salutogenese verstanden werden.

5. Musiktherapie mit traumatisierten Erwachsenen: Vier Fallrekonstruktionen aus der klinischen Praxis

In den vorangegangenen Ausführungen dieser Arbeit wurden vor dem Hintergrund musik- und traumatherapeutischer Grundlagen mögliche musiktherapeutische Ansätze, die sich für Patienten mit komplexen Traumafolgestörungen eignen können, beschrieben. In diesem Kapitel wird die Studie, die im Rahmen dieser Forschungsarbeit in einem Wiener Krankenhaus von mir durchgeführt wurde, gemeinsam mit den gewählten Forschungsmethoden dargestellt.

Die Umsetzung des Projektes ergab sich aus meinem klinisch musiktherapeutischen Tätigkeitsfeld mit erwachsenen Patienten, die seit Jahren aufgrund schwerer Traumatisierungen an chronischen und komplexen Traumafolgestörungen leiden. Die praktischen Fragen nach angemessenen musiktherapeutischen Möglichkeiten standen ebenso im Raum wie die Forschungsfragen, inwieweit klinisch relevante Traumafolgesymptome durch ein adaptiertes musiktherapeutisches Verfahren tatsächlich verändert bzw. reduziert werden können. Aus diesen Fragen wurde das Forschungsvorhaben entwickelt.

5.1 Studie

5.1.1 Klinische Voraussetzungen

Die 3. Psychiatrische Abteilung des Otto Wagner Spitals als Teil des Wiener Krankenanstaltenverbundes hat einen regionalen Versorgungsauftrag für die stationäre und teilstationäre Behandlung und Rehabilitation psychisch kranker Menschen. Die Behandlung der Patienten erfolgt nach einem biopsychosozialen Ansatz, welcher neben der psychiatrisch-pharmakologischen Behandlung ein multiprofessionelles Therapieangebot einschließt, welches den individuellen Bedürfnissen der Patienten angepasst wird, um einen optimalen Heilungsverlauf zu gewährleisten.

Das Einzugsgebiet umfasst den 17., 18., und 19. Wiener Gemeindebezirk. Die Abteilung ist unterteilt in zwei allgemeinpsychiatrische Aufnahme- und Therapiestationen, eine gerontopsychiatrische Aufnahme- und Therapiestation und eine psychiatrischen Tagesklinik. Sie verfügt über 60 stationäre Betten und 10 tagesklinische Plätze.

Die Zuweisung zu Einzel- und Gruppenmusiktherapie erfolgt auf allen Stationen indikationsspezifisch durch den Stationsarzt/die Stationsärztin im Rahmen multiprofessioneller Patienten- und Fallbesprechungen (therapeutische Visiten). Diese finden zweimal wöchentlich statt. Fallweise werden von den Stationsärzten und – ärztinnen vor der Entlassung stehende Patienten für eine zeitlich begrenzte ambulante Musiktherapie vorgeschlagen.

Die Tagesklinik, in der sich auch der Musiktherapieraum der gesamten Abteilung befindet, ist eine teilstationäre Einrichtung. Aufgenommen werden Patienten mit einer psychischen Erkrankung, die eine längere Rehabilitation benötigen. Ziel ist die weitere psychische Stabilisierung.

Das Team der Tagesklinik besteht aus einer Oberärztin, einem Stationsarzt, diplomiertem psychiatrischen Pflegepersonal, zwei klinischen Psychologinnen, einer Sozialarbeiterin sowie jeweils einer Mitarbeiterin der medizinisch-therapeutisch-diagnostischen Gesundheitsberufsgruppe (MTDG) bestehend aus Ergotherapie, Physiotherapie und Musiktherapie.

Die medizinischen und therapeutischen Angebote bestehen aus:
- Multiprofessioneller Diagnostik und Evaluation der Therapieeinstellung
- Gruppentherapien (Ergo-, Physio- und Musiktherapie sowie psychoeducativen Gesprächsgruppen)
- Psychologische Einzelgespräche
- Ärztliche Einzelgespräche
- Einzelmusiktherapie
- Individuelles Training (mittels Biofeedback und neuropsychologischem Training)
- Sozialtherapeutische Ausgänge
- Sozialarbeiterische Beratung
- Angehörigenberatung

Zielsetzungen und Aufenthaltsdauer werden weitestgehend individuell vereinbart. In einer wöchentlich stattfindenden therapeutischen Visite werden alle Informationen, welche Patienten betreffen, von den Mitarbeitern zusammengetragen und ausgetauscht.

Der Musiktherapieraum ist ein gut ausgestatteter, ca. 30m² großer und heller Raum, der sich sowohl für das einzel- als auch gruppenmusiktherapeutische Setting eignet. Das Instrumentarium besteht aus Klavier, Gitarren, Monochord und Percussions- und Orffinstrumenten. Das für die Studie verwendete Biofeedbackgerät befand sich während der jeweiligen Therapie- und Untersuchungszeiten ebenfalls im Musiktherapieraum.

Mein Arbeitshintergrund ist im Sinne der Wiener Schule der Musiktherapie (Mössler, 2011a) psychotherapeutisch (tiefenpsycholgisch und humanistisch-psychologisch) sowie traumatherapeutisch ausgerichtet.

Auswahl der Patienten und Patientinnen

Zur Beurteilung der geplanten Studie wurde ein Ansuchen an die Ethikkommission der Stadt Wien gestellt. Nachdem es sich um keine klinische Medikamentenstudie handelte, war eine Bewilligung im og. Sinn nicht erforderlich. Die Kommission wies lediglich darauf hin, auf ausreichenden Datenschutz zu achten. Die leitenden Oberärztinnen von Ambulanz und Tagesklinik sowie das multiprofessionelle Behandlungsteam wurden über mein Forschungsvorhabens informiert. Aus den ärztlichen Zuweisungen für Einzelmusiktherapie kamen sieben Patienten in die engere Auswahl, welche auch die Bereitschaft signalisierten, im Rahmen der Einzelmusiktherapie an einem stressdiagnostischen Testverfahren mittels Biofeedbackuntersuchung sowie an zwei unterschiedlichen Selbsteinschätzungstests teilzunehmen. Im Sinne einer traumatherapeutischen Grundhaltung galt es als wichtigstes Kriterium, nur jene Patienten auszuwählen, die während der Untersuchung Angstfreiheit signalisierten. Trotz sorgfältiger Information über die einfache gefahrenlose Messung des Hautleitwertes empfanden drei von sieben Patienten den Untersuchungsverlauf als unangenehm und beängstigend. Der subjektive Eindruck, durch den Fingersensor gefesselt zu sein oder Strom könne durch den Körper fließen, war somit ausschlaggebend, die Patienten von der Studie auszuschließen.

Bei den vier teilnehmenden Untersuchungspersonen handelt es sich um erwachsene Patienten im Alter zwischen 26 und 67 Jahren. Im Rahmen der ärztlichen Diagnosestellung konnte die biografische bzw. Traumaanamnese in Ansätzen exploriert werden. Zwei der Patienten erlebten in der frühen Kindheit schwere Vernachlässigung und Misshandlung in Form körperlicher und/oder sexualisierter Gewalt und konnten im Erwachsenenalter kein grundlegendes Gefühl von innerer und äußerer Sicherheit erlangen. Eine Patientin war von Kindheit an bis ins mittlere Erwachsenenalter zahlreichen sequentiellen Traumatisierungen ausgeliefert. Ein Patient wurde im Herkunftsland kriegstraumatisiert und in weiterer Folge durch schwerwiegende Umstände mehrfach retraumatisiert.

Die Symptomkriterien einer PTBS bzw. einer komplexen PTBS galten aus stationären und ambulanten Voraufenthalten als hinreichend bekannt. Neben oder anstatt der spezifischen Traumafolgesymptomatik wurden nach ICD-10 bei den jeweiligen Patienten entweder komorbide Krankheitsbilder (Angststörungen, depressive und somatoforme Störungen), dissoziative Störungen und/oder Störungen der Affekt- und Selbstregulation (Persönlichkeitsstörungen) diagnostiziert. Das sind jene Störungen, die sowohl psychiatrischen Krankheitsbildern als auch komplexen Traumafolgestörungen entsprechen.

Ärztliche Zuweisung und Diagnosestellung stellen sich wie folgt dar:

Patientin A:	Tagesklinik	Dg. F60.31; F43.1; F63.3. DD komplexe PTBS
Patientin B:	Tagesklinik	Dg. F32.3; F 43.22; DD F44.7
Patient C:	Ambulant	Dg. F43.1
Patient D:	Ambulant	Dg. F 60.31; DD komplexe PTBS

Die musiktherapeutischen Behandlungen, einhergehend mit den Untersuchungen, fanden im Zeitraum von Jänner 2010 bis Juni 2011 statt. Drei von vier Patienten erhielten erstmals Musiktherapie. Von allen vier Patienten wurde mir mit dem Wissen um Wahrung der Anonymität die Genehmigung erteilt, die Therapieverläufe in Form anonymisierter Fallrekonstruktionen zu verwenden.

5.1.2 Überlegungen zur Methodenauswahl

Mit dem Ziel, sowohl eine Hypothese zu generieren als auch eine Annahme zu testen, wurde das Forschungsdesign Mixed Methods (Cresswell & Plano Clark, 2007) gewählt. Die Hypothese zielt auf die Frage, ob sich ein traumaadaptiertes musiktherapeutisches Behandlungsverfahren für schwer traumatisierte Patienten eignet. Die Annahme, ob durch dieses Verfahren Traumafolgesymptome verändert oder reduziert werden können, wird anhand gewählter Forschungsmethodik getestet.

In dieser Studie wurden quantitative Datensätze in qualitatives Datenmaterial eingebettet. Im sog. „Embedded Design“ (Mössler, 2011b, S. 156) ist ein kleinerer Datensatz des einen Typs in einen größeren Datensatz vom anderen Typ eingebettet. Der kleinere Datensatz spielt eine untergeordnete Rolle und liefert hauptsächlich ergänzendes Material, um zu einem besseren Verständnis des primären Datensatzes beizutragen.

Qualitative Forschung dient häufig der Entwicklung neuer Hypothesen. Sie ermöglicht ein offenes und flexibles Vorgehen. Sie eignet sich, wie in dieser Studie, für eine kleine Zahl von Untersuchungspersonen und erlaubt eine tiefer gehende Betrachtung der Fallanalysen. Qualitative Forschung stellt keinen Anspruch auf Repräsentativität und ist auf das Verstehen von Sinn wie etwa von persönlichen Handlungsmotiven bezogen. Subjektive Faktoren stehen im Vordergrund, sie werden nicht gemessen, sondern interpretiert (Poscheschnik, Lederer, Perzy, Hug, 2010, S. 112). Nachdem der musiktherapeutische Prozess auch in der Arbeit mit traumatisierten Patienten im Mittelpunkt des Interesses steht, wurden für die qualitative Untersuchung die kompletten Einzelmusiktherapieeinheiten rekonstruiert (s. Anhang) und in einem weiteren Schritt im Rahmen einer qualitativen Inhaltsanalyse (a. a. O.) überprüft. Im Anschluss erfolgte die Validierung durch Expertinnen.

Gütekriterien

Zur Einschätzung der Qualität wissenschaftlicher Studien werden Gütekriterien herangezogen. Sie definieren Mindestanforderungen, denen empirische Forschungsprojekte zu genügen haben. Sie dienen als Prüfsteine, die Stärken und Schwächen einer wissenschaftlichen Untersuchung aufzeigen (vgl. Hug et al., 2010, S. 93). Die Durchführung einer Studie und die daraus folgenden Ergebnisse sollen so wenig wie möglich durch Vorurteile des Forschers verzerrt werden (ebd.).

Da eine Forderung nach dem Gütekriterium der Objektivität in qualitativen Methoden aufgrund begrenzter Standardisierbarkeit nicht Folge geleistet werden kann, bemüht man sich um intersubjektive Übereinstimmung bzw. *intersubjektive Nachvollziehbarkeit*. Diesbezügliche Fragestellungen finden sich im Abschnitt Expertenvalidierung.

Das Gütekriterium der *Transparenz* verlangt die Möglichkeit der Nachverfolgung aller im Forschungsprozess angewandten Schritte, ebenfalls im Sinne intersubjektiver Nachvollziehbarkeit. Schließlich meint das Gütekriterium der *Triangulation* die Idee, „[...] sich ein und denselben Forschungsgegenstand von mehreren Seiten anzuschauen" (ebd. S. 97). Die in dieser Arbeit berücksichtigte Investigator-Triangulation erfüllt den Sinn, subjektive Einflüsse bzw. subjektive Sichtweisen der Untersucherin durch mehrere Beobachterinnen zu korrigieren und auszugleichen. Die formulierten Gütekriterien für die qualitative Inhaltsanalyse (Mayring, 2010) und die der Symptom-Checkliste SCL-90-R (Franke, 2002) werden in den entsprechenden Abschnitten erläutert.

Quantitative Forschung eignet sich zum Testen von Hypothesen. Sie gewährleistet eine systematische standardisierte Messung empirischer Sachverhalte. Prä- und Postmessungen ermöglichen Objektivität und Quantifizierung von Sachverhalten. Die Auswertung erfolgte durch statistische Instrumente (ebd.). Drei unterschiedliche Messinstrumente wurden für die quantitative Untersuchung verwendet:

1. Biofeedbackanalyse (vegetative Diagnostik)
2. SUC- und SUD-Skala (Subjective Unit of Comfort und Subjective Unit of Discomfort sind Skalen zur Einschätzung der momentanen subjektiven Befindlichkeit)
3. Psychologisches Testverfahren SCL-90-R (Symptom Check List 90-R)

Somit beinhaltet die quantitative Datensammlung die Prä- und Post-Messergebnisse des Hautleitwertes (Skin Conductance Level = SCL) aus der Biofeedbackuntersuchung und der SUC- und SUD-Skalen pro Einzelmusiktherapieeinheit sowie das Resultat des psychologischen Testverfahrens SCL-90-R vor und nach jedem Therapieverlauf. Die Daten wurden grafisch und numerisch erhoben, aufbereitet und statistisch ausgewertet.

Im Folgenden wird die Mixed Methods Forschung, die für diese Studie darin enthaltenen methodologischen Schritte für die sowohl qualitative als auch quantitative Untersuchung mit dem dazu verwendeten Forschungsinstrumentarium näher erläutert.

5.1.3 Mixed Methods

Qualitative und quantitative Methodenkombinationen werden auch zunehmend für musiktherapeutische Forschungen im internationalen Raum genutzt, um tiefer gehende Erkenntnisse und reichhaltigere Forschungsergebnisse zu erzielen. Die Methoden können entweder parallel oder sukzessive eingesetzt werden, und deren Ergebnisse können einander ergänzen. Die Auswahl des jeweiligen Studiendesigns ob Triangulation, Embedded, Explanatory oder Exploratory, gemeint ist die Art der Datensammlung, ihre Reihenfolge (timing decision), Gewichtung (weighting decision) und Mischung (mixing decision), ist abhängig vom Forschungsthema (Mössler 2011b, S. 154ff.).

Im Embedded Design gilt, wie bereits erwähnt, der ungleiche Stellenwert quantitativer und qualitativer Datensätze als wesentliches Merkmal. Die hier beschriebenen quantitativen Datensätze wurden aufeinander folgend (sequential) gesammelt und analysiert. Sie dienen im Wesentlichen als Ergänzung für die Interpretation des qualitativen Datensatzes. Cresswell und Plano Clark zufolge können Forschungsergebnisse eines Embedded Designs sogar separat beschrieben und dargestellt werden: „Researchers using an Embedded Design can keep the two sets of results separate in their reports or even report them in separate papers" (Cresswell und Plano Clark, 2007, S. 70f.).

Folgende Grafik stellt das Mischverhältnis des hier verwendeten Forschungsdesigns dar:

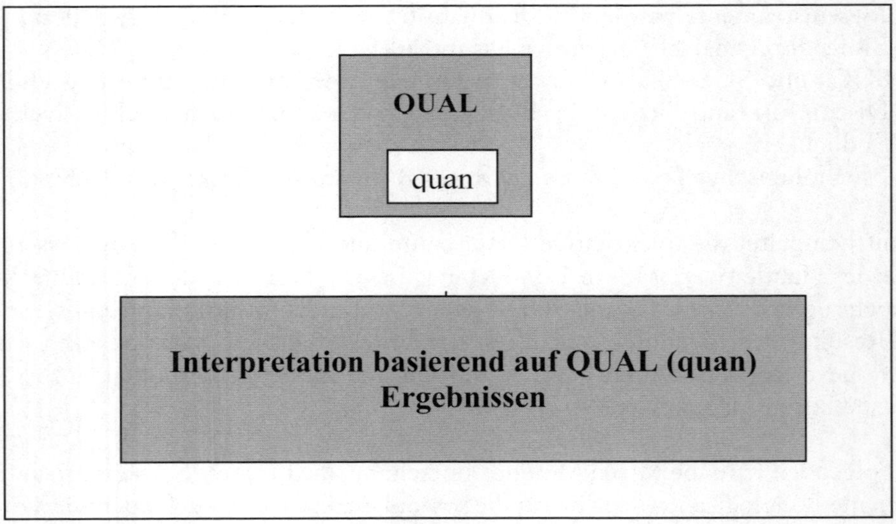

Abbildung 6: Embedded Design (vgl. Mössler, 2011b, S. 156)

5.2 Qualitative Datensammlung, Erhebung und Aufbereitung

Für die qualitative Datensammlung wurden die Daten aus den Krankengeschichten einschließlich alle Befunde sowie meine schriftlich dokumentierten Informationen aus den wöchentlichen Fallbesprechungen des multiprofessionellen Teams herangezogen. Für die Fallrekonstruktionen der Patienten A, B, C und D wurden 51 Gedächtnisprotokolle und 29 Audiomitschnitte aus vier Therapieverläufen verwendet. In der Regel bestand das musiktherapeutische Setting aus zwei wöchentlichen Einzelmusiktherapiesitzungen. Die Therapiedauer jeweils einer Sitzung wurde individuell vereinbart. Die Patienten A, B und C wünschten je 50 Minuten, Patientin B je 30 Minuten Sitzungsdauer.

Patientin A:	12 Sitzungen (Tagesklinik)
Patientin B:	12 Sitzungen (Tagesklinik)
Patient C:	15 Sitzungen (Ambulant)
Patient D:	12 Sitzungen (Ambulant)

Alle stattgefundenen Therapien wurden regelmäßig musik- und traumatherapeutisch supervidiert. Die Gedächtnisprotokolle wurden nach Möglichkeit im Anschluss an die Einzelmusiktherapie angefertigt und in weiterer Folge mit der jeweiligen Audioaufnahme verglichen (in 22 Sitzungen waren Audioaufnahmen seitens der Patienten unerwünscht). Die Transkription der jeweiligen Therapiestunde beinhaltet drei Ebenen:

1. Chronologischer Stundenablauf auf der phänomenologischen Ebene
2. Reflexion und Interpretation auch im Hinblick auf Gegenübertragungsreaktionen und supervisorischen Überlegungen
3. Theoretischer Exkurs Musiktherapie und Traumatherapie (fallweise)

5.2.1 Qualitative Inhaltsanalyse

Das gesamte Textmaterial der Fallrekonstruktionen wurde nun im Rahmen einer qualitativen Inhaltsanalyse überprüft, bevor beides zur Expertenvalidierung (a. a. O.) freigegeben wurde. Ziel war das Auffinden, Verstehen und Einordnen von auftauchenden traumabedingten sowie musikbedingten Faktoren innerhalb der unterschiedlichen Therapieverläufe, deren Ergebnisse letztlich als Erklärungs-, Interpretations- und Reflexionshilfe verstanden werden sollen. Die qualitative Inhaltsanalyse ist nicht als feststehende Technik, sondern als methodisch kontrolliertes Vorgehen zu verstehen, das konkret auf den Forschungsgegenstand ausgerichtet ist. Die Aufgaben liegen sowohl in der Hypothesenfindung als auch in der Theoriebildung. Inhaltsanalysen beinhalten die Aufdeckung relevanter Einzelfaktoren für den jeweiligen Gegenstand und die Konstruktion von möglichen Zusammenhängen (Mayring, 2010, S. 22). Sie eignen sich aufgrund ihrer eher offenen, deskriptiven und interpretativen Methodik gut für Einzelfallstudien (ebd. S. 23). Ziel ist, die Entwicklung einer systematischen und intersubjektiv überprüfbaren Textanalysemethode. Nicht nur inhaltliche, sondern auch formale Aspekte der Kommunikation werden zu ihrem Gegenstand gemacht. Bereits Mahl (1959) wies darauf hin, dass in Gesprächsprotokollen mit psychotherapeutischen Patienten nach formalen Charakteristika gesucht wurde, „[...] um dadurch einen Index für Angst beim Patienten zu erhalten“ (zit. nach Mayring, 2010, S. 11).

Die qualitative Inhaltsanalyse will keine zahlenmäßigen Zusammenhänge entdecken, jedoch scheint die Einbeziehung quantitativer Analyseschritte dann sinnvoll, wenn es um Verallgemeinerungen der Ergebnisse gehen soll, insbesondere wenn in fallanalytischen Vorgehensweisen bestimmte Häufungen auftauchen. Ebenfalls gilt dies für inhaltsanalytische Kategoriensysteme, falls mit der Häufigkeit einer Kategorie ihre Bedeutung zu untermauern ist (Mayring, 2010, S. 51).

Mayring will die Verfahrensmöglichkeiten qualitativer Inhaltsanalyse (*Zusammenfassung, Explikation* und/oder *Strukturierung*) nicht als bloße, beliebig einsetzbare Techniken verstanden wissen, sondern weist auf die Anbindung am konkreten Gegenstand der Analyse hin. Daher müssen die vorgeschlagenen Verfahren immer auf die konkrete Studie hin modifiziert werden (ebd.).

Gütekriterien

Die Einschätzung der Ergebnisse nach Gütekriterien wie *Objektivität*, *Reliabilität* und *Validität* werden auch in qualitativen Inhaltsanalysen als wichtig erachtet. Daher wird in Inhaltsanalysen der *Intercoderreliabilität* besondere Bedeutung beigemessen: „Mehrere Inhaltsanalytiker werden unabhängig voneinander an dasselbe Material gesetzt, die Ergebnisse ihrer Analysen werden verglichen“ (ebd.). Der Interkoderreabilität wurde durch Expertenvalidierung Rechnung getragen.

Inhaltliche Strukturierung

Als Grundform wurde in dieser Arbeit die inhaltliche Strukturierung gewählt. Unter Struktur werden inhaltliche Aspekte, bestimmte Typen und/oder Skalierungen verstanden. Inhaltliche Strukturierung eignet sich für eine theoriegeleitete Analyse von unterschiedlichstem Textmaterial. Dieses wird unter bestimmten Kriterien analysiert, um spezifische Aspekte hervorzuheben. Dazu wurde mithilfe elaborierter Theorien aus Psychotraumatologie- und Musiktherapieforschung ein eigenes Kategoriensystem (a. a. O.) in Form dichotomer Variablen entwickelt, dem konkrete Aussagen des Textes zugeordnet wurden. Wird das Kategoriensystem, wie in diesem Fall, vorab festgelegt, handelt es sich um eine *deduktive Kategorienanwendung* (ebd. S. 66) im Unterschied zur *induktiven Kategorienbildung*. Hier wird das Kategoriensystem schrittweise aus den konkreten Aussagen des Textes abgeleitet. Beide Formen können einander ergänzen und häufig werden in Forschungsprojekten diese beiden Strategien, wie auch in diesem, miteinander kombiniert (vgl. Poscheschnik et al., 2010, S. 151).

Im folgenden Abschnitt werden die Vorannahmen bzw. Grundgedanken zum Kategoriensystem dargelegt. Dieses Kategoriensystem wurde anhand der Fallrekonstruktionen zunächst durch meine inhaltsanalytische Auswertung und danach durch Expertenvalidierung einer Überprüfung unterzogen.

5.2.2 Kategorisierung von traumabedingten und musikbedingten Faktoren – Deduktive Kategorienanwendung

Mit traumabedingten Faktoren sind im Wesentlichen primäre und sekundäre Traumafolgesymptome[49] gemeint, welche den Menschen enorm aus dem Gleichgewicht bringen können. Musik kann als heilsamer Wirkfaktor per se in der Musiktherapie einen Beitrag leisten, dieses Gleichgewicht wieder herzustellen, wenn die Musik richtig verstanden und genutzt wird, u. a. indem die subjektive Bewertung der Musik durch die Patienten ernst genommen wird (Hüther, 2004, S. 16). „Musik kann zwar nicht (allein) heilen, aber sie kann unbegrenzt heilsam sein" (Decker-Voigt, 1991, S. 74).

Ausgehend von der Annahme, dass therapeutische Interventionen nicht allein diagnosespezifisch bzw. therapieschulenspezifisch erfolgen sollten (vgl. Sack, 2010, S. 19), wird im Folgenden eine Gegenüberstellung zwischen traumabedingten und musikbedingten Faktoren im Sinne eines modellhaften Verständnisses für musiktherapeutische Strategien versucht, um sie für die jeweilige individuelle Situation des Patienten anzupassen und umzusetzen. Die einzelnen Faktoren bauen in Bezug auf primäre und sekundäre Traumafolgesymptome aufeinander auf, sind jedoch nicht als festgelegte Reihenfolge zu verstehen, auch greifen sie teilweise ineinander.

1. Traumaassoziierte Angst versus begleiteter musikalischer Entspannung

Traumafolgestörungen können als Angsterkrankungen verstanden werden, da traumatische Ereignisse mit extremer Angst einhergehen, und sich extreme Stressreaktionen in Form einer Angststruktur einprägen. Diese wird durch Auslösereize (Trigger) und intrusives Wiedererleben reaktiviert. Es liegt nahe, die gesamte Kernsymptomatik der PTBS (Intrusion, Vermeidung und Übererregung) als Folge einer durch das Trauma ausgelöste Angststörung zu verstehen. Die Angst wird zunehmend generalisiert, sodass in weiterer Folge eine Reaktion auf die Angstsymptomatik wie etwa sozialer Rückzug, depressive Problematik, Selbstwertproblematik etc. entsteht (Sack, 2010, S. 21). Weiters führt die Angst vor Gefühlen und Schwierigkeiten in der Affektregulierung zu dissoziativem Verhalten (Reddemann, 2008, S. 35).

49 Sack (2010, S. 19) nimmt folgende Kategorisierung vor: Primär posttraumatische Symptomatik (intrusive Symptomatik, traumaassoziierte Ängste, dissoziative Reaktionen, Übererregbarkeit, triggerbare körperliche Stressreaktionen, etc.); Sekundäre posttraumatische (traumakompensatorische) Symptomatik (Vermeidungsverhalten, sozialer Rückzug, Scham, Schuldgefühle, Selbstwertprobleme, Suchtmittelkonsum, Zwangshandlungen, etc.).

„Musik zur Entspannung bietet einen äußeren Anker und strukturiert den Entspannungsprozess“ (Sonntag & Jüchter, 2007, S. 110). Entspannung i. S. e. entspannten Wachzustandes bzw. Beruhigung gilt zunächst als wichtigstes Therapieziel. Sie kann jedoch nur dann stattfinden, wenn die Musik subjektiv angenehm empfunden bzw. gewünscht wird. Patienten, die keine Entspannung wollen, können durch Entspannungsmusik noch erregter werden. Dann wird die Angst vor Kontrollverlust, Ohnmacht und Hilflosigkeit noch intensiver erlebt und durch mögliche Affektüberflutung werden Übererregung und dissoziative Zustände ausgelöst.

Gewünschte rezeptive Angebote, auch in Verbindung mit geleiteter Imagination (a. a. O.), regen die Fähigkeit zur Selbstberuhigung an (Oberegelsbacher, 2008b, S. 152). Sie können als Anfangs- oder Schlussritual Kontrolle und Sicherheit geben und einen Beitrag zum Bewusstwerden der momentanen Stimmungslage leisten. Beim sog. *Für-Spiel* – wenn Therapeuten für den Patienten spielen „[...] ist sichere Einfachheit überzeugend“ (Timmermann, 2008a, S. 57). Nichts soll schwanken, sodass sich Patienten getragen und geschützt fühlen. In der Therapie erlebte Entspannungsmusik wird häufig als Ressource außerhalb der Therapie eingesetzt (vgl. Sonntag & Jüchter, 2007, S. 110).

2. Das Gefühl von Kontrollverlust versus musikalischer Kontrollmöglichkeit

Das Gefühl von Kontrollverlust gilt als einer der Hauptwirkfaktoren nach einem psychischen Trauma. Es kann dem Patienten schwer fallen, sich auf einen nicht genauen vorhersehbaren Prozess einzulassen. Kontrollverlustängste können sich als Vermeidungsverhalten oder übertriebene Kontrolle bemerkbar machen (Sack, 2010, S. 214). Das Bedürfnis nach Kontrolle ist als Teil des traumakompensatorischen Schemas (a. a. O.) zu verstehen und soll in der Therapie gewürdigt werden (Reddemann, 2008, S. 35). Vorrangiges Therapieziel ist die – auch subjektiv empfundene – Gewährleistung von Kontrolle und Sicherheit. Ohne sie bleiben weitere therapeutische Interventionen erfolglos.

Musik ordnet, sie gibt Struktur, Halt und Sicherheit (vgl. Oberegelsbacher, 1997; Strehlow, 2010; Fees, 2010). Musik in der Musiktherapie ist wie ein sicherer Ort, an dem kontrolliert experimentiert werden darf. Es ist besonders wichtig, dass der Patient Wahlmöglichkeiten bekommt: durch das Erleben von Handlungsfähigkeit, z. B. dadurch, dass eine Musik aktiv gestaltete, mitbestimmt und verändert werden kann. In der selbst bestimmten musikalischen Gestaltung von Motiven, Strukturen, Dynamik und Formen können ausreichende Kontroll-, Distanzierungs- und Dosierungsmöglichkeiten eingeräumt werden. Im Zusammenspiel gelten beispielsweise die kontrollierte Gemeinsamkeit und/oder die Bekanntheit eines Musikstückes (vgl. Strehlow, 2010).

3. Ohnmacht und Hilflosigkeit versus Resonanzerleben

Ohnmacht und Hilflosigkeit werden regelhaft erlebt und können als Passivität agiert werden (Reddemann, 2008, S. 30). Häufig gehen sie mit Lähmung und Starre einher. Verstummen und Nicht-Fühlen sind als Schutzmechanismen entwickelt worden, um die traumatische Erfahrung abzuspalten. Sie können Wahrnehmungsverzerrungen i. S. e. habituellen Opferhaltung beinhalten, dass z. B. jederzeit wieder etwas Schlimmes passieren könnte. Die Folge ist wiederum eine Vermeidungshaltung als Schutz vor angstbesetzten Situationen, die zur weiteren Chronifizierung der Traumafolgesymptomatik beiträgt.

Biologische Zeitstrukturen im menschlichen Organismus entsprechen musikalischen Zeitstrukturen, die als Resonanzadresse fungieren (Decker-Voigt, 2008a, S. 42). Resonanz bedeutet Mitschwingen (Gindl, 2002, S. 59ff.), sich aufeinander ein- und abzustimmen, sich angesprochen, zugehörig und verbunden zu fühlen. Musik kann Statisches lösen (Oberegelsbacher, 1997, S. 62). Sie kann aus der Starre führen. Sie wirkt auf sämtliche Sinneskanäle und somit körperlich. Patienten erleben durch Rhythmen, Klänge, Schwingungen und Vibrationen ein neues körperliches Spürbewusstsein, das Lebendigkeit und Gegenwärtigkeit erzeugt. Sie befinden sich sozusagen in einer anderen *Physiologie* im Vergleich zur traumatischen Stressphysiologie.

4. Dissoziative Symptome versus Präsentifikation

„Dissoziative Symptome können zu einer nahezu kompletten Unterdrückung von emotionalen Reaktionen führen und Betäubung und Gefühllosigkeit auslösen" (Sack, 2010, S. 8). Für die therapeutische Beziehung bedeutet dissoziatives Verhalten Abbruch des Kontaktes. Der Patient scheint nicht mehr anwesend zu sein, ein Blick, der sich verliert. Es ist der Versuch, eine unerträglich scheinende und stressreiche Situation zu verlassen, da für schwer traumatisierte Menschen jede neue Kontaktaufnahme eine Bedrohung bedeuten kann (Reddemann, 2008, S. 35). Für diese Patienten hat die Verankerung in der Gegenwart als Gegenpol zu dissoziativen Reaktionen einen hohen Wert für Sicherheit und emotionaler Stabilität.

Musik kann Präsentifikation (Vergegenwärtigung) herstellen.[50] Sie stimuliert und integriert auf spezifische Weise neuronale Vernetzungen (vgl. Thaut et al., 2004, S. 36ff.). Dissoziative Zustände können aufgelöst werden, wenn es gelingt, mit der Aufmerksamkeit in das Hier und Jetzt zu gelangen. Die *Einstimmung* geht der Musikdarbietung voraus, indem durch Momente der Stille die Fokussierung der Aufmerksamkeit auf die seelische Befindlichkeit, auf den Körper, den Atem und dem Klang auf das Hören vorbereitet wird (Timmermann, 2008a, S. 57). Leitet man die Patienten dazu an, sich eine Weile nur auf die Klänge (rezeptiv) zu konzen-

---

50 Musik kann natürlich symbolisch, metaphorisch, usw. verstanden werden. Das ist in diesem Zusammenhang nicht gemeint (Anm. der Autorin).

trieren, führt dies häufig zu einer neuen Erfahrung von Wahrnehmung.[51] Musik kann dann als musikalische Achtsamkeitsübung aus einer interessierten Distanz beobachtet werden. Unabhängig von klaren und lang klingenden Einzeltönen eignen sich weitere musikalische Parameter für Achtsamkeitsübungen: „Ein gehender Grundrhythmus in der Musik kann helfen, störende Dissoziationen zu verhindern [...]“ (Fees, 2010, S. 45). Ebenso kann durch eine angenehm empfundene, vertraute Melodie in entsprechender Dynamik ein Spielraum entstehen, in dem alltägliche Gewohnheiten, wie etwa die Neigung zu dissoziieren oder zu vermeiden, außer Kraft gesetzt werden. Musikalische Achtsamkeitsübungen ermöglichen somit einen Unterschied zwischen der alltäglich empfundenen Realität und einer Alltagserfahrung, die als *okay* erlebt werden kann.

5. Isolation und Misstrauen versus musikalische Beziehungsgestaltung

Isolation, sozialer Rückzug und Misstrauen entstehen durch die Beziehungsstörung des chronisch Traumatisierten (vgl. Herman, 2003, S. 308f.) und sind ebenfalls als Selbstschutz zu verstehen. Durch Menschen verursachte Gewalt zerstört das Urvertrauen. Früh Traumatisierte, insbesondere durch sexualisierte Gewalt wie Inzest, bleiben in ihren Bewältigungsversuchen durch permanente Abwehr häufig stecken. Im therapeutischen Beziehungsgeschehen können Isolationsgefühle und Misstrauen verstärkt werden, wenn als Gegenübertragungsreaktion die Vermeidungshaltung im Vordergrund steht (vgl. Reddemann, 2008, S. 31).

Musik erreicht tiefste Gefühle von Urangst und Urvertrauen (Renz, 1997, S. 76) und sie kann Beziehungsprozesse im Sinne sozialer Interaktion auslösen. Sie ermöglicht probeweise ein neues Miteinander anstatt einer Beziehungsvermeidung (vgl. Lorz-Zitzmann, 1999). Sie hat eine Bandbreite zahlreicher Kommunikationsmöglichkeiten, in der die Beziehung auch im Hinblick auf Selbstbestimmung spielerisch erprobt und gestaltet werden kann. „Der Raum einer potenziellen Begegnung wird vom Therapeuten eröffnet, der Patient kann ihn aufsuchen und auf seine Weise nutzen“ (Deuter, 2005, S. 225).

6. Schuld- und Schamgefühle versus Selbstwertgefühle

Unberechtigte Schuld- und Schamgefühle sind normale Reaktionsmuster, die sich im Verlauf chronifiziert und generalisiert haben. Sie können als verzerrte kognitive Selbstbewertungen verstanden werden (Sack, 2010, S. 23). Das traumatische Schuldgefühl bedeutet, dass Gewalt- und Verlusterfahrungen einen Fremdkörper im Selbst, ein Introjekt hinterlassen, das Schuldgefühle verursacht (Hirsch, 2007, S. 15). Demnach bezieht sich das Schuldgefühl, wenn auch irrational, auf eine Tat,

---

51 Bereits die Pioniergeneration (z. B. Ilse Castelliz und Alfred Schmölz) der Wiener Schule der Musiktherapie beschäftigte sich mit dem Tonerleben, dem Einzelton als musikalischer Keimzelle und in weiterer Folge mit Intervallen und Akkorden, „[...] um eine Differenzierung im Hören zu bewirken“ (Mössler, 2008, S. 168).

der man sich schuldig fühlt im Gegensatz zur Scham, deren Affekt sich auf das Sein bezieht. In diesem Kontext haben die Gefühle mit starker Bindung an den Täter bzw. mit dem traumatisierenden System zu tun (Reddemann, 2008, S. 29). Sie spielen eine besondere Rolle bei sexualisierter Gewalt, wobei diese durch das auferlegte Redeverbot des Täters noch verstärkt werden.

Selbstwertthemen haben daher in der Therapie einen besonders hohen Stellenwert. Musik kann das gegenwärtige Wissen um die Nicht-Schuld und das Selbstwertgefühl ausreichend verankern. Sie ermöglicht ein nonverbales Ausdrücken des belastenden Geheimnisses und schafft somit einen Kontrast zu den destruktiven Wirkmechanismen des Traumas.

7. Täterintrojekte versus Selbstobjekte

Nachdem Täterintrojektion ebenfalls als Schutzmechanismus zu verstehen ist, werden Täterintrojekte, solange sie nicht stören, zunächst nicht behandelt (Reddemann, 2008, S. 136f.). So soll als Gegengewicht mit *guten* inneren Objekten oder Selbstobjekten gearbeitet werden. Nach Kohut (1971) entwickeln sich Selbstobjekte im Kindesalter durch die empathische Spiegelung. Selbstobjekt bedeutet ein im Inneren wahrgenommener idealisierter Anderer, eine Wesenheit, welche nur gut ist (Trost, emotionale Nahrung, Schutz und Würdigung). Diese kann im inneren Raum so weit etabliert werden, dass sie ein ausreichendes Gegengewicht zum Täterintrojekt darstellt – eine Voraussetzung dafür, dass die Macht des Täterintrojekts nach und nach relativiert werden kann (Wintersperger, 2012, mündl. Mitteilung).

Musik hat Selbstobjektfunktion (vgl. Oberhoff, 2003). Decker-Voigt beschreibt diese als einmalig kostbaren Schlüssel im Methodeninventar der Musiktherapie (Decker-Voigt, 2008b, S. 165). Musik kann mit dem Selbsterleben als Spenderin narzisstischen Wohlgefühls so verschmelzen, dass sie in ihrer Eigenschaft sowohl innen als auch außen wirksam werden kann.

8. Traumabedingte Regression versus wachstumsfördernde Regression

Regressive Prozesse werden dann zum Problem, wenn jemand darüber keine Kontrolle mehr hat (Reddemann, 2008, S. 90). Nach Wintersperger (ebd.) handelt es sich um sog. *state-dependent-memories* (komplexe intrusive Erinnerungen), die als regressives Verhalten imponieren. Diese Verhaltenssequenzen treten immer auf die gleiche Weise auf und können nicht willentlich kontrolliert oder beendet werden. Deshalb bedarf es schon früh in der Therapie der kognitiven Identifikation von Triggern, um sie gezielt zu vermeiden bzw. gezielte Kontrollstrategien einzuüben. Wachstumsfördernde *gute* Regression kann der durch Trigger ausgelösten traumabedingten Regression entgegenwirken.

Auch wenn grundsätzlich in der Arbeit mit traumatisierten Menschen keine regressiven Prozesse gefördert werden sollen (Sack, 2010, S. 175), so können musikalisch regressive Angebote als Kraft genutzt werden, um weitere Entwicklungsprozesse in Gang zu setzen. Es gilt die Aktivierung von positiven, meist kreativen Fähigkeiten, die schon einmal da waren. Durch Musik und Lieder, dem Summen einer tröstenden Melodie, kann auf Kindheitserfahrungen vor oder neben traumatischen Ereignissen zurückgegriffen werden (vgl. Decker-Voigt, 2005; Mitzlaff, 2005). Positive Imaginationen und deren Intensivierung durch Klänge stellen eine der wichtigsten Stärkungselemente dar.

9. Traumatische Übertragungsbeziehung versus heilsame Übertragungsbeziehung

Traumatische Überragungsbeziehungen können so intensiv sein, als ginge es um Leben und Tod (vgl. Herman, 2003). Die Erinnerung an die Gewalterfahrung und die damit verbundene Angst und Hilflosigkeit prägt alle späteren Beziehungserfahrungen. Unbewusste Inszenierungstendenzen tauchen entweder auf in Form des Traumaschemas: Angst, Unterwerfung – oder in Form des traumakompensatorischen Schemas wie etwa extremes Misstrauen, Isolation und Rückzug. Je mehr das Opfer von seiner Hilflosigkeit überzeugt ist, desto stärker sind die Rettungsfantasien an die Therapeutin. Die intensive Sehnsucht nach Rettung wird aus der vergangenen traumatischen Situation wiederbelebt. Die Risiken sind hoch, dass die Therapeutin ihre Grenzen nicht mehr einhält, oder sich zurückzieht, bis hin zum Bagatellisieren oder gänzlichem Vermeiden traumatischer Inhalte.

Drei Grundmuster lassen sich im Übertragungsgeschehen formulieren:

1. Fürsorge: das bedeutet, es kann zu überfürsorglichen Schutz kommen;
2. Hilflosigkeit: Patient und Therapeut fühlen sich blockiert;
3. Orientierungslosigkeit: diese korrespondiert mit dem Zustand abgespaltener Emotionalität (Sack, 2010, S. 173).

Flexibles Pendeln zwischen Identifikation und Distanzierung sollten im Zentrum der therapeutischen Beziehungsarbeit stehen (Reddemann, 2008, S. 32). Musik ermöglicht ein flexibles Pendeln. Durch musikalisches Probehandeln im Wechsel zwischen verschiedenen Gestaltungsformen, zwischen beruhigenden und belastenden Emotionen, können angenehme, durch gute Lebenserfahrungen, und diffuse Atmosphären zum Ausdruck gebracht werden. Ebenso kann Musik als heilsames Übertragungsgeschehen genutzt werden, weil sie sowohl nonverbales Mitschwingen als auch spielerisches Abgrenzen ermöglicht, indem Empathie und Abstinenz miteinander verbunden werden, ohne sich in Täter-Opfer- bzw. Täter-Retter-Spaltungen zu verstricken.

10. Traumatische Erinnerung versus Symbolisierung

Traumatische Erfahrungen werden stärker als andere Erlebnisse emotional, sensorisch und nicht sprachlich kodiert. Die abgespaltenen Erinnerungsfragmente können in Form von intrusiven Symptomen in das Bewusstsein treten. Dem Patienten ist häufig nicht klar, dass es sich um eine Erinnerung handelt, und schreibt das unheimliche Geschehen dem Hier und Jetzt zu. Ziel ist die Modifikation der traumatischen Erinnerung, indem diese in eine kohärente Form gebracht werden kann. Oft erfolgt danach spontan eine Neubewertung der traumatischen Situation und des dazugehörigen Kontextes (Sack, 2010, S. 33). Selbstwertprobleme, Schuld- und Schamgefühle stellen sich in der Folge verändert dar.

Musik fungiert als eine Brücke, welche zur Symbolisierung führt (Wintersperger, 2012, mündl. Mitteilung). Sie kann helfen, sprachlich nicht kodierte Erfahrungen zunächst einem Symbolisierungsgeschehen zuzuführen. Dann kann ein Zugang zur *Versprachlichung* gefunden werden. Vermutlich ist Musik die verbindende Matrix, welche sowohl Sprachliches als auch Nicht-Sprachliches umfassen kann. Situationen, die gerade für Traumatisierte noch nicht beim Namen genannt werden können, werden durch die musikalische Ausdrucksmöglichkeit auf symbolischer Ebene zugänglicher. Traumatische Situationen können inszeniert, exploriert und verarbeitet werden. Sei es im musikalisch szenischen Rollenspiel, oder im musikalischen Erzählen der eigenen Geschichte wie durch das Schreiben und das Vertonen eigener Lieder (Sonntag & Jüchter, 2007, S. 109f.), oder im Rahmen einer freien Improvisation, in welcher der Patient erleben kann, dass bedrohliche Gefühle, wie befürchtet, nicht überwältigend sind (vgl. Strehlow, 2010). Oftmals, auch ohne Deutungen, werden auf musikalischer Ebene komplexe und unbewusste Symbolisierungen[52] von den Patienten leichter und besser verstanden. Dies zeigt sich häufig im Anschluss an die Musik in der verbalen Beschreibung des Erlebten. Versprachlichung geht dann einher mit anderen komplexen kortikalen Leistungen wie Bedeutungsgebung, kritisches Reflektieren, Vergleichen, Zeit- und Raumkodierung, eine nachträgliche Verarbeitung eines zuvor zeitlosen, nicht erreichbaren Geschehens.

52 Bei Erwachsenen ist die Symbolträchtigkeit der Musik aufgrund der längeren Lebenserfahrung komplexer, und Musikinstrumente gelten als Repräsentanten für Personen eines Systems, „da sie eine vielschichtige *Symbolik* ins Spiel bringen“ (Timmermann, 2008d, S. 258). Über Symbolisierung kann Realitätsbezug hergestellt werden. Ob Symbolisierungsfähigkeit von der Sprachfähigkeit abhängt, ist nach Timmermann umstritten. Unbewusstes kann sowohl über gestalterische Prozesse (präsentative Symbolik) ausgedrückt, als auch durch dessen Impulse bewusst in Sprache (diskursive Symbolik) formuliert werden. Daher sollen wesentliche Fähigkeiten, wie akustisches, visuelles, mimisches etc. auszudrücken, nicht als geringer erachtet werden (Timmermann, 2008c, S. 74).

5.2.3 Ablaufmodell für die inhaltsanalytische Auswertung

Mayring (2010, S. 60) schlägt für die inhaltsanalytische Auswertung folgendes Ablaufmodell vor:

Festlegung des Materials Analyse der Entstehungssituation Formale Charakterisierung des Materials Richtung der Analyse (Autor, soziokultureller Hintergrund, Wirkung …?) Theoretische Differenzierung der Fragestellung – Bestimmung der dazupassenden Analysetechnik (Zusammenfassung, Explikation, Strukturierung?) oder eine Kombination – Festlegung des konkreten Ablaufmodells – Festlegung und Definition der Kategorien/des Kategoriensystems Definition der Analyseeinheiten (Kodier-, Kontext-, Auswertungseinheit) – Analyseschritte gemäß Ablaufmodell mittels Kategoriensystem – Rücküberprüfung des Kategoriensystems an Theorie und Material – Bei Veränderungen erneuter Materialdurchlauf Zusammenstellung der Ergebnisse und Interpretation in Richtung der Fragestellung Anwendung der inhaltsanalytischen Gütekriterien

Tabelle 12: Allgemeines inhaltsanalytisches Ablaufmodell

In Anlehnung an das hier wiedergegebene Modell von Mayring wird nun folgender Ablauf für die inhaltsanalytische Auswertung vorgestellt:

Stufe 1: Festlegung des Materials
Hier gilt es zu definieren, welches Material der Analyse zu Grunde liegen soll (Mayring, 2010, S. 52): 4 Fallrekonstruktionen (siehe Anhang) mit 51 Gedächtnisprotokollen und 29 Audiomitschnitten aus vier Therapieverläufen (insgesamt 51 Sitzungen) von Einzelmusiktherapien. Es handelt sich um zwei Patientinnen (A und B) und zwei Patienten (C und D) mit komplexen bzw. chronischen Traumafolgestörungen

Stufe 2: Analyse der Entstehungssituation
Nach Mayring erfordert Stufe 2 von wem und unter welchen Bedingungen das Material produziert wurde (ebd., S. 53): Die Patienten wurden der Musiktherapeutin ärztlich bzw. multiprofessionell zugewiesen. Die Teilnahme war freiwillig, mit dem Wissen um Wahrung der Anonymität. Alle 51 Sitzungen fanden im Musiktherapieraum der Tagesklinik an der 3. Psychiatrischen Abteilung des Otto Wagner Spitals Wien statt. Im Anschluss an die jeweilige mit Audio aufgenommene Sitzung (fallweise) wurde ein Gedächtnisprotokoll verfasst.

Stufe 3: Formale Charakteristika des Materials:
Verlangt die Beschreibung, in welcher Form das Material vorliegt (ebd.): Die Transkription der Gedächtnisprotokolle und Audiomitschnitte der jeweiligen Sitzung beinhaltet

1. den chronologischen Stundenablauf auf der phänomenologischen Ebene

2. die Reflexion und Interpretation auch im Hinblick auf Gegenübertragungsreaktionen und supervisorischen Überlegungen
3. fallweise einen theoretischen Exkurs zu Musiktherapie und Traumatherapie

Stufe 4: Richtung der Analyse:
Stufe 4 verlangt den Gegenstand der Untersuchung:

Die Einzelmusiktherapie ist traumaadaptiert ausgerichtet. Demnach handelt es sich um eine Analyse traumabedingter (primäre und sekundäre Traumafolgesymptome) und musikbedingter Faktoren (musikalische Wirkfaktoren, Heilfaktor Beziehung)

Hauptfragestellung:

„Welche traumabedingten und musikbedingten Faktoren werden in einem traumaadaptierten musiktherapeutischen Behandlungsansatz erkennbar und verstehbar?“

Stufe 5: Theoriegeleitete Differenzierung der Fragestellung
Theoriegeleitetheit meint, an die Erfahrungen anderer an diesen Gegenstand anzuknüpfen, um einen Erkenntnisfortschritt zu erzielen (ebd., S. 58): Die Fragestellung basiert auf den aktuellen Kenntnisstand aus der Psychotraumatologie- und aus der Musiktherapieforschung.

Für die Entwicklung des Kategoriensystems wurde relevante psychotraumatologische und musiktherapeutische Literatur verwendet.

Fragestellung 1: *Gibt es Häufungen bestimmter traumabedingter und musikbedingter Faktoren?*

Fragestellung 2: *Lässt sich das hierfür entwickelte Kategoriensystem als Erklärungs-, Interpretations- und Reflexionshilfe für eine traumaadaptierte Musiktherapie verstehen?*

Stufe 6: Bestimmung der Analysetechnik:
Ziel ist, eine bestimmte Struktur aus dem Material herauszufiltern.

Die Struktur wird in Form eines Kategoriensystems an das Material herangetragen, bei dem Textbestandteile, die durch die Kategorien angesprochen werden, systematisch aus dem Material extrahiert werden (ebd., S. 60):

Kategoriensystem:

1.	K1.1. Traumaassoziierte Angst vs. K1.2. Entspannung
2.	K2.1. Kontrollverlust vs. K2.2. Kontrollmöglichkeit
3.	K3.1. Ohnmacht und Hilflosigkeit vs. K3.2. Resonanzerleben
4.	K4.1. Dissoziative Symptome vs. K4.2. Präsentifikation
5.	K5.1. Isolation und Misstrauen vs. K5.2. Beziehungsgestaltung
6.	K6.1. Schuld- und Schamgefühl vs. K6.2. Selbstwertgefühl
7.	K7.1. Täterintrojekt vs. K7.2. Selbstobjekt
8.	K8.1. Traumabedingte Regression vs. K8.2. wachstumsfördernde Regression
9.	K9.1. T. Übertragungsbeziehung vs. K9.2. heils. Übertragungsbeziehung
10.	K10.1.T. Erinnerung vs. K10.2. Symbolisierung

Tabelle 13: Kategoriensystem

Die Untersucherin muss feststellen, welche Textstellen genau in welche Kategorie fallen. Die formulierten Kodierregeln dienen der Abgrenzung bzw. der Zuordnung zu einer möglichen Kategorie. Häufen sich Unstimmigkeiten bei bestimmten Kategorien bedarf es hinsichtlich des entwickelten Kodierleitfadens einer Korrektur. Die Reliabilität eines Kategoriensystems (Kategoriendifferenzierung) kann als hoch eingestuft werden, wenn Kategorien zwar gröber, aber exakt anwendbar sind.

Stufe 7: Definition der Analyseeinheit:
Mayring unterscheidet zwischen der formalen, inhaltlichen, typisierenden und skalierenden Strukturierung. Für diese Analyse wurde die inhaltliche Strukturierung gewählt.

Stufe 8: Analyse des Materials (s. Auswertungstabellen im Anhang)
Diese besteht aus folgenden 8 Schritten (vgl. Mayring, 2010, S. 93):

1. Bestimmung der Analyseeinheit: meint die hier angewendete inhaltlichen Strukturierung (traumabedingter Faktor vs. musikbedingter Faktor).
2. Theoriegeleitete Festlegung der Einschätzungsdimensionen: meint die Festlegung der inhaltlichen Kategorie. Diese bezeichnet, welche Textstellen aus dem Inhalt extrahiert werden sollen.
3. Bestimmung der Ausprägung: Eine inhaltliche Strukturierung erfordert die Generierung von mehreren Ausprägungen, die keiner Skala zugeordnet sind.
4. Definition, Ankerbeispiel und Kodierregeln bedeuten das Kernstück der Inhaltsanalyse. Der 4. Schritt legt fest, welche Materialbestandteile unter eine Kategorie fallen. Bestehen Abgrenzungsprobleme, müssen zusätzlich Kodierregeln aufgestellt werden, die eine eindeutige Zuordnung ermöglichen.
5. Fundstellenbezeichnung: meint die Markierung aller Textstellen, die für die jeweilige Kategorie gelten (Ankerbeispiel: *Ich hab mich einfach mal ‚weggebeamt'. Manchmal war ich riesig groß, und dann wieder klein wie eine Maus"* K 4.1.).
6. Einschätzung meint die Einschätzung der Fundstelle auf den Ausprägungen der jeweiligen Kategorie. Innerhalb einer Szene kann auch mehrmals die gleiche Kategorie auftauchen, sie wird jedes Mal neu gerechnet. Einbezogen werden Reaktionen auf Spielangebote, Aktion/Interaktion, alle erzählten Erinnerungen und Kommentare.
7. Überarbeitung: hierbei werden die Transkripte nochmals durchgesehen, um das Kategoriensystem und die Kategoriendefiniton ggf. zu überarbeiten und um neue Kategorien zu erweitern (= induktive Kategorienbildung).
8. Ergebnisaufbereitung.

Stufe 9: Interpretation
Die Ergebnisse werden in Richtung der Hauptfragestellung (Stufe 4) interpretiert. Nach der Gesamtdarstellung erfolgt die Validierung des gesamten Textmaterials durch Expertinnen.

5.2.4 Inhaltsanalytische Auswertung

Im Folgenden werden meine Ergebnisse pro Kategorie anhand der Fallrekonstruktionen aus der Inhaltsanalyse zusammengefasst, um die dargelegten Forschungsfragen zu beantworten. Die Ergebnisse sollen Aufschluss darüber geben, wie trauma- und musikbedingten Faktoren einschließlich deren Häufung (Fundstellen) in einem traumaadaptierten musiktherapeutischen Behandlungsverfahren erkennbar und verstehbar werden und inwiefern das hierfür entwickelte Kategoriensystem als Erklärungs-, Interpretations- und Reflexionshilfe dienlich ist. Mit einer Auswahl von vier Patienten kann kein Anspruch auf Vollständigkeit erzielt werden, jedoch ist auch bei qualitativen Analysen die Überprüfung von Theorien und Hypothesen möglich (Mayring, 2010, S. 25).

K 1.1. Traumaassoziierte Angst

Kodierregel: Diese Kategorie wurde gerechnet, wenn Patienten verbal/nonverbal traumaassoziierte Ängste signalisierten.

In den Fallrekonstruktionen A, B, C und D konnten insgesamt 30 Fundstellen erhoben werden. Traumaassoziierte Ängste finden sich bei Patientin A in Form von Mitteilungen über den hohen Leidensdruck im Alltag aufgrund der intrusiven Stimmen, der Flashbacks und der Neigung zu SVV und impulsiven Verhalten. Übererregung zeigt sich bei der Patientin auch unmittelbar durch ihren hohen, leisen und gehetzten Stimmklang. Weiters erwähnt sie die angstmachenden negativen Gedankenspiralen zu Hause, dadurch wäre es schwierig, sich rechtzeitig von äußeren schädlichen Einflüssen abzugrenzen. Unerträgliche Gefühle von Ängsten, Aggressionen, Anspannung und Langeweile würden ohne weiteres über sie hereinbrechen und seien schwer in den Griff zu bekommen. Alpträume, von denen sie in Panik aufwacht, und die Angst vor Situationen mit Menschen, wenn es um Abschied und Neubeginn geht, stehen im Vordergrund.

Mehrfach erwähnt Patientin B ihre Ängste und Panikattacken, die vor allem nachts am Schlimmsten seien und die sie loskriegen wolle. Ebenso sei es mit plötzlichem grundlosen Weinen, von dem sie sich lange Zeit nicht beruhigen könne. Frau B beschreibt Ängste, die sie seit ihrer Kindheit begleiten, schon damals sei sie vor Angst wie gelähmt gewesen. Zuletzt erwähnt auch sie panikartige Alpträume, die im Zusammenhang mit traumatischen Ereignissen stehen.

Ein ähnliches Muster findet sich bei Patient C. Traumaassoziierte Ängste zeigen sich in Form von Vermeidungsverhalten und Übererregung. Anfangs werden Ängste- und Panikattacken beschrieben, die er loswerden wolle. Wiederkehrende Alpträume, in denen sich zurückliegende traumatisierende Ereignisse besonders heftig zeigen, werden perseverierend und mit starker Erregung verbunden, erzählt. Weiters berichtet der Patient über seine gesteigerte Schreckhaftigkeit und von seiner größten und berechtigten Angst, in sein Herkunftsland *abgeschoben* zu werden.

Patient D berichtet über sein isoliertes Leben, da es ihm unmöglich sei, aus Angst vor Menschen, mit ihnen zusammenzuleben und über einen ständig wiederkehrenden Alptraum, von dem er erschreckt aufwacht. Vor einer Sitzung und während des Sitzungsverlaufs befindet sich Patient D in einem deutlich erregten Zustand.

K 1.2. Begleitete musikalische Entspannung

Kodierregel: Diese Kategorie wurde gerechnet, wenn Patienten die Musik entspannend/beruhigend erleben.

13 Fundstellen zeigen in den Fallrekonstruktionen A, B und C musikalische Entspannung auf. Zunächst bei Patientin A nach einer gemeinsamen thematischen Improvisation, die sich in weiterer Folge zu einem Solospiel der Patientin entwickelt mit dem Ziel, durch die aktive gespielte Musik weitere gute Gefühle zu wecken. Teile rezeptiver Musikstücke von J. S. Bach (*„Kommt Ihr Töchter, helft mir klagen“)* und von M. Davis (*„Skatches of Spain“)* werden als angenehm, entspannend und beruhigend empfunden. Durch ein Spiel auf der Oceandrum gelingt der Patientin der Ausdruck von Meeresrauschen, währenddessen sie sich mit geschlossenen Augen entspannt. Zuletzt gestaltet sie ein entspanntes und beruhigendes Spiel am Monochord mit einem Dazusummen.

Als direktes Gegenstück zu den geschilderten *nächtlichen Dämonen* kommentiert Patientin B das gemeinsame Spiel als erfrischend und beruhigend. In einem von ihr gewünschten rezeptiven Spiel von der Therapeutin entspannt sich die Patientin so weit, dass ihr sogar ein Schließen der Augen gelingt. Schließlich erlebt sie ebenso die Wohlfühlmusik im Anschluss an die geleitete Imagination *der schöne Morgen*.

Patient C versinkt regelrecht in einer Klavier-Chimes-Improvisation. Es könnte immer so weiter gehen und die Pause zwischen den Tönen sei genau so wohltuend wie die Musik an sich. Diese musikalische Achtsamkeitsübung wurde als Gegenstück nach belastenden Erzählungen angeboten. Der Patient fühlt sich von der Musik getragen und ist währenddessen mit positiven Beziehungserfahrungen beschäftigt.

K 2.1. Das Gefühl von Kontrollverlust

Kodierregel: Diese Kategorie wurde gerechnet, wenn Patienten Kontrollbedürfnisse auch i. S. v. Vermeidungsverhalten signalisierten.

In allen Fallrekonstruktionen konnten insgesamt 18 Fundstellen erhoben werden. Bei Patientin A wird direktes Vermeidungsverhalten auf zweierlei Arten erkennbar. Einerseits durch das vorzeitige Weggehen aus der Therapie und andererseits durch das Vermeiden von belastenden Gesprächsinhalten, welche nur angedeutet werden. Der thematische Schwerpunkt bezieht auf ihre Schuldgefühle und auf ihre schlimmen Bilder im Kopf, über die jedoch nicht gesprochen werden darf.

Patientin B wünscht keinesfalls von der Therapeutin, über ihre belastenden Erinnerungen gefragt zu werden.

Patient C's Kontrollbedürfnisse zeichnen sich in mehrfacher Weise aus. Obwohl es in allen Therapiesitzungen taghell ist und häufig die Sonne scheint, schaltet der Patient immer das Licht ein. Die Ursache liegt in zurückliegenden traumatisierenden Ereignissen, die in der Dunkelheit stattfanden. Das Spiel auf Trommeln wird in einer Sitzung bewusst verweigert, zumal die Trommeln zuvor intensiv exploriert wurden im Kontext seiner Vergangenheit, in welcher herannahende Kriegstrommeln in weiterer Folge zu Flashbacks führten. Während einer gemeinsam gespielten Musik wird die Therapeutin mit einem scharf durchbohrenden Blick beobachtet, und über seine Erlebnisse während der Schubhaft darf nicht gesprochen werden.

Patient D signalisiert ebenfalls deutliches Vermeidungsverhalten. Der Blickkontakt zur Therapeutin wird vermieden, ihre Fragen empfindet er bedrohlich und daher wolle er nicht darüber reden. Zuletzt zeigt sich sein Verhalten in der Spielverweigerung auf einem symbolisch hoch besetzten Instrument.

K 2.2. Musikalische Kontrollmöglichkeiten

Kodierregel: Diese Kategorie wurde gerechnet, wenn von Patienten musikalische Kontrollmöglichkeiten angewendet wurden.

In allen Fallrekonstruktionen konnten 23 Fundstellen erhoben werden. Patientin A ist überrascht, dass sie neben der Auswahl der Instrumente auch noch deren Platzierung im Raum bestimmen darf. In weiteren Stellen nimmt sie ihre musikalische Kontrollfunktion wahr, indem sie im Spiel durch Dirigierbewegungen und andere gestische Signale musikalische Parameter dosiert. Dadurch kann die Musik anklingen, ausklingen oder abrupt gestoppt werden. Im Therapieverlauf nimmt die Patientin zunehmend von musikalischen Dosierungs- und Regulierungsmöglichkeiten Gebrauch und erlebt sich somit handlungskompetent.

Patientin B nimmt ebenfalls musikalische Kontrollmöglichkeiten wahr. Ihr anfängliches unterwürfiges Verhalten verlangt zunächst psychoeducative Interventionen, um gezielte Kontrollfähigkeiten zu entwickeln. Sei es durch die Ermutigung, ein klar ausgesprochenes *Stopp* bei subjektiv unangenehm empfundener Musik auszusprechen oder durch das gezielte Aussuchen eines Instrumentes oder durch konkret formulierte musikalische Wünsche an die Therapeutin und schließlich durch selbst aktiv gespielte Musik, in welcher sie ihre Kontrollmöglichkeiten ausübt.

Patient C's Kontrollmöglichkeiten betreffen v. a. Instrumentenexploration und -auswahl für sich und die Therapeutin. Speziell die angstfreie Herangehensweise an die Trommeln, die mit traumatisierenden Ereignissen im engen Zusammenhang stehen, verlangt ein schrittweises Herantasten unter Einbezug sämtlicher Sinneseindrücke. Die Platzierung und die Betrachtung des Instruments sowie der *Hautkontakt* mit dem Trommelfell und das *Riechen* an der Trommel führen zu einem genussvollen Spiel mit geschlossenen Augen.

Patient D wendet erst in der letzten Stunde selbstbestimmte musikalische Kontrollmöglichkeiten an, indem er sich von der Therapeutin ein Abschiedsspiel am

Klavier wünscht und für sich das Monochord wählt. Hierbei lässt sich der Patient ausgiebig Zeit. Er experimentiert mit Lautstärke und Tempo und lauscht intensiv den Klängen im Inneren des Instruments nach. Er kippt das Monochor ein Stück, um den Bereich des Schall-Loches an die Stirn zu lehnen.

K 3.1. Ohnmacht und Hilflosigkeit

Kodierregel: Diese Kategorie wurde gerechnet, wenn sich Patienten passiv verhielten und Spielangebote verweigerten.

In den Fallrekonstruktionen konnten nur bei Patientin B 2 Fundstellen erhoben werden. Nach ihrer zweimalig getätigten Aussage *Ganz wie Sie wollen* geriet die Patientin in dissoziative Zustände als Folge von Ohnmacht und Hilflosigkeit.

K 3.2. Resonanzerleben

Kodierregel: Diese Kategorie wurde gerechnet, wenn Patienten aufgrund der Musik Resonanz auch i. S. e. neuen körperlichen Spürbewusstseins erlebten.

In den Fallrekonstruktionen der Patienten A, C und D finden sich 4 Fundstellen, in denen sich Resonanzerleben durch ein körperliches Spürbewusstsein zeigt. Nach einer Stimmimprovisation spürt Patientin A ein angenehmes und freies Gefühl in der Kehle.

Patient C erlebt ebenfalls ein Gefühl in der Kehle, das er neu und wie eine Massage empfindet und eine *entspannte traurige Ruhe* im Brustkorb, die sich besser anfühle als der Schmerz. Patient D kommentiert im Anschluss eines langen Monochordspiels ein plötzliches und wohltuendes Rieseln durch den ganzen Körper.

K 4.1. Dissoziative Symptome

Kodierregel: Diese Kategorie wurde gerechnet, wenn sich Patienten über eigenes dissoziatives Verhalten äußerten bzw. wenn Patienten im Therapiegeschehen dissoziierten.

7 Fundstellen in den Fallrekonstruktionen der Patientinnen A und B weisen auf dissoziative Symptome hin. Patientin A berichtet aus der Vergangenheit von Depersonalisations-Phänomenen nach dem sie des öfteren Zeugin von selbstverletzendem Verhalten ihrer Mutter während einer gespielten Musik wurde. Durch das *Wegbeamen* fühlte sie sich manchmal riesengroß und dann wieder klein wie eine Maus. Auch in der Gegenwart wäre es für die Patientin schwierig, sich nicht *wegzubeamen* vor allem dann, wenn die Stimmen im Kopf wieder losgehen würden.

Patientin B dissoziiert dreimal im direkten Therapiegeschehen. In zwei weiteren Stellen berichtet die Patientin, dass sie diese Gewohnheit wahrscheinlich seit Jahrzehnten habe. Es sei ein Schutz, sich in unangenehmen Situationen rechtzeitig *wegzubegeben.* Innerhalb der Sitzungen kann die Patientin durch Dissoziationsstopp rasch in die Gegenwart zurückgeholt werden.

K 4.2. Präsentifikation

Kodierregel: diese Kategorie wurde gerechnet, wenn Patienten durch die Musik ganz im ‚Hier und Jetzt' waren.

In allen 4 Fallrekonstruktionen weisen ebenfalls 7 Fundstellen durch aktives musikalisches Gestalten auf die Präsenzfähigkeit der Patienten hin. Patientin A gelingt es mithilfe von Regenmacher und Oceandrum, in der Gegenwart anzukommen. Das Spiel am Regenmacher wird nach einer emotional negativ besetzten Musik als guter Anker wahrgenommen.

Patientin B erlebt nach einem dissoziativen Zustand das Geräusch des Regenmachers wie einen Wolkenbruch – *jetzt schüttet's!* bzw. *wie die Niagarafälle.* In den weiteren Stellen gelingt durch musikalische Achtsamkeitsübung ein konzentriertes Nachlauschen von Einzeltönen der Mandalaharfe, wobei die Patientin ihren Zustand als ein *Dasein-Können* beschreibt mit der Fähigkeit, sich selbst zu beobachten.

Patient C kommentiert das Spiel als eine spezielle musikalische Erfahrung – *something like a meditation.*

Patient D kann in einem Duospiel erstmals den musikalischen Kontakt zu sich, zum Instrument und zur Therapeutin halten.

K 5.1. Isolation und Misstrauen

Kodierregel: Diese Kategorie wurde gerechnet, wenn sich Patienten verbal und/ oder musikalisch zurückzogen.

In der Fallrekonstruktion Patient D deuten 9 Fundstellen auf Isolation und Misstrauen hin. Der Patient zeigt ein abwehrendes Verhalten mit misstrauischer und abwehrender Gestik. Sein Spiel am Klavier ist häufig durch stereotype Clusterklänge, die endlos anmuten, gekennzeichnet. Anfangs ersucht er die Therapeutin, nicht mitzuspielen. In weiteren Stellen bedauert der Patient verärgert im Nachhinein seine Erzählungen.

K 5.2. Musikalische Beziehungsgestaltung

Kodierregel: Diese Kategorie wurde gerechnet, wenn von Patienten musikalische Beziehungsangebote angenommen wurden.

In allen 4 Fallrekonstruktionen zeigen 25 Fundstellen musikalische Beziehungsgestaltung auf. Patientin A nimmt eindeutig Bezug auf den musikalischen Ausdruck der Therapeutin. Sie findet Gefallen an den verschiedenen Spielvorschlägen und entschließt sich, alle Möglichkeiten der Reihe nach auszuprobieren. Besonders deutlich wird das musikalische Beziehungsgeschehen in einer weiteren Stelle während einer Improvisation mit Monochord und Stimme, in der sich beide Stimmen spielerisch dem Grundton annähern und sich wieder entfernen, bis die Musik in einem langen *Fade-out* verklingt.

Patientin B kann durch Lied- und Instrumentenangebote zunehmend ihre musikalische Beziehungsfähigkeit entwickeln, speziell durch ein dialogisch geführtes Spiel mit den Klangschalen.

Patient C verliert seine anfängliche Schüchternheit durch das gemeinsame Singen tradierter Songs aus seiner Heimat und später durch Improvisationen mit emotional positiv besetzten Instrumenten.

Einen direkten Kontrast zum ursprünglich isolierten Spielverhalten zeigt Patient D in den ersten gemeinsamen freien und strukturierten Improvisationen. In späteren Sitzungen wünscht er sich die gleiche Spielweise.

K 6.1. Schuld- und Schamgefühl

Kodierregel: Diese Kategorie wurde gerechnet, wenn Patienten Schuld- und/oder Schamgefühle äußerten.

In allen 4 Fallrekonstruktionen werden 17 Fundstellen mit geäußerten Schuld- und Schamgefühlen erhoben. Patientin A erwähnt zunächst ihre Schuldgefühle nur andeutungsweise, ohne jedoch inhaltlich darüber zu sprechen. Später zeigt sich das für die Therapeutin schwer nachvollziehbare enorme Ausmaß der komplexen Schuldgefühlswelt immer deutlicher. Eine Situation vor Jahren bei Gericht, in der die Patientin gegen den Missbrauchstäter aussagen sollte, endet in Sprachlosigkeit, verbunden mit einem unglaublichen Scham- und Schuldgefühl. Letztlich kann die Patientin die ursächlichen Zusammenhänge erkennen und Entlastung erleben.

Die seit Jahrzehnten anhaltenden Schuldgefühle von Patientin B stellen sich besonders schwerwiegend dar, zumal sie im Glauben lebt, Zeugin eines Mordes gewesen zu sein, den sie hätte verhindern können. Eine schrittweise Entlastung gelingt zunächst durch die Tresorübung und in weiterer Folge durch einen Friedhofsbesuch. An der ehemaligen Grabstelle des Mordopfers erlebt sie das gute Gefühl, weniger schuldig zu sein.

Patient C's Schuld- und Schamgefühl taucht nach einem geäußerten Stolzgefühl auf. Er schäme sich manchmal für seine Landsleute, das Schuldgefühl wird durch die Bestätigung seiner Unschuld in der Therapie indirekt zum Thema.

Patient D's Schuldgefühl zeigt sich in Form schlechten Gewissens gegenüber seinen traurigen Vater ob des Patienten, der von seiner Stiefmutter im Keller eingesperrt worden war. Der Patient erhofft sich inständig Rettung durch den Vater, die aber nicht eintritt. In der Therapie ist es die Musik, die als *Retterin* in einem Fantasiebild des Patienten in Erscheinung tritt.

K 6.2. Selbstwertgefühl

Kodierregel: Diese Kategorie wurde gerechnet, wenn von Patienten aufgrund der Musik selbstwertstärkende Aussagen getroffen wurden.

In den Fallrekonstruktionen A, B und C tauchen in 7 Fundstellen Selbstwertgefühle in Form von entsprechenden Aussagen auf. Eine Musik am Glockenspiel, mit dem Ziel, das Freudegefühl größer werden zu lassen, führt bei Patientin A letztlich zu der Aussage, dass sie sich insgesamt wertvoller fühlen würde, wenn auch in der Realität gute Gefühle stärker wären. Eine direkte Gegenüberstellung zum Schuldgefühl findet sich in der Stelle während eines Djembenspiels. Die Patientin trommelt beidhändig im Links-Rechts-Modus rhythmisch angepasst zu ihren gesprochenen Worten: *„Ich – bin – nicht – schuld!“* Weitere Stellen zeigen sich durch Kommentare wie: wirklich schön singen zu können, und wie gut es sich hier bei ihrem *inneren Orchester* leben lässt.

Patientin B's Selbstwertgefühl findet auf verbal singende Weise Ausdruck, indem sie sich als selbstbewusste und echte Künstlerin zeigt.

Patient C's Aussage, stolz, Afrikaner zu sein, erfolgt nach einer thematischen Improvisation auf Djembe und Bongos.

K 7.1. Täterintrojekt

Kodierregel: Diese Kategorie wurde gerechnet, wenn von Patienten Täterintrojekte beschrieben wurden bzw. im Therapiegeschehen Täterintrojekte auftauchten.

In der Fallrekonstruktion Patientin A konnte 1 entsprechende Fundstelle erhoben werden. Die Patientin beschreibt hier eine weibliche innere Stimme, welche sie beschimpft, nichts wert zu sein, die ihr sagt, sich tiefer zu schneiden, sodass sie an den Folgen endlich sterben würde. Im weiteren Sitzungsverlauf stellte sich eine parfümierte Seife als Auslöserursache heraus. Daraufhin folgte ein psychoeducatives Gespräch über den Umgang mit Triggerreizen.

K 7.2. Selbstobjekt

Kodierregel: Diese Kategorie wurde gerechnet, wenn sich Patienten durch die Musik verstanden und getröstet fühlten.

5 Fundstellen weisen in den Fallrekonstruktionen der Patienten B, C und D auf die Selbstobjektfunktion der Musik hin. Patientin B erlebt ein gemeinsam gesungenes Lied als tröstend, das sie an ihren Großvater aus der Kindheit erinnert. In einer weiteren Stelle wünscht sich Patientin selbiges Lied am Klavier vorgespielt, wiederum als Trost für den verlorenen Großvater.

Patient C benennt religiöse Lieder ebenfalls als tröstend für seine gegenwärtigen Lebensumstände.

Patient D empfindet eine gehörte Musik wie eine neue Liebe, der er treu sein möchte und als bestes Mittel gegen die Einsamkeit.

K 8.1. Traumabedingte Regression versus K 8.2. Wachstumsfördernde Regression

Kodierregeln: keine

In keiner der Fallrekonstruktionen konnten von der Untersucherin entsprechende Stellen gefunden werden.

K 9.1. Traumatische Übertragungsbeziehung

Kodierregel: Diese Kategorie wurde gerechnet, wenn Patienten typische Reaktionsmuster aus der traumatischen Erfahrung wiederholten.

In der Fallrekonstruktion Patient D weisen 4 Fundstellen auf eine traumatische Übertragungsbezieung hin. Verärgert und enttäuscht über einen Vorschlag der Therapeutin wirft Patient D ihr manipulierendes Verhalten vor. Er wolle die Therapie abbrechen, er sei bis jetzt an allem gescheitert, was mit Menschen zu tun hätte.

K 9.2. Heilsame Übertragungsbeziehung

Kodierregel: Diese Kategorie wurde gerechnet, wenn sich durch die Musik ein heilsames Übertragungsgeschehen zeigte.

In allen Fallrekonstruktionen konnten 19 Fundstellen erhoben werden. Patientin A empfindet das gemeinsame Anhören ihrer mitgebrachten Musik, die für die Patientin sowohl Trost- als auch Triggerteile beinhaltet, hier in der Therapie viel leichter als zu Hause. In einer anderen Stelle weist ein Zusammenspiel einen neuen Charakter auf. Patientin und Therapeutin werden zu gleichwertigen Spielerinnen, die sich durch die Musik verbunden, auf einer neuen Ebene befinden. Auch bei einem *komischen Geklimper* der Therapeutin, stört es die Patientin plötzlich nicht mehr wie sonst, *dass es fad ist.* Nach einer freien Improvisation und der darauf folgenden Stille kommentiert sie die Beziehung folgendermaßen: *„Wir können miteinander spielen, reden und schweigen, und Sie sind nicht böse auf mich, wenn ich nicht mitspiele.“* Daraus schlussfolgernd, wollte die Patientin nichts mehr dazu sagen, dafür lieber noch einmal miteinander spielen und dazusummen.

Bei Patientin B findet sich eine Stelle, in der das musikalische Geschehen locker und selbstverständlich anmutet. So, als hätten Patientin und Therapeutin in den vergangenen Stunden nichts anderes getan. Weiters wird das Beziehungsgeschehen von der Patientin an einer Stelle aktiv angesprochen. Richtig von der Therapeutin verstanden gefühlt habe sich die Patientin ab dem Zeitpunkt eines vorgespielten und -gesungenen Liedes, welches in ihr positive Erinnerungen weckte.

Patient C will sich nach dem gemeinsamen Singen spiritueller Lieder bei der Therapeutin vergewissern, ob das Gute zwischen ihm und ihr weiterhin vorhanden ist, in dem er sie als gläubiger Mensch nach ihrem Glauben fragt. Nachdem sie ihm sagt, dass sie an das Gute glaubt, beginnt er zu lachen. Im Verlauf einer Klavierimprovisation entwickelt der Patient hinsichtlich des herannahenden Abschieds Mut zur Eigenständigkeit, in der die Rolle der Therapeutin als Zuhörerin wichtiger wird als die Rolle der Spielerin. Er beschreibt sich lachend als ein im nächsten Leben seiender Jazzpianist.

Patient D möchte seine mitgebrachte und gemeinsam gehörte CD im Musiktherapieraum lassen, um seine heiklen Mitteilungen durch das bewusste Hierlassen der CD fortsetzen zu können. Viel später bringt er der Therapeutin den dazu gehörigen Liedtext, den die Therapeutin singen soll, das letztlich beim Patienten zu der Aussage führt, eine Langzeittherapie in Erwägung zu ziehen. Im Anschluss einer gemeinsamen Klavierimprovisation möchte er sich rückversichern, ob er sich tatsächliche seiner Wahrnehmung einer guten Erfahrung sicher sein kann. Bestätigt von der Therapeutin, ist er ermutigt, mehr von sich zu zeigen. In einer weiteren Stelle wird das Überleben von Frustrationserfahrungen im Therapiegeschehen deutlich, indem er seine vor Wut im Regen *ausgesetzte* Gitarre mitbringt und die Therapeutin bittet, neue Saiten aufzuziehen.

K 10.1. Traumatische Erinnerungen

Diese Kategorie wurde gerechnet, wenn Patienten bruchstückhafte, nicht verarbeitete traumatische Erinnerungen äußerten.

In allen 4 Fallrekonstruktionen konnten 17 Fundstellen erhoben werden. Patientin A beschreibt schlimme Bilder von Menschen mit dunklen Augenrändern als irgendwie Tote, die sich auch in ihre Träume einschleichen würden. In einer weiteren Stelle deutet sie die jahrelangen Missbrauchserfahrungen mit entsetzlichem Alleingelassensein durch inkonkrete Erinnerungen an: *männliche Gerüche* als eine Mischung aus Rasierwasser und Schweiß. Insgesamt würden sie diese *Erinnerungsfetzen* sehr verwirren, weil sie einerseits nichts dazu sagen könne, und weil ein Teil in ihr noch immer nicht begreife, dass all das über zwanzig Jahre her sei. Sie beschreibt ihre Erinnerungen wie in einer Hülle, zu denen sie keinen Zugang zu den wirklich schlimmen Erlebnissen habe.

Patientin B beschreibt die vergangenen traumatisierenden Ereignisse als nicht in Worte fassbar. Die Vergewaltigung ihrer Mutter habe sie als Zeugin mit einem kalten Windstoß in Erinnerung. Das schlimmste Ereignis verfolge sie als visuelle Erinnerung seit vierzig Jahren, und je älter sie werde, umso schlimmer würden die Bilder auftauchen. In dieser Stelle schildert die Patientin ihre Rolle als vermeintliche Zeugin eines Mordes bzw. einer Hinrichtung.

Patient C's Erinnerung an die herannahenden Kriegstrommeln in seinem Herkunftsland existierten so lange nicht, bis er eines Tages unvorbereitet und zufällig mit einer Trommelmusik konfrontiert wurde. Bei einem African-Festival löste ein bestimmter Rhythmus mit dumpfen Tönen heftige Flashbacks aus. Der Patient betont in einer weiteren Stelle, diese schreckliche Geschichte einfach vergessen zu wollen. Besonders heftig zeigen sich seine Erinnerungen auch in Form von Alpträumen. Sein ermordeter Vater ist im Traum wieder lebendig und der Patient *weiß,* dass sein Vater ermordet und er selbst von der Fremdenpolizei abgeholt werden wird.

Patient D habe seine Kindheit als ein katastrophales Durcheinander in Erinnerung. In seinen seit Jahren wiederkehrenden Traum wird er an das Kellerzimmer, in dem er als Kind eingesperrt war, erinnert. Er beschreibt es als wand-, fenster-, und bodenlos.

K 10.2. Symbolisierung

Kodierregel: Diese Kategorie wurde gerechnet, wenn durch musikalisches Explorieren und Inszenieren auf symbolischer Ebene Realitätsbezug hergestellt werden konnte.

In allen 4 Fallrekonstruktionen konnten 35 Fundstellen erhoben werden. Patientin A entdeckt im Rahmen von selbstbestimmter Instrumentenaufstellung und thematischer Improvisation eine Veränderung hinsichtlich ihrer ursprünglichen negativen Annahmen. Durch eine mitgebrachte Musik werden gute Erinnerungen an ihren leiblichen Vater deutlich, bei dem ihr nie langweilig geworden sei. Nach einem Duospiel zieht die Patientin einen direkten Vergleich zu einer Alltagserfahrung. Das monotone Djembenspiel der Therapeutin, das die schwierigen Anteile der Patientin repräsentiert, wird mit einem ihr vertrauten Gefühl verglichen, nämlich dem Suhlen im Selbstmitleid in einer Endlosschleife. Im Rollenspiel kann die Patientin Gutes und Schönes nicht fortsetzen bzw. ausschwingen lassen. Vorsichtshalber bricht sie ihre gute Musik rechtzeitig ab. Die im Spiel sowie im Leben erkennbare Tragik führt durch bewusst übertriebene Spielabbrüche in der nächsten Improvisation zu Heiterkeit. In einer Stelle findet die Patientin einen adäquaten Spieltitel *(Bleib am Teppich)* als neue Reaktion für sämtliche Gefühlszustände. Es bedeutet eine neue Haltung gegenüber dem Schwierigen, wie überzogene Vorstellungen von Glück und Leistungsansprüchen relativieren zu können. In einer weiteren Stelle wird die zunehmende Angstfreiheit vor heiklen musikalischen Rollenspielen deutlich. Die Patientin zeigt Mut in der Auseinandersetzung mit traumatischen Erinnerungen, die letzlich in folgender Aussage mündet: *„Nun hat mein Stiefvater keine Macht mehr über mich. Das war mir noch nie so bewusst."*

In einer Stelle bei Patientin B wird aufgrund eines tradierten Liedes die fürsorgliche und schützende Haltung der Großeltern deutlich. Während des Liedes wird klar, durch die Großeltern wirklich Ruhe vor den traumatisierenden Ereignissen gefunden zu haben.

Vergleichbare Stellen finden sich bei Patient C, welcher durch Agogo-Bells an die gute und beschützende Großmutter erinnert wird. Ferner entdeckt der Patient nach einer thematischen Improvisation sein gutes und richtiges Gefühl für Afrika und Europa. Beides würde in seinem Herzen lebendig sein. Durch die Auseinandersetzung mit den Trommeln im Kontext traumatisierender Ereignisse empfindet er das Paukenspiel verbunden mit dem Lied *Josua fit the battle of Jericho* nicht mehr als bedrohlich. Im Rahmen einer weiteren Instrumentenexploration und –aufstellung kristallisieren sich die Chimes als zukunftsweisend heraus, während andere Instrumente ein Stück seines Lebens in Afrika repräsentieren. Schwarze Klaviertasten erlebt er im Klang als lustig und unbeschwert, weiße als ernst, ähnlich dem unterschiedlichen Temperament von Schwarzafrikanern und Weißen.

Patient D interpretiert seine mitgebrachte Musik, dem Rapstück *Dauert nimmer long* auf sein Leben, das vielleicht doch noch alles gut werden würde. In einer nächsten Stelle teilt der Patient durch die mitgebrachte Musik *Vota du, da Stodl brennt* indirekt traumatisierende Ereignisse mit: *Als ich das Stück zum ersten Mal gehört habe, wusste ich, dass es mit mir zu tun hat … – so, und jetzt wissen Sie das auch.* In der letzten Fundstelle wird die Gitarre als Gegenbild zum Alptraum-Schreckensbild Symbol für seine Rettung. Eine Gegenwelt, in der Fantasien, Träume, Wünsche und Hoffnungen hineinprojiziert werden. Das Instrument wird magisch besetzt und der Patient kommentiert: *Ja stimmt. Die Macht der Musik.*"

5.2.5 Expertenvalidierung

Zur Validierung der Fallrekonstruktionen wurden drei Expertinnen aufgrund ihres Verständnisses zum inhaltlichen Praxis- und Theoriefeld und ihrem entsprechenden traumatherapeutischen und tiefenpsychologischen Arbeitshintergrund ausgewählt. Expertin I und II sind langjährig beruflich erfahrene Musik- und Psychotherapeutinnen im psychiatrisch klinischen Bereich. Expertin III ist Psychiaterin, Psychotherapeutin und Leiterin des Instituts für angewandte Psychotraumatologie (zapwien). Alle Expertinnen sind als Lehrbeauftragte an Musiktherapieinstituten tätig (Universität für Musik und darstellende Kunst Wien, Hochschule für Musik und Theater Hamburg).

Mein Anliegen an die Expertinnen, sowohl die Fallrekonstruktionen als auch das entwickelte Kategoriensystem anhand der Fallrekonstruktionen einer Überprüfung hinsichtlich des Grades von Übereinstimmung zu unterziehen, führte unter Berücksichtigung der im Abschnitt 5.1.2 beschriebenen Gütekriterien von Objektivität, Transparenz und Triangulation zu folgender Fragestellung:

Zur Objektivität i. S. v. intersubjektiver Nachvollziehbarkeit:
- Ist die Durchführung der qualitativen Forschungsmethode insgesamt nachvollziehbar? (Fallrekonstruktion, Kategoriensystem)
- Sind die einzelnen Schritte der Fallrekonstruktionen nachvollziehbar? (phänomenologische Darstellung der Therapieverlaufs, Reflexion/Interpretation und theoretische Bezüge)
- Wurde musikalisches Handeln und Gestalten der Patienten sowie die musikalische Beziehungsgestaltung ausreichend dargestellt?
- Gibt es unverständliche oder unpräzise formulierte Aussagen hinsichtlich musik- und traumatherapeutischer Begrifflichkeiten?
- Bedarf es einer Ergänzung bzw. Korrektur?

Zur Transparenz:
- Wurde der jeweilige musiktherapeutische Prozess ausreichend dokumentiert?

Zur Investigator-Triangulation:
Sie dient der Absicherung, da die subjektive Sichtweise der Untersucherin korrigiert und ergänzt sowie eine vollständige Sicht auf die Dinge erlangt werden kann.

In diesem Sinne sind inhaltliche Fragen und Verständnisfragen, Vorschläge, Kommentare und Anmerkungen der Expertinnen hilfreich.

5.2.6 Ergebnisse der Expertenvalidierung

Die vier Fallrekonstruktionen wurden von allen drei Expertinnen als sehr eindrücklich und gut nachvollziehbar eingeschätzt. Ebenso gilt dies für die Beschreibung der einzelnen Schritte wie die phänomenologische Darstellung des Therapieverlaufs, Reflexionen und Interpretationen sowie Handlungen und Beziehungsgestaltungen. Musik- und traumatherapeutische Begrifflichkeiten wurden als verständlich wahrgenommen. Die musiktherapeutischen Interventionen und deren Ergebnisse gelten als schlüssig. Durch die Darstellung der Therapieverläufe wurden sie an ihre eigene Arbeit mit traumatisierten Patienten erinnert und fühlten sich auf vertrautem Terrain. Es wurde in den Therapieverläufen ersichtlich, *wie* sich *was* und *wodurch* verändert.

Expertin II hebt die behutsame, an Ressourcen orientierte Arbeitsweise hervor, als ein Hauptziel traumaadaptierter Musiktherapie. Jedoch fehlte ihr manchmal die genauere Übertragungs- und Gegenübertragungsanalyse, bzw. eine Analyse, was der Patient in Szene setzt, ebenso die unbewussten Inszenierungen und die Abwehr. Letzteres wurde aufgrund einer traumatherapeutischen Grundhaltung vermutet, in welcher der Fokus auf die Würdigung vorhandener Kontrollbedürfnisse liegt, die begrifflich eher als Copingstrategien anstatt als Abwehrhaltung verstanden werden (vgl. Reddemann, 2010, S. 20). Interaktive Prozesse wie die verbale Interaktion sowie die Musik als Medium für Interaktion wurden von Expertin III als ineinander verschränkt und übergehend wahrgenommen. In verbalen Interventionen wurde die traumafokussierte Grundhaltung von Information, Transparenz und Kontrolle seitens der Therapeutin gut wahrnehmbar, sodass in den Verläufen eine unaufdringliche, implizit hilfreiche therapeutische Beziehung etabliert werden konnte. Weitere traumafokussierte Elemente wie aktive Strukturierung seitens der Therapeutin als halt gebende Intervention, Anregen der vorhandenen Fähigkeiten, positive Ermutigung, Reframing und respektvolle Würdigung erlittenen Leids ermöglichten, dass sich die Patienten auf einen musiktherapeutischen Prozess einlassen konnten.

Es wurde deutlich, dass Musik als Medium und Bühne sowohl expliziten (bewussten) als auch impliziten (unbewussten) assoziativen Erlebnisverknüpfungen und Aktivitätstendenzen zugänglich wurde. Bewusstes und Unbewusstes sowie Erleben und Aktivität rückten in der Musik nahe zusammen. Bewusste und unbewusste Problemdarstellung und –bearbeitung wurde damit den traumatisierten Patienten eröffnet. Deutlich wurde nicht nur die Art und Weise wie Stabilisierung und Ressourcenaktivierung mit musikalischen Mitteln innerpsychisch hergestellt werden konnte – immer auf der Basis einer schon etablierten positiven therapeutischen Beziehung – sondern dadurch auch schonende Traumabearbeitung möglich wurde. Expertin III verwies als Nicht-Musiktherapeutin auf die Besonderheit, die vermutlich die Musiktherapie kennzeichnet. Musiktherapie erweist sich nach ihrem Dafürhalten in der Arbeit mit traumatisierten Menschen als mögliche Schlüsselstelle für Traumaintegration mithilfe musikalischer Mittel. Die traumatischen Erinnerungen und ihre psychodynamischen *Abkömmlinge* (Verarbeitungsbemühungen) konnten sich im Medium Musik darstellen/zeigen und wurden mit musikalischen Mitteln modifiziert. Das entspricht der Traumaintegrationsphase in der Traumatherapie. Das Vorgehen in der Behandlung erfordert allerdings die Anwendung traumatherapeutischer Grundprinzipien wie die ausreichende Stabilisierung und Ressourcenverankerung, die strukturierte Vorgehensweise, das Primat der Wiederermächtigung als Vorbedingung für Traumakonfrontation und –integration.

Überprüfung des Kategoriensystems

Die Expertinnen erhielten zu den Fallrekonstruktionen einschließlich der markierten Fundstellen das entwickelte Kategoriensystem in Form von Volltext und Tabellen. In der Spalte „Fundstelle – alle Patienten A, B, C, D" erfolgte im Falle einer Übereinstimmung mit meiner Einschätzung der Eintrag des jeweiligen Patienten-Buchstaben und der Seitenangabe. Alternativ wäre gewesen, den Expertinnen die Transkription ohne Kategorie-Vorgabe zu überlassen. In Anbetracht des zusätzlich enormen Arbeits- und Zeitaufwandes wurde von dieser Möglichkeit Abstand genommen. So wurde festgestellt, dass die vorgegebenen Kategorien eine Erleichterung darstellten, aber auch die Denkrichtung beeinflusste und prägte. Die Kategorien .1 wurden grundsätzlich als traumabedingte Faktoren und die Kategorien .2 als musikbedingte bzw. musiktherapeutische Faktoren verstanden.

Beim Prozess des Überprüfens entstand zunächst ein *Übe- bzw. Differenzierungsbedarf,* der sich im Laufe der Zeit verringerte, sodass man sich letztlich gut in die Kategorien *eindenken* konnte. Anhand der unterschiedlichen Fallrekonstruktionen wurde aufgezeigt, dass übergeordnete Kategorien gebildet werden können. Dies wurde einerseits als gut erachtet, andererseits stellt es auch eine Schwierigkeit dar, bezogen auf die unterschiedliche Symptomatik der Patienten. Expertin I und II fanden es bedauerlich, dass die Fundstellen für die *guten* Alternativen ausschließlich mit der Musik verbunden waren (musikbedingte Faktoren) und somit andere thematisierte positive Objektbeziehungen innerhalb der Therapie (z. B. frühere Psychotherapeutin bei Patientin A, Oma bei Patient D) in denen der musikalische Aspekt fehlt, nicht mit einbezogen werden konnten. Der ausschließliche Bezug auf die Musik in allen 2-Kategorien wurde manchmal als künstliche Trennung erlebt. Insgesamt wurde das entwickelte Kategoriensystem als Erklärungs-, Interpretations- und Reflexionshilfe von traumabedingten und musikbedingten Faktoren verstanden.

Einschätzung einzelner Kategorien

Im Folgenden werden die Anmerkungen zu den entsprechenden Kategorien hinsichtlich ihrer Nachvollziehbarkeit auf die vier Fallrekonstruktionen dargestellt, bevor diese in den Einzelfällen detailliert erfasst werden. Insgesamt wurden alle

Kategorien von K 1.1. bis K 10.2. als nachvollziehbar eingeschätzt. Eindeutig nachvollziehbare Kategorien werden in diesem Abschnitt nicht berücksichtigt.

Die K 3.2. Resonanzerleben wird von allen Expertinnen als Selbstwirksamkeit bzw. als Kern beginnender Selbstwirksamkeit wahrgenommen und verstanden. Aufgrund dieser übereinstimmenden Feststellung wird der ursprüngliche Begriff *Resonanzerleben* mit dem Begriff *Selbstwirksamkeit* für die K 3.2. ersetzt (= induktive Kategorienbildung).

In der K 7.1. Täterintrojekt wurde als Gegenstück zum Täterintrojekt eine nicht musikbedingte Kategorie vermisst, welche die Stärkung von guten inneren Objektrepräsentanzen und guten Objektbeziehungserfahrungen abbildet, welche in den Fallrekonstruktionen zwar vorkommen, aber keiner Kategorie zugeordnet werden können.

Die K 8.1. Traumabedingte Regression war nicht wirklich zu finden. Es wird allgemein angenommen, dass aufgrund des kurzzeitlichen Faktors der Therapien keine große Gefahr für das Entstehen einer traumabedingten Regression entsteht. Unabhängig davon wird, wie bereits erwähnt, in traumatherapeutischen Vorgehensweisen empfohlen, Regression nicht zu fördern, da es den Patienten nicht dienlich ist, in leidvollen Gefühlen zu verharren (vgl. Reddemann, 2010, S. 25).

K 8. 2 Wachstumsfördernde Regression wurde einige Male als Alternative zu K 10.2. Symbolisierung in jenen Stellen vorgeschlagen, in denen positive Kindheitserinnerungen wachstumsfördernden Entwicklungen hervorrufen. Nach Meinung der Expertinnen sollte dieses Kategorienpaar auch ohne Fundstelle bzw. ohne primäre Zuordnung erhalten bleiben, da K 8.1. Traumabedingte Regression betreffend, in den Therapien eine (maligne) Regression gefördert werden kann, wenn die Therapie zum Idealisieren veranlasst bzw. wenn zu wenig konfrontiert wird.

Für die K 9.1. Traumatische Übertragungsbeziehung verweist Expertin III alternativ auf die Begriffe traumabedingte Übertragungsangebote versus heilsame Beziehungsangebote. Traumabedingte Übertragungsangebote haben eine ausgeprägte interaktionelle Potenz. Sie werden von Therapeuten mehr oder weniger intensiv als Gegenübertragungsempfinden registriert und benötigen einen angemessenen Umgang. Typische traumaspezifische Übertragungsangebote zeigen sich als Impuls zu *retten*, zu unangemessener Fürsorge, als intensiv erlebte Ohnmacht und Hilflosigkeit mit Blockade therapeutischer Fähigkeiten und als Orientierungslosigkeit. Die wenigen Fundstellen deuten darauf hin, dass die therapeutische Beziehung durch traumatische Übertragungen nicht überlastet wurde.

Die K 10.1. Traumatische Erinnerung ist definitionsgemäß dadurch charakterisiert, dass es sich hierbei um Erlebnisse handelt, die mit Extremstress (traumatischen

Stress) einhergingen. Dadurch wurde ihre neuronale Verarbeitung und angemessene Speicherung im Gedächtnis blockiert. Sie wurden neuronal nicht zeitlich-räumlich konnotiert und entzogen sich auch der kortikalen Bedeutungsgebung und sprachlichen Kodierung. Sie sind dadurch wie zeitlos *eingefroren* aber jederzeit *virulent.* Sie können jederzeit durch Trigger aktiviert werden und PTBS-Symptome verursachen und können als dysfunktionale Selbsteinstellungen zu Strukturlinien in der Persönlichkeitsentwicklung (Entwicklungstrauma) werden oder zu Teilsymptomen der komplexen PTBS.

Die K 10.2. Symbolisierung wurde von Expertin I und II mit der höchsten Anzahl an Fundstellen als schwierigste empfunden, zumal Symbolisierung als Überbegriff für jede musikalische Umsetzung steht und es unabhängig von traumatischen Erinnerungen als allgemein musiktherapeutisches Ziel gilt, Symbolisierungsfähigkeit anzuregen und zu entwickeln. Symbolisierung ist an kortikale Funktionen gebunden, und es ist einerseits anzunehmen, dass traumatische Erinnerungen nicht symbolisierungsfähig sind, andererseits ist jedoch davon auszugehen, dass Musik als Erlebnisphänomen gleichermaßen kortikale sowie subkortikale Bereiche, und somit das *emotionale Gehirn* anspricht. In diesem Kontext leistet nach Expertin III die Musik einen Beitrag, sprachlich nicht kodierte Erfahrungen einem Symbolisierungsgeschehen zuzuführen, vergleichbar eines Geschehens in Träumen, in denen traumatische Inhalte, die im Traum einer Symbolisierung unterzogen wurden, als einen Hinweis auf Traumaverarbeitungsversuche anzusehen sind. Dies zeigt sich ihrer Erfahrung nach parallel zur erfolgreichen traumatherapeutischen Arbeit, wenn durch die Integration traumatischer Erinnerungen auch eine Veränderung der Trauminhalte bemerkbar wird. Die zuvor intrusiven Träume, die durch eine exakte 1:1 Wiedergabe von traumatischen Inhalten charakterisiert sind, ändern sich häufig im Sinne eines aktiv-Werdens im Traum anstelle der Ausgeliefertheit. Solcher Art Träume sind mit dem musikalischen Geschehen vergleichbar, das buchstäblich den kortkale Zugang zu den Resten der traumatischen Erinnerung eröffnet, mit allen Folgen für eine umfangreiche neuronale Vernetzung, der Einbindung der Erlebnisinhalte in die Persönlichkeit.

Fundstellen der Einzelfälle

Im Folgenden werden anhand der Tabellen Fundstellen und Übereinstimmungen des jeweiligen Einzelfalls detailliert dargestellt. Diese wurden mit den Expertinnen i. S. der Interkoderreabilität nach deren schriftlichen Zuordnungen und Rückmeldungen nochmals miteinander verglichen und diskutiert. Das Gesprächsforum fand in Form von Einzeltreffen sowie aufgrund der räumlichen Distanz einer Expertin telefonisch und per Email statt.

Neu entdeckte und sekundäre Zuordnungen sind in der Tabelle mit einem + versehen. Im Anschluss an die Tabelle werden die neu entdeckten und jene Fundstellen hervorgehoben, die entweder sekundär zugeordnet wurden oder zu Fragestellungen führten. Jene Stellen, die zu keinen Übereinstimmungen führten, werden offen gelegt. Die endgültigen Fundstellen-Ergebnisse sind im Anhang in den Tabellen des Kategoriensystems eingetragen.

Patientin A

PATIENTIN A		Qualitative Inhaltsanalyse		
Kategorie	Fundstellen d. Unters.	Übereinstimmung der Expertinnen		
		Exp. I	Exp. II	Exp. III
K 1.1	10	9	9	9
K 1.2	8	8+1	8	8
K 2.1	8	8	6	8
K 2.2	14	14	14	14
K 3.1	0	0	0	0
K 3.2	1	1	1	1+1
K 4.1	2	2	2+1	2
K 4.2	2	2	2	2
K 5.1	0	0	0	+1
K 5.2	3	3	3	3
K 6.1	11	11	11	11
K 6.2	4	4	4	4
K 7.1	1	1	1	1
K 7.2	0	+1	0	0
K 8.1	0	0	0	0
K 8.2	0	0	0	+4
K 9.1	0	0	0	0
K 9.2	7	7	7	7
K 10.1	6	6	4	6
K 10.2	19	19	14	14

Tabelle 14: Qualitative Inhaltsanalyse Patientin A

In der K 1.1. wurde auf A2 K 4.1. bzw. K 7.1. vorgeschlagen. In der Diskussion werden die Schilderungen der Patientin über ihren Leidensdruck im Alltag einschl. ihres selbstverletzenden Verhaltens als dissoziative Symptomatik bzw. als Täterintrojekt vermutet. Im direkten therapeutischen Geschehen stand eindeutig die traumaassoziierte Angst im Vordergrund. Dieser mein Eindruck trifft auch auf A19 zu mit dem Vorschlag für die K 2.1. An diesen Stellen zeigt sich der subjektive Unterschied zwischen meinen unmittelbaren Erfahrungen als Therapeutin und den gewonnenen Eindrücken der Expertinnen aus dem Textmaterial.

Für die K 1.2. wurde zusätzlich eine weitere Fundstelle auf A16 entdeckt. Hier ahmt die Patientin mit geschlossenen Augen ohne Musikinstrument die zuvor stattgefundenen Spielbewegungen nach. Da es sich um ein inneres Hören, eine musikalische Vorstellung handelt, die als entspannt erlebt wird, besitzt diese Kategorie Gültigkeit.

In der K 2.1. erscheint es auf A3 unklar, ob die Patientin aus Angst vor Kontrollverlust nicht weiter erzählen möchte, es aber häufig vorkomme, dass Patienten über bestimmte Themen nicht sprechen wollen. A8 wurde ebenfalls als unklar wahrgenommen, ob die Patientin aus Angst vor Kontrollverlust weggehen wollte. Beide Fundstellen bleiben erhalten.

Die K 3. 2. ergibt 1 übereinstimmende Fundstelle. Zusätzlich wurde eine Stelle auf A30 sekundär i. S. e. *Differenzialdiagnose* zu K 10.2. Die Patientin erlebt im Rahmen eines musikalisch szenischen Rollenspiels ihre Selbstwirksamkeit und die daraus resultierende Symbolisierungsfähigkeit. Hier zeigt sich eine eindeutige Zuordnung als schwierig. Auf eine Übernahme in die K 3.2. wird aufgrund der sekundären Zuordnung verzichtet.

Für die K 5. 1 wurde von ursprünglich 0 Fundstellen eine auf A 7 entdeckt. Die Frage der Patientin an die Therapeutin *„Halten Sie es noch aus?“* wurde in der Diskussion einerseits als Tendenz der Übernahme des Schutzes für die Therapeutin, andererseits als ein *Testen der Therapeutin* verstanden. Die traumatische Situation wurde reinszeniert: Frau A erlebte sich durch die Musik gekoppelt mit dem SVV ihrer Mutter als hilflose Zeugin von Verletzung und Leid. In der Therapie nimmt diese Szene jedoch einen veränderten Ausgang. Die Therapeutin wird schon als empathische Zeugin erlebt, der jedoch noch nicht ganz vertraut werden kann. Auch im Sinne meines damaligen Gegenübertragungsgefühls besitzt die K 5.1. an dieser Stelle ihre Gültigkeit.

Für die K 7. 2. wurde von ursprünglich 0 Fundstellen 1 Stelle auf A15 mit einem Fragezeichen vorgeschlagen. Es handelt sich um jene Stelle, in der die Patientin mit Hilfe der Oceandrum ihren *inneren sicheren Ort* erweitert. Ob die Musik in dieser Szene Selbstobjektfunktion einnimmt, bleibt auch in der Diskussion fraglich, daher wird auf eine Übernahme in diese Kategorie verzichtet.

Für die K 8.2. wurden von ursprünglich 0 Fundstellen insgesamt 4 Stellen vorgeschlagen.

1 neue Stelle findet sich auf A15 (vgl. K 7.2. = selbe Stelle), da aufgrund der Musik Ressourcenaktivierung durch eine gute Erinnerung stattfinden konnte. Eine weitere Stelle auf A17, der K 10.2. zugeordnet, wurde ebenfalls für K 8.2. in Betracht gezogen, da die positive Kindheitserinnerung als wachstumsfördernd verstanden werden könnte. Ebenso wurden die Stellen A20 und A28 wiederum als

Alternative zu K 10.2. mit Fragezeichen zugeordnet, da Erinnerungsressourcen im Sinne der Ego-State-Theorie als *positiver State* gelten.

In der Diskussion stellte sich bei allen Stellen eine eindeutige Zuordnung zu K 8.2. bzw. in Abgrenzung zu K 10.2. als schwierig heraus. In Hinblick auf die in K 10.2. formulierte Kodierregel treffen die Vorschläge eher auf K 10.2. zu, daher wurde auf eine Übernahme zu K 8.2. verzichtet.

In der K 10.1. stellt sich auf A28 die Frage nach K 4.1. In dieser Szene berichtet die Patientin über die Situation bei Gericht, in der es ihr nicht möglich war, sich über die traumatischen Ereignisse zu äußern. Ob diese Stelle ein nacherzähltes dissoziatives Symptom oder eine nicht verarbeitete Erinnerung aufzeigt, lässt sich in der Diskussion nur insofern klären, als die Erzählung im Kontext der vorigen Aussagen betrachtet werden kann. Somit bleibt die Fundstelle für die K 10.1. erhalten. Ebenso verhält es sich wiederum auf A28, der nächsten K 10.1.-Stelle, die K 7.1. zugeordnet wurde. Die Patientin berichtet über einen Teil von ihr, der noch immer nicht begriffen hat, dass die Ereignisse zwanzig Jahre zurückliegen. Im gesamten Zusammenhang lässt sich kein aktiv auftauchendes Täterintrojekt feststellen.

Die K 10.2. beinhaltet die höchste Anzahl an Fundstellen. Ob auf A5 durch das erlebte Spiel von der Patientin bereits Realitätsbezug über Symbolisierung gelingt, wurde als schwer beurteilbar empfunden. Eine weitere Stelle wurde auf A10 in ähnlicher Weise kommentiert, in der die Patientin in der thematischen Improvisation auch ihre *gute* Mutter als *zuviel* vermutet. Hier würde es sich eher um den Wunsch nach einer guten Mutter handeln, die in der Realität so ganz anders sei. Auf A17, A20 und A28 finden sich die Vorschläge zu K 8.2. (siehe dort). In den Rückmeldungen sowie Diskussionen stellte sich die K 10.2. als schwierigste Kategorie dar, zumal es sich um ein immanentes Therapieziel handelt, die Symbolisierungsfähigkeit bei den Patienten anzuregen und zu entwickeln.

Patientin B

PATIENTIN B	Qualitative Inhaltsanalyse			
Kategorie	Fundstellen d. Unters.	Übereinstimmung der Expertinnen		
		Exp. I	Exp. II	Exp. III
K 1.1	8	8	7	8
K 1.2	4	4	4	4
K 2.1	1	1	1	1
K 2.2	4	4	4	4
K 3.1	2	2	1	2
K 3.2	0	0	0	0
K 4.1	5	5	5	5
K 4.2	3	3	3	3

PATIENTIN B	Qualitative Inhaltsanalyse			
Kategorie	Fundstellen d. Unters.	Übereinstimmung der Expertinnen		
		Exp. I	Exp. II	Exp. III
K 6.1	3	3	3	3
K 6.2	2	2	2	2
K 7.1	0	0	0	0
K 7.2	2	2	2	2
K 8.1	0	0	0	0
K 8.2	0	0	0	+1
K 9.1	0	0	+1	0
K 9.2	2	2	2	2
K 10.1	5	5	5	5
K 10.2	1	1	1	1

Tabelle 15: Qualitative Inhaltsanalyse Patientin B

K 1.1. ergibt bei Patientin B die höchste Anzahl an Fundstellen. Auf B21 erscheint es zunächst unklar, ob die erzählte Kindheitserinnerung ausschließlich mit den Traumatisierungen der Patientin zu tun habe. In der Diskussion klärt sich die Frage, zumal die Patientin einen Zusammenhang zwischen ihrem ängstlichen Verhalten als Kind und als Erwachsene, bezogen auf die traumatisierenden Ereignisse, herstellen kann.

Für die K 3.1. wird die Stelle auf B4 als Unterwerfung interpretiert. Nachdem dieses Verhalten als Wiederholung eines typischen Reakionsmusters aus einer traumatischen Erfahrung heraus angesehen werden kann, wird diese Stelle dem Vorschlag gemäß in die K 9.1. übernommen.

Für die K 8.2. findet sich 1 Vorschlag auf B13, der K 10.2. zugeordnet ist (siehe dort).

Für die K 9.1. wird die Stelle auf B4, ursprünglich K 3.1. (siehe dort), der K 9.1. zugeordnet.

Für die K 10.2. wurde angemerkt, dass B13 auch der K 8.2. zugeordnet werden könnte, da durch das Lied positive Erinnerungen bzw. Ressourcen geweckt werden konnten. Auch hier zeigt sich in den Rückmeldungen wieder die Schwierigkeit der Einordnung bzw. Abgrenzung zu K 8.2.

Patient C

PATIENT C	Qualitative Inhaltsanalyse			
Kategorie	Fundstellen d. Unters.	Übereinstimmung der Expertinnen		
		Exp. I	Exp. II	Exp. III
K 1.1	8	8	8	8
K 1.2	1	1	1	1
K 2.1	6	6	6	6
K 2.2	3	3	3	3
K 3.1	0	0	0	0
K 3.2	2	2	2	2
K 4.1	0	0	0	0
K 4.2	1	1	1	1
K 5.1	0	0	0	0
K 5.2	8	8+2	8	8
K 6.1	2	2	2	2
K 6.2	1	1	1+1	1
K 7.1	0	0	0	0
K 7.2	1	1	1	1
K 8.1	0	0	0	0
K 8.2	0	0	0	0
K 9.1	0	0	0	0
K 9.2	2	2	2	2
K 10.1	3	3	3	3
K 10.2	12	12	12	12

Tabelle 16: Qualitative Inhaltsanalyse Patient C

In der K 3.2. wurde eine Stelle auf C5 zusätzlich auch der K 6.2. zugeordnet. Der Patient wird im Laufe des musikalischen Geschehens immer singfreudiger, er verliert seine Schüchternheit und zeigt sich hocherfreut, sodass er sich letztendlich gut wie *Bobby Mc Ferrin* fühlt. Jene Textstelle wird unterteilt, sodass der Textteil mit dieser selbstwertstärkenden Aussage in die K 6.2. übernommen werden kann.

Für die K 5.2. wurden 2 neue Stellen auf C3 und C9 vermutet. Auf den ersten Blick erscheinen die Stellen klar zur K 5.2. zuordenbar. Nachdem es sich hier, entsprechend der Kodierregel, um keine konkreten musikalischen Beziehungsangebote von der Therapeutin handelt – der Patient spielt selbständig – wird auf eine Übernahme in diese Kategorie verzichtet.

Für die K 6.2. wurde zusätzlich eine Stelle auf C5 gefunden und übernommen.

Patient D

PATIENT D	Qualitative Inhaltsanalyse			
Kategorie	Fundstellen d.Unters.	Übereinstimmung der Expertinnen		
		Exp. I	Exp. II	Exp. III
K 1.1	4	3	4	4
K 1.2	0	0	0	0
K 2.1	3	3	3	3
K 2.2	2	2	2	2
K 3.1	0	0	0	0
K 3.2	1	1	1	1
K 4.1	0	0	0	0
K 4.2	1	1	1	1
K 5.1	9	9	8	9
K 5.2	7	7	7+1	7
K 6.1	1	1	1	1
K 6.2	0	0	0	0
K 7.1	0	0	0	0
K 7.2	2	2	2	2
K 8.1	0	0	0	0
K 8.2	0	0	0	0
K 9.1	4	4	3	4
K 9.2	8	8	8	8
K 10.1	3	3	3	3
K 10.2	3	3	2	3

Tabelle 17: Qualitative Inhaltsanalyse Patient D

Für die K 1.1. stellt sich auf D8 die Frage, ob es sich tatsächlich um eine traumaassoziierte Angst oder um ein davon unabhängiges Suchtverhalten handelt. Der Patient raucht nervös und hastig eine Zigarette, bevor er den Musiktherapieraum betritt. Ich erinnere mich deutlich an meinen Eindruck, wie stark verängstigt der Patient auf mich wirkte, so als würde in der Musiktherapie gleich etwas Schreckliches passieren. Im weiteren Verlauf der Stunde teilt Herr D mit Hilfe seiner mitgebrachten Musik in kontrollierter Form ein traumatisches Ereignis mit. In diesem Zusammenhang kann die Textstelle für die K 1.1. erhalten bleiben.

Für die K 5.1. stellt sich auf D16 die Frage nach K 5.2. (siehe dort).

Für die K 5.2. wird anstatt der K5.1 die Stelle D16 vermutet. Die Therapeutin kümmert sich hier sorgend um das Instrument des Patienten. Nachdem es sich der Kodierregel entsprechend um kein musikalisches Beziehungsangebot handelt, wird auf eine Übernahme in die K 5.2. verzichtet.

Für die K 9.1. wird die Zuordnung von D14 ob der Kränkung des Patienten auf mich als zu schnell empfunden.

Für die K 10.2. erscheint die Textstelle auf D 6 ebenfalls als übereilte Zuordnung. Der Patient macht Andeutungen („*Vielleicht wird in meinem Leben doch noch alles gut*"), und es wäre meine Aufgabe, herauszufinden, was er genau meint.

Fundstellen aller Patienten

Die folgenden Tabellen zeigen die endgültigen Fundstellenergebnisse (vgl. Auswertungstabellen im Anhang), wobei hier die Kategorien-Reihung nach Häufigkeit der Fundstellen erfolgt.

Traumabedingter Faktor	Anzahl der Fundstellen
K 1.1. Angst	30
K 2.1. Kontrollverlust	18
K 6.1. Schuld- und Schamgefühl	17
K 10.1. Traumatische Erinnerung	17
K 5.1. Isolation und Misstrauen	10
K 4.1. Dissoziative Symptome	7
K 9.1. Traumatische Übertragungsbeziehung	5
K 3.1. Ohnmacht und Hilflosigkeit	1
K 7.1. Täterintrojekt	1
K 8.1. Traumabedingte Regression	0

Tabelle 18: Häufigkeit traumabedingter Faktoren (A, B, C, D)

Musikbedingter Faktor	Anzahl der Fundstellen
K 10.2. Symbolisierung	35
K 5.2. Musikalische Beziehungsgestaltung	25
K 2.2. Musikalische Kontrollmöglichkeit	23
K 9.2. Heilsames Übertragungsgeschehen	19
K 1.2. Entspannung	14

Musikbedingter Faktor	Anzahl der Fundstellen
K 6.2. Selbstwertgefühl	8
K 4.2. Präsentifikation	7
K 7.2. Selbstobjekt	5
K 3.2. Selbstwirksamkeit	4
K 8.2. Wachstumsfördernde Regression	0

Tabelle 19: Häufigkeit musikbedingter Faktoren (A, B, C, D)

5.2.7 Beurteilung der qualitativen Inhaltsanalyse

Die Ergebnisse der qualitativen Inhaltsanalyse zeigen, dass für unterschiedliche trauma- und musikbedingte Faktoren im Sinne eines modellhaften Verständnisses übergeordnete Kategorien gebildet werden können. Trauma- und musikbedingte Faktoren wurden im Rahmen deduktiver Kategorienanwendung durch zehn Kategorienpaare dargestellt. Das entwickelte Kategoriensystem wurde hinsichtlich des Grades an Übereinstimmung durch Expertinnen im Sinne der Interkoderreabilität überprüft. Der Begriff *Resonanzerleben* für die Kategorie 3.2. wurde durch induktive Kategorienbildung mit dem Begriff *Selbstwirksamkeit* ersetzt. Das Kategorienpaar 8.1. und 8.2. bleibt ohne Fundstellen erhalten, da das Thema der Regression v. a. in traumatherapeutischen Langzeitbehandlungen eine Rolle spielt. Es entspricht der traumatherapeutischen Grundannahme, keine regressiven Entwicklungen zu fördern und mit musikalisch regressiven Angeboten i. S. v. Wachstumsförderung entgegenzuwirken.

Das Kategoriensystem stellt für die traumaadaptierte Musiktherapie eine Erklärungs-, Interpretations- und Reflexionshilfe dar, um eine größere Sicherheit in der Behandlung mit traumatisierten Menschen zu erlangen. Dies bezieht sich v. a. auf das Verstehen von Traumafolgestörungen als Voraussetzung für musiktherapeutische Behandlungsstrategien und Interventionen. Die besondere Herausforderung liegt in der Balance zwischen stabilisierenden und dosiert konfrontativen Interventionen, die an die individuelle Situation der Patienten angepasst werden müssen.

Diskussion von Grenzen und Limitationen

An dieser Stelle sollen die Grenzen der Forschungsmethode der *qualitativen Inhaltsanalyse* auf den Untersuchungsgegenstand aufgezeigt werden. Bezüglich der Feststellung von Veränderungen *von* traumabedingten *durch* musikbedingte Faktoren in den Therapien können die Ergebnisse rückblickend als begrenzt angesehen werden. Eine Generalisierung der Ergebnisse hinsichtlich deren Häufung ist ebenfalls nur begrenzt zulässig, da die Symptomatik der Patienten sehr unterschiedlich ist. Die Gegenüberstellung von trauma- und musikbedingten Faktoren weist in den Fundstellen meist keinen direkten inhaltlichen Zusammenhang auf.

Es kann jedoch allgemein festgehalten werden, dass die Musik als entspannendes, vorhersehbares und kontrollierbares Strukturelement traumaassoziierten Ängsten, dem Gefühl von Kontrollverlust, Ohnmacht und Hilflosigkeit entgegenwirkt. Dissoziative Symptome konnten durch das eigenmächtige Stoppen der Musik und mit Hilfe musikalischer Achtsamkeitsübungen rasch aufgelöst werden. Isolation und Misstrauen konnten in weiterer Folge durch gezielte musikalische Beziehungsangebote verringert werden. Schuld- und Schamgefühle stellten sich durch gezielte musikalische szenische Rollenspiele in der Folge verändert dar. Das in einer einzigen Therapieeinheit von der Patientin indirekt erwähnte Täterintrojekt wurde nicht durch Musik, sondern durch gezielte psychoeducative Intervention im Umgang mit Auslösereizen entgegengewirkt. Traumabedingte Regression versus wachstumsfördernde Regression wurde aufgrund der kurzzeitlichen Therapieverläufe praktisch nicht erfasst. Die Musik als heilsames Übertragungsgeschehen konnte in den meisten Fällen in Folge von traumatischen Übertragungsbeziehungen genutzt werden. Traumatische Erinnerungen konnten in Form eines musikalischen Symbolisierungsgeschehens durch Instrumentenaufstellung, -exploration und musikalisch szenische Rollenspiele bearbeitet werden.

5.3 Quantitative Datensammlung, Erhebung und Aufbereitung

Für die quantitativen Datensätze wurden drei verschiedene Messinstrumente verwendet, die im Folgenden hinsichtlich Durchführung, Erhebung, Aufbereitung, Auswertung und Ergebnisse dargestellt werden.

5.3.1 Vegetative Diagnostik (Biofeedbackanalyse)

Der Begriff Biofeedback meint die Rückmeldung biologischer Signale, die auf zuverlässige Weise Auskunft darüber geben, ob sich eine Person in einem entspannten oder angespannten Zustand befindet (Rief, 2011, S. 365). Mittels apparativer Einrichtung (Biofeedbackgerät) werden physiologische Prozesse registriert und in grafischer oder akustischer Form dargestellt, die normalerweise nicht oder kaum durch die eigenen Sinnesorgane erfasst werden. Gemessen werden z. B. körperliche Vorgänge, die durch das autonome Nervensystem reguliert werden wie Herzfrequenz, Hautleitwert, Hauttemperatur und Fingerdurchblutung. Biofeedback gilt als wissenschaftlich fundiertes Verfahren für diagnostische und therapeutische Zwecke. Der Einsatz des Biofeedbacks für diese Studie diente ausschließlich als diagnostisches Instrument zur Messung des Stresspegels vor und nach jeder Musiktherapieeinheit.

Für die Untersuchung wurde im Rahmen der Biofeedbackanalyse (BFB) das Programm *Vegetative Diagnostik* (VD) verwendet, das die Messung des Hautleitwertes (HLW; engl. Skin Conductance Level – SCL) beinhaltet. Andere physiologische Parameter wie Temperatur, Pulsamplitude, Pulsfrequenz und Atemvolumen wurden bei der statistischen Auswertung nicht berücksichtigt. Der HLW stellt eine vegetativ sympathische Innervierung dar und wird somit als das *Fenster zum Nervus Sympathicus* bezeichnet. Als direktes Zeichen der Sympathicusaktivität ist die Schweißdrüsenaktivität zu verstehen, welche das körperliche Stressverhalten anzeigt. Somit spiegelt der Hautwiderstand die vegetative Aktivierung einer Person wider und eignet sich daher besonders gut zum Messen einer Angstreaktion (Kroymann, 2011, S. 114). Da die Höhe des HLW gänzlich individuell ist – es gibt keine absoluten Normwerte – wurde dieser nur intrapersonell und nicht interpersonell verglichen. Nach Kroymann (ebd.) ist die Angstreaktion zwischen Angstpatienten und Gesunden qualitativ kaum unterscheidbar. Weiters gilt es zu betonen, dass eine positive Erregung ebenfalls einen Anstieg des Hautleitwerts bewirken kann (Pröglhöf, 2010, mündliche Mitteilung). Daher müssen die hier dargestellten Werte im Kontext des Therapiegeschehens interpretiert werden.

Die Messung des HLW dient hier somit der Diagnostik von Eustress und Disstress. Ziel der Messung ist die Erfassung des unmittelbar sympathischen Erregungsniveaus. Die physikalische Einheit des HLW-Niveaus wird in mikroSiemens gemessen. Der tonale HLW variiert zwischen 0,25 (= unterster Messbereich) und 15 mikroSiemens (= oberster Messbereich). Das Prinzip der vegetativen Diagnostik liegt im Messen und Wahrnehmen und nicht in der Bewertung oder Kontrolle.

Das autonome (vegetative) Nervensystem arbeitet antagonistisch im Sinne von ergotroper versus trophotroper Reaktion. Gemeint ist die aktivitäts- versus ruheorientierte Bereitstellungsreaktion des Organismus, indem entweder der sympathische (für Aktivität und Leistung verantwortliche), oder der parasympathische Flügel (auf Erholung, Entspannung und Energieaufbau ausgerichtete) vorherrscht (vgl. Fischer & Riedesser, 2009, S. 387). Der Vollständigkeit halber sei auf die typischen Verhaltensmerkmale des Sympathicotonikers und Vagotonikers hingewiesen.

Verhaltensmerkmale des Sympathicotonikers (Kampf-Flucht-Typ):

Beim Reaktionstyp Sympathicotonicer finden sich hoher Hautleitwert, hoher Puls und hohe Muskelanspannung. Durch eine permanent sympathicotone Wirkung sind die Menschen *dauernd am Sprung*. Beim Sympathikotoniker würden Implikationen für ein Training auf Entspannung, Atemtraining und Progressive Muskelrelaxation (PMR) liegen (Pröglhöf, 2010, mündliche Mitteilung).

Verhaltensmerkmale des Vagotonkers (Schreck-Typ):

Beim Reaktionstyp Vagotoniker finden sich niedriger Hautleitwert, niedriger Puls und niedrige Muskelanspannung. Vagotoniker wirken beherrscht. Gefühle von Hilflosigkeit, Handlungsunfähigkeit und Lähmung als Folge von Schreckbereitschaft durch Schockreaktion herrschen vor. Depressive und emotional gehemmte Patienten oder *Burn-out-Patienten* weisen eher einen geringen Hautleitwert auf. Schwindel, Ohnmachtsneigung, Benommenheit und *weiche Knie* sind für Vagotoniker typisch. Beim Vagotoniker gilt Entspannung als kontraindiziert. Der Trainingsschwerpunkt würde auf einem Bewegungstraining liegen (ebd.).

Begründung für die Auswahl des VD-Programms

Wie bereits im Kapitel 4 dargestellt, wird Musiktherapie innerhalb der psychotraumatologischen Literatur bestenfalls als ergänzendes und ressourcenorientiertes, wenn nicht sogar als problematisches und somit kontraindiziertes Verfahren erwähnt, da bestimmte Formen der aktiven Musiktherapie „[...] ein nicht unbeträchtliches Retraumatisierungsrisiko bergen" (Petzold et al. 2000, S. 459f.). Diese Annahme kann als berechtigt angesehen werden, wenn in musiktherapeutischen Behandlungen traumatherapeutische Gesichtspunkte fehlen.

In traumatherapeutischen Konzeptionen ist es das wichtigste, die Patienten zu unterstützen, mit Stress umzugehen. Stressverursachende Interventionen gelten als hinderlich oder schädlich. Beruhigende Interventionen sollen dahingehend helfen, sich in weiterer Folge selbst zu beruhigen. Ausgehend von der eigenen praktischen Erfahrung mit traumatisierten Patienten, dass Musik sowohl heilsam als auch triggernd erlebt werden kann, entstand die Überlegung, zu den subjektiven Selbsteinschätzungstests auch ein Messinstrument zu wählen, welches das unmittelbare Erregungsniveau vor und nach jeder Musiktherapieeinheit objektiv misst.

Durchführung

Das BFB-Gerät befand sich für den Zeitraum der Studie im Musiktherapieraum, sodass unmittelbar vor und nach jeder Musiktherapieeinheit der HLW mit einer jeweiligen Untersuchungsdauer von drei Minuten von mir gemessen werden konnte. Die Teilnahme an der Untersuchung war freiwillig. Besonders im Hinblick auf Triggerreize wurden die Patienten sorgfältig über die gefahrenlose, schmerzfreie und unkomplizierte Messung aufgeklärt. Es wurden nur jene Patienten ausgewählt, die sich spontan für die Untersuchung zur Verfügung stellten, keine Bedenken oder Zweifel äußerten und Angstfreiheit signalisierten.

Datenerhebung

Der Untersuchungsverlauf war durch folgendes *standardisiertes Vorgehen* gekennzeichnet:

- Unmittelbar vor und nach jeder Einzelmusiktherapie wurde im Musiktherapieraum die Messung durchgeführt.
- Die Patienten erhielten einen Sensor, der für drei Minuten am linken Ringfinger befestigt wurde (alle Patienten sind Rechtshänder).
- Während der Untersuchung wurde nicht gesprochen. Alle Patienten konnten problemlos mit geschlossenen Augen eine entspannte Haltung im Sitzen (bequemer Fauteuil) einnehmen *(„Bitte schließen Sie die Augen")*.

Im Anschluss wurden die Daten im Programm VD im jeweiligen Patientenordner gespeichert.

Datenaufbereitung (Fixierung, Selegierung, Strukturierung)

Aufgrund der enormen Datenflut (Messeinheit jede Zehntel Sekunde) wurde in Absprache mit der klinischen Psychologin (Frau Mag. Pröglhöf) entschieden, nur jene Messergebnisse zu berücksichtigen, die im Abstand von einer Sekunde als zeitlich definierter Messpunkt aufgezeichnet waren. Die Datensammlung wurde zunächst in ein Excel-File übertragen, bevor diese in das SPSS-Programm übernommen wurden.

Nun wurden mithilfe der klinischen Psychologin die Prä- und Postmessungen hinsichtlich der Messdifferenzen innerhalb eines einzelnen Patienten verglichen. In erster Linie ging es um die Frage, ob sich ein signifikanter Unterschied zwischen Prä- und Postmessung zeigen würde. Da es sich um keine normal verteilten Messdaten handelt, wurde für die Berechnung keine Regressionsanalyse, sondern eine Varianzanalyse *(Factorial Repeated Measures ANOVA)* durchgeführt.

5.3.2 Ergebnisse der Vegetativen Diagnostik

Das Ergebnis kann folgendermaßen definiert werden: Im *Wilcoxon-Vorzeichentest* (siehe Grafik) zeigt sich bei allen vier Patienten im statistischen Signifikanztest zwischen den Prä- und Postmessungen kein Unterschied (SCLprä and SCLpost equals 0).

Im statistischen Signifikanztest wird geprüft, ob ein Unterschied zufällig entstanden sein könnte. Man akzeptiert in der Regel 1%, maximal 5%. Ist der Unterschied signifikant, so bedeutet das nicht, dass er praktisch klinische Bedeutung besitzt. Umgekehrt beweist ein Mangel an Signifikanz nicht, dass kein realer Unterschied besteht.

Hypothesis Test Summary

	Null Hypothesis	Test	Sig.	Descision
1	The median of differences between SCLprä and SCLpost equals 0.	Related-Samples Wilcoxon Signed Rank Test	,373	Retain the null hypothesis.

Asymptotic significances are displayed. The significance level is .05.

Abbildung 7: Hypothesis Test Summary

Ausgehend von einer Negativhypothese – „*Musiktherapie ist für traumatisierte Patienten ungeeignet, da Musik triggern und somit Retraumatisierung bewirken kann*" – kann das Ergebnis folgendermaßen interpretiert werden: „*Traumaadaptierte Musiktherapie verursacht kein zusätzliches Stressverhalten bei traumatisierten Patienten.*"

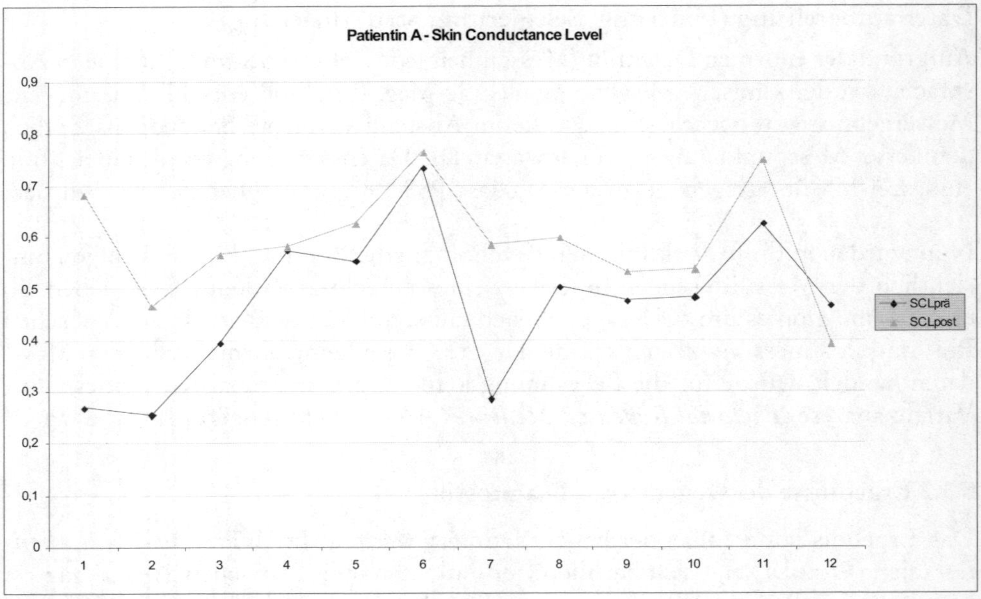

Abbildung 8: Skin Conductance Level Patientin A

Der Mittelwertsvergleich zeigt, dass sich die Werte der SCL nur gering unterscheiden. Dies kann als ein Hinweis angesehen werden, dass auf der vegetativen Ebene durch traumaadaptierte Musiktherapie keine signifikant höhere Anspannung entsteht.

In 10 von 12 Messungen ist der Hautleitwert (HLW/SCL) nach den Einzelmusiktherapie-Sitzungen erhöht, in der 4. Stunde gleich bleibend, in der 12. Stunde erniedrigt. Die höchsten Post-Messpunkte zeigen sich in der 1., 6. und 11. Stunde. Inhaltlich betrachtet steht in der 1. Stunde Frau A's Stress- und Leistungsdruck im Vordergrund, sie verlässt vorzeitig den Raum. In dem in der 4. Stunde gleichgebliebenen Wert wird der Patientin durch die Anwendung musikalischer Kontrollmöglichkeiten ein entspanntes Weggehen möglich. Die 6. Stunde ist anfänglich durch das Erzählen traumatischer Erinnerungen gekennzeichnet. Bereits der Prä-Messwert zeigt einen deutlichen Anstieg. Die daraufhin erfolgte Imaginationsübung *der innere sichere Ort* + musikalische Verankerung wirkte auf die Patientin subjektiv gut. Der dennoch überdurchschnittlich erhöhte Hautleitwert, lässt auf die körperliche musikalische Aktivität, verbunden mit einer positiven Erregung schließen. In der 11. Stunde findet in Form eines musikalisch szenischen Rollenspiels *dosierte* Traumabearbeitung statt. Die 12. und letzte Stunde zeigt den einzig erniedrigten Wert in der Postmessung. Hier gelingt der Patientin mit Hilfe der traumaadaptierten musiktherapeutischen Technik *das innere Orchester* eine eindrucksvolle Darstellung ihrer ressourcenvollen und schwierigen Anteile, die auf vermehrte psychische Stabilität hinweisen.

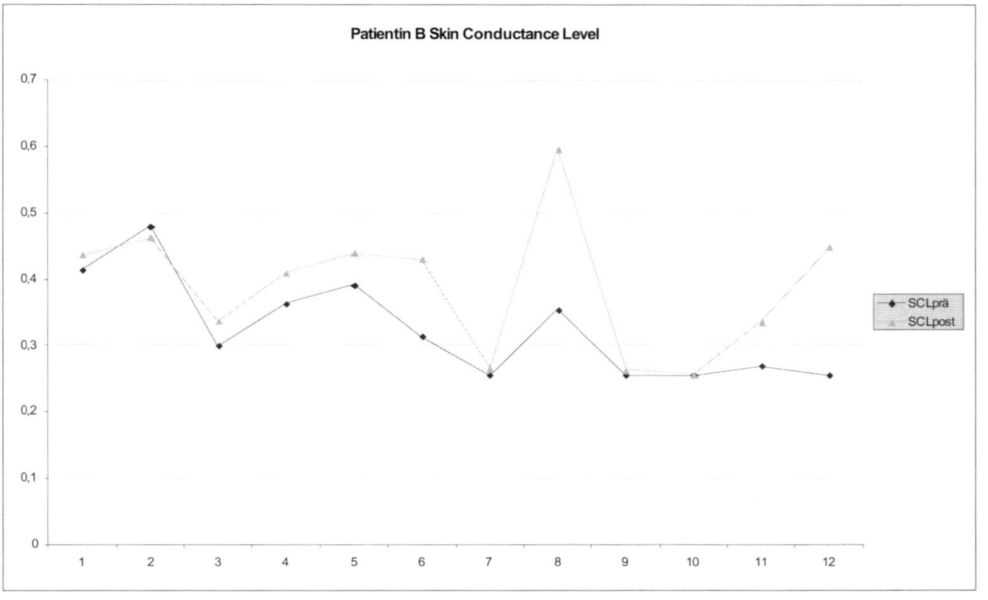

Abbildung 9: Skin Conductance Level Patientin B

Der Mittelwertsvergleich zeigt, dass sich die Werte der SCL nur gering unterscheiden. Dies kann als ein Hinweis angesehen werden, dass auf der vegetativen Ebene durch traumadaptierte Musiktherapie keine signifikant höhere Anspannung entsteht.

In 8 von 12 Postmessungen ist der Hautleitwert (HLW/SCL) erhöht, in der 7., 9., und 10. Stunde gleich bleibend und in der 2. Stunde minimal erniedrigt. Der Anstieg der Postmessungen in der 8., 11. und 12. Stunde lässt sich insgesamt als positive Erregung interpretieren. Die Patientin zeigt sich in der 8. Stunde körperlich-musikalisch aktiv – sie tanzt und singt zu Musik vom Tonträger. Auch ihre subjektive Befindlichkeit weist mit SUC 10 (a. a. O.) den höchst möglichen Wert auf. In der 11. Stunde erlebt die Patientin die Imaginationsübung *Der schöne Morgen* kombiniert mit Wohlfühlmusik ebenfalls als positiv. In der 12. und letzten Stunde gelingt der Patientin im Rahmen einer erstmals freien Improvisation ein gutes Maß an Dosierung an der Oceandrum.

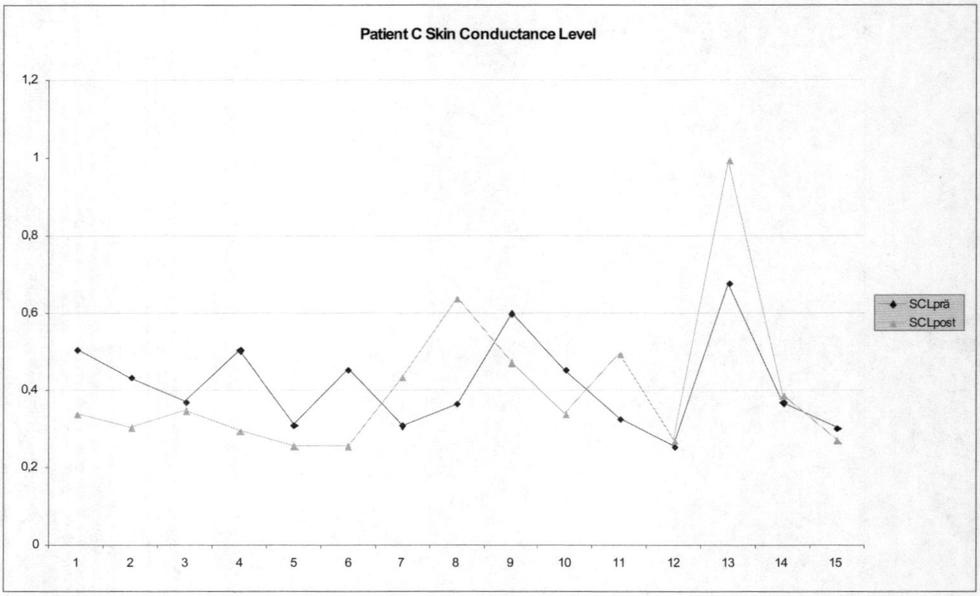

Abbildung 10: Skin Concuctance Level Patient C

Der Mittelwertsvergleich zeigt, dass sich die Werte der SCL nur gering unterscheiden. Dies kann als ein Hinweis angesehen werden, dass auf der vegetativen Ebene durch traumaadaptierte Musiktherapie keine signifikante Anspannung bzw. Entspannung entsteht.

In 8 von 15 Messungen ist der Hautleitwert (HLW/SCL) nach den Einzelmusiktherapie-Sitzungen erniedrigt, in 4 Messungen erhöht und in 3 Messungen gleich bleibend. Inhaltlich betrachtet zeigt sich in den erniedrigten Postmessungen das Kontroll- und Sicherheitsgefühl des Patienten, das sich als Entspannung interpretieren lässt. In der 13. Stunde zeigt sich die höchste Postmessung als negative Erregung bzw. Anspannung. Patient C spricht über sein erlittenes Unrecht durch zahlreiche Demütigungen und gewaltsamen Übergriffe mit den daraus resultierenden Gefühlen der Ohnmacht, der Hilflosigkeit und des Vertrauensverlustes in die Menschen.

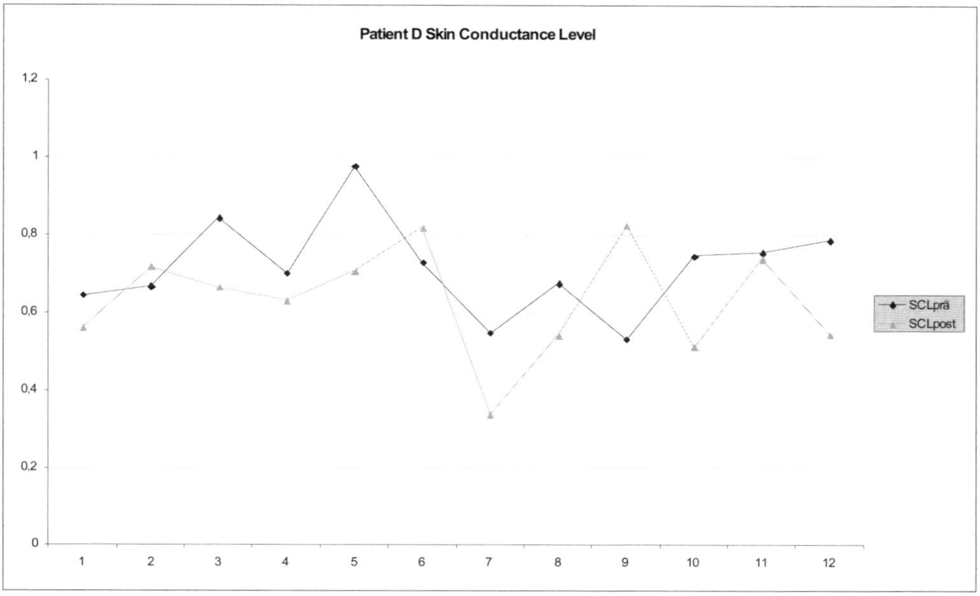

Abbildung 11: Skin Concuctance Level Patient D

Der Mittelwertsvergleich zeigt, dass sich die Werte der SCL nur gering unterscheiden. Dies kann als ein Hinweis angesehen werden, dass auf der vegetativen Ebene durch traumaadaptierte Musiktherapie keine signifikant höhere Anspannung bzw. Entspannung entsteht.

In 8 von 12 Messungen ist der Hautleitwert (HLW/SCL) nach den Einzelmusiktherapie-Sitzungen erniedrigt, in 3 Messungen erhöht und in 1 Messung gleich bleibend. In den gesamten Messungen zeigt sich mit Ausnahme der 9. Stunde auf der inhaltlichen Ebene kein einheitlicher Verlauf, der als typische Anspannung bzw. Entspannung interpretiert werden könnte. Der niedrigste Wert der Postmessung zeigt sich überraschenderweise in der 7. Stunde, in welcher sich das therapeutische Beziehungsgeschehen als besonders schwierig erweist. Der höchste Wert der Postmessung in der 9. Stunde lässt sich aufgrund der geschilderten jahrelangen Alpträume vermuten.

5.3.3 SUC- und SUD-Skalen

Die eigens entwickelte Skala (siehe Grafiken) wurde zur Einschätzung der momentanen subjektiven Befindlichkeit vor und nach jeder Musiktherapieeinheit angewendet (vgl. Lehmann, 2008; Besser, 2006). Die Verwendung der Skalen hat sich bei traumatisierten Patienten bewährt. Durch die Nennung eines Zahlenwertes wird das Risiko einer möglichen Affektüberflutung durch Beschreibung der momentanen Befindlichkeit deutlich reduziert. Allerdings gilt es zu betonen, dass bei Selbsteinschätzungstests das Antwortverhalten in Richtung sozialer Erwünschtheit tendiert.

Die SUC-Skala (Subjective Unit of Comfort) zeigt den eingetragenen Wert der positiven Befindlichkeit:
0 = neutral;
1 bis plus 10 = gering positive bis zur höchstmöglichen positiven Befindlichkeit.

Die SUD-Skala (Subjektive Unit of Discomfort) zeigt den eingetragenen Wert der negativen Befindlichkeit: 0 = neutral;
1 bis minus 10 = gering negative bis zur höchstmöglichen negativen Befindlichkeit.

Drei von vier Patienten (A, B und C) zeigten sich hinsichtlich des Angebots damit einverstanden. Sie wurden gebeten, den Befindlichkeitswert möglichst spontan zu nennen, das für diese Patienten einfach umsetzbar war. Die Nennung des abstrakten Wertes wurde als angenehm und entlastend erlebt. Patient D empfand dieses Angebot als nicht sinnvoll und hilfreich und es wurde von ihm auch nicht versucht.

5.3.4 Ergebnisse aus den SUC- und SUD-Skalen

Wie aus den Grafiken ersichtlich, ist bei den Patienten A, B und C ein deutlicher Anstieg des subjektiven Wohlgefühls nach den Therapieeinheiten erkennbar.

Patientin A:

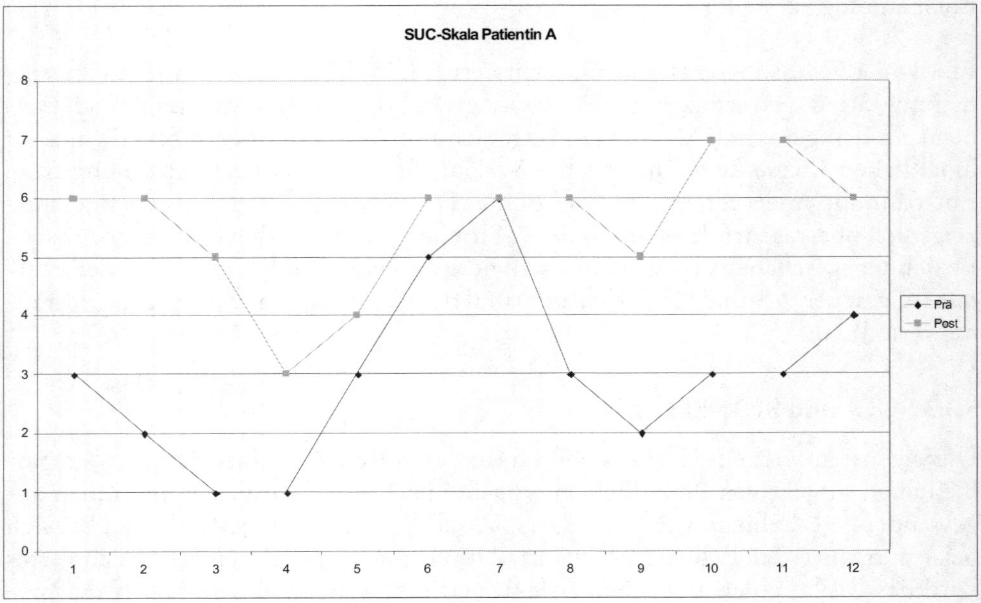

Abbildung 12: SUC-Skala Patientin A

Alle Eintragungen befinden sich ausschließlich auf der SUC-Skala. In 11 von 12 Therapieeinheiten sind die Einträge der Postmessungen für die subjektive Befindlichkeit meist deutlich höher, in einer Therapieeinheit ist der Wert gleich geblieben.

Patientin B:

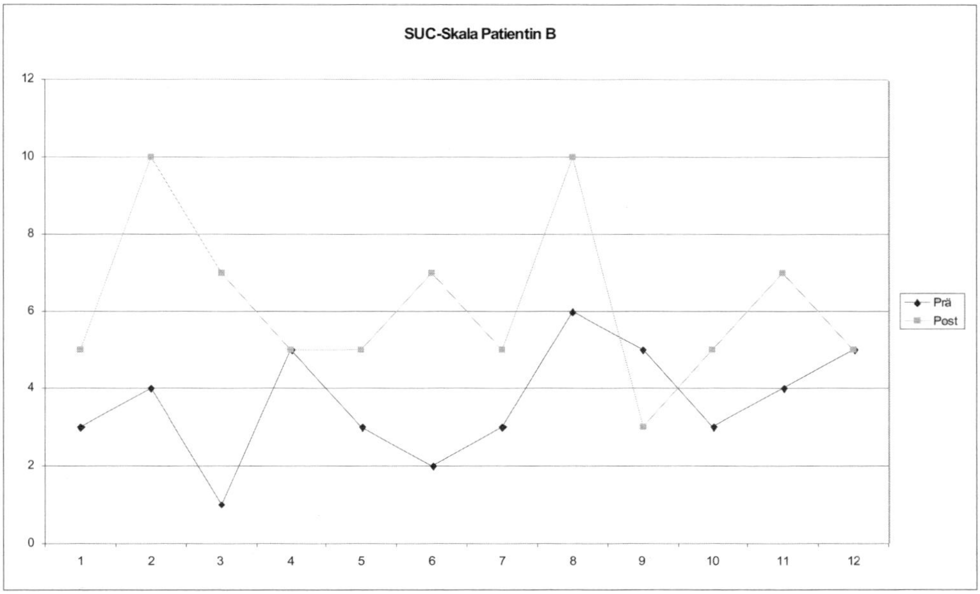

Abbildung 13: SUC-Skala Patientin B

Alle Eintragungen befinden sich ausschließlich auf der SUC-Skala. In 9 von 12 Therapieeinheiten sind die Einträge der Postmessungen für die subjektive Befindlichkeit deutlich höher, in zwei Therapieeinheiten ist der Wert gleich geblieben, in einer Therapieeinheit verringerte sich die positive Befindlichkeit.

Patient C:

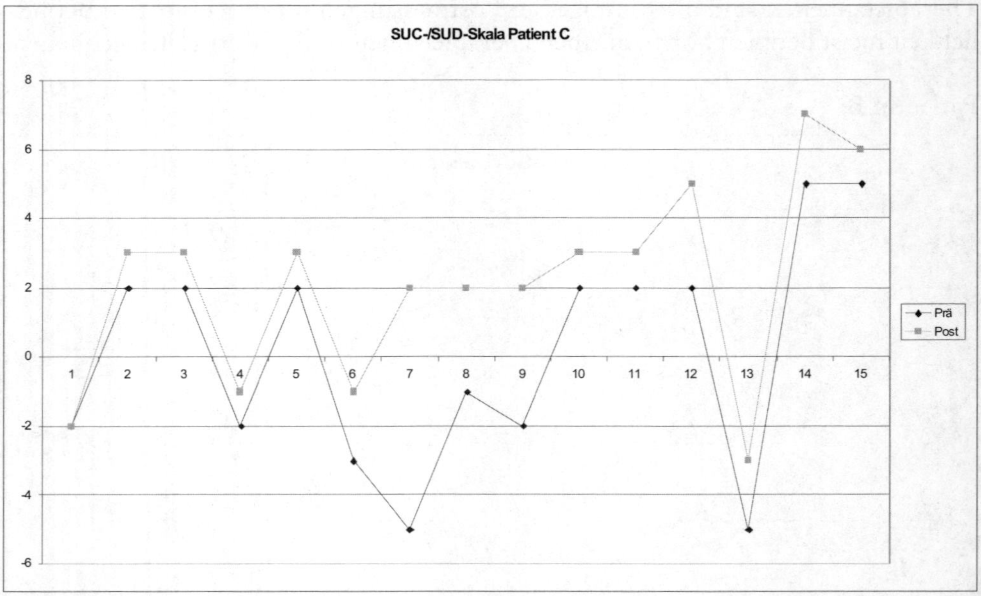

Abbildung 14: SUC-/SUD-Skala Patient C

8 Prä- und 11 Postmessungen von 15 Therapieeinheiten befinden sich auf der SUC-Skala. In der 1. Therapieeinheit ist der Wert auf der SUD-Skala gleichgeblieben. 14 Postmessungen sind für die subjektive Befindlichkeit erhöht.

5.3.5 Die Symptomcheckliste SCL-90R

Die Symptomcheckliste SCL-90-R von L. R. Derogatis (Franke, 2002) ist ein psychodiagnostisches Verfahren, das die subjektiv empfundene Beeinträchtigung durch psychische und somatische Symptome einer Person innerhalb der letzten sieben Tage misst. Das Instrument wird im psychologischen, psychotherapeutischen, psychiatrischen und medizinischen Kontext für Jugendliche ab 12 Jahre und für Erwachsene eingesetzt. In der psychiatrischen Abteilung, in der die Studie durchgeführt wurde, wird die SCL-90-R häufig verwendet. Die SCL-90-R eignet sich besonders für Verlaufsbeschreibungen, wie in diesem Fall für Prä- und Post-Messungen von den vier Einzelmusiktherapieverläufen.

Die SCL-90-R fokussiert die aktuelle Befindlichkeit und berücksichtigt somit eine breite Palette vorhandener Symptome. Sie zeigt hier eine Momentaufnahme der Untersuchungspersonen vor und nach dem musiktherapeutischen Prozess auf. Die gewonnenen Antworten zeigen bestimmte Aspekte der subjektiven Befindlichkeit deutlicher als durch direktes Nachfragen, das möglicherweise von traumatisierten Patienten als Zumutung erlebt werden kann.

Nachdem bei den Untersuchungspersonen bereits im Vorfeld eine sorgfältige diagnostische Klärung stattgefunden hatte, in der traumatische Lebensereignisse und spezifische Traumafolgesymptome erhoben werden konnten, wurde die SCL-90-R als objektives und quantitatives Messinstrument gewählt, das die gewonnenen Werte aus der qualitativen Untersuchung ergänzen soll.

Die Untersuchungspersonen empfanden die Skala zur Selbstbeurteilung auch aufgrund der geringen Bearbeitungsdauer von ca. fünfzehn Minuten als nicht belastend (ausgenommen Patient D, welcher von vorneherein ablehnte).

Der Einsatz der SCL-90-R bei PTSD:

Zur Feststellung von psychischen Belastungen und zur Erfassung des Erfolgs von Traumabehandlungen findet die SCL-90-R bzw. deren Kurzversionen oder einzelne Skalen wie Depressivität (DEPR) und Ängstlichkeit (ANGS) häufig Anwendung. Franke erwähnt diesbezüglich zahlreiche Untersuchungen von Personengruppen mit PTSD aufgrund von direkten Gewalterfahrungen, Katastrophen und Unfällen, Kriegstraumatisierungen und politisch begründeten Gefängnisaufenthalten. Ebenso wird die SCL-90-R bei traumatisierten Soldaten, Personen mit schweren Verbrennungen sowie sexuellem Missbrauch, Gewalt und sekundären Traumatisierungen angewendet (Franke, 2002, S. 99ff.).

Normen (Repräsentativerhebung aus dem Jahr 2001):

Die Normwerte der SCL-90-R stellen sich anhand zweier Stichproben nach Geschlecht und Alter getrennte Normwerte für deutschsprachige Jugendliche und Erwachsene sowie anhand von 800 Studierenden wie folgt dar: Die Stichprobe der Jugendlichen ist mit n=857 (12–14, 15–17 Jahre) und Erwachsenen mit n=2141 (18–29, 30–39, 40–49, 50–59, 60–69, >=70 Jahre) ausreichend repräsentativ (Franke, 2002, S. 4).

Gütekriterien:

Objektivität: Die Durchführungs-, Auswertungs- und Interpretationsobjektivität gilt hinsichtlich der schriftlichen Anweisung, der einfachen Auswertung und der eindeutigen Interpretation als gewährleistet.

Die Reliabilität betreffend liegen gute Koeffizienten für die interne Konsistenz der neun Subskalen, eine gute Testwiederholungsreliabilität (Intervall: eine Woche) der Skalen sowie eine gute Reliabilität der Skalendifferenz vor.

Gültigkeit: Die Ergebnisse von Experteninterviews und Patientenbefragungen bescheinigen die Augenscheinvalidität der SCL-90-R. „Befunde zur konvergenten, diskriminanten und differenziellen Validität liegen vor […]“ (ebd.).

Beschreibung der Skalen

Im Folgenden werden die einzelnen Skalen zur Selbstbeurteilung der Beschwerden verkürzt dargestellt (Franke, 2002). Neun Subskalen zu den Symptomkomplexen *Somatisierung, Zwanghaftigkeit, Unsicherheit im Sozialkontakt, Depressivität, Ängstlichkeit, Aggressivität/Feindseligkeit, Phobische Angst, Paranoides Denken* und *Psychotizismus* enthalten 90 Items. Diese werden von der Untersuchungsperson auf einen von fünf Ausprägungsgraden (Likert-Skala) beantwortet: überhaupt nicht (0), ein wenig (1), ziemlich (2), stark (3), sehr stark (4).

Skala 1: Somatisierung

In Skala 1 umfassen 12 Items einfache körperliche Belastungen bis hin zu funktionellen Störungen. Skala 1 fokussiert auf Distress, beispielsweise wahrgenommene, körperliche Dysfunktionen, etwa kardiovaskulärer, gastrointestinaler oder respiratorischer Natur sowie Schmerzen in der Grobmuskulatur. Zusätzlich gelten somatische Angstkomponenten als Definitionskriterien. Die Symptome können sowohl Störungen funktioneller Ätiologie als auch tatsächliche körperliche Störungen widerspiegeln. Patienten mit hohen Werten leiden u. a. an Muskel-, Kopf-, oder Kreuzschmerzen, Übelkeit, Atemproblemen, Hitzewallungen, Kälteschauer, Taubheit oder Kribbeln oder Schwächegefühl einzelner Körperteile, Schweregefühl in Armen und Beinen, oder dem Gefühl, einen Kloß im Hals zu haben.

Skala 2: Zwanghaftigkeit

In Skala 2 umfassen 10 Items leichte Konzentrationsstörungen bis hin zu ausgeprägter Zwanghaftigkeit. Jene Symptome, die mit dem klinischen Syndrom der Zwanghaftigkeit zusammenhängen wie Gedanken, Handlungen und Impulse, werden in Skala 2 berücksichtigt. Patienten mit hohen Werten leiden u. a. unter dem Zwang, ständig nachzukontrollieren, an sich wiederholenden, auftauchenden und unangenehmen Gedanken, Entscheidungsschwierigkeiten, Konzentrationsschwierigkeiten sowie zwanghafter Wiederholung von denselben Tätigkeiten.

Skala 3: Unsicherheit im Sozialkontakt

In Skala 3 umfassen 9 Items leichte soziale Unsicherheit bis hin zum Gefühl völliger Unzulänglichkeit und Minderwertigkeit v. a. im Vergleich und im Umgang mit anderen. Patienten mit hohen Werten leiden u. a. unter akuter Selbstunsicherheit, Unbeholfenheit, Schüchternheit, Verletzlichkeit, dem Gefühl, von anderen nicht verstanden zu werden, starke Befangenheit und dem unbehaglichen Gefühl, wenn Leute die Betroffenen beobachten oder über sie reden.

Skala 4: Depressivität

In Skala 4 umfassen 13 Items das Gefühl von Traurigkeit bis hin zu schweren Depressionen. Patienten mit hohen Werten fühlen sich energielos, leiden u. a. unter

Verlangsamung im Denken, unter Selbstvorwürfen, Einsamkeitsgefühlen, Interesselosigkeit, Wertlosigkeit und Hoffnungslosigkeit.

Skala 5: Ängstlichkeit

In Skala 5 umfassen 10 Items körperlich spürbare Nervosität bis hin zu tiefer Angst. Der Fokus liegt auf der manifesten Angst, einhergehend mit Nervosität, Anspannung, Schreckgefühlen und Panikattacken. Somatische Korrelate der Angst, Furcht und Besorgnis umfassen die kognitiven Elemente. Patienten mit hohen Werten leiden u. a. unter grundlosem und plötzlichem Erschrecken, Furcht, Herzjagen, Panikanfällen, starker Unruhe und unter dem Gefühl, dass etwas Schreckliches passieren könnte sowie Gedanken und Vorstellungen, die Schreck erregend sind.

Skala 6: Aggressivität/Feindseligkeit

In Skala 6 umfassen 6 Items die Aspekte von Reizbarkeit bis hin zur starken Aggressivität einhergehend mit Feindseligkeit. Die Items beziehen sich auf Gefühle, Gedanken oder Handlungen für die negativen Gefühlszustände von Ärger, Aggression, Zorn, Verstimmung und Irritierbarkeit, denen gegenüber sie machtlos sind. Patienten mit hohen Werten leiden u. a. unter Gefühlsausbrüchen, der Neigung, in Auseinandersetzungen zu geraten, und dem Drang zu destruktivem Verhalten wie etwa Dinge zu zerbrechen, mit Gegenständen zu werfen oder laut zu schreien.

Skala 7: Phobische Angst

In Skala 7 umfassen 7 Items leichte Gefühle von Bedrohung bis hin zur massiven phobischen Angst. Eine andauernde und unangemessene Furcht vor bestimmten Personen, Situationen, Objekten und Plätzen führen zu Vermeidungs- bzw. Fluchtverhalten. Die Items fokussieren die Manifestation des phobischen Verhaltens im Sinne der Definition der Agoraphobie. Patienten mit hohen Werten leiden demnach unter Furcht vor offenen Plätzen, Fahrten mit öffentlichen Verkehrsmitteln sowie unter Furcht vor großen Menschenansammlungen und unter der Furcht, in der Öffentlichkeit in Ohnmacht zu fallen.

Skala 8: Paranoides Denken

In Skala 7 umfassen 6 Items Misstrauen und Minderwertigkeitsgefühle bis hin zu paranoidem Denken. Paranoides Verhalten wird hier grundsätzlich als Denkstörung verstanden. Patienten mit hohen Werten leiden u. a. unter dem Gefühl, anderen Menschen nicht trauen zu können, von anderen beobachtet zu werden, mangelnder Anerkennung durch andere und dem Gefühl, dass die Betroffenen durch andere ausgenutzt werden könnten.

Skala 9: Psychotizismus

In Skala 9 umfassen 10 Items das Gefühl von Isolation und Entfremdung bis hin zu psychotischen Episoden, d. h. von isoliertem und verzerrtem Lebensstil bis hin zu Primärsymptomen der Schizophrenie wie etwa Gedankenzerfall und Halluzinationen. Patienten mit hohen Werten leiden u. a. unter Ideen, dass andere Macht über ihre Gedanken haben, dass ihre Gedanken nicht die eigenen sind, sie für ihre Sünden bestraft werden sollen und ihr Körper oder ihr Verstand nicht in Ordnung ist (Franke, 2002, S. 15ff.).

Globale Kennwerte:

Die drei globalen Kennwerte enthalten sieben Zusatzitems, die keiner Skala zugeordnet sind. Sie geben Auskunft über das Antwortverhalten der Untersuchungsperson bei allen Items.

> „Der GSI (*Global Severity Index*) misst die grundsätzliche psychische Belastung, der PSDI (*Positive Symptom Distress Index*) die Intensität der Antworten und der PST (*Positive Symptom Total*) gibt Auskunft über die Anzahl der Symptome, bei denen eine Belastung vorliegt“ (Franke, 2002, S. 19).

Auswertung:

Die SCL-90-R wird manuell ausgewertet, indem die einzelnen Items den Skalen zugeordnet werden. Das statistische Auswertungsblatt stellt sich als Strukturhilfe wie folgt dar:

Skala	Itemnummer	Itemzahl
SOMA	1,4,12, 27, 40, 42, 48, 49, 52, 53, 56, 58	12
ZWANG	3, 9, 10, 28, 38, 45, 46, 51, 55, 65	10
UNSI	6, 21, 34, 36, 37, 41, 61, 69, 73	9
DEPR	5, 14, 15, 20, 22, 26, 29, 30, 31, 32, 54, 71, 79	13
ANGS	2, 17, 23, 33, 39, 57, 72, 78, 80, 86	10
AGGR	11, 24, 63, 67, 74, 81	6
PHOB	13, 25, 47, 50, 70, 75, 82	7
PARA	8, 18, 43, 68, 76, 83	6
PSYC	7, 16, 35, 62, 77, 84, 85, 87, 88, 90	10

Tabelle 20: Statistisches Auswertungsblatt der SCL-90-R

Für jede der neun Skalen *n* sind drei Werte zu bestimmen:

- Summenwert je Skala S
- Skalenwert G
- Belastungstendenz P*n*

Die genannten Kennwerte werden folgendermaßen berechnet:
Sn = Summe der Itemwerte von Skala n
Gn = Sn Anzahl der Items von Skala n
Pn = Anzahl Items von Skala n mit einem Itemwert größer Null

Die Items werden summiert zu S10 und der Belastungstendenz P10. Einen Skalenwert gibt es für die Zusatzitems nicht, da sie keine eigenständige Skala bilden und nur Zusatzinformationen liefern.

Berechnung der drei globalen Kennwerte:

Zur Berechnung der drei globalen Kennwerte GSI, PST, PSDI bildet man zunächst die Summenwerte S1 bis S10 und summiert diese zu GS-Wert.
GS = Summe der Summenwerte S1–S10
GSI = GS (90)
PST = Summe der Belastungstendenzen P1–P10
PSDI = GS PST

Auswertungsschema:

Drei Auswertungsschablonen liegen dem Test bei, mit diesem ist eine schnelle händische Auswertung möglich. Man überträgt die einzelnen Zahlenwerte für die jeweiligen Antworten des/der Testausfüllenden in das nach Skalenzugehörigkeit geordnete Auswertungsblatt. Nach dem Durcharbeiten bildet man in der linken Spalte die Summenwerte für jede Skala. Jeder Summenwert wird durch die Anzahl der Items geteilt und ergibt den Skalenwert. Für die Zusatzitems entfallen die Division der Items und die Bildung des Skalenwertes. Weiterhin werden die Items pro Skala welcher >0 sind aufsummiert, ebenso wird dies bei den Zusatzitems getan. Die zehn Summenwerte werden durch 90 geteilt, um den GSI zu erhalten. Die Items größer Null werden aufsummiert, um den PST zu bestimmen. Die zehn Summenwerte geteilt durch den PST ergeben den PSDI.

Fehlende Antworten:

Das Verfahren ist auch mit fehlendem Wert auswertbar, allerdings muss in diesem Fall der jeweilige Divisor pro Skala reduziert werden. Wurde beispielsweise auf der Skala Zwanghaftigkeit zwei Werte nicht angekreuzt, so dividiert man den Summenwert nicht durch zehn sondern durch acht (10-2=8). Bei der Berechnung des GSI setzt sich dies fort, im angeführten Beispiel wird also nicht durch 90 sondern durch 88 geteilt. Die Berechnung der Globalwerte PSDI und PST sind nicht direkt durch die missing-data betroffen. Allerdings sollte bei der Interpretation dieser Werte vorsichtig vorgegangen werden.

Skala	Maximalgrenze fehlender Werte
1. Somatisierung	4
2. Zwanghaftigkeit	3
3. Unsicherheit im Sozialkontakt	3
4. Depressivität	4
5. Ängstlichkeit	3
6. Aggressivität/Feindseligkeit	1
7. Phobische Angst	2
8. Paranoides Denken	1
9. Psychotizismus	3
GSI (insgesamt)	18

Tabelle 21: Maximalgrenzen von Missings in der SCL-90-R

Liegen wenige (d. h. weniger als 19) fehlende Daten vor, und sind diese zufällig verteilt, ist Interpretation durchaus statthaft. Liegen allerdings viele und systematische fehlende Daten vor, sollte auf eine Auswertung verzichtet werden.

Bestimmung von standardisierten Rohwerten:

Transformation der Rohdaten in T-Werte

Die einzelfallbezogene Auswertung führt zu Rohwerten, deren Aussagekraft beschränkt ist. Die Transformation in T-Werte ermöglicht eine Einordnung des Einzelfalls in Bezug auf allfällige Abweichungen vom Durchschnitt.

In den Normtabellen befindet sich in der linken Spalte der Skalensummwert, in der nächsten Spalte befindet sich der Mittelwert und die weiteren Spalten weisen die jeweiligen T-Werte aus. Die T-Werte können auf das grafische Auswertungsblatt übertragen werden, welches eine Betrachtung der Werte im Prozentrang ermöglicht. Über T=80 werden keine weiteren T-Werte berechnet, da eine Nutzung der T-Skala über drei Standardabweichungen der üblichen Nutzung entspricht. Bei T-Werten zwischen 40 und 60 kann nicht von klinischer Auffälligkeit gesprochen werden. Je höher der T-Wert ist desto höher die Auffälligkeit: 40–60 = Normbereich; 60–70 = deutlich erhöhte psychische Belastung; 70–80 = hohe bis sehr hohe psychische Belastung.

Das SCL-90-R-Profil

Das grafische Auswertungsblatt dient der Visualisierung der Testergebnisse für den/die Testauswertenden. Weiters können Verlaufsmessungen durch verschiedene Farbwahl auf einem Blatt zum besseren Vergleich visualisiert werden.

5.3.6 Ergebnisse aus der Symptomcheckliste SCL-90-R

Im Folgenden werden die Untersuchungsergebnisse der klinischen Psychologin aus dem Selbsteinschätzungsverfahren der SCL-90-R von den Patienten A, B und C dargestellt. Patient D lehnte das Selbsteinschätzungsverfahren ab, da er die Beantwortung der Fragen als zu belastend empfand.

Patientin A:

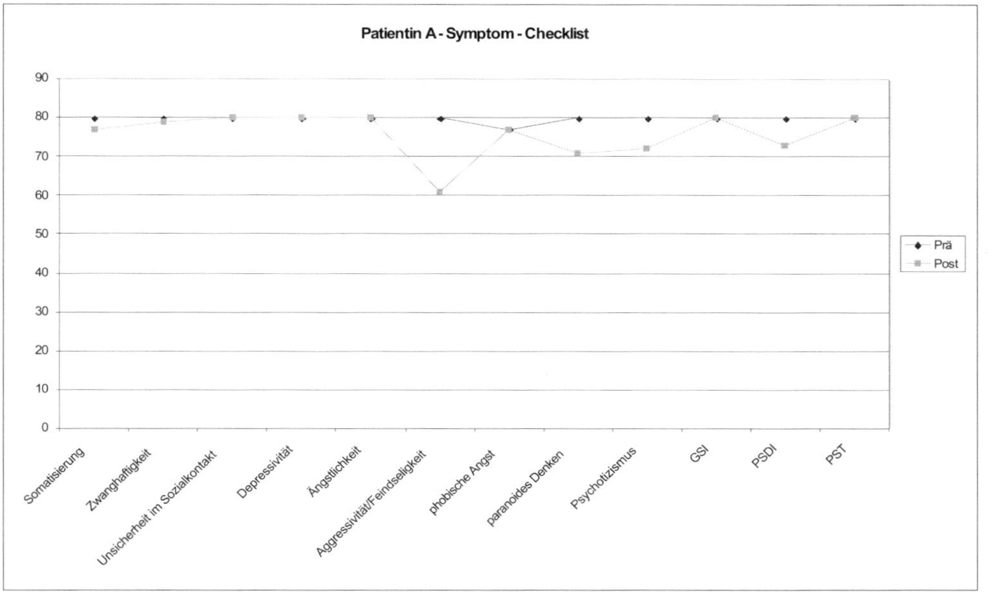

Abbildung 15: SCL-90-R Patientin A

Zum ersten Untersuchungszeitpunkt unmittelbar vor Beginn der Einzelmusiktherapie gibt Patientin A für den Zeitraum der letzten sieben Tage in allen erfassten Subskalen eine sehr hohe psychische Belastung an. T=80 bzw. T=77 in der Subskala *Phobische Angst*. Die grundsätzliche psychische Belastung (GSI) der Patientin ist sehr hoch. Auch die Intensität der Belastung (PSDI) wird von der Patientin als sehr hoch eingestuft, ebenso die Anzahl der Symptome, bei denen eine Belastung vorliegt (PST).

Zum zweiten Untersuchungszeitpunkt unmittelbar nach Beendigung der Einzelmusiktherapie nach 12 Therapieeinheiten zeigt sich ein deutlich differenzierteres Bild der psychischen Belastung der Patientin. Die gravierendsten Verbesserungen zeigen sich in den Bereichen der *Aggressivität/Feindseligkeit* (T=61) und *paranoides Denken* (T=71). Die Intensität der Belastung nahm ein wenig ab, liegt jedoch immer noch auf sehr hohem Niveau (PSDI: T=73).

Subskalen	T-Werte Prä	T-Werte Post
Somatisierung	80	77
Zwanghaftigkeit	80	79
Unsicherheit im Sozialkontakt	80	80
Depressivität	80	80
Ängstlichkeit	80	80
Aggressivität/Feindseligkeit	80	61
Phobische Angst	77	77
Paranoides Denken	80	71
Psychotizismus	80	72
GSI	80	80
PSDI	80	73
PST	80	80

Tabelle 22: Subskalen SCL-90-R Patientin A

Zusammenfassung:

Zu Therapiebeginn zeigte sich eine sehr hohe psychische Belastung in allen erfassten Bereichen. Bei der zweiten Untersuchung nach 12 Therapieeinheiten zeigte sich eine deutliche Verbesserung der Belastung im Bereich *Aggressivität/Feindseligkeit*, bei jedoch gleich bleibender globaler psychischer Belastung.

Patientin B:

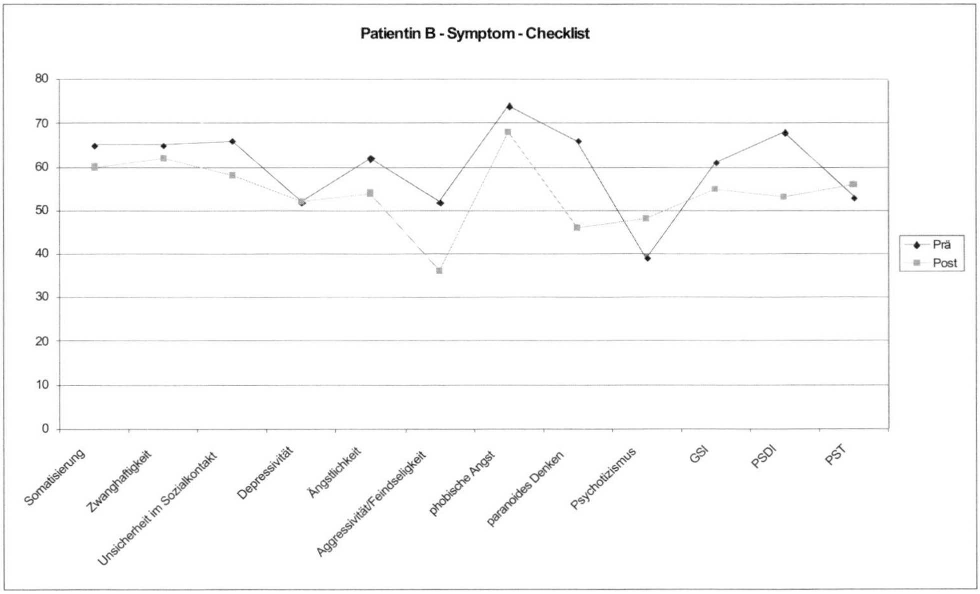

Abbildung 16: SCL-90-R Patientin B

Zum ersten Untersuchungszeitpunkt unmittelbar vor Beginn der Einzelmusiktherapie gibt Patientin B für den Zeitraum der letzten sieben Tage in den Bereichen *Somatisierung* (T=65), *Zwanghaftigkeit* (T=65) und *Unsicherheit im Sozialkontakt* (T=66) eine deutliche psychische Belastung an. Weiters zeichnet sie in den Skalen *Ängstlichkeit* (T=62) ebenfalls deutlich. Eine sehr hohe psychische Belastung zeigt sich bei ihr in der Skala *phobische Angst* (T=74).

Die grundsätzliche psychische Belastung (GSI) der Patientin ist deutlich erhöht (T=61). Auch die Intensität der Belastung (PSDI) wird von der Patientin als hoch eingestuft), wohingegen die Anzahl der Symptome, bei denen eine Belastung vorliegt (PST) im Normbereich liegen (T=53).

Zum zweiten Untersuchungszeitpunkt unmittelbar nach Beendigung der Einzelmusiktherapie nach 12 Therapieeinheiten zeigt sich ein deutlich verbessertes Bild der psychischen Belastung der Patientin. Die gravierendsten Verbesserungen zeigen sich in den Bereichen *Unsicherheit im Sozialkontakt* (T=58) und *Ängstlichkeit* (T=54). Auch in der Skala *Phobische Angst* kam es zu einer nennenswerten Verbesserung, wenn diese auch nach wie vor hoch blieb (T=68). In der Skala *paranoides Denken* zeigt sich die größte Veränderung im Vergleich zur Erstuntersuchung (T=46). Die Intensität der Belastung nahm wesentlich ab und lag zum Untersuchungszeitpunkt wieder im Normbereich (GSI: T=55), ebenso die Intensität der Belastung (PSDI: T=53).

Subskalen	T-Werte Prä	T-Werte Post
Somatisierung	65	60
Zwanghaftigkeit	65	62
Unsicherheit im Sozialkontakt	66	58
Depressivität	52	52
Ängstlichkeit	62	54
Aggressivität/Feindseligkeit	52	36
Phobische Angst	74	68
Paranoides Denken	66	46
Psychotizismus	39	48
GSI	61	55
PSDI	68	53
PST	53	56

Tabelle 23: Subskalen SCL-90-R Patientin B

Zusammenfassung:

Zu Therapiebeginn zeigte sich eine deutlich höhere psychische Belastung in beinahe allen Bereichen. Bei der zweiten Untersuchung nach 12 Therapieeinheiten zeigte sich eine deutliche Verbesserung der Belastung in den Bereichen *paranoides Denken, Ängstlichkeit* und *Unsicherheit im Sozialkontakt.* Zu einer leichten Verbesserung der psychischen Belastung kam es im Bereich *phobische Angst.* Die insgesamt psychische Belastung konnte deutlich verbessert werden.

Patient C:

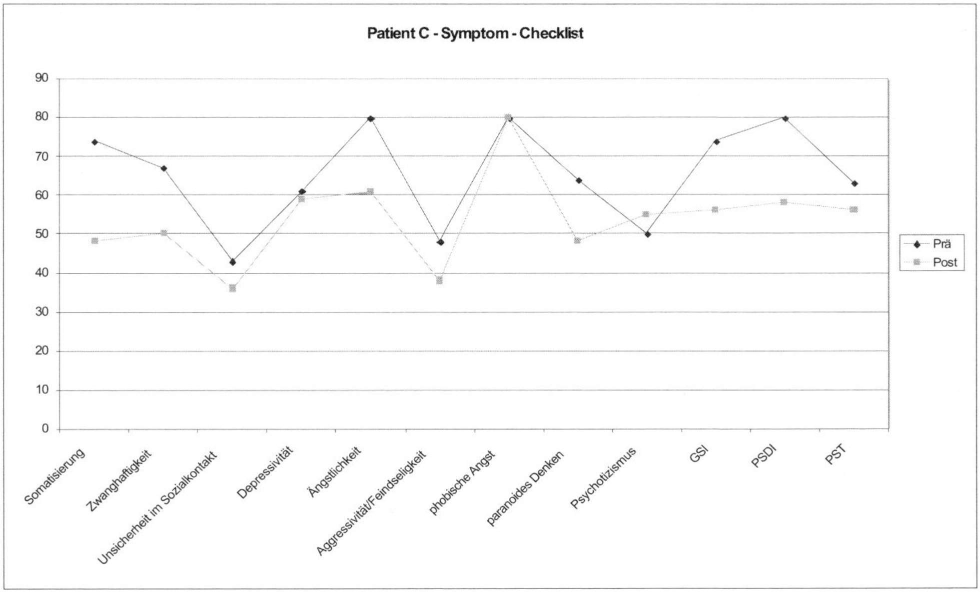

Abbildung 17: SCL-90-R Patient C

Zum ersten Untersuchungszeitpunkt unmittelbar vor Beginn der Einzelmusiktherapie gibt Patient C in den Bereichen *Somatisierung* (T=74) und *Ängstlichkeit* (T=80) sowie im Bereich *phobische Angst* (T=80) eine sehr hohe psychische Belastung an. Eine deutlich erhöhte psychische Belastung zeigt sich bei ihm in den Skalen der *Zwanghaftigkeit* (T=67), *Depressivität* (T=61) und *paranoides Denken* (T=64).

Die grundsätzlich psychische Belastung (GSI) des Patienten ist sehr hoch (T=74). Auch die Intensität der Belastung (PSDI) wird vom Patienten als sehr hoch eingestuft (T=80). Die Anzahl der Symptome, bei denen eine Belastung vorliegt (PST) ist deutlich erhöht (T=63).

Zum zweiten Untersuchungszeitpunkt unmittelbar nach Beendigung der Einzelmusiktherapie nach 15 Einheiten zeigt sich ein deutlich verbessertes Bild der psychischen Belastung. Die gravierendsten Verbesserungen zeigen sich in den Bereichen *Somatisierung* (T=48), *Zwanghaftigkeit* (T=50) und *Ängstlichkeit* (T=61). Auch in der Skala *Paranoides Denken* kam es zu einer wesentlichen Verbesserung (T=48). Zu einer leichten Verbesserung kam es in der Skala *Depressivität* (T=59). Die sehr hohe psychische Belastung durch *phobische Angst* blieb auch zum Zeitpunkt der zweiten Untersuchung gleich hoch (T=80).

Die Intensität der Belastung nahm wesentlich ab und lag zum zweiten Untersuchungszeitpunkt im Normbereich (GSI: T=56), ebenso die Intensität der Belastung (PSDI: T=58), was eine erhebliche Entlastung zeigt.

Subskalen	T-Werte Prä	T-Werte Post
Somatisierung	74	48
Zwanghaftigkeit	67	50
Unsicherheit im Sozialkontakt	43	36
Depressivität	61	59
Ängstlichkeit	80	61
Aggressivität/Feindseligkeit	48	38
Phobische Angst	80	80
Paranoides Denken	64	48
Psychotizismus	50	55
GSI	74	56
PSDI	80	58
PST	63	56

Tabelle 24: Subskalen SCL-90-R Patient C

Zusammenfassung:

Zu Therapiebeginn zeigte sich eine sehr hohe psychische Belastung in vielen Bereichen, insbesondere der *Somatisierung, Ängstlichkeit* und *phobischer Angst.* Bei der zweiten Untersuchung nach 15 Therapieeinheiten zeigte sich eine deutliche Verbesserung dieser Belastungen – außer im Bereich der phobischen Angst. Die insgesamt psychische Belastung konnte deutlich verbessert werden.

5.3.7 Beurteilung der quantitativen Messinstrumente

Dieser Abschnitt bezieht sich auf die in dieser Arbeit eingangs formulierten Fragestellungen hinsichtlich Veränderungen von Traumafolgestörungen auf der vegetativen, somatischen und psychischen Ebene, die mittels der Biofeedbackuntersuchung und den beschriebenen Selbsteinschätzungstests erhoben wurden.

Der Einsatz der Biofeedbackuntersuchung mit dem Ziel einer vegetativen Diagnostik kann rückblickend als begrenzt angesehen werden. Das geringfügige Ansteigen bzw. Absinken des Hautleitwertes musste immer im Kontext des jeweiligen Therapiegeschehens interpretiert werden und ließ nicht unmittelbar auf negative Anspannung durch höhere oder positive Entspannung durch niedrigere

Werte schließen. Nachdem sich bei allen Patienten im statistischen Signifikanztest zwischen Prä- und Postmessungen kein Unterschied zeigte, kann das Ergebnis insofern interpretiert werden, als dass traumaadaptierte Musiktherapie kein zusätzliches Stressverhalten induziert.

Die Verwendung der SUC- und SUD-Skalen für die Einschätzung der momentanen Befindlichkeit kann als sinnvoll angesehen werden, auch wenn davon ausgegangen werden muss, dass bei Selbsteinschätzungstests das Antwortverhalten in Richtung sozialer Erwünschtheit tendiert. Die Patienten A, B und C, die sich dafür zur Verfügung stellten, erlebten die Nennung eines Zahlenwertes am Beginn und am Ende der Therapiesitzung im Gegensatz zur verbalen Beschreibung als entlastend und konnten ihren Befindlichkeitswert spontan nennen. Mit einer einzigen Ausnahme (Patientin B, 9. Stunde) hat sich die subjektive Befindlichkeit bei den drei Patienten am Ende der jeweiligen Sitzung meist deutlich verbessert.

Die Symptomcheckliste SCL-90-R kann als psychodiagnostisches Verfahren, das die subjektive Beeinträchtigung psychischer und somatischer Symptome innerhalb der letzten sieben Tage misst, als sinnvoll angesehen werden. Die Untersuchungszeitpunkte wurden unmittelbar vor Beginn und unmittelbar nach dem Ende der Therapieverläufe fixiert. Die Ergebnisse bei den Patienten A, B und C, die sich für die Untersuchung zur Verfügung stellten, reichten zum 2. Untersuchungszeitpunkt von leichten, bis hin zu deutlichen Verbesserungen in einzelnen Symptomgruppen.

6. Zusammenfassung

Die vorliegende Arbeit befasst sich mit dem Konzept einer traumaadaptierten Musiktherapie mit traumatisierten Erwachsenen. Die Musiktherapie fand im Rahmen ambulanter sowie tagesklinisch psychiatrischer Behandlung statt. Die vier untersuchten erwachsenen Patienten im Alter zwischen 26–67 Jahren hatten schwere Traumata erlitten, die neben bzw. anstatt der spezifischen Traumafolgestörungen wie Intrusionen, Vermeidungsverhalten und Übererregung auch zu unterschiedlichen Störungsbildern führten, die komplexen bzw. chronischen Traumafolgestörungen entsprechen.

Drei der vier Patienten wurden erstmals musiktherapeutisch behandelt. Ausgehend von der Annahme, dass ein traumaadaptiertes musiktherapeutisches Behandlungskonzept für die Behandlung schwer traumatisierter Patienten erforderlich ist, war das Auffinden, Verstehen und Einordnen traumabedingter sowie musikbedingter Faktoren innerhalb der hier dargestellten Therapieverläufe vorrangiges Ziel dieser Arbeit. Aus der Fragestellung heraus, inwieweit klinisch relevante Traumafolgesymptome durch ein adaptiertes musiktherapeutisches Verfahren tatsächlich verändert bzw. reduziert werden können, wurden im Sinne der Mixed Methods Forschung zum qualitativen Ansatz auch quantitative Methoden gewählt, um objektive Ergebnisse zu gewährleisten.

Während der konzentrierten Auseinandersetzung mit empirisch fundierten Konzepten (Sack, 2010; Reddemann, 2008; Huber, 2006; Fischer & Riedesser, 2009) und dem Fallmaterial lag die Aufmerksamkeit auf typischen Beschwerdebildern, die sich als Traumafolgesymptome fassen lassen und auf typische musikalische Faktoren, die einen Beitrag leisten, das aufgrund der traumabedingten Symptomatik verlorene psychische Gleichgewicht wieder herzustellen.

Als qualitative Forschungsmethode wurde die qualitative Inhaltsanalyse gewählt, da mit ihr eine systematisch und intersubjektiv überprüfbare Textanalyse der Fallrekonstruktionen ermöglicht wurde. Die theoretische Gegenüberstellung von trauma- und musikbedingten Faktoren durch die Darstellung von Kategorienpaaren sollte auch einem modellhaften Verständnis dienen, um musiktherapeutische Strategien und Interventionen in der jeweiligen individuellen Situation der Patienten gezielt anzupassen und umzusetzen. Das hierfür entwickelte Kategoriensystem erwies sich als hilfreich und konnte der Forderung nach intersubjektiver Nachvollziehbarkeit Rechnung tragen. Dem Ziel der Forschungsmethode entsprechend, konnten übergeordnete Kategorien im Sinne einer deduktiven Kategorienanwendung vorweg gebildet und auf die Fallrekonstruktionen angewendet werden. Ebenso konnte aus dem Fallmaterial heraus ein neuer Kategorienbegriff im Sinne einer induktiven Kategorienbildung entwickelt werden. Für die Musiktherapeutin und Untersucherin bietet das entwickelte Kategoriensystem eine Erklärungs-, Interpretations-, und Reflexionshilfe der komplexen Traumafolgesymptomatik sowie der unterschiedlichen musikbedingten Faktoren, die innerhalb der Therapieprozesse sowohl spontan als auch durch gezielte therapeutische Interventionen auftauchen.

Die Kategorienpaare wurden zunächst inhaltlich erläutert und im nächsten Schritt in Tabellen in Form dichotomer Variablen (K 1.1.–K 10.2.) als trauma- und musikbedingte Faktoren festgehalten. Die Zuordnung der entsprechenden Textstellen aus den Fallrekonstruktionen wurde durch Expertinnen überprüft.

„Traumaassoziierte Angst" (K 1.1.) wird als Folge traumatischer Ereignisse, die mit extremer Angst und mit extremen Stressreaktionen einhergehen, verstanden. Sie führt zu Affektüberflutungen des Bewusstseins, das in weiterer Folge zu emotionaler Taubheit oder zu dissoziativem Verhalten führt. Weiters äußert sie sich durch Intrusionen, Vermeidungsverhalten und Übererregung. Bei zunehmender Generalisierung der Angst entwickelt sich als Reaktion sozialer Rückzug, depressive Problematik und Selbstwertproblematik.

„Entspannung" (K 1.2.) gilt als wichtigstes Therapieziel. Patienten, die keine Entspannung wollen, können durch induzierte Entspannungsmusik noch erregter werden. Die Angst vor Kontrollverlust, Ohnmacht und Hilflosigkeit wird noch intensiver erlebt. Entspannung kann dann stattfinden, wenn die Musik subjektiv angenehm empfunden bzw. gewünscht wird. Gewünschte musikalische Angebote regen häufig zur Selbstberuhigung und Entspannung an.

Das „Gefühl von Kontrollverlust" (K 2.1.) gilt als einer der Hauptwirkfaktoren nach einem psychischen Trauma. Kontrollverlustängste äußern sich durch Vermeidungsverhalten oder übertriebene Kontrolle. Das Bedürfnis nach Kontrolle ist als Teil des traumakompensatorischen Schemas zu verstehen und soll in der Therapie entsprechend gewürdigt werden.

„Musikalische Kontrollmöglichkeit" (K 2.2.) zeichnet sich durch das Erleben von Handlungsfähigkeit aus. In der selbstbestimmten musikalischen Gestaltung von Motiven, Strukturen, Dynamik und Formen können ausreichend Distanzierungs- und Dosierungsmöglichkeiten eingeräumt werden. Musiktherapie kann somit für die Patienten als sicherer Ort verstanden werden, an dem kontrolliert experimentiert werden darf.

„Ohnmacht und Hilflosigkeit" (K 3.1.) gehen häufig mit Lähmung und Starre einher. Verstummen und Nicht-Fühlen sind als Schutzmechanismen entwickelt worden, um die traumatische Erfahrung abzuspalten.

„Selbstwirksamkeit“ (K 3.2.) kann durch musikalisches Resonanzerleben einen Weg aus der Starre eröffnen. Musik wirkt auf sämtliche Sinneskanäle und somit körperlich. Patienten erleben durch Rhythmen, Klänge, Schwingungen und Vibrationen ein neues körperliches Spürbewusstsein, das Lebendigkeit und Gegenwärtigkeit erzeugt.

„Dissoziative Symptome“ (K 4.1.) führen zu einer Unterdrückung von emotionalen Reaktionen. Es ist der Versuch, eine unerträglich scheinende und stressreiche Situation zu verlassen, da für schwer traumatisierte Menschen jede neue Kontaktaufnahme eine Bedrohung bedeuten kann. Für diese Patienten hat die Verankerung in der Gegenwart als Gegenpol zu dissoziativen Reaktionen einen hohen Wert für Sicherheit und Stabilität.

„Präsentifikation“ (K 4.2.) kann durch Musik hergestellt werden, weil sie auf spezifische Weise neuronale Vernetzungen stimuliert und integriert. Dissoziative Zustände können aufgelöst werden, wenn es gelingt, mit der Aufmerksamkeit durch die Musik ganz ins ‚Hier und Jetzt‘ zu gelangen. Leitet man die Patienten dazu an, sich eine Weile nur auf die Klänge zu konzentrieren, führt dies häufig zu einer neuen Erfahrung von Wahrnehmung. Musik kann als musikalische Achtsamkeitsübung dann aus einer interessierten Distanz heraus beobachtet werden. Es kann ein Spielraum entstehen, in der alltägliche Gewohnheiten, wie etwa die Neigung zu dissoziieren oder zu vermeiden, außer Kraft gesetzt werden.

„Isolation und Misstrauen“ (K 5.1.) entsteht durch die Beziehungsstörung des chronisch Traumatisierten. Durch Menschen verursachte Gewalt zerstört das Urvertrauen. Im therapeutischen Beziehungsgeschehen werden Isolationsgefühle und Misstrauen dadurch verstärkt, wenn als Gegenübertragungsreaktion die Vermeidungshaltung im Vordergrund steht.

Die „Musikalische Beziehungsgestaltung“ (K 5.2.) zentriert sich um die Musik, die Beziehungsprozesse im Sinne sozialer Interaktion auslösen kann. Sie hat eine Bandbreite zahlreicher Kommunikationsmöglichkeiten, in der die Beziehung auch im Hinblick auf Selbstbestimmung spielerisch erprobt und gestaltet werden kann.

„Schuld- und Schamgefühle“ (K 6.1.) sind als normale Reaktionsmuster zu verstehen, die sich im Verlauf chronifiziert und generalisiert haben. In diesem Kontext haben die Gefühle mit starker Bindung an den Täter bzw. mit dem traumatisierenden System zu tun.

Das „Selbstwertgefühl“ (K 6.2.) zentriert sich in der Musik bei Selbstwertthemen, und wenn das gegenwärtige Wissen um die Nicht-Schuld ausreichend verankert werden kann. Sie ermöglicht ein nonverbales Ausdrücken des belastenden Geheimnisses und schafft somit einen Kontrast zu den destruktiven Wirkmechanismen des Traumas.

Das „Täterintrojekt“ (K 7.1.) lässt sich als Folge eines traumatischen Schuldgefühls, das einen Fremdkörper im Selbst hinterlässt, verstehen. Nachdem Täterintrojektion ebenfalls als Schutzmechanismus zu verstehen ist, werden Täterintrojekte, so lange sie nicht stören, zunächst nicht behandelt.

Das „Selbstobjekt“ (K 7.2.) bedeutet einen im Inneren wahrgenommener, idealisierter Anderer. Eine Wesenheit, welche i. S. v. Trost, Schutz und Würdigung nur gut ist. Musik hat Selbstobjektfunktion, weil sie mit dem Selbsterleben verschmelzen, und in ihrer Eigenschaft sowohl innen als auch außen wirksam werden kann.

Die „Traumabedingte Regression“ (K 8.1.) zeichnet sich dadurch aus, dass die Person über regressive Prozesse keine Kontrolle mehr hat und sie nicht aktiv rückgängig gemacht werden können. Es bedeutet, die damalige Beziehungserfahrung abzuspalten und die emotionalen Reaktionen zu aktivieren.

„Wachstumsfördernde Regression“ (K 8.2.) meint die Nutzung musikalisch regressiver Angebote, die als Kraft genutzt werden, um Entwicklungsprozesse in Gang zu setzen. Es gilt die Aktivierung von positiven, meist kreativen Fähigkeiten, die schon einmal da waren.

Die „Traumatische Übertragungsbeziehung“ (K 9.1.) bedeutet ein Übertragungsgeschehen, welches aufgrund von Erinnerungen an die Gewalterfahrung die Übertragungsbeziehung prägt. Unbewusste Inszenierungstendenzen tauchen entweder in Form von Angst und Unterwerfung oder in Form von Misstrauen, Isolation und Rückzug auf.

„Heilsame Übertragungsbeziehung“ (K 9.2.) zeichnet sich durch ein flexibles Pendeln zwischen Identifikation und Distanzierung innerhalb der therapeutischen Beziehungsarbeit aus. Musik ermöglicht ein flexibles Pendeln. Durch musikalisches Probehandeln im Wechsel zwischen verschiedenen Gestaltungsformen, zwischen beruhigenden und belastenden Emotionen, können angenehme, durch gute Lebenserfahrungen sowie diffuse Atmosphären zum Ausdruck gebracht werden. Musik wird als heilsames Übertragungsgeschehen genutzt, weil sie sowohl nonverbales Mitschwingen als auch spielerisches Abgrenzen ermöglicht, indem Empathie und Abstinenz miteinander verbunden werden, ohne sich in Täter-Opfer- bzw. Täter-Retter-Spaltungen zu verstricken.

„Traumatische Erinnerung“ (K 10.1.) meint die traumatischen Erfahrungen, die stärker als andere Erlebnisse emotional, sensorisch und nicht sprachlich kodiert werden. Die abgespaltenen Erinnerungsfragmente können in Form von intrusiven Symptomen in das Bewusstsein treten, und werden vom Patienten in einer ’Hier-und-Jetzt-Qualität’ erlebt.

„Symbolisierung“ (K 10.2.) wird erlangt, wenn die Musik als Brücke fungiert: Sie kann beitragen, sprachlich nicht kodierte Erfahrungen einem Symbolisierungsgeschehen zuzuführen. Situationen, die gerade für Traumatisierte noch nicht beim Namen genannt werden können, werden durch die musikalische Ausdrucksmöglichkeit auf symbolischer Ebene zugänglicher, indem traumatische Situationen durch die Musik exploriert und inszeniert und somit verarbeitet werden. Oftmals, auch ohne Deutungen, werden auf musikalischer Ebene komplexe und unbewusste Symbolisierungen von den Patienten leichter und besser verstanden. Dies zeigt sich häufig im Anschluss an die Musik in der verbalen Beschreibung des Erlebten. Versprachlichung geht dann einher mit anderen komplexen kortikalen Leistungen wie Bedeutungsgebung, kritisches Reflektieren, Vergleichen, Zeit- und Raumkodierung sowie eine nachträgliche Verarbeitung eines zuvor zeitlosen, nicht erreichbaren Geschehens.

Für die quantitative Forschung wurden drei unterschiedliche Messinstrumente zur Feststellung von Veränderungen klinisch relevanter Traumafolgesymptome herangezogen. Die vegetative Diagnostik mittels der Biofeedbackuntersuchung konnte auf der körperlichen Ebene bei allen vier Patienten aufzeigen, dass eine traumaadaptierte Musiktherapie kein zusätzliches Stressverhalten induziert. Die SUC- und SUC-Skalen zur Einschätzung der momentanen subjektiven Befindlichkeit zeigten bis auf eine einzige Sitzung in drei untersuchten Fällen (A, B und C) eine deutliche Verbesserung unmittelbar nach jeder Einzeltherapie. Das psychologische Testverfahren SCL-90-R zur Erfassung der subjektiven Beeinträchtigung psychischer und somatischer Symptome innerhalb der letzten sieben Tage zeigte zum 2. Untersuchungszeitpunkt in drei untersuchten Fällen (A, B und C) unterschiedliche Ergebnisse auf. Bei Patientin A zeigte sich keine Verbesserung im Sinne gleichbleibender globaler psychischer Belastung, jedoch eine deutliche Verbesserung im Bereich Aggressivität/Feindseligkeit. Bei Patientin B zeigte sich eine deutliche Verbesserung in den Bereichen paranoides Denken, Ängstlichkeit und Unsicherheit im Sozialkontakt, eine leichte Verbesserung im Bereich phobische Angst und eine insgesamt deutliche Verbesserung der psychischen Belastung. Bei Patient C zeigten sich keine Verbesserung im Bereich phobische Angst, jedoch deutliche Verbesserungen in den Bereichen Somatisierung und Ängstlichkeit sowie der insgesamt psychischen Belastung.

Im Hinblick auf die Untersuchungsergebnisse kann festgestellt werden, dass eine Behandlung komplex traumatisierter Patienten auf der Grundlage einer traumaadaptierten Musiktherapie sinnvoll ist. Weiterführende Musiktherapie-Forschungen stehen vor der Aufgabe, Langzeittherapieverläufe schwer traumatisierter Patienten auf den zu erwartenden Behandlungserfolg zu untersuchen. Ebenso gilt es, musiktherapeutische Möglichkeiten sowie entsprechende Untersuchungsmethoden für die Behandlung von akut traumatisierten Menschen zu entwickeln. Die Wirkung der bilateralen Stimulation der Hirnhemisphären durch beidhändiges Musizieren im Links-Rechts-Modus als aktive Methode sowie akustisches EMDR als rezeptive Methode könnte hinsichtlich Traumaverarbeitungsprozesse beforscht werden.

In der Arbeit wurde dargestellt, wodurch Menschen mit Traumafolgestörungen einen angstfreien Zugang zu ihren Ressourcen und zu ihren Bewältigungsstrategien mithilfe der Musik erlangen können. Auf der Basis einer tragfähigen therapeutischen Beziehung und unter Nutzung traumaadaptierter musiktherapeutischer Möglichkeiten kann die aktuelle Symptomatik mit den einhergehenden Bedürfnissen behandelt werden. Im Vordergrund der Settinggestaltung stehen erlebnis- und übezentrierte Ansätze, wobei auch psychodynamisches Geschehen berücksichtigt wird. Durch die aktive Teilnahme können die Erfahrungen von Selbstbestimmtheit wirksam werden. Aber auch sorgfältig ausgewählte rezeptive Angebote tragen letztlich zur nötigen Beruhigung und Entspannung bei. Wie alle Menschen, benötigen gerade Traumatisierte für den weiteren Verlauf ihres Lebens mit all seiner Tragik und Schönheit den Zugang zu heilsamen Quellen, die besonders in der Musik zu finden sind.

7. Literaturverzeichnis

Ainsworth, M.; Blehar, M.; Waters, E.; Wall, S. (1978): *Patterns of Attachment: A Psychological Study of the Strange Situation.* Hillsdale NJ: Erlbaum.

American Psychiatric Association (2000). *Diagnostic and statistical manual of mental disorders. DSM-IV-TR.* Washington DC: APA.

Amir, D. (2004): Giving Trauma a Voice: The role of Improvisional Music Therapy in Exposing, dealing with and healing a traumatic Experience of Sexual Abuse. In: *American Journal: Music Therapy Perspectives, H. 22 (2)* (S. 96–103).

Amir, D. (2006): Awaking the ‚Wild Woman'. Feminist Music Therapy with Israeli Women who suffered Trauma in their Lives. In: Hadley, S. (Hg.). *Feminist Perspectives in Music Therapy* (S. 267–290). Barcelona: Publishers.

Amir, D. (2007): Meine Kindheit – ich erinnere mich – ich erlebe sie erneut – ich beweine sie. Ravels ‚Bolero' und Erinnerungen an den Holocaust. In: *Musiktherapeutische Umschau 28 (2)* (S. 77–92).

Austin, D. (2002): The voice of trauma: A wounded healer's perspective. In: Sutton, J. P. (Hg.). *Music, Music Therapy and Trauma. International Perspectives* (S. 231–259). London: Jessica Kingsley.

Bastiaans, J. (1957): *Psychosomatische Gevolgen van Onderdruckking en KZ.* Amsterdam.

Behrens, G. A. (2011): Musiktherapie zur Behandlung von traumatischem Stress. Zu Theorie und Forschung. In: *Musiktherapeutische Umschau 32 (4)* (S. 383–390).

Bergmann, K. (2002): The sound of trauma: Music Therapy in a post-war environment. In: *The Australian Journal of Music Therapy (AJMT)13* (S. 3–16).

Berkmann, M. (2007): Musiktherapie bei traumatisierten Kindern und Jugendlichen vor einem tiefenpsychologischen Hintergrund. In: Wolf, H.-G. *Musiktherapie und Trauma* (S. 51–62). Wiesbaden: Reichert.

Besser, L.-U. (2002): Vom Vergessen und Wiederholen medizinischer Traumata zum heilsamen Erinnern. Posttraumatische Belastungs- und Somatisierungsstörungen bei Frühgeborenen und Kleinkindern. In: Sachsse, U., Özkan, I. & Streeck-Fischer, A. (Hg.). *Traumatherapie – Was ist erfolgreich?* (S. 174–193) Göttingen: Vandenhoeck & Ruprecht.

Besser, L.-U. (2006): Unveröffentlichte Fortbildungsunterlagen *Trauma, Gewalt, Gehirn und Persönlichkeitsentwicklung.* Zentrum für Psychotraumatologie und Traumatherapie Niedersachsen (ZPTN).

Birck, A.; Pross, C.; Lansen, J. (Hg.) (2002): *Das Unsagbare. Die Arbeit mit Traumatisierten im Behandlungszentrum für Folteropfer Berlin.* Berlin: Springer.

Braak, P. (2007): Musiktherapie mit kriegstraumatisierten Menschen. In: Wolf, H.-G. (Hg.). *Musiktherapie und Trauma* (S. 89–96). Wiesbaden: Reichert.

Brisch, K.-H. (2001): *Bindungsstörungen. Von der Bindungstheorie zur Therapie.* Stuttgart: Klett-Cotta.

Brisch, K. H.; Hellbrügge, Th. (Hg.) (2003): *Bindung und Trauma. Risiken und Schutzfaktoren für die Entwicklung von Kindern.* Stuttgart: Klett-Cotta.

Charlier, T. (2010): Symbolisierung früher Trennungstraumata und Neubildung von Repräsentanzen. In: *Psyche – Z Psychoanal 64* (S. 1–33).

Ciompi, L. (1982): *Affektlogik.* Stuttgart: Klett-Cotta.

Cloitre, M.; Koenen, K. C.; Cohen, L. R.; Han, H. (2002): Skills training in affectice and interpersonal regulation followed by exposure: a phase-based treatment for PTSD related to childhood abuse. In: *J Consult Clin Psychology 70* (S. 1067–1074).

Cresswell, J. W.; Plano Clark, V. L. (2007): *Designing and conducting mixed methods research.* Sage: Thousand Oaks.

Curtis, S. L. (2000): *Singing subversion, singing soul: Women's voices in feminist music therapy.* Dissertation abstract international, 60 (12–A) 4240. Doctoral Dissertation. Concordia University 1997.

Day, T.; Baker, F.; Darlington, Y. (2009): Experiences of song writing in a group programme for mothers who had experienced childhood abuse. In: *Nordic Journal of Music Therapy 18 (2)* (S. 133–149).

De Backer, J. (2007): Die Entwicklung eines psychischen und musikalischen Raumes. Adrian – eine Einzelfallstudie. In: Metzner, S. (Hg.). *Nachhall. Musiktherapeutische Fallstudien* (S. 19–82). Gießen: Psychosozial.

DeBellis, M. (2001): Developmental traumatology: The psychological development of maltreated children and its implication for research, treatment and policy. In: *Development & Psychopathology Vol. 13* (S. 539–564).

Decker-Voigt, H.-H. (Hg.) (1983): *Handbuch Musiktherapie. Funktionsfelder, Verfahren und ihre interdisziplinäre Verflechtung.* Lilienthal/Bremen: Eres.

Decker-Voigt, H.-H. (1991): *Aus der Seele gespielt. Eine Einführung in die Musiktherapie.* München: Goldmann.

Decker-Voigt, H.-H.; Dunkelziffer e. V. (Hg.) (2005): *Der Schrecken wird hörbar. Musiktherapie für sexuell missbrauchte Kinder.* Lilienthal/Bremen: Eres.

Decker-Voigt, H.-H.; Oberegelsbacher, D.; Timmermann, T. (Hg.) (2008): *Lehrbuch Musiktherapie.* München Basel: Ernst Reinhardt.

Decker-Voigt, H.-H. (2008a): Forschungsstand Musikmedizin und Musikpsychologie oder: „Das Gehirn hört mehr als die Ohren." In: Decker-Voigt, H.-H.; Oberegelsbacher, D.; Timmermann T. (Hg.). *Lehrbuch Musiktherapie* (S. 37–46). München Basel: Ernst Reinhardt.

Decker-Voigt, H.-H. (2008b). Der perinatale, postnatale und präverbale Raum (0–2): „Da, da, da". In: Decker-Voigt, H.-H.; Oberegelsbacher, D.; Timmermann, T. (Hg.): *Lehrbuch Musiktherapie* (S. 127–168). München Basel: Ernst Reinhardt.

Decker-Voigt, H.-H.; Weymann, E. (Hg.) (2009): *Lexikon Musiktherapie.* 2., überarbeitete und erweiterte Auflage. Göttingen: Hogrefe.

Decker-Voigt, H.-H. (2009): *Musiktherapeutische Tiefenentspannung. (MTE).* Lilienthal: Eres.

Deuter, M. (2005): Atmosphären-Wahrnehmungseinstellungen und Wirkungen in der musiktherapeutischen Behandlung. In: *Musiktherapeutische Umschau, 26* (S. 222–235).

Dilling, H.; Mombour, W.; Schmidt, M. H. (Hg.) (2005): *Weltgesundheitsorganisation Internationale Klassifikation psychischer Störungen. ICD-10 Kapitel V (F). Klinisch-diagnostische Leitlinien* (5. Aufl.). Bern: Hans Huber.

Dittrich, A.; Leuner, H.; Schlichting, M. (Hg.) (1994): *Welten des Bewusstseins.* Berlin: VWB.

Dulz, B. (2004): Beziehungsarbeit als Basis einer jeden Psychotherapie. In: Sachsse, U. *Traumazentrierte Psychotherapie* (S. 134–137). Stuttgart, New York: Schattauer.

Erichsen, J. E. (1882): *On Concussion of the Spine: Nervous shock and other obscure injuries of the nervous system in their clinical and medico-legal aspects.* London: Longmans/Green.

Fees, M. (2010): *Musiktherapie bei posttraumatischer Belastungsstörung. Einsatzmöglichkeiten am Beispiel der Traumatherapie im Bundeswehrkrankenhaus Hamburg und Bestandsaufnahme des Einsatzes von Musiktherapie in der stationären Traumatherapie in Deutschland.* Masterthesis im Masterstudiengang Musiktherapie. Hochschule für Musik Nürnberg – Augsburg.

Finkelhor, D.; Browne, A. (1985): The traumatic impact of sexual abuse: A conceptualization. In: *American Orthopsychiatry 55* (S. 530–541).

Fischer, G. (2000): *Mehrdimensionale psychodynamische Traumatherapie MPTT. Manual zur Behandlung psychotraumatischer Störungen.* Heidelberg: Asanger.

Fischer, G.; Nathan, R. (2002): *Diagnose der Psychodynamik bei Störungsbildern mit posttraumatischer Ätiologie.* Veröffentlicht unter: www.thieme-connect.de

Fischer, G.; Riedesser, P. (2009): *Lehrbuch der Psychotraumatologie.* (4. Aufl.). München: Ernst Reinhardt.

Fitzthum, E.; Oberegelsbacher, D.; Storz, D. (Hg.) (1997): *Wiener Beiträge zur Musiktherapie: Weltkongresse Wien Hamburg 1996.* Wien: Praesens.

Flatten, G.; Gast, U.; Hofmann, A.; Knaevelsrud, Ch.; Lampe, A.; Liebermann, P.; Maercker, A.; Reddemann, L.; Wöller, W. (2011): S3 – Leitlinie Posttraumatische Belastungsstörung. In: *TRAUMA & GEWALT 3* (S. 202–210).

Foster, J. (1969): *The Life of Charles Dickens.* Vol. 2. London: Dent.

Franke, G. H. (2002): *SCL-90-R, Symptomcheckliste SCL-90-R von L. R. Derogatis – Deutsches Manual.* Göttingen: Beltz Test GmbH.

Freud, S. (1896): *Zur Ätiologie der Hysterie.* GW I. London: Imago 1952 (S. 426–459).

Frör, K. (2000): *Dissoziative Identitätsstörung – eine polysymptomatische Störung? Eine Validierungstudie mit dem SIDDS (Strukturierter Interviewleitfaden zur Diagnose Dissoziativer Störungen – deutsche Fassung des DDIS).* Diplomarbeit Psychologie. Philipps Universität Marburg.

Gast, U.; Osswald, T.; Zürndorf, F. (1999): *Strukturiertes klinisches Interview für DSM-IV-Dissoziative Störungen (SCID-D).* Göttingen: Hogrefe.

Gindl, B. (2002): *Die Resonanz der Seele. Über ein Grundprinzip therapeutischer Beziehung.* Paderborn: Junfermann.

Goleman, D. (2003): *Dialog mit dem Dalai Lama.* München: Carl Hanser.

Haffa-Schmidt, U.; von Moreau, D.; Wölfl, A. (1999). *Musiktherapie bei psychisch kranken Jugendlichen.* Göttingen: Vandenhoeck & Ruprecht.

Hartmann, E. (1996): Who develops PTSD nightmares and who doesn't? In: Barret, D. (Hg.): *Trauma and Dreams* (S. 100–113). Cambridge, London: Harvard UP.

Hegi, F. (1998): *Übergänge zwischen Sprache und Musik. Die Wirkungskomponenten der Musiktherapie.* Paderborn: Junfermann.

Hegi-Portmann, F.; Lutz Hochreutener, S.; Rüdisüli-Voerkel, M. (2006): *Musiktherapie als Wissenschaft. Grundlagen, Praxis, Forschung und Ausbildung.* hdk Zürcher Hochschule der Künste, Departement Musik, Weiterbildung.

Herman, J. (2003): *Die Narben der Gewalt. Traumatische Erfahrungen verstehen und überwinden.* Paderborn: Junfermann.

Hermann, K. (1955): Die psychischen Symptome des KZ-Syndroms. In: Michel, M. (Hg.): *Gesundheitsschäden durch Verfolgung und Gefangenschaft* (S. 41–70). Frankfurt am Main: Röderberg.

Hess, P. (1992): Die Bedeutung der Musik für Set und Setting in veränderten Bewusstseinszuständen. In: *Jahrbuch des Europäischen Collegiums für Bewusstseinsstudien.* Berlin: VWB.

Heufft, G. (1990): Bedarf es eines Konzeptes der Eigenübertragung? *Forum Psychoanalyse 6,* (S. 299–315).

Hirsch, M. (2007): *Schuld- und Schuldgefühl. Zur Psychoanalyse von Trauma und Introjekt.* Göttingen: Vandenhoeck & Ruprecht.

Hirsch, M. (2011): *Trauma.* Band 1. Analyse der Psyche und Psychotherapie. Gießen: Psychosozial.

Höhmann, U. (1988): *Zur Symbolik des Musikinstrumentes im Schnittfeld zwischen allgemeiner und individueller Bedeutung.* Unveröffentlichte Diplomarbeit. Hochschule für Musik und Darstellende Kunst. Hamburg.

Höhmann, U. (2009): Appelle und Appellwirkung von Musikinstrumenten. In: Decker-Voigt, H.-H.; Weymann, E. (Hg.): *Lexikon Musiktherapie* (S. 42–45). Göttingen: Hogrefe.

Horowitz, M. J. (1976): *Stress Response Syndroms.* New York/Northvale: Aronson.

Huber, M. (2006): *Wege der Traumabehandlung. Trauma und Traumabehandlung, Teil 2* (3. Aufl.). Paderborn: Junfermann.

Huber, M. (2007): *Trauma und die Folgen. Trauma und Traumabehandlung, Teil 1* (3. Aufl.). Paderborn: Junfermann.

Hüther, G. (2001): Die neurobiologischen Auswirkungen von Angst und Streß und die Verarbeitung traumatischer Erinnerungen. In: Streeck-Fischer, A.; Sachsse, U.; Özkan, I. (Hg.): *Körper, Seele, Trauma. Biologie, Klinik und Praxis* (S. 94–114). Göttingen: Vandenhoeck & Ruprecht.

Hüther, G. (2002): *Die Folgen traumatischer Kindheitserfahrungen für die weitere Gehirnentwicklung.* Internet: http://www.agsp.de/html/a34.html.

Hüther,G. (2002): *Biologie der Angst. Wie aus Streß Gefühle werden.* (5. Aufl.). Göttingen: Vandenhoeck & Ruprecht.

Hüther, G. (2003): Die Auswirkungen traumatischer Erfahrungen im Kindesalter auf die Hirnentwicklung. Das allgemeine Entwicklungsprinzip. In: Brisch, K. H.; Hellbrügge, Th. (Hg.): *Bindung und Trauma. Risiken und Schutzfaktoren für die Entwicklung von Kindern* (S. 94–135). Stuttgart: Klett-Cotta.

Hüther, G. (2004): Ebenen salutogenetischer Wirkungen von Musik auf das Gehirn. In: *Musiktherapeutische Umschau 25* (S. 16–26).

Hütter, B. O.; Fischer, G. (1997): *Clinimetric evaluation of the German Version of the Impact of Event Scale.* Paper auf der Tagung der Europäischen Gesellschaft für Traumatische Stress-Studien, Maastricht.

Hug, T.; Poscheschnik, G. (2010): *Empirisch Forschen. Die Planung und Umsetzung von Projekten im Studium.* Konstanz: UVK.

Illner, J.; Smetana, M. (Hg.) (2011): *Wiener Schule der differenziellen klinischen Musiktherapie – ein Update. Wiener Beiträge zur Musiktherapie, Band 9.* Wien: Präsens.

Kardiner, A. (1941): *The Traumatic Neuroses of War.* New York: Hoeber.

Keilson, H. (1979): *Sequentielle Traumatisierung bi Kindern.* Stuttgart: Enke.

Kessler, R. C.; Sonnega, A.; Bromet, E.; Hughes, M.; Nelson, C. B. (1995): Posttraumatic stress disorder in the National comorbidity Survey. In: *Arch Gen Psychiatry 52* (S. 1048–1060).

Khan, M. M. R. (1963): The concept of cumulative trauma. In: Khan, M. M. R. (1974) (Hg.): *The privacy of the self.* London: Hogart.

Kliphuis, M. (1977): Bausteine der kreativen Situation. In: Wils, L. (Hg.): *Spielenderweise* (S. 80–107). Wuppertal: Putty.

Kohut, H. (1966): Formen und Umformungen des Narzissmus. In: Kohut, H. (1975): *Die Zukunft der Psychoanalyse. Aufsätze zu allgemeinen Themen und zur Psychologie des Selbst* (S. 140–172). Frankfurt: Suhrkamp.

Kohut, H. (1971): *Narzissmus. Eine Theorie der psychoanalytischen Behandlung narzisstischer Persönlichkeitsstörungen.* Frankfurt: Suhrkamp.

Kohut, H. (1975): *Die Zukunft der Psychoanalyse. Aufsätze zu allgemeinen Themen und zur Psychologie des Selbst.* Frankfurt: Suhrkamp.

Krebs, C. (2010): *Ute Bock. Die Geschichte einer Flüchtlingshelferin.* Wien: Molden.

Kroymann, R. (2011): Angststörungen. In: Rief, W.; Birbaumer, N.: *Biofeedback* (S. 106–140). Stuttgart: Schattauer.

Kruse, J.; Joksimovic, L.; Cavka, M.; Wöller, W.; Schmitz, N. (2009). Effects of trauma-focused psychotherapy upon war refugees. *Journal of Traumatic Stress 22* (S. 585–592).

Kühler, T.; Stachetzki, R. (2005): Differenzialdiagnostik. Borderlinepersönlichkeitsstörung und komplexe posttraumatische Belastungsstörung. In: *Psychotherapeut 50,* (S. 25–32).

Lampe, A.; Mitmansgruber, H.; Gast, U.; Schüssler, G.; Reddemann, L. (2008): Therapieevaluation der psychodynamisch imaginativen Traumatherapie (PITT) im stationären Setting. In: *Neuropsychiatrie 22,* (S. 189–197).

Lawson, C. A. (2006): *Borderline-Mütter und ihre Kinder. Wege zur Bewältigung einer schwierigen Beziehung.* Gießen: Psychosozial.

LeDoux, J. (2003): *Das Netz der Persönlichkeit. Wie unser Selbst entsteht.* Deutscher Taschenbuch Verlag (dtv).

Lee, E. (1988): Cultural factors in working with Southeast-Asian refugees adolescents. *Journal of Adolescents 11* (S. 167–179).

Lehmann, S. (2007): Unveröffentlichte Fortbildungsunterlagen zum Seminar *Grundlagen der Psychotraumatologie in Beratung und Pädagogik. Theorieseminar.* Münster: Fachinstitut für Angewandte Psychotraumaologie (FIFAP).

Lehmann, S. (2008): Unveröffentlichte Fortbildungsunterlagen zum Seminar *Angewandte Psychotraumatologie in Beratung und Pädagogik. Praxisseminar I: Stabilisierung Teil 1.* Münster: Fachinstitut für Angewandte Psychotraumatologie (FIFAP).

Lehmann, S. (2008): Unveröffentlichte Fortbildungsunterlagen zum Seminar *Angewandte Psychotraumatologie in Beratung und Pädagogik. Praxisseminar II: Stabilisierung Teil 2.* Münster: Fachinstitut für Angewandte Psychotraumatologie (FIFAP).

Linehan, M. (1998): *Dialektisch-behaviorale Therapie der Borderline-Persönlichkeitsstörung. Praxis und Manual.* München: CIP-Medien.

Loftus, E. F.; Polensky, S.; Fullilove, M. T. (1994): Memories of childhood sexual abuse: Remembering and repressing. In: *Psychology of Women Quaterly 18* (S. 67–84).

Lorz-Zitzmann, A. (1999): Sprachlose Gewalt. Musiktherapeutische Möglichkeiten der Verarbeitung bei sexuellem Missbrauch. In: Haffa-Schmidt, U.; von Moreau, D.; Wölfl, A. (Hg.): *Musiktherapie bei psychisch kranken Jugendlichen* (S. 75–91). Göttingen: Vandenhoec & Ruprecht.

Lücke, S. (2010): Kunst und Gestaltungstherapie im Prozess der Traumaheilung. In: Reddemann, L.: *Imagination als heilsame Kraft* (S. 132–165). Stuttgart: Klett-Cotta.

Lutz Hochreutener, S. (2009): *Spiel – Musik – Therapie. Methoden der Musiktherapie mit Kindern und Jugendlichen.* Göttingen: Hogrefe.

Maack, C. (2004): Rezeptive Musiktherapie als Psychotherapie für Menschen mit Persönlichkeitsstörungen. In: Timmermann, T. (Hg.): *Empfinden – Hören – Sehen* (S. 113–131). Wiesbaden: Reichert.

Maack, C. (2007): *Guided Imagery and Music nach Helen Bonny (GIM) in der psychotherapeutischen Arbeit mit Menschen mit komplexer posttraumatischer Belastungsstörung.* www.uniklinik-ulm.de/fileadmin/Kliniken/Psych

Maack, C. (2012): *Outcomes and Processes of the Bonny Method of Guided Imagery and Music (GIM) and its Adaptations and Psychodynamic Imaginative Trauma Therapy for Women with Complex PTSD.* Dissertation, Aalborg University Denmark. http://gim-therapie.de/Thesis.pdf

Machleidt, W. (2003): Sonnenberger Leitlinien. Zur psychiatrisch-psychotherapeutischen Versorgung von MigrantInnen. In: *Sozialpsychiatrie 27 (2)* (S. 40–41).

Maercker, A. (1997) (Hg.): *Therapie der posttraumatischen Belastungsstörungen.* Berlin: Springer.

Mahl, G. E. (1959): Exploring emotional states by content analysis. In: Pool, I. D. S. (Hg.): *Trends in content analysis* (S. 89–130). Urbana: University of Illinois Press.

Markowitsch, H. J. (2001): *Stressbezogene Gedächtnisstörungen und ihre möglichen Hirnkorrelate.* In: Streeck-Fischer, A.; Sachsse, U.; Özkan, I. (Hg.): *Körper, Seele, Trauma. Biologie, Klinik und Praxis* (S. 72–93). Göttingen: Vandenhoeck & Ruprecht.

Mayr, B. (2001): Spezifische und unspezifische Wirkfaktoren von Musiktherapie aus der Sicht psychosomatischer Patienten. Unveröffentlichte Diplomarbeit im Kurzstudium Musiktherapie. Universität für Musik und darstellende Kunst Wien.

Mayring, P. (2010): *Qualitative Inhaltsanalyse. Grundlagen und Techniken.* 11., aktualisierte und überarbeitete Auflage. Weinheim und Basel: Beltz.

Mentzos, S. (1982): *Neurotische Konfliktverarbeitung. Einführung in die psychoanalytische Neurosenlehre unter Berücksichtigung neuer Perspektiven.* Frankfurt: Fischer.

Metzner, S. (1999): *Tabu und Turbulenz. Musiktherapie mit psychiatrischen Patienten.* Göttingen: Vandenhoeck & Ruprecht.

Metzner, S. (Hg.) (2007): *Nachhall. Musiktherapeutische Fallstudien.* Gießen: Psychosozial.

Metzner, S. (2009): Handlungsbegriff. In: Decker-Voigt, H.-H.; Weymann, E. (Hg.): *Lexikon Musiktherapie.* 2. überarbeitete und erweiterte Auflage (S. 176–178). Göttingen: Hogrefe.

Mitzlaff, S.; Strehlow, G. (2005): Besonderheiten der musiktherapeutischen Arbeit mit sexuell missbrauchten Kindern und Jugendlichen. In: Decker-Voigt, H.-H.; Dunkelziffer e. V. (Hg.): *Der Schrecken wird hörbar* (S. 201–207). Lilienthal/Bremen: Eres.

Modell, A. H. (1976): „The holding environment" and the therapeutic action of psychoanalysis. In: *J. Am Psychoanal* (S. 285–307).

Montello, L. (1999): A psychoanalytic music therapy approach to treating adults traumatized as children. In: *Music Therapy Perspectives, 17 (2)* (S. 74–81).

Mössler, K. (2008): *Wiener Schule der Musiktherapie. Von den Pionieren zur Dritten Generation (1957 bis heute).* Wien: Praesens.

Mössler, K. (2011a): „I am a psychotherapeutically oriented music therapist": theory construction and its influence on professional identity formation under the example of the Viennese School of Music Therapy. In: *Nordic Journal of Music Therapy 20 (2)* (S. 155–184).

Mössler, K. (2011b): Mixed Methods Forschung am Beispiel musiktherapeutischer Forschungsarbeiten. In: Illner, J.; Smetana, M. (Hg.): *Wiener Schule der differenziellen klinischen Musiktherapie – ein Update. Wiener Beiträge zur Musiktherapie, Band 9* (S. 153–160). Wien: Praesens.

Moser, U. (2001): „What is a Bongaloo, Daddy?" In: *Übertragung, Gegenübertragung, therapeutische Situation. Allgemein und am Beispiel ‚früher Störungen'.* Psyche – Z Psychoanal (S. 97–136).

Myers, C. S. (1940): *Shell Shock in France 1914–1918.* Cambridge: Cambridge University Press.

Neuner, F.; Schauer, M.; Karunakara, U.; Klaschik, C.; Elbert, T. (2004): *Psychological trauma and evidence for enhanced vulnerability for PTSD through previous trauma in West Nile refugees.* BMC Psychiatry, 4 (1): 34.

Neuner, F., (2008): Stabilisierung vor Konfrontation in der Traumatherapie – Grundregel oder Mythos? In: *Verhaltenstherapie, 18* (S. 109–118).

Oberegelsbacher, D. (1997): Musiktherapeutisches Improvisieren als Mittel der Verdeutlichung in der Psychotherapie. In: Fitzthum, E.; Oberegelsbacher, D.; Storz, D. (Hg.): *Wiener Beiträge zur Musiktherapie: Weltkongresse Wien, Hamburg* (S. 42–66). Wien: Präsens.

Oberegelsbacher, D. (2008a). Definition. In: Decker-Voigt, H.-H.; Oberegelsbacher, D.; Timmermann, T.: *Lehrbuch Musiktherapie* (S. 18–20). München Basel: Ernst Reinhardt.

Oberegelsbacher, D. (2008b): Die Sphäre des Traumatischen in der Musiktherapie. In: Decker-Voigt, H.-H.; Oberegelsbacher, D.; Timmermann, T.: *Lehrbuch Musiktherapie* (S. 150–153). München Basel: Ernst Reinhardt.

Oberhoff, B. (2003): *Die Musik als Geliebte. Zur Selbstobjektfunktion der Musik.* Gießen: Psychosozial.

Oppenheim, H. (1892): *Die traumatischen Neurosen.* Berlin: Hirschwald.

Orth, J. (2005): Music Therapy with traumatized refugees in a clinical setting. In: *Voices: A World Forum for Music Therapy.* http://www.voices.no/mainissues/mi40005000182.html

Overkamp, B. (2002): Erfolgreiche Diagnostik dissoziativer Symptome und Störungen. Ein Überblick. In: Sachsse, U.; Özkan, I.; Streeck-Fischer, A. (Hg.): *Traumatherapie – Was ist erfolgreich?* (S. 13–27) Göttingen: Vandenhoeck & Ruprecht.

Özkan, I. (2004): Praxisansätze und Grenzen der traumazentrierten Arbeit mit ethnischen Minoritäten. In: Sachsse, U. *Traumazentrierte Psychotherapie* (S. 394–400). Stuttgart: Schattauer.

Peichl, J. (2001): Die Transformation der traumatischen Erinnerung – Techniken der Traumatherapie. Eine Revue der Erklärungsmodelle und Therapieansätze. In: Streeck-Fischer, A.; Sachsse, U.; Özkan, I. (Hg.): *Körper, Seele, Trauma. Biologie, Klinik und Praxis* (S. 151–173). Göttingen: Vandenhoeck & Ruprecht.

Peichl, J. (2004): Beiträge der Psychoanalyse. In: Sachsse, U.: *Traumazentrierte Psychotherapie* (S. 117–121). Stuttgart, New York: Schattauer.

Peichl, J. (2007): *Die inneren Traumalandschaften. Borderline – Ego-State – Täter-Introjekt.* Stuttgart, New York: Schattauer.

Peichl, J. (2009): Neurogene Reaktion auf Bedrohung, Liebesbindung und traumatische Opfer-Täter-Bindung. Ein Blick aus Sicht der Polyvagaltheorie und des Bindungshormons Oxytocin. In: *TRAUMA & GEWALT* (S. 18–32). 3. Jahrgang Heft 1.

Perry, B. D. (2002): Bindung und Zuneigung bei misshandelten Kindern. In: Petermann, F.; Niebank, K.; Scheithauer, H. (Hg.): *Risiken in der frühkindlichen Entwicklung –Entwicklungspsychopathologie der ersten Lebensjahre* (S. 81–96). Göttingen: Hogrefe.

Petzold, H. G.; Wolf, H. U.; Landgrebe, B.; Zorica, B. J.; Steffan, A. (2000): „Integrative Traumatherapie“ – Modelle und Konzepte für die Behandlung von Patienten mit „posttraumatischer Belastungsstörung“. In: Van der Kolk, B. A.; McFarlane, C.; Weisaeth, L. (Hg.): *Traumatic Stress. Grundlagen und Behandlungsansätze. Theorie, Praxis und Forschungen zu posttraumatischen Stress sowie Traumatherapie* (S. 445–579). Paderborn: Junfermann.

Phillips, M.; Frederick, C. (2003): *Handbuch der Hypnotherapie bei posttraumatischen und dissoziativen Störungen.* Heidelberg: Carl-Auer.

Pommerien, D. (2006): Unveröffentlichte Fortbildungsunterlagen *Die Arbeit mit dem inneren Orchester.*

Porges, S. W. (2007): *The polyvagal perspective.* Veröffentlicht unter: www.sciencedirect.com

Poscheschnik, G.; Lederer, B.; Perzy, A.; Hug, T. (2010): Datenerhebung und Datenaufbereitung. In: Hug, T.; Poscheschnik, G.: *Empirisch Forschen. Die Planung und Umsetzung von Projekten im Studium* (S. 99–148). Wien: Huter und Roth KG.

Putnam, F. W.; Guroff, J. J.; Silberman, E. K.; Barban, L.; Post, R. M. (1986): The clinical phenomenology of multiple personality disorders. A review of 100 recent cases. In: *Clin Psychiatry 47* (S. 285–293).

Putnam, F. W. (1997): *Dissociation in Children and Adolescents.* New York: Gilford.

Reddemann, L. (2007): Musik – ein Resilienzfaktor oder eine Gefährdung für schwertraumatisierte Menschen? Zusammenfassung des Vortrags von Wolf, H.-G. In: Wolf, H.-G. (Hg.): *Musiktherapie und Trauma* (S. 21–26). Wiesbaden: Reichert.

Reddemann, L. (2008): *Psychodynamisch Imaginative Traumatherapie. PITT – Das Manual* (5. erweiterte Aufl.). Stuttgart: Klett-Cotta.

Reddemann, L. (2010): *Imagination als heilsame Kraft. Zur Behandlung von Traumafolgen mit ressourcenorientierten Verfahren* (15. Aufl.). Stuttgart: Klett-Cotta.

Reddemann, L.; Wöller W. (2011): Psychodynamische Verfahren. In: Seidler, G. H.; Freyberger, H. J.; Maercker, A. (Hg.): *Handbuch der Psychotraumatologie* (S. 580–589). Stuttgart: Klett-Cotta.

Renz, M. (1997): Urangst – Urvertrauen – Frühstörungen. In: Fitzthum, E.; Oberegelsbacher, D.; Storz, D. (Hg.): *Wiener Beiträge zur Musiktherapie: Weltkongresse Wien Hamburg 1996* (S. 67–83). Wien: Präsens.

Riedesser, P. (2003): Entwicklungspathologie von Kindern mit traumatischen Erfahrungen. In: Brisch, K. H.; Hellbrügge, Th. (Hg.): *Bindung und Trauma. Risiken und Schutzfaktoren für die Entwicklung von Kindern* (S. 160–171). Stuttgart: Klett Cotta.

Rief, W.; Birbaumer, N. (2011): *Biofeedback.* Stuttgart: Schattauer.

Rothbaum, B. O.; Foa, E. B. (1997): Kognitive Verhaltenstherapie für posttraumatische Belastungsstörungen. Formen und Wirksamkeit. In: Maercker, A. (Hg.): *Therapie der posttraumatischen Belastungsstörungen* (S. 103–121). Berlin: Springer.

Rosner, R.; Henkel, C.; Ginkel, K.; Mestel, R. (2010): Was passiert nach der stationären Stabilisierung mit komplex traumatisierten PTB-Patientinnen? In: *Zeitschrift für Psychiatrie, Psychologie und Psychotherapie, 58 (2)* (S. 127–135).

Ruegg, J. C. (2004): Ein Gedächtnis für Emotionen. Zur Wechselwirkung von Erinnerungsleistung und eindrücklichem Erleben. *Musiktherapeutische Umschau 25,* (S. 7–15).

Ruegg, J. C. (2009): Traumagedächtnis und Neurobiologie. Konsolidierung, Rekonsolidierung, Extinktion. In: *TRAUMA & GEWALT 3 (1)* (S. 6–17).

Sachsse, U.; Özkan, I.; Streeck-Fischer, A. (Hg.) (2002): *Traumatherapie – Was ist erfolgreich?* Göttingen: Vandenhoeck & Ruprecht.

Sachsse, U. (2004/2011): *Traumazentrierte Psychotherapie.* 3. Nachdruck 2011 als Studienausgabe. Stuttgart, New York: Schattauer.

Sachsse, U. (2004a): Die normale Stressphysiologie. In: Sachsse, U. *Traumazentrierte Psychotherapie* (S. 31–47). Stuttgart, New York: Schattauer.

Sachsse, U. (2004b): Die peri- und posttraumatische Stressphysiologie. In: Sachsse, U. *Traumazentrierte Psychotherapie* (S. 48–58). Stuttgart, New York: Schattauer.

Sachsse, U. (2004c): Strukturierte Interviews und Fragebögen. In: Sachsse, U.: *Traumazentrierte Psychotherapie* (S. 111–113). Stuttgart, New York: Schattauer.

Sachsse, U. (2004d): Die Therapie-Strategie der traumazentrierten Psychotherapie. In: Sachsse, U.: *Traumazentrierte Psychotherapie* (S. 184–311). Stuttgart, New York, Schattauer.

Sachsse, U.; Esslinger, K.; Schilling, L. (2004): Vom Kindheitstrauma zur schweren Persönlichkeitsstörung. In: Sachsse, U.: *Traumazentrierte Psychotherapie* (S. 92–103). Stuttgart, New York: Schattauer.

Sachsse, U.; Vogel, C.; Leichsenring F. (2006): Results of psychodynamically oriented trauma-focused inpatient treatment for women with complex posttraumatic stress disorder (cPTSD) and borderline personality disorder (BPD). *Bull Menninger Clin, 70 (2)* (S. 125–144).

Sachsse, U. (2010): Geleitwort. In: Sack, M. *Schonende Traumatherapie* (S.V–XI). Stuttgart: Schattauer.

Sack, M. (2010): *Schonende Traumatherapie. Ressourcenorientierte Behandlung von Traumafolgestörungen.* Stuttgart: Schattauer.

Saß, H.; Wittchen, H. U.; Zaudig, M.; Houben, I. (1998): *Diagnostische Kriterien DSM-IV.* Göttingen: Hogrefe.

Schmitz, U.; Peichl, J. (2004): Konzentrative Bewegungstherapie (KBT) als Trauma-Therapie – ein handlungsorientierter Ansatz zur Bewältigung traumatischer Ereignisse. In: Sachsse, U.: *Traumazentrierte Psychotherapie* (S. 167–178). Stuttgart, New York: Schattauer.

Schmölz, A. (1983): Zum Begriff der Einstimmung in der Musiktherapie. In: Decker-Voigt, H.-H. (Hg.): *Handbuch Musiktherapie. Funktionsfelder, Verfahren und ihre interdisziplinäre Verflechtung* (S. 58–59). Lilienthal/Bremen: Eres.

Schönfeldt-Lecuona, C.; Connemann, B. J.; Höse, A.; Spitzer, M.; Walter, H. (2004): Konversionsstörungen. Von der Neurobiologie zur Behandlung. In: *Nervenarzt 75* (S. 619–627).

Schultz,W. A. (2006): Avantgarde und Trauma. Die Musik des 20. Jahrhunderts und die Erfahrungen der Weltkriege. Die Entdeckung des Unbewussten. In: *Musiktherapeutische Umschau online.*

Schumacher, K. (1999): *Musiktherapie und Säuglingsforschung.* Frankfurt am Main: Peter Lang.

Seidler, G. H.; Freyberger, H. J.; Maercker, A. (Hg.) (2011): *Handbuch der Psychotraumatologie.* Stuttgart: Klett-Cotta.

Sekeles, C. (2011): Aus höchster Höhe in tiefste Tiefe – ‚me'igra rama le'bira amikta.' In: *Musiktherapeutische Umschau 32 (4)* (S. 371–382).

Shapiro, F. (1995): *Eye Movement desensitization and reprossesing: Basic principles, protocols, and procedures.* New York: Guilford Press.

Siegel, D. (2001): Toward an Interpersonal Neurology of the Developing Mind: Attachment Relationships, ‚Mindsight' and Neural Integration. In: *Infant Mental Health Journal* (S. 67–94). Vol. 22 (1–2).

Smeijsters, H. (1999): *Grundlagen der Musiktherapie. Theorie und Praxis der Behandlung psychischer Störungen und Behinderungen.* Göttingen: Hogrefe.

Smeijsters, H. (2009): Methoden der psychotherapeutischen Musiktherapie. In: Decker-Voigt, H.-H.; Weymann, E. (Hg.): *Lexikon Musiktherapie* (S. 267–273). 2., überarbeitete und erweiterte Auflage. Göttingen: Hogrefe

Sonntag, J.; Jüchter, T. (2007): Musiktherapie mit traumatisierten Menschen. In: Wolf, H. G. (Hg.): *Musiktherapie und Trauma* (S. 99–113). Wiesbaden: Reichert.

Spitzer, C.; Wingenfeld, K.; Freyberger, H. J. (2011): Geschlechtsspezifische Aspekte der postraumatischen Belastungsstörung. In: Seidler, G. H.; Freyberger, H. J.; Maercker, A. (Hg.): *Handbuch der Psychotraumatologie* (S. 92–103).

Stegemann, T. (2005): *Musik und Psychotraumatologie: zu Theorie und Praxis musiktherapeutischer Interventionen in der psychotherapeutischen Arbeit mit Flüchtlingskindern.* Diplomarbeit. Hochschule für Musik und Theater Hamburg.

Stern, M. M. (1972): Trauma, Todesangst und Furcht vor dem Tod. *Psyche – Z Psychoanal, 26* (S. 901–928).

Storz, D. (1997): Musiktherapie im Rahmen psychotherapeutischer Teamarbeit in einem psychiatrischen Krankenhaus. In: Fitzthum, E.; Oberegelsbacher, D.; Storz, D. (Hg.): *Wiener Beiträge zur Musiktherapie* (S. 101–122). Wien: Praesens.

Storz, D. (2000): Musiktherapeutische Techniken. In: Stumm, G.; Pritz, A. (Hg.): *Wörterbuch der Psychotherapie* (S. 444–445). Wien, New York: Springer.

Storz, D.; Oberegelsbacher, D. (Hg.) (2001): *Wiener Beiträge zur Musiktherapie. Band 3: Theorie und klinische Praxis.* Wien: Praesens.

Storz, D. (2001): Das Kriegstrauma und die Notwendigkeit des Ausdrucks – Musiktherapie mit traumatisierten Kindern. Ein Projekt in Sarajewo. In: Storz, D.; Oberegelsbacher D. (Hg.): *Wiener Beiträge zur Musiktherapie Band 3* (S. 246–264). Wien: Praesens.

Storz, D. (2003): *Fokale Musiktherapie. Entwicklung eines Modells psychodynamischer Kurztherapie. Wiener Beiträge zur Musiktherapie Band 4.* Wien: Praesens.

Storz, D. (2011): Musiktherapeutische Techniken. Überlegungen zur Entwicklung eines Grundlagenverständnisses. In: Illner, J.; Smetana, M. (Hg.): *Wiener Schule der differenziellen klinischen Musiktherapie – ein Update, Band 9* (S. 47–62). Wien: Präsens.

Streeck-Fischer, A.; Sachsse, U.; Özkan, I. (Hg.) (2002): *Körper, Seele, Trauma. Biologie, Klinik und Praxis.* Göttingen: Vandenhoeck & Ruprecht.

Streeck-Fischer, A. (2004): Jugendliche mit komplexen Traumatisierungen in stationärer Psychotherapie. In: Sachsse, U.: *Traumazentrierte Psychotherapie* (S. 384–393). Stuttgart, New York: Schattauer.

Strehlow, G. (2005): Theoriebeitrag. Generationsgrenzstörungen bei sexuellem Missbrauch. In: Decker-Voigt, H.-H.; Dunkelziffer e. V.: *Der Schrecken wird hörbar. Musiktherapie bei sexuell missbrauchten Kindern* (S. 187–199). Lilienthal/Bremen: Eres.

Strehlow, G. (2009a): The use of music therapy in treating sexually abused children. In: *Nordic Journal of Music Therapy 18, H.2* (S. 167–183).

Strehlow, G. (2009b): Trauma und sexueller Missbrauch und Musiktherapie. In: Decker-Voigt, H.-H.; Weymann, E. (Hg.): *Lexikon Musiktherapie.* 2. Überarbeitete und erweiterte Auflage (S. 542–549). Göttingen: Hogrefe.

Strehlow, G. (2010): *Töne an der Grenze. Interaktionsmuster in der musiktherapeutischen Begegnung mit Patientinnen, die unter einer Borderline-Persönlichkeitsstörung leiden.* Dissertation, Hochschule für Musik und Theater Hamburg. http://www.sub.uni-hamburg.de/opus/volltexte/2011/4968/

Strobel, W. (1994): Die klanggeleitete Trance. In: Dittrich, A.; Leuner, H.; Schlichting, M. (Hg.): *Welten des Bewusstseins* (S. 225–237). Berlin: VWB.

Stumm, G.; Pritz, A. (Hg.) (2000): *Wörterbuch der Psychotherapie.* Wien, New York: Springer

Sutton, J. P. (2002): *Music, music therapy and trauma. International perspectives.* London: Jessica Kingsley.

Sutton, J. P.; De Backer, J. (2009): Music, trauma and silence: the state of the art. In: *Arts in Psychotherapy Journal Vol. 36 (2)* S. 75–83).

Sutton, J. P.; McDougall, I. (2011): Der Schrei jenseits der Stille – Musiktherapie mit traumatisierten Männern in Irland. In: *Musiktherapeutische Umschau 32 (1)* (S. 47–63).

Tardieu, A. A. (1857): *Étude médico-légale sur les attentats aux moeurs.* Paris: Baillière.

Tardieu, A. A. (1860): *Étude médico-légale sur les sévices et mauvais traitements exerces sur des enfants. Annales d'hygiène publique er de médicine légale.* 2. Ser. (13) (S. 361–398).

Tenbrink, D. (2000): Musik als Möglichkeit zum Ausdruck und zur Transformation präverbaler Erlebnismuster. In: *Zeitschrift für Individualpsychologie (3)* (S. 243–254).

Terr, L. (2001): Was passiert mit Erinnerungen nach traumatischen Belastungen? In: Streeck-Fischer, A.; Sachsse, U.; Özkan, I. (Hg.): *Körper, Seele, Trauma. Biologie, Klinik und Praxis* (S. 23–42). Göttingen: Vandenhoeck & Ruprecht.

Thaut, M. H.; Nickel, A. K.; Hömberg, V. (2004): Neurologische Musiktherapie. Übersicht zum wissenschaftlichen Hintergrund und zur klinischen Methodik. In: *Musiktherapeutische Umschau, 25* (S. 35–44).

Tiedemann, J. L. (2007): *Die intersubjektive Natur der Scham.* http://www.diss.fu_berlin.de/diss/receive/FUDISS_thesis_000000002943/

Timmermann, T. (2003): *Klingende Systeme. Aufstellungsarbeit und Musiktherapie.* Heidelberg: Auer.

Timmermann, T. (Hg.) (2004): *Empfinden – Hören – Sehen.* Wiesbaden: Reichert.

Timmermann, T. (2008a): Praxeologie. In: Decker-Voigt, H.-H.; Oberegelsbacher, D.; Timmermann, T. (Hg.): *Lehrbuch Musiktherapie* (S. 53–63). München Basel: Ernst Reinhardt.

Timmermann, T. (2008b): Improvisation. In: Decker-Voigt, H.-H.; Oberegelsbacher, D.; Timmermann, T. (Hg.): *Lehrbuch Musiktherapie* (S. 64–67). München Basel: Ernst Reinhardt.

Timmermann, T. (2008c): Das Wort in der Musiktherapie. In: Decker-Voigt, H.-H.; Oberegelsbacher, D.; Timmermann, T. (Hg.): *Lehrbuch Musiktherapie* (S. 73–78). München Basel: Ernst Reinhardt.

Timmermann, T. (2008d): Theoriebildung: Systemische Grundorientierung in der Erwachsenentherapie und Aufstellungsarbeit. In: Decker-Voigt, H.-H.; Oberegelsbacher, D.; Timmermann, T. (Hg.): *Lehrbuch Musiktherapie* (S. 254–260). München Basel: Ernst Reinhardt.

Timmermann, T. (2011): Transgenerationale Traumata in der Musiktherapie. In: Illner, J.; Smetana, M. (Hg.): *Wiener Schule der differenziell klinischen Musiktherapie – ein Update. Wiener Beiträge zur Musiktherapie.* Band 9 (S. 197–215). Wien: Präsens.

Unckel, C. (2004): Dialektisch-behaviorale Therapie. In: Sachsse, U. *Traumazentrierte Psychotherapie* (S. 178–183). Stuttgart, New York: Schattauer.

Van der Kolk, B. A.; McFarlane, A. C.; Weisaeth, L. (Hg.) (2000): *Traumatic Stress. Grundlagen und Behandlungsansätze. Theorie, Praxis und Forschungen zu posttraumatischen Stress sowie Traumatherapie*. Paderborn: Junfermann.

Van der Kolk, B. A.; McFarlane, A. C.; van der Hart, O. (2000): Ein allgemeiner Ansatz zur Behandlung der posttraumatischen Belastungsstörung. In: van der Kolk, B. A.; McFarlane, A. C.; Weisaeth, L. (Hg.): *Traumatic Stress, Grundlagen und Behandlungsansätze. Theorie, Praxis und Forschungen zu posttraumatischen Stress sowie Traumatherapie* (S. 309–339). Paderborn: Junfermann.

Venzlaff, U.; Dulz, B.; Sachsse, U. (2004): Zur Geschichte der Psychotraumatologie. In: Sachsse, U.: *Traumazentrierte Psychotherapie* (S. 5–29.). Stuttgart, New York: Schattauer.

Von Heydwolff, A. (2000): Projektion. In: Stumm, G.; Pritz, A. (Hg.): *Wörterbuch der Psychotherapie* (S. 534–535). Wien, New York: Springer.

Vyssoki, D. (2010): Sozialpsychiatrie und Psychotraumatologie. *Wiener Vorlesungen zur Sozialpsychiatrie.* Fortbildungsveranstaltung ESRA Psychosoziales Zentrum, Wien (20.10.2010).

Waardenburg, W. (1977): Instrumente. In: Wils, L. (Hg.): *Spielenderweise* (S. 246–259). Wuppertal: Putty.

Watkins, J. G.; Watkins, H. (1997): *Ego-States. Theory and Therapy.* New York: Norton.

Weiß, R. (2005): *Trauma und Musiktherapie – Ansätze und Wege in der (musik)therapeutischen Behandlung psychisch traumatisierter Menschen.* Diplomarbeit am Institut Musiktherapie am UdK-Berlin. Veröffentlicht bei MU-Online unter http://www.musiktherapie.de/index.php?id=339

Weiß, R. (2008): Trauma und Musiktherapie – Ansätze und Wege in der musiktherapeutischen Behandlung psychisch traumatisierter Menschen. In: *Musiktherapeutische Umschau, 29* (S. 5–25).

Weymann, E. (2009): Improvisation und Musiktherapie. In: Decker-Voigt, H.-H.; Weymann, E. (Hg.): *Lexikon Musiktherapie* (S. 190–194). Göttingen: Hogrefe.

Wiesmüller, E. (2005): Zum Umgang mit den Begriffen Übergangsobjekte und Objektbesetzungen in der Musiktherapie. *Musiktherapeutische Umschau, 26* (S. 39–49).

Wiesmüller, E. (2011): Migration und Traumatisierung. Gesellschaftspolitische und soziokulturelle Aspekte innerhalb eines aktuellen Praxisfeldes. In: Illner, J.; Smetana, M. (Hg.): *Wiener Schule der differenziellen klinischen Musiktherapie – ein Update. Wiener Beiträge zur Musiktherapie, Band 9* (S. 175–196). Wien: Praesens.

Wils, L. (Hg.) (1977): *Spielenderweise.* Wuppertal: Putty.

Wittchen, H. U.; Zaudek, M.; Fydrich, T. (1997): *SKID-DSM-IV. Strukturiertes klinisches Interview.* Göttingen: Hogrefe.

Wolf, H.-G. (Hg.) (2007): *Musiktherapie und Trauma.* Wiesbaden: Reichert.

Wolf, H.-G. (2009): Unveröffentlichte Fortbildungsunterlagen *Fortbildungscurriculum Musik-Traumatherapie 2009–2011.* Freies Musikzentrum München (FMZ).

Wölfl, A. (2007): Musiktherapie in der stationären Traumatherapie. In: Wolf, H.-G. (Hg.): *Musiktherapie und Trauma* (S. 115–136). Wiesbaden: Reichert.

Wölfl, A. (2010): Unveröffentlichte Fortbildungsunterlagen *Fortbildungscurriculum Musik-Traumatherapie 2009–2011.* Freies Musikzentrum München (FMZ).

Wolpe, J. (1958): Psychotherapy by reciprocal inhibition. Stanford: CA.

World Federation of Music Therapy (WFMT) (2008–2011). *The Global Crisis Intervention Commission.* http://www.wfmt.info/WFMT/Global_Crisis_Intervention.html

World Health Organization (1992). *The ICD-10 classification of mental and behavioural disorders: clinical descriptions and diagnostic guidelines.* Geneva: World Health Organization.

Yehuda, R. (2001): Die Neuroendokrinologie bei Posttraumatischer Belastungsstörung im Licht neuer neuroanatomischer Befunde. In: Streeck-Fischer, A.; Sachsse, U.; Özkan, I. (Hg.): *Körper, Seele, Trauma. Biologie, Klinik und Praxis* (S. 43–71). Göttingen: Vandenhoeck & Ruprecht.

York, E. (2006): Finding Voice: Feminist Music Therapy and Research with Women Survivors of Domestic Violence. In: Hadley, S. (Hg.): *Feminist Perspectives in Music Therapy* (S. 245–266). Barcelona: Publishers.

Zahler, E. (2007): Musiktherapeutische Traumaarbeit mit Klienten nach erworbener Hirnschädigung. In: Wolf, H.-G. (Hg.): *Musiktherapie und Trauma* (S. 63–88). Wiesbaden: Reichert.

Anhang I

Auswertungstabellen der Kategorienschemata K 1.1. bis K 10.2. der qualitativen Inhaltsanalyse (Mayring, 2010). Die Beschreibung der erstellten Kategorien sowie das Ablaufmodell zur inhaltsanalytischen Auswertung sind im Kapitel 5.2. nachzulesen.

K 1.1. traumaassoziierte Angst versus K 1.2. Entspannung

Variable	Ausprägung (Kategorie)	Definition	Ankerbeispiel	Kodierregel	Fundstellen – alle Patienten A, B, C, D
Traumabedingter Faktor	K 1.1. Traumaassoziierte Angst	Traumafolgestörungen können als Angsterkrankungen verstanden werden.	„Ich will meine Ängste und Panikattacken loswerden.“	Diese Kategorie wird gerechnet, wenn Patienten verbal/ nonverbal traumaassoziierte Ängste signalisieren.	A2, A2, A3, A7, A17, A19, A20, A22, A22, A23. B2, B3, B8, B12, B15, B16, B21, B21. C3, C13, C13, C15, C15, C15, C16, C26. D7, D8, D15, D18.
Musikbedingter Faktor	K 1.2. Entspannung/ Beruhigung durch Musik	Entspannung/ Beruhigung gilt als wichtiges Therapieziel.	„Das war jetzt wirklich gut und entspannend.“	Diese Kategorie wird gerechnet, wenn Patienten die Musik als entspannend/ beruhigend erleben.	A6, A8, A11, A15, A16, A16, A17, A27, A32. B15, B17, B17, B26. C27.

Qualitative Inhaltsanalyse

K 2.1. Kontrollverlust versus K 2.2. Kontrollmöglichkeit

Variable	Ausprägung (Kategorie)	Definition	Ankerbeispiel	Kodierregel	Fundstellen – alle Patienten A, B, C, D
Traumabedingter Faktor	K 2.1. Gefühl von Kontrollverlust	Das Gefühl von Kontrollverlust gilt als einer der Hauptwirkfaktoren nach einem psychischen Trauma.	„Kann ich jetzt gehen?“	Diese Kategorie wird gerechnet, wenn Patienten Kontrollbedürfnisse auch i. S. v. Vermeidungsverhalten signalisieren.	A2, A3, A4, A5, A6, A8, A15, A25. B8. C3, C4, C6, C11, C16, C25. D3, D3, D17.
Musikbedingter Faktor	K 2.2. Musikalische Kontrollmöglichkeiten	Patienten erleben Gefühl von Kontrolle durch selbstbestimmtes musikalisches Handeln und Gestalten.	„Alles unter Kontrolle.“	Diese Kategorie wird gerechnet, wenn Patienten musikalische Kontrollmöglichkeiten anwenden.	A4, A7, A7, A7, A10, A11, A11, A26. A26, A27, A28, A29, A29, A31. B8, B13, B15, B27. C9, C11, C16. D23, D24.

K 3.1. Ohnmacht und Hilflosigkeit versus K 3.2. Selbstwirksamkeit (Resonanzerleben)

Variable	Ausprägung (Kategorie)	Definition	Ankerbeispiel	Kodierregel	Fundstellen – alle Patienten A, B, C, D
Traumabedingter Faktor	K 3.1. Ohnmacht und Hilflosigkeit	Ohnmacht und Hilflosigkeit werden regelhaft erlebt, gehen häufig mit Lähmung und Starre einher und können als Passivität in Erscheinung treten.	„Ganz wie Sie wollen.“	Diese Kategorie wird gerechnet, wenn sich Patienten aufgrund von K 3.1. passiv Verhalten und Spielangebote verweigern.	B3.
Musikbedingter Faktor	K 3.2. Resonanzerleben	Resonanz bedeutet mitschwingen, sich aufeinander ein- und abstimmen, sich angesprochen, gemeint, zugehörig und verbunden zu fühlen.	„Es rieselte plötzlich durch den ganzen Körper, und das tat jetzt so gut.“	Diese Kategorie wird gerechnet, wenn Patienten aufgrund der Musik Resonanz auch i. S. e. neuen körperlichen Spür-Bewusstseins erleben.	A27. C5, C27. D24.

Qualitative Inhaltsanalyse

K 4.1. Dissoziative Symptome versus K 4.2. Präsentifikation

Variable	Ausprägung (Kategorie)	Definition	Ankerbeispiel	Kodierregel	Fundstellen – alle Patienten A, B, C, D
Traumabedingter Faktor	K 4.1. Dissoziative Symptome	Dissoziative Symptome können zu einer Unterdrückung von emotionalen Reaktionen führen und Betäubung und Gefühllosigkeit auslösen.	„Ich hab mich dann einfach mal ‚weggebeamt'."	Diese Kategorie wird gerechnet, wenn sich Patienten über eigenes dissoziatives Verhalten äußern bzw. wenn Patienten im Therapiegeschehen dissoziieren.	A8, A25. B3, B4, B4, B5, B6.
Musikbedingter Faktor	K 4.2. Präsentifikation	Musik kann Präsentifikation herstellen.	„Ich habe ganz ‚da' sein können."	Diese Kategorie wird gerechnet, wenn Patienten durch die Musik ganz im ‚Hier und Jetzt' sind.	A7, A23. B4, B7, B7. C27. D18.

Qualitative Inhaltsanalyse

K 5.1. Isolation und Misstrauen versus K 5.2. Beziehungsgestaltung

Variable	Ausprägung (Kategorie)	Definition	Ankerbeispiel	Kodierregel	Fundstellen – alle Patienten A, B, C, D
Traumabedingter Faktor	K 5.1. Isolation und Misstrauen	Isolation und Misstrauen entstehen durch die Beziehungsstörung des chronisch Traumatisierten.	„Würden Sie bitte nicht mitspielen?“	Diese Kategorie wird gerechnet, wenn sich Patienten aufgrund von K 5.1. verbal und/oder musikalisch zurückziehen.	A7. D3, D3, D5, D6, D7, D8, D11, D15, D16.
Musikbedingter Faktor	K 5.2. Musikalische Beziehungsgestaltung	Musik kann Beziehungsprozesse im Sinne sozialer Interaktion auslösen.	„Finden Sie auch, dass das jetzt ziemlich gut war?“	Diese Kategorie wird gerechnet, wenn Patienten musikalische Beziehungsangebote annehmen.	A23, A26, A26. B9, B10, B13, B15, B15, B23, B24. C5, C5, C6, C7, C13, C22, C24, C29. D4, D4, D4, D5, D11, D12, D18.

Qualitative Inhaltsanalyse

K 6.1. Schuld und Schamgefühl versus K 6.2. Selbstwertgefühl

Variable	Ausprägung (Kategorie)	Definition	Ankerbeispiel	Kodierregel	Fundstellen – alle Patienten A, B, C, D
Traumabedingter Faktor	K 6.1. Schuld- und Schamgefühl	Schuld- und Schamgefühle haben mit starker Bindung an den Täter bzw. an das traumatisierende System zu tun.	„Ich fühle mich schlecht, und ich singe und spiele schlecht.“	Diese Kategorie wird gerechnet, wenn Patienten Schuld- und/oder Schamgefühle äußern.	A2, A2, A3, A3, A5, A13, A13, A17, A19, A25, A28. B21, B22, B23. C14, C14. D10.
Musikbedingter Faktor	K 6.2. Selbstwertgefühl	Musik kann das gegenwärtige Wissen um die Nicht-Schuld und das Selbstwertgefühl ausreichend verankern.	„Ich kann wirklich schön singen.“	Diese Kategorie wird gerechnet, wenn Patienten aufgrund der Musik selbstwertstärkende Aussagen treffen.	A5, A14, A27, A32. B19, B19. C5, C14.

Qualitative Inhaltsanalyse

K 7.1. Täterintrojekt versus K 7.2. Selbstobjekt

Variable	Ausprägung (Kategorie)	Definition	Ankerbeispiel	Kodierregel	Fundstellen – alle Patienten A, B, C, D
Traumabedingter Faktor	K 7.1. Täterintrojekt	Gewalt- und Verlusterfahrungen können durch das traumatische Schuldgefühl einen Fremdkörper im Selbst, ein Täterintrojekt hinterlassen.	„In mir ist eine Stimme, die mich beschimpft, nichts wert zu sein.“	Diese Kategorie wird gerechnet, wenn Patienten Täterintrojekte beschreiben bzw. im Therapiegeschehen Täterintrojekte auftauchen.	A25.
Musikbedingter Faktor	K 7.2. Selbstobjekt	Musik hat Selbstobjektfunktion. Sie kann mit dem Selbsterleben verschmelzen, und in ihren Eigenschaften sowohl innen als auch außen wirksam werden.	„Ich hab’ fast ein schlechtes Gewissen, wenn ich mir eine andere Musik auch noch anhöre.“	Diese Kategorie wird gerechnet, wenn sich Patienten durch die Musik verstanden, getröstet und geliebt fühlen.	B10, B21. C11. D11, D11.

Qualitative Inhaltsanalyse

K 8.1. traumabedingte Regression versus K 8.2. wachstumsfördernde Regression

Variable	Ausprägung (Kategorie)	Definition	Ankerbeispiel	Kodierregel	Fundstellen – alle Patienten A, B, C, D
Traumabedingter Faktor	K 8.1. Traumabedingte Regression	Traumabedingte Regression bedeutet, die damalige traumatische Beziehungserfahrung abzuspalten und die emotionalen Reaktionen zu aktivieren.			
Musikbedingter Faktor	K 8.2. Wachstumsfördernde Regression	Musikalisch regressive Angebote werden genutzt, um Entwicklungsprozesse in Gang zu setzen.			

Qualitative Inhaltsanalyse

K 9.1. traumatische Übertragungsbeziehung versus K 9.2. heilsame Übertragungsbeziehung

Variable	Ausprägung (Kategorie)	Definition	Ankerbeispiel	Kodierregel	Fundstellen – alle Patienten A, B, C, D
Traumabedingter Faktor	K 9.1. Traumatische Übertragungsbeziehung	Die Erinnerung an die Gewalterfahrung prägt spätere Beziehungserfahrungen.	„Sie wollen mich doch auch nur manipulieren."	Diese Kategorie wird gerechnet, wenn Patienten typische Reaktionsmuster aus der traumatischen Erfahrung wiederholen.	D 14, D15, D15, D16. B4.
Musikbedingter Faktor	K 9.2. Heilsame Übertragungsbeziehung	Musik kann als heilsames Übertragungsgeschehen genutzt werden.	„Wir können miteinander, spielen, reden und schweigen."	Diese Kategorie wird gerechnet, wenn sich durch die Musik ein heilsames Übertragungsgeschehen zeigt.	A8, A17, A21, A26, A26, A27, A33. B19, B28. C12, C29. D9, D12, D14, D16, D17, D21, D23, D23.

Qualitative Inhaltsanalyse

K 10.1. traumatische Erinnerung versus K 10.2. Symbolisierung

Variable	Ausprägung (Kategorie)	Definition	Ankerbeispiel	Kodierregel	Fundstellen – alle Patienten A, B, C, D
Traumabedingter Faktor	K 10.1. Traumatische Erinnerung	Traumatische Erinnerungen werden stärker als andere Erlebnisse emotional, sensorisch und nicht sprachlich kodiert.	„Ich habe keinen Zugang zu den Erlebnissen. Die sind alle in einer Hülle."	Diese Kategorie wird gerechnet, wenn Patienten bruchstückhafte, nicht verarbeitete Erinnerungen äußern.	A15, A25, A25, A28, A28, A28. B8, B13, B23, B23, B23. C8, C9, C13. D10, D18, D18.
Musikbedingter Faktor	K 10.2. Symbolisierung	Durch die musikalische Ausdrucksmöglichkeit auf symbolischer Ebene werden traumatische Erinnerungen, die noch nicht verbalisiert werden können, zugänglicher.	„Nun hat mein Stiefvater keine Macht mehr über mich."	Diese Kategorie wird gerechnet, wenn durch musikalisches Explorieren und Inszenieren auf symbolischer Ebene Realitätsbezug hergestellt werden kann.	A4, A5, A10, A10, A11, A17, A17, A20, A21, A21, A23, A23, A28, A28, A28, A29, A30, A31, A32. B13. C3, C9, C16, C19, C19, C19, C20, C20, C22, C22, C24, C25. D6, D9, D19.

Qualitative Inhaltsanalyse

Anhang II
Fallrekonstruktionen der Patientinnen A und B sowie der Patienten C und D

A 1 Patientin A

Frau A ist eine sechsundzwanzigjährige Patientin, die mit den Diagnosen emotional instabile Persönlichkeitsstörung vom Borderline Typ (F 60.31), einer Störung der Impulskontrolle (F 63.3) und Posttraumatische Belastungsstörung (F 43.1) nach einem stationären Aufenthalt in die psychiatrische Tagesklinik zur weiteren Stabilisierung aufgenommen wurde.

Sozialanamnese

Frau A hat ihr erstes Lebensjahr in einem südamerikanischen Land verbracht und ist nach Trennung der Eltern mit eineinhalb Jahren mit ihrer Mutter nach Österreich gezogen. Seit dem dritten Lebensjahr leidet Frau A an einer Störung der Impulskontrolle. Kindheit und Jugend sind geprägt vom häufigen Partnerwechsel der Mutter, die an einer Persönlichkeitsstörung und an einer Suchterkrankung leidet. Frau A hat sieben Halbgeschwister mütterlicherseits in Österreich, für die sie sich größtenteils bis zum achtzehnten Lebensjahr verantwortlich fühlt. Zwei weitere Halbgeschwister väterlicherseits befinden sich im Ausland. Frau A hat viele Stiefväter. Derjenige, welcher gleichzeitig der Vater ihrer sechsten Halbschwester ist, übt jahrelang an Frau A und genannter Halbschwester sexualisierte Gewalt aus. Nach dem Besuch des Gymnasiums, zweimal repetiert, bricht Frau A mit achtzehn Jahren endgültig die Schule ab und verlässt die Wohnung ihrer Mutter.

Seither gibt es keinen Kontakt zum Stiefvater bzw. Missbrauchstäter. Sie lebt in einer eigenen Wohnung und bezieht Sozialhilfe. Seit kurzem lebt Frau A mit ihrer Lebensgefährtin in Frau A's Wohnung, auch diese bezieht Sozialhilfe und leidet an einer Autoimmunkrankheit.

Zum Zeitpunkt der stationären Aufnahme berichtet Frau A von jahrelangen psychischen Problemen. Sie beschreibt das Gefühl, größer oder kleiner zu sein, massive Angstzustände, Panikattacken und Alpträume über männliche Schatten zu haben. Weiters werden von ihr große Beziehungsprobleme geäußert. Sie würde immer wieder ungute Allianzen mit Menschen eingehen, und es gäbe ein großes Abgrenzungsproblem zu ihrer Mutter. Damals begonnene Therapieversuche setzten sich in unregelmäßigen Abständen im stationären und ambulanten Bereich in psychiatrischen und psychosomatischen Abteilungen sowie verhaltensorientierter Psychotherapie in freier Praxis fort.

Als aktuellen Belastungsfaktor nennt Frau A den langen Urlaub ihrer Psychotherapeutin. Sie gibt an, dass sie jetzt auch tagsüber einen männlichen Schatten sähe und eine weibliche entwertende Stimme ihr einrede, dass sie endlich sterben solle. Darauf folgende Selbstmordgedanken und selbst verletzendes Verhalten (SVV) (zugeführte Schnitte in Oberarme und Oberschenkel) führen zur stationären Aufnahme zur Krisenintervention und Etablierung einer Medikation.

Stationärer Therapieverlauf

Der stationäre Aufenthalt wird von Frau A insgesamt als entlastend erlebt. In ihren Wünschen ist sie jedoch sehr ambivalent. Manchmal möchte sie prompt entlassen werden, kann jedoch Ausgänge aufgrund ihrer Ängstlichkeit, hochgradigen Konzentrationsstörungen und akustischen Pseudohalluzinationen bzw. Intrusionen nur begrenzt in Anspruch nehmen. Nach der Entlassung soll Frau A zur weiteren Behandlung in ein spezielles Therapiezentrum für Persönlichkeitsstörungsdiagnosen aufgenommen werden. Aufgrund einer Wartezeit von mehreren Monaten wird Frau A inzwischen zur weiteren Stabilisierung in die Tagesklinik der

Abteilung aufgenommen. Ein achtwöchiger Aufenthalt im tagesklinischen Setting wird vorerst vereinbart. A 2

Tagesklinik

Als langjährige Patientin zahlreicher klinischer Aufenthalte erhält Frau A im Rahmen der Tagesklinik ein umfangreiches Therapieangebot, das vorwiegend aus Gruppentherapien (Psychoeducation, Physiotherapie, Animation und Entspannung), einem wöchentlich ärztlichen und psychologischen Einzelgespräch sowie aus sozialarbeiterischen Beratungsgesprächen besteht. Frau A erhält erstmals das Angebot Musiktherapie. Die Zuweisung für Einzelmusiktherapie erfolgt durch den Stationsarzt und die klinische Psychologin.

Musiktherapie

Die Musiktherapie soll während des gesamten Aufenthaltes zweimal wöchentlich zu je 50 Minuten stattfinden. Frau A erklärt sich im Rahmen der Musiktherapie mit einer Biofeedbackuntersuchung einverstanden.

Erstkontakt

Im Erstkontakt, der bereits im Musiktherapieraum stattfindet, wird Frau A über das Angebot Einzelmusiktherapie, über mögliche erste Schritte hinsichtlich der musiktherapeutischen Herangehensweise von der Therapeutin informiert. Frau A scheint sehr motiviert und neugierig zu sein. Ob die Musiktherapie helfen könnte? Denn eigentlich würde sie ständig Musik hören, manchmal sei das gut, ein anderes Mal sei das schlecht. Sicher würde sie in der Musiktherapie, wenn sie sich schlecht fühle, auch schlecht singen und spielen. Mit anderen Worten, sei sie dann entweder auf der SUC-Skala auf Stufe 10, oder auf der SUD-Skala auf Stufe 5 – 10. Die Therapeutin hebt diese Aussage hervor, dass Frau A offensichtlich sehr skills-erfahren sei, und das dies sehr hilfreich sein könnte. Ob es vielleicht schon eine genaue Vorstellung gäbe, wobei Musiktherapie helfen sollte? Frau A erklärt, dass sie ihre Schuldgefühle **(K6.1.)**, auf die sie jetzt nicht näher eingehen möchte **(K2.1.)**, loswerden wolle, und beim Musikhören zu Hause sei dies manchmal, aber nicht immer, der Fall.

Nach einem psychoedukativen Gespräch und zusammenhängend auch über Musikwirkung, dass es bei jeden Menschen zu unterschiedlichen Empfindungen und Reaktionen kommen könne, beschreibt Frau A kurzatmig ihren hohen Leidensdruck im Alltag aufgrund der intrusiven Stimmen, der Flashbacks und ihre Neigung zu SVV (das Ausreißen der Haare, und das sich-Schneiden in Oberarme und Oberschenkel) **(K1.1.)**. Manchmal sei das SVV ein Bewältigungsversuch, ihre Schuldgefühle **(K6.1.)** loszuwerden. Währenddessen trippelt Frau A, die sich nicht setzen möchte, stehend von einem Bein auf das andere. Ihre Sprachmelodie ist monoton, die Stimme ist leise, fast flüsternd, hoch und gehetzt **(K1.1.)**.

Die Therapeutin betont, wie belastend diese Alltagssituation für Frau A sein müsse, und wie viele Dinge sie schon verstehen könne, dass sie bereits einen konkreten Wunsch, ein Therapieziel nennen konnte und dass dies nicht selbstverständlich sei. Beim Abschied betont sie, dass sie die Zeit in der Tagesklinik gut nutzen wolle und sich sehr auf die Musiktherapie freue.

A 3 *Reflexion und Interpretation*

Frau A ist überdurchschnittlich groß gewachsen und wirkt, ihre Körpergrenzen betreffend, ohne Konturen: Eine junge hübsche Frau, die in jedem Augenblick auseinander zu fließen droht. In ihren schönen dunkelbraunen Augen spiegelt sich die Angst eines kleinen Mädchens wider. Es ist wie ein ständiges „auf-der-Hut-sein-müssen." Gleichzeitig hat ihr Blick etwas Saugendes und Kontrollierendes. Auf jede Frage antwortet sie artig und blitzartig. Es entsteht wenig Resonanz - kein Raum, keine Pause zwischen meiner Frage und ihrer Antwort. Sie weiß sofort die Zahl auf ihrer Befindlichkeitsskala. Schon jetzt entsteht in mir der Impuls, Frau A beruhigen zu wollen. Ich habe die Fantasie von einem kleinen Mädchen, das ich in den (Heil)schlaf wiegen möchte.

Frau A wirkt auf mich also auf zweierlei Arten: einerseits durch ihr Aussehen und den Informationen über ihre Lebensgeschichte hilfs- und anlehnungsbedürftig, das in mir ein starkes Bedürfnis nach Fürsorge auslöst, andererseits ist Frau A durch jahrelange Therapieerfahrung eine Wissende mit entsprechender Erwartungshaltung (Frau A erwähnt zweimal ihre Schuldgefühle), das wiederum einen Leistungsdruck in mir erzeugt, etwas „Besonderes" Frau A anzubieten, das sie aus anderen Therapien noch nicht kennt.

Traumatherapeutische Überlegung

Eines der Übertragungs- und Gegenübertragungsmuster in der Therapie von Patienten mit Traumafolgestörungen ist der Aspekt der Fürsorge. Belastende und traumatisierende Lebensereignisse können in der Therapeutin ausgeprägte Gefühle von Fürsorge auslösen, das zu überfürsorglichen Schutz führen kann (Sack, 2010, S.178; Charlier, 2010, S.11).

1. Stunde: Die Herrin im eigenen Haus I

SUC prä 3
SUC post 6

Mth-Technik: Instrumentenaufstellung
TT-Technik: „*Den inneren Beobachter kennenlernen*" (in Anlehnung an Reddemann, 2010)

Frau A kommt aufgeregt in die Stunde. Zuvor musste sie noch dringend eine Zigarette rauchen. Seit vier Uhr früh sei sie wach, in ihrem Kopf sei ein heilloses Durcheinander, und deswegen musste sie sich wieder Haare ausreißen **(K1.1.)**, was dazu führte, wieder vermehrt Schuldgefühle **(K6.1.)** zu haben. Wie aus der Pistole geschossen sagt Frau A: „*Jetzt gerade bin ich freudig aufgeregt und verwirrt gleichzeitig. Ich bin auf drei.*" (SUC 3, Anm.)

Sichtlich unter Stress und unter Leistungsdruck stehend, wird Frau A explizit dazu eingeladen, zunächst in aller Ruhe im Raum anzukommen und sich umzusehen, und wenn sie möchte, könnte man gemeinsam in einem nächsten Schritt in Ruhe das „heillose Durcheinander" im Inneren und die Schuldgefühle, die sie schon im Erstkontakt erwähnte, genauer anschauen. Frau A fragt, ob man Schuldgefühle **(K6.1.)** auch so anschauen könnte, ohne konkret darüber erzählen zu müssen? **(K2.1.)** Die Therapeutin bejaht diese Frage und sagt, dass die Musik mit Hilfe der Instrumente eine Möglichkeit dafür sein könnte, und dass es nicht immer um den Inhalt der Schuld gehen muss, sondern um den Umgang mit diesem schwierigen Gefühl.

Hinzugefügt wird noch, dass besonders bei der Betrachtung der Musikinstrumente möglicherweise angenehme wie unangenehme Empfindungen entstehen können, und dass es wichtig sein kann, sehr sorgsam und achtsam damit umzugehen. Selbstverständlich könne sie die Instrumente auch ausprobieren. Frau A nickt und sagt, sie wolle sich zunächst einmal umsehen und kommentiert diese danach mit einem: *„eh schön.“* A 4

Dann seufzt sie und erklärt einen Grund ihrer Aufregung. Ihre Lebensgefährtin habe sie dringend darauf hingewiesen, endlich ihre Schulden bei ihr zu bezahlen. Nachdem es sich um einen kleinen Geldbetrag handelt, sei Frau A *„wegen so einer Bagatelle“* sehr verärgert und wütend geworden, und habe deswegen wieder an ihren Haaren gerissen ...

„Oh, Sie haben übrigens schöne Haare!“ Frau A lächelt erstmals. *„Wie finden Sie das, wenn Sie sich die Haare ausreißen?“*
„Naja, im Nachhinein immer doof.“
Beide lachen.
„Noch dazu wegen so einem Blödsinn – zahlt sich überhaupt nicht aus.“

Nach einer kurzen Stille fragt die Therapeutin: *„Was halten Sie davon, wenn wir jetzt versuchen, dieses innere Gefühls-Durcheinander mit Hilfe der Instrumente genauer und von außen anzuschauen, vielleicht gelingt es Ihnen, ein bisschen Ordnung zu schaffen? Da gibt es in Ihnen eine freudige Aufregung, ein heilloses Durcheinander von Wut, Ärger, Schuld ...“*

Nach einem gemeinsamen Instrumentenrundgang mit sorgfältiger Exploration entscheidet sich Frau A für das Glockenspiel, welches das Freudegefühl, und die Djembe, welche das Schuldgefühl repräsentieren sollte. Es wird noch ein Platz im Raum für die Aufstellung gesucht. Frau A zeigt sich überrascht, dass sie neben der Instrumentenauswahl auch das bestimmen darf **(K2.2.)**. Sie platziert beide Instrumente nahe der Tür. Ob sich das gut anfühle, selbst zu bestimmen und von außen die Befindlichkeiten anzuschauen?

„Von außen ist das leichter, und meine Freude ist heute viel kleiner (Glockenspiel) als meine Schuld (Djembe).“ ***(K10.2)***
Die Therapeutin bestätigt Frau A, indem sie ihr sagt, dass man tatsächlich ein Stück weit die eigenen Gefühle von außen betrachten könnte, dass man *„die Herrin im eigenen Haus“* sein darf und in gewisser Weise bestimmen sowie Ordnung in den Gefühlen schaffen kann ...“

Frau A blickt die Therapeutin mit großen Augen an und sagt, dass ihr der Begriff von der *„Herrin im eigenen Haus“* gefalle, aber nun sei es genug. *„Danke, ich bin jetzt auf 6.* Kann ich jetzt gehen?“ ***(K2.1.)***
Nach dem Abschied verlässt Frau A rasch den Raum.

Reflexion und Interpretation

Frau A's Stress- und Leistungsdruck werden gleich zu Beginn so stark spürbar, sodass in mir wieder der Wunsch entsteht, ihr etwas Beruhigendes zu ermöglichen. Ähnlich dem Erstkontakt, als ich Frau A in meiner Fantasie, entsprechend meinen Gegenübertragungsgefühlen, wie ein kleines Kind in den Schlaf wiegen will, soll sich Frau A „bei mir sofort sicher fühlen“ – dieser mein (auch narzisstischer) Anspruch durchzieht die gesamte 1. Stunde.

Selbst bei positiven Rückmeldungen an Frau A fühle ich mich „zu nahe an ihr dran“, mit anderen Worten, ich fühle mich schuldig. Enttäuscht über den vorzeitigen Aufbruch, ist er dennoch wenig überraschend.

A 5 Traumatherapeutische Überlegung

Frau A's genannte schwierige Gefühle können als traumaassoziierte Alltagssymptome mit den dazugehörigen traumatischen Erinnerungen verstanden werden (Sack, 2010, S. 179). Es gilt, unterschiedliche Funktionsebenen zu erkennen und herauszuarbeiten. Durch konkrete Unterscheidungsbildung mit Hilfe klarer Strukturen soll Frau A ihren inneren Raum zurückerobern können.

Musiktherapeutische Überlegung

Auch ohne Spiel funktionieren Musikinstrumente in der 1. Stunde als strukturierende und symbolisierende Elemente. Frau A konnte mithilfe der Instrumente eine beobachtende Position ihrer externalisierten Gefühle einnehmen. Das vorzeitige Weggehen ist als Kontrollmöglichkeit und als Schutz vor angstbesetzten Situationen zu verstehen.

2. Stunde: Die Herrin im eigenen Haus II

SUC prä 2
SUC post 6

Mth-Technik: Thematische Improvisation

Frau A betritt den Raum mit den Worten, dass seit dem letzten Mal zu Hause ihr Ärger, ihre Wut und ihre Schuldgefühle **(K6.1.)** gleich geblieben seien, aber jetzt nicht darüber reden möchte **(K2.1.)**, stattdessen wolle sie gleich etwas Musikalisches. Die Therapeutin fragt Frau A, anknüpfend an die vorige Stunde, ob sie vielleicht mit einem musikalischen Rollenspiel fortsetzen möchte? Nach den vereinbarten Spielregeln platziert Frau A die ausgewählten Instrumente in ähnlicher Weise. Sie wählt für sich das Glockenspiel (Freudegefühl) und bittet die Therapeutin, die Djembe (Schuldgefühl) zu übernehmen.

Mit einem Anflug von Stolz greift Frau A den Satz aus der ersten Stunde auf: *„Ich war noch nie die Herrin im eigenen Haus. Wenn ich die „Herrin im eigenen Haus" sein soll, dann möchte ich, dass das Freudegefühl größer und das Schuldgefühl kleiner wird."*

Während die Therapeutin diesen Wunsch als eine gute Idee bezeichnet, dass ein „als-ob-Spiel" versucht werden könnte, beginnt Frau A bereits mit einem beschwingten Tempo ihr Spiel. Sie spielt beidhändig. Ihr Anschlag ist leise und zart, die Klangstäbe erklingen zufällig, das Tempo bleibt konstant, eine gewisse Unbeschwertheit, aber auch Oberflächlichkeit wird hörbar. Die Therapeutin steigt mit der Djembe in Frau A's Rhythmus ein und trommelt leise und hauptsächlich am Djembenrand mit den Fingerkuppen, sodass das Glockenspiel gut hörbar bleibt. Am Ende geht Frau A in Glissandibewegungen über, die Therapeutin ahmt diese Spielart durch Wischbewegungen am Trommelfell ein klein wenig auf der Djembe nach.

Frau A ist überrascht, dass die Musik so leicht und frei klingt. „Ich hätte nicht gedacht, dass mich die Djembe so wenig stört" *(K10.2.)*.
„Sie hat sich rhythmisch an Ihr Glockenspiel angepasst, aber Ihr Instrument war deutlich lauter ..., wie wäre das, wenn Ihre guten Gefühle, vor allem die Freude, tatsächlich in Ihnen größer werden würden?"
„Das wäre toll, ich würde mich wertvoller fühlen, eigentlich so, wie es jetzt geklungen hat" *(K6.2.)*.

Wieder beginnt Frau A, diesmal mit Glissandibewegungen. Währenddessen erlaubt sich die Therapeutin eine kleine Deutung: *„Wir haben es in der Hand, wie wir unsere Musik spielen. Wenn uns das gelingt, vielleicht gelingt es auch mit unseren Gefühlen …“* A 6

Vertieft spielt Frau A weiter. Die Glissandibewegungen lösen sich allmählich auf, und Frau A findet zu Dur- und Molldreiklängen in gerader Taktart. Sie scheint in ihr Spiel zu versinken und es auch zu genießen, sodass die Therapeutin sie nicht weiter „stören“ will. Im weiteren Verlauf entwickelt Frau A kleine Melodien, in der Bruchstücke aus einem bekannten Kinderlied hörbar werden (*„Ein Männlein steht im Walde“*). Nach diesem ausgiebigen Solospiel signalisiert Frau A der Therapeutin, dass besonders das zweite Spiel sehr gut gewesen sei **(K1.2.)**, so wie manchmal zu Hause, beim Musikhören, aber nun wolle sie gehen, bevor etwas Unangenehmes auftauche **(K2.1.)**.

Reflexion und Interpretation

Frau A erlaubt sich nach dem Duospiel, das sie in weiterer Folge als Selbstwert stärkend erlebt, eine Soloimprovisation, in der sie sich zurückziehen kann. Sie lässt mir eigentlich wenig Raum für Kommentare und signalisiert durch ihren Übergang zum Solospiel, dass sie für sich sein möchte. In der Gegenübertragung erlebe ich mich während der musikalischen Episoden bald als störend. Ein spezielles Beziehungsgeschehen scheint in Gang zu kommen: eines, das konfliktfrei und an der Oberfläche bleiben soll und darf, damit Frau A sich gut schützen kann. Sie genießt das Selbstbestimmungsrecht in der Therapie und scheint auch darauf stolz zu sein. Diesmal bin ich auch nicht enttäuscht, dass Frau A wieder frühzeitig den Raum verlässt.

Musiktherapeutische Überlegung

Frau A's Solospiel und das damit verbundene Gegenübertragungsgefühl lässt sich in das von Strehlow formulierte Interaktionsmuster „Musik als Rückzugsort“ (Strehlow, 2010, S. 209f.) einordnen, in dem sich die Patientin sicher und geborgen fühlt, im Gegensatz zur Therapeutin, die sich als Störerin erlebt.

Traumatherapeutische Überlegung

Eine weitere Priorität von Kontrolle und Sicherheit in der therapeutischen Beziehung zeichnet sich ab. Die Patientin benützt und formt die Therapeutin entsprechend, sodass die Beziehung möglichst frei von Konflikten und Spannungen bleiben kann, wobei nach Moser diese Beziehungsform nicht mit Wünschen bewusster oder unbewusster Art zu verwechseln sei, sondern eine für die Beziehung notwendige Sicherheit hervorbringt, in der etwaige Wünsche geäußert werden können (Moser, 2001, S. 121), beispielsweise das aktive Weggehen nach dem Spiel.

A 7 ***3. Stunde: Kommt ihr Töchter, helft mir klagen***
SUC prä 1
SUC post 5

Mth-Technik: Thematische Improvisation, mitgebrachte Musik der Patientin, Reorientierungsübung (Herstellung von Gegenwartsbezug durch musikalische Reorientierung im Hier und Jetzt)

TT-Technik: Psychoeducation (Stopp-Regel, Musik-Freude-Tagebuch, Notfallplan)

Frau A möchte das musikalische Rollenspiel der vorigen Stunde wiederholen. Ob jetzt wieder der gleiche Effekt eintreten würde, fragt sie neugierig. Sie fragt, ob diesmal die Therapeutin das Glockenspiel, für die Freude stehend, und sie die Djembe, für die Schuld stehend, spielen würde? Die Therapeutin greift den kreativen Einfall auf und fragt nach, ob sie mit der vergangenen Stunde mit diesem Rollenspiel noch gedanklich beschäftigt war? Nein, eigentlich nicht, aber es würde Frau A jetzt einfach interessieren, die Rollen zu tauschen. Die Therapeutin fügt noch hinzu, dass sie die Djembe *in Händen hat,* also die Dosierung innehat. Frau A überlegt kurz und meint, es sei doch keine gute Idee.

Eine andere Möglichkeit wäre noch, dass Frau A der Therapeutin durch Dirigierbewegungen zeigt, wie die Glockenstäbe und die Djembe zu spielen seien.

Damit einverstanden dosiert Frau A fein durch Dirigierbewegungen Tempo und Lautstärke für beide Instrumente **(K2.2.)**, von der Therapeutin gleichzeitig gespielt, sodass die Glockenspielklänge wieder deutlich stärker hervortreten, während der Trommelrhythmus auf der Djembe dezent bleibt.

Bald darauf winkt Frau A ab und sagt, dass sie wieder die *Schuld* (Djembe) gut ausgehalten hat, doch jetzt möchte sie Musik hören **(K2.2.)**. Die Therapeutin fragt, ob davor noch das kurze Spiel und Frau A's Rolle als Dirigentin besprochen werden soll? Frau A verneint und meint, dass es gut gepasst hätte. Währenddessen kramt sie aus ihrer Tasche eine CD hervor und legt sie in den CD-Player ein.

Frau A erzählt, dass sie zu Hause heute früh diese Lieblings-CD anhörte und dabei in eine negative Gedankenspirale geriet. Gleichzeitig wurde sie dabei sehr traurig und sie schaffte es nicht, die Musik rechtzeitig abzuschalten **(K1.1.)**. Jetzt möchte Frau A diese CD unbedingt der Therapeutin vorspielen. Nach der Abmachung, dass sowohl Frau A als auch die Therapeutin jederzeit im Sinne der Stopp-Regel die Musik beenden können, schaltet Frau A den CD-Player ein. Während des Zuhörens der Eingangsmusik aus Bach's Matthäuspassion *„Kommt ihr Töchter, helft mir klagen"* beobachtet Frau A die Therapeutin scharf. Nach einigen Takten fragt sie:
„Halten Sie es noch aus?" **(K5.1)** Berührt von Frau A's Besorgtheit, ob es der Therapeutin gut geht, spricht diese Frau A's soziale Kompetenz an. Die Musik läuft weiter und währenddessen sagt Frau A, dass dies wohl mit ihrer Rolle als älteste Schwester zu tun habe, die immer darauf achten musste, dass es ihren Schwestern gut geht.

Nach dem Instrumentalteil, beim Choreinsatz, sagt Frau A plötzlich „Stopp" **(K2.2.)**. Dies wird von der Therapeutin entsprechend gewürdigt, während die Musik heruntergeregelt und beendet wird. Sicherheitshalber bietet die Therapeutin eine kleine Reorientierungsübung an, sodass nicht nur die Gedanken, sondern auch die Sinneswahrnehmung und die gesamte Aufmerksamkeit dem Hier und Jetzt gelten. Frau A wählt dafür den Regenmacher, das Rieseln der Reiskörner, und den holzigen Stab in den Händen, dies sei jetzt, so sagt sie, ein guter Anker **(K4.2.)**.

Nach einer Weile erzählt Frau A, dass diese soeben gehörte Musik auch die Lieblingsmusik ihrer Mutter sei. „*Sie* (Frau A's Mutter, Anm.) *hat sich das früher immer reingezogen, wenn sie sich geschnitten hat, und ich hab da oft zugeschaut.*“ A 8

Die Reaktion der Therapeutin abwartend, hat Frau A wieder diesen *saugenden und kontrollierenden* Ausdruck in ihrem Blick. Auf die Frage, wie es ihr als damals kleines Mädchen ergangen sei, erzählt sie mit hoher, leiser und tonloser Stimme, dass sie entsetzliche Angst um ihre Mutter hatte. Doch man gewöhne sich an alles.

Nun berichtet Frau A über die unberechenbaren und intensiven Gefühle ihrer Mutter, und dass diese sich oft an Frau A festklammerte und sie für so vieles verantwortlich machte - irgendwann sei diese Musik, verbunden mit dem SVV, zu einem „*Sport*“ ihrer Mutter geworden.

„Ich hab mich dann einfach mal „weggebeamt.“ Manchmal war ich riesig groß, und dann wieder klein wie eine Maus“ ***(K4.1.).*** Aber all das habe sie in früheren Therapien schon x-Mal durchgekaut ...

Die Therapeutin denkt an *Alice im Wunderland* und sie äußert ihre großen Bedenken über den Einsatz des mitgebrachten Musikstückes. Frau A sagt, sie wisse jetzt ganz genau, an welcher Stelle die Musik aufhöre, tröstend zu sein. Genau ab dem Chorgesang. Der Instrumentalteil sei wahnsinnig beruhigend **(K1.2.)**, aber im Anschluss die Chorklage, nein, das gehöre zu ihrer Mutter. Außerdem sei das gemeinsame Anhören hier in der Therapie viel leichter **(K.9.2.)** denn zu Hause würde sie sich die Haare ausreißen.

„Dankeschön, sind wir jetzt fertig?“ ***(K2.1.)***

Diesmal gibt die Therapeutin nicht nach. Ob noch gemeinsam überlegt werden könnte, was Frau A für sich zu Hause Gutes tun könnte? Etwa ein Musik-Freude-Tagebuch anlegen, wobei es darum geht, angenehm empfundene Musik und erfreuliche Ereignisse des Tages zu notieren. Dass dies bereits auch im Vorfeld hilfreich sein könnte, da man möglicherweise bewusster und aufmerksamer durch den Tag gehen würde. Frau A erwidert, dass sie ohnehin viel Tagebuch schreibe, hauptsächlich über negative Eindrücke. Doch sie würde sich diesen Vorschlag überlegen.

Dann fällt Frau A der *Nachtkästchenplan* ein, den sie vor Jahren mit ihrer Psychotherapeutin entwickelte, der jedoch vergessen und überholt sei. Es wird überlegt, wie dieser neue Plan aussehen könnte, nachdem gerade die Zeit vor dem Schlafengehen sensibel sei. Auf alle Fälle müssten es schöne und beruhigende Dinge sein. Schnell fällt Frau A folgendes dazu ein: für die Augen ein Lämpchen mit angenehmen Licht; für die Nase ein Vanilleduftöl; für den Mund süßsaure Zuckerl; für die Hände Lavasteine, für die Ohren eine Trostmusik „*kommt ihr Töchter*“ – natürlich nur der Instrumentalteil. Frau A und die Therapeutin verabschieden sich.

Reflexion und Interpretation

Frau A's eigener Vorschlag, dass im wiederholten Rollenspiel die Rollen getauscht werden könnten, ist offensichtlich zu bedrohlich. Die aktive Auseinandersetzung mit dem Schuldgefühl ist noch zu früh. Auch die neue Spielregel, durch Dirigierbewegungen beide Instrumente dosieren zu können, wird nur kurz umgesetzt. Frau A hat etwas Dringenderes auf dem Herzen. Sie erzählt mir eine frühe, sich wiederholende und traumatisierende Szene aus ihrer Kindheit, die daraus resultierenden Angstzustände, die in weiterer Folge zu dissoziativen

A 9 *Zuständen wurden. Sie vertraut mir ihre Geschichte an, nachdem sie mir zuvor diese heikle Musik, die in einem unmittelbaren Zusammenhang mit ihr und ihrer Mutter steht, vorspielte.*

Mein Eindruck von Frau A ist gemischt – zum einen steht das Motto: „ich erzähl dir etwas mit dem Risiko, dass diese belastenden Erinnerungen mich wieder überwältigen und ich mich hoffnungslos verloren fühle“ –zum anderen steht Frau A's psychische Kompetenz, sich aktiv von einer schwierigen Situation zu distanzieren, indem sie ihre Angst und Unsicherheit in Form einer Frage projiziert („halten Sie es noch aus?“) und rechtzeitig die Musik stoppt. Sie beweist ihre Fähigkeit zur Abgrenzung und ist stolz darauf. Frau A testet einerseits unsere Beziehung aus, scheint andererseits aber auch besorgt zu sein. Ich fühle mich zwar funktionalisiert, verstehe dies jedoch als Teil ihrer Bewältigungsstrategien.

Traumatherapeutische Überlegung

Chronisch dissoziative Symptome können aufgrund von Vernachlässigungserfahrungen im frühen Kindesalter entstehen. Bereits alltägliche Stresssituationen können dissoziative Schutzreaktionen wie Symptome von Depersonalisation, Derealisation und Amnesien auslösen (Sack, 2010, S. 16).

Musiktherapeutische Überlegung

Strehlow beschreibt das Interaktionsmuster „Musik gibt Struktur“ als eine Reaktion auf diffuse Spannungsgefühle, ausgelöst durch Angst vor erneutem Scheitern im musikalischen Miteinander (Strehlow, 2010, S. 271).
Mitgebrachte Musik gibt Einblick in die Lebensgeschichte der Patientin und ermöglicht das „Erlernen eines bewussteren Umgangs mit Musik“ (Sonntag & Jüchter, 2007, S. 111). In og. Beispiel, in welchem die mitgebrachte Musik sowohl Trost- als auch Triggerteile beinhaltet, beweist Frau A ihre Handlungsfähigkeit. Sie erlebt diese Musik in der Therapie anders als zu Hause, nämlich im Sinne einer „kontrollierten Gemeinsamkeit“ (Strehlow, ebd.). Der konflikthafte Zustand während des Musikhörens wird nach außen verlagert, indem Frau A die Therapeutin fragt, ob sie die Musik noch aushält. „In der Projektion werden auch neue, noch nie bewusst gewesene psychische Möglichkeiten erstmals bewusstseinsfähig“ (von Heydwolff, 2000, S. 534). Rechtzeitig gestoppt wird die Musik vorhersehbar und kontrollierbar.

4. Stunde: Gute Mutter – Böse Mutter

SUC prä 1
SUC post 3

Mth-Technik: Thematische Improvisation

Frau A ist zum geplanten Termin krank, daher wird die Stunde heute nachgeholt. Trotz Bronchitis, Frau A bekam ein Antibiotikum verordnet, kommt sie pünktlich in die Tagesklinik. Mit heiserer Stimme beginnt Frau A zu erzählen:

„Es hat sich soviel getan. Erstens ist mir der Nachtkästchenplan gelungen. Zweitens hab ich es wieder nicht geschafft, mich von meiner Mutter abzugrenzen und das ärgert mich! Gott sei Dank war meine Lebensgefährtin mit dabei, sie hat mich dann rechtzeitig nach Hause geschleppt. Meine Psychotherapeutin sagte auch immer, ich soll mich besser abgrenzen, aber ich schaffe es nicht!“ Drittens bin ich danach krank geworden.“

Die Therapeutin gratuliert zunächst Frau A zur gelungenen Umsetzung des Nachtkästchenplans und fragt, nachdem es sich um gleich drei Themen handelt, die wahrscheinlich heute nicht alle unterzubringen sind, was jetzt gerade am Dringlichsten sei. A 10

Ohne langes Nachdenken nennt Frau A das Thema Abgrenzung bezüglich ihrer Mutter. Die gute Nachricht, so Frau A, sei ihre Lebensgefährtin. Sie sei eine wahre Verbündete, und auch wenn es manchmal schwierig mit ihr wäre, so könne sie ihr ganz vertrauen. Auf die Frage, worin genau die Abgrenzungsschwierigkeit hinsichtlich ihrer Mutter bestehe, beginnt Frau A, diese differenziert zu beschreiben. Frau A mag ihre Mutter sehr, ihre guten Eigenschaften, das Wissen darüber, dass sie von ihr gemocht wird. Und Gott sei Dank würden nicht mehr so schlimme Dinge wie früher passieren, vielleicht, weil ihre Mutter auch in Behandlung sei. Gleichzeitig spürt Frau A von ihrer Mutter sowohl ausgesprochen als auch unausgesprochen den ständigen Vorwurf, zu distanziert zu sein, sich nicht mehr um ihre jüngeren Schwestern zu kümmern. Weiters sei ihre Mutter distanzlos, selbst durch die räumliche Trennung gelinge es Frau A's Mutter immer wieder, sich per Telefon in Frau A's Privatleben einzumischen. Frau A habe dann nicht die Kraft, das Gespräch rechtzeitig zu beenden, und das würde ganz schlimme Aggressionen hervorrufen.

„Was halten Sie von einem kleinen Experiment zum Abgrenzungsthema? Wie immer nach dem Motto, jederzeit unterbrechen bzw. stoppen zu können?"

In einem musikalischen Rollenspiel könnte das Abgrenzen geübt werden, indem Frau A zunächst für sich ein oder zwei Instrumente, und in einem zweiten Schritt für ihre Mutter jeweils eines für die guten und eines für die schlechten Eigenschaften auswählt.

Frau A greift spontan zur Oceandrum. „Das bin ich als Ganzes, ein Instrument reicht für mich" ***(K10.2.).*** Für die gute Seite der Mutter wählt sie die Röhrenglocken, für die schwierige Seite derer die Darbouka. Die Röhrenglocken werden ganz nah zur Oceandrum gestellt, die Darbouka wird in eine Ecke des Raumes „verbannt."

Nach der Aufstellung folgt eine genaue Spielregel:
Es wird vereinbart, dass Frau A zunächst eine Zeit für sich die Oceandrum spielt. Dann, und nur wenn es für Frau A gut passt, kann die Therapeutin in der Rolle der guten Mutter auf den Röhrenglocken dazuspielen. Danach soll eine Zeitlang innegehalten werden, sodass beide das Gehörte, Gespürte und Gefühlte überprüfen können.

Frau A hält die Oceandrum auf ihrem Schoß. Die Augen geschlossen, wiegt sie diese sanft und leise hin und her. Danach öffnet sie die Augen und bittet die Therapeutin/die „gute Mutter" zum Dazuspielen. Diese spielt auf den Röhrenglocken vereinzelte Töne, indem sie jeden Ton ausklingen lässt, bevor der nächste Ton erklingt. Frau A setzt ihr Spiel unverändert fort. Dynamisch ausgewogen mutet die Musik aufgrund der Beschaffenheit der Instrumente und der Spielweise von beiden grenzenlos an. Frau A gibt der Therapeutin ein zuvor vereinbartes gestisches Signal **(K2.2.)**, zum langsamen Ausklingen der Musik.

„So mag ich meine Mutter, wenn sie sanft klingt. Aber selbst das ist mir manchmal zuviel. Kann das sein, dass mir auch die „gute Mutter" zuviel ist?" ***(K10.2.)***
„Wie müsste es denn sein, dass es nicht zuviel ist?"
„Leiser, langsamer, ich weiß auch nicht, irgendwie anders halt."
„Wie wäre es abwechselnd – wie beim Sprechen. Einmal „redet" die eine, die andere hört zu und umgekehrt."

A 11 Im anschließenden Dialogspiel spielt Frau A trotz der zahlreichen Kugeln in der Oceandrum kürzer und kräftiger. Es hört sich nicht mehr *neverending* an. Auch die Therapeutin in der Rolle der guten Mutter lässt es nicht mehr nachklingen, sondern schlägt kürzer und bestimmter die Töne an und dämpft sie mit der Hand ab. Das Dialogspiel gelingt, es dauert deutlich länger an und Frau A bestätigt im Nachhinein, dass das in jeglicher Hinsicht viel besser gewesen sei: *„So wie es meine Psychotherapeutin immer gesagt hat. Ich muss das spüren lernen, es muss sich gut anfühlen... Aber ob ich das wirklich schaffe?“*

„Ich denke, man kann schon ein Stück darauf vertrauen, dass das, was hier gelingt, auch draußen gelingen kann. – Was machen wir mit der Darbouka bzw. mit der Rolle der „bösen Mutter“?“
„Gar nichts, die soll jetzt stehen bleiben, wo sie ist, für heute ist es genug“ ***(K2.2.)***.
„Das ist sehr gut, dass Sie sich jetzt so klar abgrenzen können. Wenn es wichtig ist, wird es ohnehin Thema sein.“

Jetzt überlegt es sich Frau A doch noch anders. Sie will das heutige Thema hier und jetzt abschließen. Frau A greift wieder zu *ihrer* Oceandrum und die Therapeutin geht in die Ecke des Raumes, in der die Darbouka von Frau A platziert wurde. Diametral geht Frau A in die andere Ecke. Beide befinden sich in maximaler Raumdistanz.

Nun wird die Oceandrum mit einem kräftigen *forte* bewegt. Zunehmend entwickeln sich *decrescendi*- und *crescendi*- Bewegungen. Es entsteht ein Kontinuum aus Ebbe und Flut. Frau A scheint ihren gelungenen Ausdruck von Meeresrauschen zu genießen. Sie hält die Augen geschlossen **(K1.2.)**, auch nachdem die Darbouka mit weichen, leisen und flotten Schlägen dazu gespielt wird.

Die Musik dauert diesmal lange an, und die Therapeutin ist für eine kleine Weile nicht mehr sicher, ob Frau A noch *da* ist. Doch dann nimmt Frau A Blickkontakt auf, klar und ernsthaft. Beide nicken einander zu. Die Musik klingt gemeinsam langsam aus. Frau A wirkt jetzt sehr nachdenklich. Sie nickt langsam und scheint zufrieden zu sein. „Alles unter Kontrolle ... ***(K.2.2)***. Der maximale Abstand hat genau gepasst. Näher ertrag ich sie nicht“ ***(K10.2.)***.
Wie das Spiel, so gestaltet sich der heutige Abschied, kein fluchtartiges, sondern ein entspanntes Weggehen wird möglich.

Reflexion und Interpretation

Selbst in der Rolle der „guten Mutter“ spüre ich sofort, dass ich eine Zumutung bin. Die lang klingenden Röhrenglocken, die für etwas Liebevolles stehen sollten, muten im Spiel penetrant an und ich fühle mich übergriffig. Bestätigt durch Frau A's Aussage, dass selbst das Gute der Mutter, die grenzenlose Geräuschkulisse, zuviel ist, ändert der zweite Spielversuch, das Dialogspiel, auch mein Gefühl. Die reifere Spielart hat, die Grenzen Frau A betreffend, etwas Respektvolleres.

In der Rolle der „bösen Mutter“ habe ich das starke Bedürfnis, auf maximalen Abstand zu bleiben. Ich weiß, dass ich nicht näher kommen oder eine Kontrastmusik anbieten darf. Jedoch spüre ich den starken Wunsch, mit Frau A in Kontakt zu bleiben. Ich befinde mich in einem Dilemma, das offensichtlich das reale Beziehungsdilemma zwischen Mutter und Tochter widerspiegelt.

Musiktherapeutische Überlegung A 12

Traumaadaptierte musikalische Rollenspiele tragen zu einer Ermutigung und Stärkung des Selbstwertgefühls bei. Unvermutete Kraftquellen können durch die musikalische Gestaltung stärker verankert werden. In der musikalischen Interaktion werden durch mögliche Veränderungen der Rollenqualität Überlebensstrategien der Opferanteile als aktive Lösungsstrategie gewürdigt.

Traumatherapeutische Überlegung

Lawson beschreibt die verheerenden Beziehungsfolgen zwischen der Borderline-Mutter und ihren Kindern und deren Hilflosigkeit im Erwachsenenalter, wenn Borderline erkrankte Mütter in deren Privatsphäre eindringen, sie manipulieren, entwerten und die Wahrheit verzerren (Lawson, 2006, S. 18). Die Betroffenen müssen sich von den Müttern loslösen, um überleben zu können, jedoch wird durch eine Trennung das Überleben der Mütter bedroht. Dies scheint ein Hauptbestandteil von Frau A's thematisierten Schuldgefühlen zu sein.

A 13 ***5. Stunde: Schuld***

SUC prä 3
SUC post 4

TT-Technik: Psychoeducation (Bearbeitung einer dysfunktionalen Kognition durch Reframing)

Frau A wirkt noch immer kränklich. Glasige Augen, trockener Husten, schleppend-schlurfender Gang. Psychisch fühle sie sich ähnlich erschöpft. Bald ist Weihnachten, und die Feiertage soll Frau A, auch auf Anraten des behandelnden Teams der Tagesklinik, das allererste Mal mit ihrer Lebensgefährtin ohne Mutter und Geschwister verbringen. Frau A erinnert sich an die alljährlichen Weihnachtsfeste, die sich wiederholenden Desaster, in denen sie sich als Hauptverantwortliche und als Hauptschuldige fühlte.

Im weiteren Gesprächsverlauf wird deutlich, dass Frau A's Schuldgefühle ein enormes Ausmaß angenommen haben **(K6.1.)**. Selbst bei alltäglichen Ereignissen wie einem kaputten Wasserboiler oder einer kaputten Kaffeetasse fühlt sich Frau A schuldig. Häufig könne sie gar nicht zwischen größeren und kleineren Ursachen, die Schuldgefühle auslösen, unterscheiden.

Die Therapeutin signalisiert Frau A, dass sie gerne den *Sinn* der Schuldgefühle verstehen würde, wofür es gut sein könnte, sich für so vieles schuldig zu fühlen?

Vielleicht habe es damit zu tun, dass sie Schuld am Schicksal ihrer einstigen Freundin sei:
„Wir haben Cannabis geraucht und Unmengen Rotwein getrunken. Irgendwann wollte meine Freundin nach Hause gehen. Ich habe sie dazu gedrängt, noch zu bleiben. Erst Stunden später haben wir uns verabschiedet."
Frau A setzt mit ihrer hohen und monotonen Sprechstimme fort:
„Als sie heimgekommen ist, waren alle tot, ihr Vater hat alle umgebracht, zum Schluss sich selbst – und ich bin schuld ***(K6.1.)***. *Ich habe sie nie wieder gesehen."*

Frau A möchte jetzt gehen. Die Therapeutin bietet ihr noch eine Wahlmöglichkeit an mit der Frage, welcher Satz sich für sie im Moment richtiger anfühlt:
„Erstens: ich bin schuld am Tod der Familie"
Zweitens: ich habe meiner Freundin das Leben gerettet."

Jetzt will Frau A doch noch bleiben. Nach einem langen psychoeducativen Gespräch, wie stark sich negative Denkgewohnheiten einprägen können, notiert Frau A in ihr neues Musik-Freude-Tagebuch: *„ich habe meiner Freundin das Leben gerettet."*

Abschließend geht Frau A zur Djembe und trommelt beidhändig im Links-Rechts-Modus rhythmisch angepasst zu ihren gesprochenen Worten: „Ich – bin – nicht – schuld!“ ***(K6.2.)*** A 14

Reflexion und Interpretation

Von Anfang an kann ich Frau A nur schwer folgen. Die Themenflut, angefangen mit dem bevorstehenden Weihnachtsstress und der komplexen Schuldgefühlswelt überfordern mich. Scheinbar Belangloses und Dramatisches folgen Schlag auf Schlag. Bevor Frau A vom Amoklauf des Vaters ihrer Freundin berichtet, drücke ich ihr innerlich den Stempel der maßlosen Übertreibung auf. Während Frau A's Erzählung spüre ich das Ausmaß des Dramas nicht, und ich kann Frau A's irrationales Schuldgefühl kaum nachvollziehen. In der Gegenübertragung tauchen wage Gefühle von Unbehagen, Manipuliert-Werden und Misstrauen auf, weiters mein eigener Stress und der Impuls, zu intervenieren. Frau A's belastende Erzählungen könnten sie zusätzlich triggern, und würden in der Musiktherapie ähnliche Zustände hervorrufen, die sie von zu Hause kennt. Deswegen treffe ich die Entscheidung, Frau A einen neuen Bezugsrahmen anzubieten. Frau A's bemerkenswerte Handlungsfähigkeit kommen in den letzten beiden Szenen zum Vorschein: von sich aus notiert sie den vorgeschlagenen zweiten Satz in ihr Tagebuch, und von sich aus spricht sie ihre Schuldlosigkeit aus und setzt diesen Satz musikalisch auf der symbolträchtigen Djembe um.

Traumatherapeutische Überlegung

Die Arbeit an der aktuellen Symptomatik gilt in der Traumatherapie als wichtiger Ansatzpunkt. Es gilt, Erfahrungen von Handlungsfähigkeit und Bewältigung zu fördern mit dem Ziel, konstruktive Lernerfahrungen zu verankern. Die Überzeugung, Schuld für objektiv nicht verschuldete Ereignisse zu tragen, soll in der Therapie hinterfragt und mit der Realität abgeglichen werden (Sack, 2010, S. 120f.). Das gegenwärtige Wissen um die Nicht-Schuld muss kognitiv ausreichend verankert werden, um das Gefühl von Kontrolle und Sicherheit im Alltag ausreichend zu fördern, um Kompetenzen zur Bewältigung von Alltagsproblemen zu stärken und um den traumabedingten erhöhten Alltagsstress zu senken (ebd.).

Huber beschreibt u. a. das subjektive Gefühl von Betroffenen, möglicherweise durch Manipulation Kontrolle in der Therapie zu gewinnen, wobei die Therapeutin ihrerseits der Patientin mit Misstrauen begegnet. Im Falle einer solchen Gegenübertragungsreaktion empfiehlt Huber, sich Hilfe durch Supervision zu holen, um Verstrickungen durch einen beginnenden Machtkampf und daraus resultierenden Reinszenierungen von Macht- und Missbrauchssituationen vorzubeugen (Huber, 2006, S. 144f.).

6. Stunde: Der innere sichere Ort

SUC prä 5
SUC post 6

TT-Technik: Imaginationsübung *„der innere sichere Ort“* + musikalische Verankerung

Zu Beginn wird Frau A gefragt, ob von letzter Stunde noch etwas offen geblieben sei. Denn manchmal könne es sein, dass noch etwas nachschwinge, und vielleicht sei es wichtig, dem noch Raum zu geben. Frau A verneint und sagt, dass nichts offen sei, das mit der Musiktherapie zu tun hätte. Im Gegenteil, den Vorschlag, ein Musik-Freude-Tagebuch zu führen, habe sie umgesetzt und mache Spaß. Sie würde viel notieren und sich mit ihrer

A 15 Lebensgefährtin auch darüber austauschen. Auch die Feiertage werde sie gut überstehen, sie werde bloß mit ihrer Familie telefonieren. Außerdem habe sie mit ihrer Lebensgefährtin den Entschluss gefasst, keinen Alkohol zu trinken.
Jedoch die schlimmen Bilder im Kopf, die würden noch immer existieren **(K10.1.)**. Frau A beschreibt Menschen mit dunklen Augenrändern, irgendwie Tote, die sich auch in ihre Träume einschleichen. Frau A signalisiert abwinkend, dass sie darüber nicht mehr erzählen will **(K2.1.)**.

Jetzt fällt Frau A doch etwas zur Musiktherapie ein, das nachschwingt. Sie zeigt bedeutungsvoll auf die Oceandrum und spricht das Rollenspiel aus der 4. Stunde an.

„Das war wirklich gut und beruhigend. Die winzigen Kugeln in der Trommel zu beobachten und gleichzeitig das Meeresrauschen zu hören..." *(K1.2.)*.

Im Folgenden geht es nicht um das Thema „Mutter," sondern um gute innere Bilder.

„Wenn ich die Oceandrum höre, denke ich an das Meer, und dann geht es mir gut. Meine Psychotherapeutin hat mit mir einmal so eine Übung gemacht, damit ich mich ganz sicher fühlen kann, wobei ich mir das Meer vorgestellt habe, und da passt dieses Instrument so gut dazu, aber ich hab die Übung schon lange nicht mehr gemacht, schade eigentlich."

„Wie wäre es, wenn Sie mir von dieser Übung erzählen würden, wenn Sie möchten?"

Frau A nimmt die Oceandrum auf ihren Schoß und erzählt: *„Ich befinde mich am Meer, es ist türkis, es ist gerade Ebbe und die Wellen sind sanft. Der Strand ist hellgrau, um mich herum sind Schwäne, graue und weiße. Ich liege auf einem bunten Badetuch und trage einen bunten Bikini. Außer mir gibt es einen großen blauen Drachen. Er ist unsterblich und beschützt mich. Es scheint die Sonne, und der Himmel ist strahlend blau, und es weht nur eine ganz sanfte Brise. Mein Ort ist begrenzt durch unsichtbare Wände."*

Während der Sprechpausen wird die Oceandrum von Frau A sanft auf ihren Knien hin- und her gewiegt. Dann ist es eine Weile still. Frau A wirkt plötzlich sehr ernst und nachdenklich. Dann erklärt Frau A den Grund ihres „inneren sicheren Ortes." Nachdem sie vor Jahren ihrer Therapeutin einen Teil ihrer katastrophalen Familiengeschichte erzählte, wurde diese Übung eine wahre Zuflucht.

Frau A lebte damals bei ihrer Mutter. Deren häufige Partnerwechsel, die Alkoholexzesse, Streitereien und die jahrelangen sexuellen Übergriffe einer der Stiefväter, bewirkten bei Frau A schwere dissoziative Zustände, sodass sie sich von oben sehen konnte, sich manchmal riesengroß, und dann wieder klein fühlte (s. 3. Stunde). Damals habe die Übung sehr gut getan. Nach dem Auszug aus der mütterlichen Wohnung, habe sie ihren „inneren sicheren Ort" jedoch vergessen.

Durch die Oceandrum sei auch die Erinnerung an diesen vorgestellten Ort zurückgekehrt. Die Therapeutin fragt, ob dieser schön beschriebene Ort zur derzeitigen Lebenssituation weiterhin passen würde, ob Ergänzungen wichtig wären, oder ob ein völlig anderer Platz ausgedacht werden soll.

Frau A möchte ihren inneren Ort erweitern. In der Folge werden alle erwünschten Sinnesreize miteinbezogen. Frau A kann sehr konkret ihre Vorstellungen formulieren. Sie imaginiert Vanilleduft für die Nase, ein Vanilleeis für den Geschmack, die warmen Sonnenstrahlen für

die Haut und das Meeresrauschen für die Ohren. Der unsterbliche blaue Drache soll nicht nur Beschützer, sondern auch der Hüter ihrer instabilen Gefühle sein. A 16
Währenddessen befinden sich beide in einem intensiven Frage-Antwort-Dialog, wobei die Therapeutin auch Frau A's gute Vorstellungskraft hervorhebt. Gefragt, ob dieser Ort noch einmal musikalisch gefestigt werden soll, wird von Frau A noch einmal die Oceandrum gespielt. Wieder wiegt sie diese sachte auf den Knien mit leicht kreisenden Handbewegungen, sodass ein sanftes Rauschen hörbar wird.

Nun würde alles passen. Es fühle sich gut an **(K1.2.)**. Frau A zeigt zum ersten Mal einen entspannten Gesichtsausdruck. Keine Anzeichen von Ängstlichkeit oder Stress, wie in den vorhergehenden Stunden.

Abschließend wird noch gemeinsam überlegt, in welcher Form zu Hause geübt werden könnte. Frau A möchte ihren Ort in ihr Tagebuch notieren, vielleicht ihn sogar malen. Wenn ihr das Bild gefiele, dann soll es auf das Nachtkästchen zu den anderen „Schätzen" kommen. Vor dem Einschlafen möchte sie regelmäßig die Übung machen. Gefragt, ob sie diese Übung auch ohne Instrument, mit einer persönlichen Geste verankern könnte, führt Frau A die Spielbewegungen mit geschlossenen Augen ohne Drum aus. Entspannt verlässt Frau A den Raum **(K1.2.)**.

Reflexion und Interpretation

Die Erinnerung an das Spiel mit der Oceandrum aus der vierten Stunde kann in der heutigen sechsten Stunde für die Erweiterung der vor Jahren entwickelten Imaginationsübung genützt werden. Frau A besitzt ein gutes Vorstellungsvermögen mit vielen farbenfrohen Bildern als Kontrast zu den von ihr erwähnten inneren Schreckensbildern. Ebenso kontrastreich ist mein Gegenübertragungsgefühl im Vergleich zur fünften Stunde. Ich fühle mich weder gestresst noch verwirrt noch überfordert. Es handelt sich um eine konstruktive und kreative Stunde, in der Frau A's vorhandene Ressourcen aufgespürt werden können.

Musik- und traumatherapeutische Überlegungen

Die Übung *„innerer sicherer Ort"* kann bereits etabliert sein und wird musikalisch umrahmt, oder ausgehend von einer thematischen Improvisation, kann diese ebenso entwickelt werden. Beides bietet Sicherheit und Kontrolle, auch darin, dass die Therapeutin den Bezugsrahmen im Blick behält, indem die Patientin ihre persönlichen Bilder kreiert. Therapeutin und Patientin achten darauf, dass die Musik passt – d.h. auch, dass die Musik für die Patientin nur gut und sicher ist und sie sich musikalisch nicht von diesen Eigenschaften entfernt.
Um auch im Alltag einen schnellen Zugang zu ressourcenaktivierenden Handlungen zu finden, ist es sinnvoll, einen konkreten Anker einzuüben. U. a. dienen die Wiederholungen von Imaginationsübungen dem Ausbau neuronaler Ressourcennetzwerke (Sack, 2010, S. 89).

A 17 ***7. Stunde: Skatches of Spain***
SUC prä 6
SUC post 6

Mth-Technik: Mitgebrachte Musik + aktives Dazuspielen

Frau A erzählt vom gelungenen Wochenende. Sie konnte sich ziemlich gut von äußeren negativen Einflüssen abgrenzen. Sie schaffte es, die Telefonate mit ihrer Mutter kurz zu halten, ordnete ihre Wintergarderobe, bügelte die Wäsche, notierte ihren „inneren sicheren Ort" im Tagebuch und beabsichtigte die Polizei zu verständigen, als nach langer Pause der Stalker wieder auftauchte.

Frau A lächelt spitzbübisch, nachdem die Therapeutin neugierig verwundert fragt, was es mit dem Stalker auf sich habe. Das sei eine alte Geschichte, nicht der Rede wert. Früher konnte sie ihn nicht abwimmeln, jetzt könne sie damit umgehen. Als er vor der Haustür stand, habe sie gleich ihr Handy gezückt, dann sei er abgehauen. Danach sei sie sehr stolz auf sich gewesen. Ohne weitere Umschweife spricht Frau A von sich aus die Imaginationsübung von der vorigen Stunde an.

„Ich weiß jetzt, welche Musik ich noch für meinen inneren Ort brauche. Kennen Sie „Skatches of Spain" von Miles Davis?"

Die Frage bejahend, erzählt Frau A von ihrem Vater in Südamerika, bei dem sie die ersten eineinhalb Jahre ihres Lebens verbrachte. Leider sei er wie ihre Mutter alkoholkrank, aber trotzdem ein sehr lieber Mensch. Sie habe noch immer Kontakt mit ihm, wenn auch spärlich. Früher sei sie gelegentlich in den Sommerferien bei ihm gewesen, das seien wunderschöne Erinnerungen. Frau A mag auch die spanische Sprache. *„Sie ist warm, weich und bunt. Deutsch ist kalt, hart und weiß."*

Frau A fragt, ob sie jetzt die *„Sketches of Spain"* hören dürfe. Sobald ihre mitgebrachte Musik beginnt, nimmt Frau A die Castagnetten und spielt mit abwechselnden links-rechts-Bewegungen dazu. Anfangs zögerlich gelingt im Laufe der Musik ein relativ regelmäßiges Tempo. Die Therapeutin nimmt ein zweites Paar Castagnetten und imitiert das Tempo, später werden Zwischenschläge eingeflochten. Das Zusammenspiel weist einen neuen Charakter auf. Zwei gleichwertige Spielerinnen, verbunden durch die Musik, scheinen sich auf einer neuen Ebene zu befinden **(K9.2.)**.

Im Laufe der Musik beenden beide das Castagnettenspiel und Frau A macht es sich im Fauteuil bequem, indem sie ihre Beine auf einen Schemel hochlagert und die Augen schließt. Beide lauschen entspannt der Musik, bis das Stück zu Ende ist (**K1.2.**). Frau A seufzt. Wahrscheinlich wäre ihr Leben gänzlich anders verlaufen, wenn sie bei ihrem Vater hätte bleiben können, ja, die Musik würde sie ganz besonders an ihren Vater erinnern, bei ihm sei ihr nie langweilig geworden, doch die Umstände hätten sich anders entwickelt (**K10.2.**).

Dann greift Frau A nochmals das Thema Langeweile auf:
„Komisch, normalerweise wird mir bei etwas Schönem irrsinnig schnell fad. Oft, wenn ich zu Hause im Bett liege, und eigentlich alles passt, fängt das Gedankenkreisen an, und dann suhle ich mich in der Endlosschleife aus Schuldgefühlen ***(K6.1.)*** *und Selbstmitleid. Jetzt ist mir nicht fad geworden.* Ich war gedanklich bei meinem Vater und an meinem sicheren Ort" ***(K10.2.)***.

Frau A spricht angeregt weiter.
Eigentlich sei Langeweile, wenn sie besonders stark wäre, ein sehr unerträgliches Gefühl. „Langeweile ist tödlich, da ist es noch besser, angespannt zu sein" ***(K1.1.)***.

Frau A wird traurig. Warum es so schwer sei, sich einfach normal und gut zu fühlen. Tagtäglich sei es ein Krampf und ein Kampf. All die Jahre versuche sie es, kaum sei ein halbwegs erträglicher Zustand erreicht, sei er auch schon wieder weg. A 18

Die Therapeutin betont, wie gut Frau A diese Schwierigkeiten beschreiben und erklären könne, und wie es wäre, sich in den folgenden Stunden damit zu beschäftigen. Und heute sei während des Musikhörens viel Genuss- und Entspannungsfähigkeit zum Vorschein gekommen. Frau A nickt bestätigend und verlässt den Raum.

Reflexion und Interpretation

Frau A kann sich im Alltagsleben kaum entspannen. Sie hat offenbar nicht lernen können, auf sich selbst zu achten bzw. die Aufmerksamkeit auf sich zu richten und ihre Gefühle zu regulieren. Es scheint ihr sehr bewusst zu sein, wie schwierig es ist, Veränderungen herzustellen. Doch sie kann mittlerweile in der Therapie auf gute Erinnerungen zurückgreifen, sie „musikalisch wiederbeleben," und dabei angenehme Gefühle entwickeln.
Es scheint, als könne sie mit der Rückeroberung ihrer inneren Räume auch den musiktherapeutischen Raum gut nützen. Während der selbst gewählten rezeptiven Musik gestaltet sie angstfrei für sich ihren Platz. Während sich Frau A im einzigen Fauteuil des Musiktherapieraumes gemütlich niederlässt und die Augen schließt, beginne ich mich innerlich über ihr zunehmendes Vertrauen sehr zu freuen.

Traumatherapeutische Überlegung

Dauerhaft verunsichernde oder fehlende Beziehungsangebote anstatt liebevoller Spiegelung und wechselseitiger Abstimmung durch die Bezugsperson führen in der Kindheit zu einem desorganisierten Bindungsmuster[1] und einer unzureichenden Fähigkeit zur Affektregulation. Die in der Kindheit vorgeschädigten Erwachsenen bleiben vulnerabel für Dysregulationen (Sack, 2010, S. 15).

Musiktherapeutische Überlegung

Die mitgebrachte Musik in der siebten Stunde bietet im Gegensatz zur dritten Stunde einen sicheren Rahmen. Frau A's Ressourcen und Träume kommen zum Vorschein (vgl. Sonntag & Jüchter, 2007, S.111). Im aktiven Dazuspielen zur rezeptiven Musik gelingt durch das Castagnettenspiel eine Verknüpfung von positiv emotionalen („*innerer sicherer Ort*") und positiv kognitiven Elementen (Erinnerung an den Vater). U. a. bewirken beidhändig gespielte Instrumente, neurophysiologisch betrachtet, eine bilaterale Stimulation im Gehirn.

1 vgl. Verhalten in der „Fremden Situation", die als Testsituation dazu dient, das Bindungsverhalten von 12 – 18 Monate alten Kindern festzustellen. Ein desorganisierter Bindungsstil ist durch folgendes Verhalten gekennzeichnet: Gleichzeitigkeit oder schnelle Aufeinanderfolge von Annäherung und Meidung der Mutter; verwirrt und benommen; dissoziative Zustände (für Sekunden wie im Halbschlaf oder Trance zu sein) (Huber, 2007, S. 91).

A 19 *8. Stunde: Aus-Schluss-Basta*

SUC prä 3
SUC post 6

Mth-Technik: Thematische Improvisation

Heute möchte Frau A sich wieder mit ihren unterschiedlichen Gefühlen beschäftigen (siehe 2. Stunde). Diesmal benennt sie genauer ihre guten Gefühle wie Zufriedenheit, Heiterkeit und Geborgenheit, die im Alltagsleben leider von kurzer Dauer sind, und ihre schwierigen wie Schuldgefühle **(K6.1.)**, Ängste, Selbstmitleid, Anspannung, Ärger und Aggression, die häufig, auch ohne äußeren Anlass, über sie hereinbrechen würden und schwer in den Griff zu bekommen seien **(K1.1.)**. Besonders sei sie seit dem letzten Mal hier mit ihrer Langeweile beschäftigt. Die Befürchtung, nach dem Aufenthalt in der Tagesklinik „in ein Loch zu fallen," sei groß.

Frau A beginnt über ihren Alltag vor der klinischen Behandlung zu erzählen, dem wenig Struktur innewohnte. Teilzeitjobs habe sie aufgrund von Überforderung immer wieder schnell beendet. Die Wochenenden seien besonders heikel, denn hier sei die Gefahr groß, zu viel zu rauchen und zu trinken. Beim Versuch, sich zu entspannen, würden sich rasch Langeweile und depressive Verstimmungen einstellen. Dabei bestätigt Frau A die Frage der Therapeutin, ob es sein könnte, dass es einen starken Anteil in ihr gibt, der sie leicht in passive Zustände versetzt.

Die Therapeutin schlägt Frau A ein Duospiel vor. Der ressourcenreiche und kreative Anteil, der in der Therapie zunehmend hör- und sichtbar wurde, wenn es Frau A gut geht, und der andere Anteil, der für die genannten Schwierigkeiten steht. Für das Gute stehend, wählt Frau A zwei Korbrasseln, welche von ihr gespielt, für das Schlechte stehend die Djembe, welche von der Therapeutin gespielt werden soll.

Frau A beginnt sehr leise und unregelmäßig die Rassel zu drehen, sodass ein zartes und zögerliches Rieseln hörbar wird. Die Djembe der Therapeutin ertönt dumpf in einem gemächlichen Tempo. Plötzlich wird auf beiden Rasseln ein flotter Rhythmus hörbar. Die Rasseln treiben die Djembe an, immer schneller werdend. Doch dann hören die Rasseln plötzlich auf, die Djembe spielt weiter, wird nach und nach kontinuierlich langsamer und lädt die Rasseln zu einem erneuten Dazukommen ein. Die Rasseln steigen zögerlich ein, werden in Tempo und Dynamik stärker, bis sie die Djembe in beiden Parametern überholen. Wieder bricht das Rasselspiel ab, währenddessen die Djembe dumpf und *eintönig* im Ausgangsmodus weiterspielt.

Nach Beendigung sagt Frau A, dass ihr das eigene Rasseln gut gefiel, sie aber dennoch nicht weiterspielen wollte und nicht überrascht war, dass die Djembe so ein langes Nachspiel hatte. Auch das sei, obwohl diese für Frau A's schwierigen Teil steht, vertraut gewesen.

Beide nehmen das Spiel jetzt genau unter die Lupe. Als zentrale Spielerfahrung kristallisiert sich zum einen Frau A's zweimaliger Spielabbruch, und zum anderen die kontinuierliche Fortsetzung des monotonen Djembenspiels heraus. Letzteres vergleicht Frau A mit dem Gefühl eines Suhlens in der Endlosschleife: A 20

„Das ist ähnlich meinem Gefühl, wenn ich zu Hause im Bett liege, und mich im Selbstmitleid suhle. Ich mag das irgendwie" ***(K10.2.)***.

„Und obwohl Ihnen Ihr eigenes Spiel so gut gefallen hat, wollten Sie nicht weiterspielen. Kommt Ihnen das bekannt vor, dieses schnelle und plötzliche Beenden, auch wenn Ihnen etwas gefällt?"
„Ja total! Wenn mir etwas Freude macht, habe ich Angst, dass es mir gleich genommen wird ***(K1.1.)****. Und bevor das passiert, mache ich lieber selber Schluss, keine Ahnung, weshalb das so ist."*

Ob dies herauszufinden sei, fragt Frau A. Die Therapeutin schlägt folgendes Experiment vor: Wie es ist, wenn alles, das gefällt, bald wieder abgebrochen wird. Wieder nimmt Frau A die Korbrasseln und beginnt in gerader Taktart zu spielen. Die Therapeutin spielt am Klavier im Rhythmus der Korbrasseln sämtliche Dur Kadenzen I – V – I, übertreibt dabei die musikalischen Abbrüche. Sogleich endet auch das Rasselspiel. Beginnt vom Klavier ausgehend der Rhythmus erneut, setzen auch die Rasseln wieder ein. I – V – I stopp, I – V – I, stopp, usf.

A 21 Frau A blickt verblüfft und irgendwann prustet sie los:
„Genau so ist es immer gewesen. Immer dann, wenn etwas für mich schön war, hat meine Mutter immer „aus-Schluss-basta" gesagt. Das war klar das Ende, auf Deutsch und auf Spanisch. Es war furchtbar, und als ich größer wurde, habe ich mir angewöhnt, Schönes vorzeitig zu beenden" *(K10.2.)*.

„Genau so hat sich auch unsere Musik angehört."
Die Therapeutin spielt noch einmal eine Dur Kadenz und singt rhythmisch zu den I – V – I Dur-Akkorden: „aus-Schluss-basta" stopp, „aus-Schluss-basta" stopp, usf.

Frau A beginnt herzlich zu lachen. Das sei alles so verrückt und durch diese Spiele käme alles noch deutlicher zum Vorschein **(K10.2.)**. Die Therapeutin fragt, was denn nach den Abbrüchen im realen Leben passiert sei? Nachdenklich antwortet Frau A, dass dann häufig Langeweile, gepaart mit Sinnlosigkeit aufgetaucht wäre.

Nun lädt die Therapeutin zu einem dritten Spiel, einem Duospiel am Klavier ein. *„Spielen wir Langeweile."* Es folgen sowohl konsonante als auch dissonante Akkorde, auf deren Basis Frau A wie zufällig ihre Finger über die Tasten gleiten lässt. Die thematische Improvisation „Langeweile" wird ihrem Titel gerecht. Sie dauert lange an, ohne Höhepunkte und endet ohne erkennbaren Schluss. Nach dem in der Tat langweiligen Spiel fragt die Therapeutin Frau A, wie sie dieses Spiel empfunden habe.

„Seltsam, so ein komisches Geklimper, und trotzdem kann ich einfach bloß dasitzen, und es stört mich nicht, dass es fad ist" *(K9.2.)*.

Im weiteren Gespräch wird für Frau A deutlich, dass Langeweile nicht gleich ein sinnloser Zustand sein muss, sondern durchaus etwas Normales, zum Leben gehörend, sein kann. Das Gespräch war wieder mit Heiterkeit verbunden. Frau A wird zu einer Untersuchung gerufen, und die Stunde muss vorzeitig beendet werden. Kichernd und den Kopf schüttelnd, verlässt Frau A den Raum.

Reflexion und Interpretation

In dieser Stunde wird besonders deutlich, welche Schwierigkeiten es Frau A macht, ihre guten Seiten musikalisch zu gestalten. Ihre Spielenden sind subito. Es gelingt kein diminuendo, decrescendo, ritardando oder ein fade-out. Frau A's abrupte Abbrüche und mein Impuls, ihre schwierig benannten Seiten musikalisch auszudrücken und weiterzuspielen, deuten auf ein intensives Gegenübertragungsgeschehen hin: ich empfinde im ersten Spiel eine eigenartige Ausdauer zu dumpfen und monotonen Schlägen – im Unterschied zu Frau A, die Gutes und Schönes nicht fortsetzen bzw. ausschwingen lassen kann, welche sie sich geradezu verbieten muss. Besser selber rechtzeitig abbrechen, als jemand anderes, der „aus-Schluss-basta" sagt.
Diese erkennbare Tragik in Frau A's Leben führt im zweiten Spiel durch die bewusst übertriebenen Abbrüche zu Heiterkeit. Frau A ist über ihr eigenes Verhalten amüsiert. „Fade Musik" (drittes Spiel) findet Frau A heute okay.
Mittlerweile kann Frau A diese Form der Auseinandersetzung im Beziehungsgeschehen zugemutet werden. Frau A's spontanes Lachen über ihr eigenes Spielverhalten deutet auf ausreichend Distanz zu den traurigen Erfahrungen ihrer Kindheit hin.

Traumatherapeutische Überlegung A 22

Stark aversive Erlebnisse können sich potenziell in Form von Konditionierungen einprägen. Werden frühkindliche belastende Ereignisse durch bestimmte Auslöser erinnert, wird eine Stressreaktion ausgelöst, die in weiterer Folge zu Vermeidungsverhalten führt. Dieses bedingt zwar oberflächliche Symptomentlastung, jedoch wird die Integration des Erlebten in ein kohärentes Narrativ behindert. Die Folge sind Fehleinschätzungen und verzerrte Interpretationen, die wiederum die emotionale Ebene betreffen können: das Gefühl schuldig, wertlos oder schlecht zu sein (Sack, 2010, S. 22).

Musiktherapeutische Überlegung

In der thematischen Improvisation, in der Darstellung der Gefühle, kann Frau A einen Zusammenhang zwischen ihren frühkindlichen Erfahrungen und ihrem jetzigen Verhalten erkennen.

9. Stunde: Bleib am Teppich

SUC prä 2
SUC post 5

Mth-Technik: thematische Improvisation, musikalische Verankerung des *„inneren sicheren Ortes“*

Frau A kommt aufgeregt in die Stunde. Der „innere sichere Ort,“ mittlerweile von ihr gemalt und notiert, sei heute Nacht voll wirksam gewesen. Frau A erzählt ihren Traum:

„Meine Mutter wollte, dass ich die Obsorge für alle meine Geschwister übernehme. Als ich ablehnte, drehte sie durch, drohte mir mit Mord aller meiner Geschwister und mit Selbstmord ***(K1.1.)*** *– dann weiß ich nicht mehr, wie es weiterging. In der nächsten Szene befand ich mich am Meer. Ich sitze ganz alleine in einem riesigen Einbaum,* mit dem Gefühl, vor etwas oder jemanden fliehen zu müssen. *Plötzlich kriechen große Reptilien aus dem Wasser auf mein Boot.* Ich krieg total Panik ***(K1.1.)****, und hoffe, dass es nur ein Traum ist. Ich rufe meinen blauen Drachen herbei und wache auf.“*

Es ist der blaue Drache aus Frau A's „innerem sicherem Ort,“ der ihrem Unbewussten zu Hilfe eilt. Frau A sagt, dass sie manchmal die Fähigkeit besitze, ihre Träume, wenn sie unerträglich werden, zu steuern bzw. aufzuwachen. Frau A hat auch eine Erklärung parat. Vor dem Schlafengehen gab es noch ein unvermeidliches Telefonat mit ihrer Mutter, das relativ okay gewesen sei, offensichtlich habe sich ihr Inneres noch nicht daran gewöhnt und wittert noch immer Gefahr.

Die Therapeutin betont Frau A's Gelingen im Traum, das mit ihren Bemühungen im Wachleben (Bereitschaft zur Auseinandersetzung in der Therapie, Skillstraining, Veränderungswünsche, etc.) vergleichbar sei.

Frau A erwähnt sogleich bevorstehende Termine, wobei sie befürchte, dass alles daneben gehen würde. Ein Bewerbungsgespräch für ein Therapiezentrum nach dem tagesklinischen Aufenthalt, wobei das Aufnahmedatum noch ungewiss sei, das auch einen vorzeitigen Abschied von der Tagesklinik und somit von der Musiktherapie bedeuten könne, ein Termin bei der Schuldnerberatung, ev. eine Teilzeitstelle auf Basis der Geringfügigkeit, etc.

A 23 Frau A's reale Befürchtungen, die einen zusätzlichen Stress bedeuten, werden von der Therapeutin aufgegriffen, bestätigt und mit ihrem geschilderten Traum verglichen, indem, obwohl dieser sehr bedrohlich war, sie sich gut zu helfen wusste. Frau A nickt und meint, dass jeder Termin mit Menschen, ob Abschied oder Neuanfang, Angst mache **(K1.1.)**. Ähnlich dem Alptraum, in dem die Reptilien aus dem Wasser krochen. Doch sie sei froh über die Unterstützung durch die Sozialarbeiterin und durch die Musiktherapeutin. Da könne sie vieles neu und anders sehen.

„Ich brauche den blauen Drachen eigentlich ständig, der mir zur Seite steht, damit ich mich auch in schwierigen Situationen irgendwie gut fühle."

Die Therapeutin regt Frau A dazu an, bei diesem Wunsch zu bleiben mit der Einladung, genau zu schauen, was ein guter Zustand beinhalten könnte. Nach und nach formuliert Frau A detailreich diesen ersehnten Zustand:

„Gut bei mir sein können, meine Energien bündeln, innerlich ruhig zu sein, frei von Angst, Dramen und Daueraufregungen, und vor allem, keine Schuldgefühle zu haben."

Sich wieder ihrer Ängste auf die bevorstehenden Termine bewusst werdend, gelingt es ihr, diese auch wieder zu relativieren – *„mehr als schief gehen kann es nicht."*

Die Therapeutin lädt Frau A zu einem *Probespiel* zu diesen Themen ein. Wie es sein könnte, wenn man der entsprechenden Person gegenüber säße.

Frau A beginnt am Klavier mit der rechten Hand leise und flüchtig eine Tonleiter in C-Dur zu spielen. Die Therapeutin spielt in einer tieferen Lage die Töne versetzt nach. Es klingt zunächst nach einem Kanon, später, in sehr kurzen Sequenzen, nach einer kleinen Fuge.
Frau A macht eine Pause, sie muss ihre Nase putzen. Die Therapeutin spielt Frau A's Motiv weiter, jedoch in der Dynamik stärker werdend, das Pedal verwendend, sich Pausen gönnend, und insgesamt ein klein wenig langsamer werdend. Die Therapeutin wartet auf Frau A's Rückkehr zur Musik. Langsam steigt sie ein. Frau A's Töne sind nun ebenfalls lauter und beständiger. Frau A nimmt jetzt eindeutig Bezug auf den musikalischen Ausdruck der Therapeutin **(K5.2.)**. Die Musik hat etwas von einem entspannten Geplauder, nichts Großartiges, oder in die Tiefe gehendes, aber etwas durchaus angenehmes, indem sich verweilen lässt.

Danach befragt, ob Frau A einen Titel für dieses Spiel finden könnte, denkt sie längere Zeit nach. Schließlich sagt sie: „Bleib am Teppich" ***(K10.2.)***.

Beim Abschied fügt sie hinzu:
„Früher hab ich mir immer vorgestellt, wenn ich etwas tue, dann muss es absolut „wow" sein. Egal was es ist, ob ein Bild malen, eine Geschichte schreiben, Musik machen etc. – und wenn es dann nicht so toll geworden ist, war ich total schlecht drauf, extrem frustriert und deprimiert, als wäre es das Ende der Welt. Jetzt kann ich nach diesem „Geklimper" einfach so dasitzen, und es stört mich nicht, dass es nicht „wow" geklungen hat" ***(K10.2.)***.

„Das erinnert mich an unsere vergangene Stunde. Da konnten Sie nach dem „Langeweile-Spiel" auch einfach so dasitzen ..."

Bevor Frau A den Raum verlässt, greift sie zur Oceandrum und lässt es einige Male kräftig rauschen **(K4.2.)**.

Reflexion und Interpretation A 24

In der Schilderung des Alptraumes weiß sich Frau A gut zu helfen. Sie bleibt handlungsfähig durch Zuhilfenahme der eingeübten Imaginationstechnik. Ebenso ist sie sich nach der differenzierten Beschreibung ihrer Lebensumstände der sozialarbeiterischen und therapeutischen Hilfestellungen bewusst.
Im Anschluss erlaubt sich Frau A mit mir eine ausgiebige Improvisation, in der dieses Verweilen im Sinne von Pausen und Nachhallen durch das Pedal gut möglich ist. Im Verlauf der Musik nimmt Frau A's Bezogenheit auf mein Spiel deutlich zu. Eine neue Reaktion, entsprechend Frau A's Titel „am Teppich bleiben" - der wienerische und etwas veraltete Ausdruck, der als neue Reaktion für Frau A's sämtliche Gefühlszustände in ihrer inneren und äußeren Welt steht: sich Einlassen können, dem Schwierigen weniger Nahrung zu geben und überzogene Vorstellungen von Glück und Leistungsansprüche relativieren zu können. In der Abschiedszene greift sie auf eine wesentliche Spielerfahrung aus der sechsten Stunde zurück: die musikalische Verankerung ihres „inneren sicheren Ortes" durch die Oceandrum. Frau A's Tapferkeit und ihr Bemühen um Stabilität, wobei sie scheinbar nichts unversucht lässt, berührt mich heute besonders.

Traumatherapeutische Überlegung

Träume können Bilder für namenlose Ängste erzeugen, die dann auch in Worte gefasst werden können. Ein Versuch, nicht kontextualisierte Affekte mit Hilfe von Metaphern zu symbolisieren. Träume haben somit eine semiotische Funktion. Sie dienen der erkennenden Sprachfindung und können eine zentrale Rolle im Integrationsprozess traumatischer Erfahrungen spielen (Hartmann, 1996). Der blaue Drache, der Frau A im Traum zu Hilfe eilt, ist als rettende Wendung zu verstehen. Derartige Träume sind Ausdruck von Versuchen, frühere Traumata ungeschehen zu machen (Stern, 1972, S. 919).

10. Stunde: Stimmen hören

SUC prä 3
SUC post 7

TT-Technik: Psychoeducation (Umgang mit Triggerreizen)

Mth-Technik: Freie Improvisation (Stimme + Monochord)

Frau A betritt den Raum mit den Worten: „*Heute brauche ich etwas, das mich gut zu mir selber bringt.*" Möglicherweise könne sie doch bald ins besagte Therapiezentrum aufgenommen werden, worauf sie sich freue und gleichzeitig davor fürchte.

Daraufhin wird der Abschied von der Tagesklinik und der Musiktherapie von der Therapeutin ebenso angesprochen wie der Wechsel in das Therapiezentrum, in dem Frau A ein intensiveres Therapieprogramm erwarten würde.

Frau A stimmt dem Vorschlag der Therapeutin zu, falls es doch zu einer vorzeitigen Beendigung der Therapie kommen sollte, schon jetzt eine kurze Rückschau über die vergangenen Stunden zu halten, was hilfreich bzw. weniger hilfreich erlebt wurde.

A 25 Nun spricht Frau A wieder ihre Schuldgefühle **(K6.1.)** an, dass diese eindeutig mit ihrer Mutter zu tun hätten, genauso wie ihr Abgrenzungsproblem zu dieser. Einiges sei schon klarer geworden. Nach einer Pause spricht sie die vielen Rollenspiele an, denn trotz der heiklen Themen hätten sie Spaß gemacht, wie beispielsweise das *„aus-Schluss-basta-Spiel."* Frau A lächelt dabei. Schließlich erwähnt sie das Spiel mit der Oceandrum im Zusammenhang mit der Imaginationsübung *„innerer sicherer Ort."*
Frau A nickt zufrieden und meint, da wäre noch etwas, dass sie gerne ansprechen würde:
Die innere Stimme. Schon seit längerer Zeit habe sie diese Stimme nicht mehr gehört. Nun sei sie vehement zurückgekehrt - eine weibliche innere Stimme, die Frau A beschimpft, nichts wert zu sein, die ihr sagt, sich tiefer zu schneiden, sodass sie an den Folgen endlich sterben würde **(K7.1.)**. Ausgerechnet jetzt, in dieser erfolgreichen Phase, in der es ihr zunehmend gelänge, sich real von schwierigen Personen abzugrenzen, gingen die Stimmen im Kopf wieder los. In diesen Momenten sei es besonders schwierig, sich nicht „wegzubeamen" **(K4.1.)** Distanz sei nur durch Ablenkung möglich: Musik hören, Freudetagebuch lesen, malen.

Gefragt, ob sie vielleicht um mögliche Auslöser wisse, die Ursache der Stimmen sein könnten, verneint Frau A. Die Therapeutin schlägt Frau A ein lautes Nachdenken über mögliche Sinneseindrücke, Orte und Zeitpunkte im Alltagsleben vor, die zu einer Spur führen könnten. Nach einer Weile des gemeinsamen Überlegens fällt ihr ein, dass die Stimmen hauptsächlich zu Hause auftauchen würden. Die Therapeutin fragt wieder genau nach, und plötzlich sagt Frau A: *„Ich glaube, es ist die Seife."*

Beide sind einige Momente verblüfft. Dann beginnt Frau A zu erläutern, dass ihre Lebensgefährtin vor kurzem eine neue, stark parfümierte Seife gekauft habe, deren Duft Frau A nicht mag. Sie erinnere sie an männliche Gerüche, einer Mischung aus Rasierwasser und Schweiß. Frau A macht ein angeekeltes Gesicht. Irgendetwas müsse es damit zu tun haben **(K10.1.)**.

Frau A deutet nun auf die jahrelangen Missbrauchserfahrungen des Stiefvaters hin, und das entsetzliche Alleingelassenwerden von ihrer Mutter, und dass sie eigentlich keine konkreten Erinnerungen daran habe **(K10.1.)**. Daher wolle sie jetzt auch nicht weiter darüber reden **(K2.1.)**.

Die Therapeutin respektiert Frau A's Haltung und bekräftigt ihre Auseinandersetzungsbereitschaft mit ihren jetzigen Symptomen, und dass soeben ein gutes Stück Arbeit von ihr geleistet wurde.

Es folgt ein weiteres psychoeducatives Gespräch über den Umgang mit Triggerreizen, indem auch vereinbart wird, dass ihre Lebensgefährtin diesbezüglich in Kenntnis gesetzt wird, und dass die Seife unverzüglich aus Frau A's Badezimmer entfernt werde soll.

Frau A seufzt und macht einen erschöpften Eindruck. Daraufhin angesprochen, und was jetzt nach „getaner Arbeit" gut tun könnte, knüpft Frau A an den Beginn der Stunde an. Etwas zu finden, das sie gut in Kontakt mit sich bringen könnte. Frau A entscheidet sich für das Monochord, das sie vom damaligen Instrumentenrundgang gut in Erinnerung hatte. Sogleich fügt sie hinzu, dass sie zunächst nicht selber spielen wolle.

Die Therapeutin bietet Frau A mehrere Wahlmöglichkeiten an:
- nur das Monochord, das für Frau A gespielt werden soll
- Monochord und Singstimme der Therapeutin
- Monochord und Singstimme von Frau A
- Monochord und die Singstimmen von beiden

Jede Möglichkeit soll wie immer im Hinblick auf Selbstbestimmung (Stoppregel, Dosierung von Tempo und Dynamik, gestisches Signal) zu verstehen sein. Auch wird darauf hingewiesen, dass, sobald erneut innere Stimmen auftauchen, unterbrochen werden soll. A 26

Frau A findet Gefallen an den verschiedenen Vorschlägen und entschließt sich, alle Möglichkeiten der Reihe nach auszuprobieren **(K5.2.)**

Die Therapeutin beginnt das Monochord doppelseitig im *mezzopiano* und im moderaten Tempo zu spielen. Währenddessen hat sich Frau A nach einer kurzen Anleitung gut auf ihrem Platz niedergelassen. Ihr Rücken ist gut aufgerichtet, die Schultern sind locker, die Augen geschlossen. Frau A atmet ruhig und regelmäßig. Dann gibt sie der Therapeutin ein Zeichen, zum Dazukommen mit der Stimme **(K2.2.)**. Die Therapeutin summt zunächst den Grundton des Monochords, zuerst angepasst an die Lautstärke des Instruments, später wird die Stimme stärker und moduliert in den Obertönen.

Frau A lässt sich Zeit und hört lange zu. Danach gibt sie wieder ein Zeichen und beginnt zart und leise zu summen, gleichzeitig lässt die Therapeutin ihre Stimme verklingen. Frau A summt ebenfalls im Grundton des Monochords, wechselt jedoch bald zur Quinte, intoniert klangrein und gibt zunehmend ihrer Stimme Raum und Fülle. Nach einer guten Weile gibt Frau A ein weiteres Zeichen zum stimmlichen Wiedereinstieg der Therapeutin **(K2.2.)**.

Langsam entwickelt sich das Spiel – Phase für Phase – zu einer ausgiebigen und variantenreichen Tutti-Musik, in der beide Stimmen sich spielerisch dem Grundton annähern und sich wieder entfernen, bis die Musik in einem langen „Fade-out" verklingt **(K5.2.)**.

Danach schweigen beide, besser gesagt, lauschen beide in sich hinein. Frau A scheint sehr gut im Kontakt mit sich zu sein, in sich zu ruhen, und v. a. ist Frau A für die Therapeutin gut spürbar. Irgendwann flüstert Frau A beinahe ehrfürchtig in die Stille, dass ihr das sehr gut getan habe – wieder ist es still – dass es körperlich und seelisch gut gewesen sei, und auch die Stille danach so wohltuend sei: „Wir können miteinander spielen, reden und schweigen, und Sie sind nicht böse auf mich, wenn ich nicht mitspiele" ***(K9.2.)***.

Überhaupt sei das alles jetzt so wunderschön gewesen, dass sie nicht mehr dazu sagen wolle. Lieber noch einmal miteinander spielen und dazusummen **(K9.2.)**.

Erst am Ende der Stunde verklingen Monochord und die beiden Stimmen.

Reflexion und Interpretation

In dieser Stunde gelingt es Frau A im Anschluss an das psychoeducative Gespräch, sich ganz auf das musikalische Geschehen einzulassen. Frau A kann sowohl entspannt sein, als auch aktiv summend teilnehmen. Ich bin überrascht über ihre warme und volle Singstimme, die im starken Gegensatz zu ihrer Sprechstimme (s. Erstkontakt) steht, und über ihr spielerisches Selbstverständnis – der bewussten Gestaltung des Wechsels von Solostimme und Zweistimmigkeit. Das Beziehungsgeschehen entwickelt sich zunehmend lebendiger, sowohl auf verbaler als auch auf musikalischer Ebene.

A 27 Traumatherapeutische Überlegungen

Laut Forschungsergebnissen führt eine stabilisierende Behandlungstechnik zu einer signifikanten Befundverbesserung wie etwa im allgemeinen Funktionsniveau (Lampe et al 2008; Cloitre et al, 2002, Sachsse et al 2006). Jedoch erweist sie sich nicht ausreichend wirksam zur Reduktion der spezifischen Traumafolgesymptomatik, z. B. von intrusiven Symptomen. Konfrontative Behandlungstechniken müssen an die individuelle Belastbarkeit angepasst werden, um Erfahrungen von Bewältigung und Entlastung in jeder Therapiesitzung zu ermöglichen, ohne die gesamte traumatische Belastung zu aktualisieren (Sack, 2010, S. 4).

Es ist nicht möglich, Triggerreize vollständig zu vermeiden, da viele unterhalb der bewussten Wahrnehmungsschwelle liegen. Jedoch ist es wichtig, einmal bewusst gewordene spezifische Reize so rasch als möglich zu benennen bzw. zu beseitigen. Im Laufe der Zeit kann sich ein Differenzierungslernen entwickeln, in dem zwischen harmloseren und gefährlichen Triggerreizen unterschieden werden kann.

11. Stunde: Nun hat mein Stiefvater keine Macht mehr über mich

SUC prä 3
SUC post 7

Mth-Technik: Freie Improvisation (Stimme + Monochord), musikalisch szenisches Rollenspiel (mit Instrumentenaufstellung)

Gleich zu Beginn wünscht sich Frau A eine Einstimmungsmusik mit dem Monochord ähnlich der letzten Stunde. Diesmal wolle sie jedoch selber spielen. Frau A imitiert die Spielweise der Therapeutin aus der vergangenen Stunde. Bald beginnt sie zu summen und gibt der Therapeutin das Zeichen zum Mitsummen **(K2.2.)**. Diesmal ertönt die Musik von vornherein kräftiger. Es entstehen kleine, sehr individuelle Melodiesequenzen in legato. Die Stimmen nähern sich an, entfernen sich wieder voneinander usf. Frau A wird mutiger, ihren stimmlichen Ausdruck betreffend. Sie wagt immer wieder neue Melodieformen und lässt später die Hauptmelodie aus Miles Davis „Sketches of Spain" einfließen. Frau A lächelt dabei und hält häufig Blickkontakt zur Therapeutin **(K9.2.)**. Diese greift ebenfalls Frau A's Melodie auf. Währenddessen nimmt die Therapeutin die Castagnetten und spielt leise im Achtelrhythmus (s. 7. Stunde) mit. Wieder verklingt die Musik in einem langen Fade-out.

„Die letzten beiden Stunden waren bis jetzt am Schönsten." Frau A betont wieder ihr Wohlgefühl, und wie gut sie sich entspannen konnte **(K1.2.)**, auch das eigene Monochordspiel habe ihr gefallen, aber am meisten mache ihr das Summen Spaß.

Die Therapeutin erwähnt jetzt, wie überrascht sie schon beim letzten Mal über ihre Singstimme gewesen sei. Wie voll und kräftig und warm ihre Stimme klinge... – ob sie auch eine körperliche Veränderung nach so einem *Tönen* spüren würde? Frau A bejaht. Es sei sehr angenehm in der Kehle, irgendwie freier **(K3.2.)**.

Dann erzählt Frau A aus der Zeit, als sie noch in das Gymnasium ging. Da gab es eine Lehrerin, die Frau A besonders gerne mochte, und von der sie häufig im Musikunterricht gelobt wurde. Singen, Malen und Gedichte schreiben, das habe sie bis zu ihrem 18. Lebensjahr häufig getan. „Ich kann wirklich schön singen" *(K6.2.)*. Erst jetzt sei ihr das wieder bewusst geworden, auch dass all diese Tätigkeiten sehr hilfreich waren. In solchen Zeiten würde sie sich gut und sicher fühlen, so wie jetzt. Und nahtlos erzählt Frau A weiter, dass diese anderen, komischen Erinnerungen sie sehr verwirren würden. Eigentlich wären es gar keine richtigen Erinnerungen, sondern bloß Erinnerungsfetzen **(K10.1.)**, die Frau A im Folgenden beschreibt: A 28

Eine Situation bei Gericht, in welcher Frau A vor Jahren gegen den Missbrauchstäter (Stiefvater) aussagen sollte. Jemand aus der Nachbarschaft habe den Fall zur Anzeige gebracht. Damals konnte sie gar nichts dazu sagen **(K10.1.)**. Sie habe sich nur unglaublich geschämt und schuldig gefühlt **(K6.1.)**. Das Verfahren wurde mangels relevanter Zeugenaussagen eingestellt.

Nun wiederholt Frau A ihre diffusen Erinnerungen, die sie bereits in der zehnten Stunde andeutete: „In Wahrheit habe ich keinen Zugang zu den wirklich schlimmen Erlebnissen. Die sind alle in einer Hülle. Ich weiß nur, dass dieser Stiefvater mir und meiner kleinen Schwester gegenüber ein Riesen Schwein war. Ich habe schon lange keinen Kontakt zu ihm. Obwohl das über zwanzig Jahre her ist, hat das ein Teil von mir noch immer nicht begriffen“ *(K10.1.)*.

Ob das bedeuten könnte, dass dieser Teil immer noch nicht weiß, dass Frau A und ihre kleine Schwester tatsächlich in Sicherheit sind? Jener Teil, der sich noch immer ohnmächtig, hilflos und schuldig fühlt? Frau A nickt. Beide schweigen eine Weile. Nach einiger Zeit greift die Therapeutin beide Themen der heutigen Stunde auf. Dass es da einen ganz kompetenten Teil in Frau A gäbe, der sich künstlerisch sehr gut ausdrücken könne und sich dabei sehr gut fühle. So wie damals, die Achtzehnjährige, die von ihrer Lehrerin gelobt wurde, die den Auszug aus der mütterlichen Wohnung schaffte, die, trotz Schulabbruch, sich organisieren lernte, und dass dies eine enorme Leistung von Frau A gewesen sei ... Und dann gäbe es jenen schwierigen Teil, der ihr durch die schrecklichen Ereignisse, die lange zurückliegen, das jetzige Leben sehr schwer machen würde.

Ob es jetzt Frau A möglich wäre, den kompetenten und den machtlosen Teil in einer Art Größenordnung darzustellen, und diese vielleicht dem Stiefvater gegenüberzustellen?

Frau A zeigt spontan auf die Pauke, das sei der Stiefvater. Sie beginnt in der Reihenfolge also von hinten. Die Art, wie sie die Pauke hochhebt und in den hinteren Winkel des Raumes etwas genervt abstellt, löst bei der Therapeutin ein inneres Schmunzeln aus. Frau A zeigt somit keine Angst vor dem heiklen Rollenspiel **(K10.2.)**.

Danach überlegt sie längere Zeit, welche Instrumente für ihren kompetenten und für ihren machtlosen Teil stehen könnten. Als sie auf die Castagnetten blickt, wird ihr klar, dass diese für ihre Kompetenz stehen würden. „Sie gehören zu meinem inneren sicheren Ort, und sie erinnern mich an meinen richtigen Vater, und sie fühlen sich gut an“ *(K10.2.)*.

Die Therapeutin bittet Frau A, auch den Klang der Castagnetten zu überprüfen, ob dieser genau jetzt auch für dieses Spiel passen würde? Frau A führt selbstsichere Spielbewegungen aus und ahmt Bewegungen einer Flamencotänzerin nach. Ja, sie sei ganz sicher **(K2.2.)**.

Für den machtlosen Teil wählt Frau A die beiden Korbrasseln, die in der 8. Stunde („Aus-Schluss-Basta“) durch ihre Spielabbrüche gekennzeichnet waren. Kurz und stark schüttelt sie die Rasseln. Dabei bemerkt sie, wie witzig es sei, dass sie jeweils zwei Instrumentenpaare gewählt hätte **(K10.2.)**. Wie es nun weitergehen soll? Frau A's Frage wirkt beinahe angriffslustig. Die Therapeutin schlägt folgende Spielstrategie vor: Frau A könnte im Spiel mit den Castagnetten bzw. den Korbrasseln zunächst überprüfen, in welcher emotionalen Größenordnung die Instrumente stünden und entsprechend dem Nähe-Distanz-Verhältnis zur

A 29 Pauke platzieren. Im nächsten Schritt, wenn die Therapeutin die Pauke spielt, könnte Frau A entscheiden, wann, wie und v. a. wie oft mit dem jeweiligen Instrumentenpaar zur Pauke dazugespielt würde.

Ob wir bezüglich der Pauke noch eine Spielvereinbarung treffen sollten? Frau A verneint. Mit Ausnahme der Stoppregel soll sich jede Spielerin ihrer Intuition überlassen. Wieder sagt Frau A: *„Mehr als schief gehen kann es nicht"* (vgl. 9. Stunde). Die Therapeutin versichert Frau A, dass es nicht so weit kommen wird, dass wir es in der Hand haben, rechtzeitig abzubrechen ... Frau A nickt.

Frau A beginnt mit den Castagnetten. Spielend sich der Pauke nähernd und dann wieder entfernend, findet sie bald den für sie richtigen Abstand (ca. vier Meter). „Hier fühle ich mich gut und sicher." Frau A legt die Castagnetten ordentlich parallel auf einen Stuhl. Dann nimmt sie die Korbrasseln, spielt sie kurz an und platziert sie, ebenfalls auf einen Stuhl, zwischen Castagnetten und Pauke. „Hier bin ich mir nicht so sicher, es passt genau zu meiner Hilflosigkeit, die ich als kleines Mädchen hatte, und wenn es mir jetzt als Erwachsene deswegen schlecht geht..." *(K2.2.)*.

Nun bittet die Therapeutin Frau A, einen Blick *von außen* darauf zu werfen. Frau A meint, dass die Castagnetten kompakt und stark wirken, während die Korbrasseln labil und schwach ausschauen würden. Welches der beiden Instrumentenpaare ganz genau zu ihrer jetzigen Befindlichkeit, unabhängig vom Rollenspiel passen würde? Frau A zeigt spontan zu den Castagnetten.

Die emotionale Besetzung der Instrumente ist nun ausreichend geklärt. Frau A ist mit ihrem starken und gesunden Anteil (Castagnetten) identifiziert. Hingewiesen wird noch, dass es wichtig sei, nichts im Spiel zu erzwingen, genau mit sich zu sein, gut auf sich zu schauen ...

Nun beginnt die Therapeutin mit dem Paukenspiel, dumpf, leise und stereotyp. Sofort fühlt sich die Therapeutin schlecht i. S. v. übergriffig. Sie hat Angst, gehört zu werden, Angst, dass jemand plötzlich an der Tür lauschen könnte. Die Therapeutin möchte das Spiel schon beenden, als Frau A's Castagnetten kraftvoll hörbar werden. Frau A übertönt das Paukenspiel, sodass die Pauke akustisch in den Hintergrund rückt.

Die Therapeutin beendet das Paukenspiel, Frau A spielt auf den Castagnetten weiter. Nach einer Weile wechselt Frau A zu den Korbrasseln. Sie spielt sie kurz an, legt sie jedoch bald wieder auf den Stuhl zurück. Dann gibt sie der Therapeutin ein gestisches Signal, wieder die Pauke zu spielen **(K2.2.)**. Nach wenigen Schlägen beginnen die Rasseln erneut, sehr laut und rhythmisch chaotisch. Die Pauke bricht ab, die Therapeutin befürchtet, Frau A *anzutriggern.* Doch Frau A's Blickkontakt wirkt klar, beinahe triumphierend. Sie nimmt die Korbrasseln, wechselt mit ihnen zum Platz der Castagnetten.

Frau A spielt nun abwechselnd die beiden Instrumentenpaare und wird im Laufe des Spiels in ihrer Spielweise zunehmend kreativer. Sie spielt rechtshändig eine Castagnette, linkshändig eine Korbrassel, tauscht die Seiten und endet schließlich wieder bei den Castagnetten.

Währenddessen hat die Therapeutin den Platz an der Pauke verlassen und setzt sich in die Nähe von Frau A. Nach dem Spiel bittet sie Frau A, auch von diesem Platz rauszugehen. Beide blicken jetzt von außen auf die Instrumentenanordnung. Frau A sagt: „Nun hat mein Stiefvater keine Macht mehr über mich. Das war mir noch nie so bewusst *(K10.2.) – wie haben Sie sich eigentlich in der Rolle gefühlt?"*

Überwältigt und überrumpelt von Frau A's Frage, ihrem raschen Wechsel von ihrer Rolle zu jener der Therapeutin, sagt diese spontan: *„Gar nicht gut. Ich wollte gleich wieder aufhören, spätestens als Sie zu den Korbrasseln wechselten, wollte ich verschwinden ...“* A 30

Frau A lächelt wissend: *„Das ist mir aufgefallen.* Ich hab mich komischerweise auch mit den Korbrasseln gut gefühlt, ich spürte eindeutig, „er“ kann mir nichts mehr anhaben ***(K10.2.).***

Frau A verabschiedet sich und marschiert mit festem Schritt aus dem Raum.

Reflexion und Interpretation

In der 11. Stunde sind Frau A's „gesunde Anteile“ i. S. e. ANP sehr präsent: die kompetente achtzehnjährige Mittelschülerin, die eine schöne Stimme hat, gut malen kann und gerne Gedichte schreibt. Als sie beim Ausprobieren der Castagnetten eine Flamencotänzerin imitiert, bin ich ähnlich verblüfft wie in der Szene, als ich das erste Mal Frau A's Singstimme hörte.
Im Rollenspiel, in der die Pauke als ursprünglicher Ausdruck des sexuellen Übergriffs durch den Stiefvater steht (Inszenierung), gelingt Frau A durch ihren musikalischen Ausdruck beider Anteile ausreichend Distanzierung und Verarbeitung („Nun hat mein Stiefvater keine Macht mehr über mich“).

12. Stunde: Das innere Orchester

SUC prä 4
SUC post 6

Traumaadaptierte Mth-Technik: „Das innere Orchester“

Frau A kommt aufgeregt in die Stunde. Sie habe nun tatsächlich fixe Zusage für die Aufnahme in das Therapiezentrum erhalten. Frau A freut sich darauf, gleichzeitig bedauert sie es, dass die Musiktherapie nun auch zu Ende geht.

Die Therapeutin sagt ihr, dass sie im gesamten Zeitraum viele wichtige Themen aus ihrem Leben angesprochen habe und sich gut auf die jeweiligen Spielangebote einlassen konnte; dass es ihr sehr gut gelungen sei, Belastendes rechtzeitig zu beenden, indem sie sich eindrucksvoll gegen eine für sie schwierige Musik zunehmend abgrenzen konnte. Frau A nickt zustimmend. Des Weiteren spricht die Therapeutin Frau A's Ressourcen an, dass sie Zugang zu ihren kraftvollen Seiten bekommen habe, v. a. durch das Entdecken ihrer Singstimme.

Sogleich nimmt Frau aus ihrer Tasche ein Liederbuch mit Folk-Songs. Das habe sie von ihrer Lehrerin zum Abschied bekommen. Und heute sei wieder ein Abschied, und so wie damals möchte Frau A ein bestimmtes Lied singen.

Die Therapeutin fragt Frau A, ob sie das Lied sogleich singen möchte und wie insgesamt diese heutige, und leider auch letzte Stunde, gestaltet werden soll, dass Abschiede immer etwas besonderes seien, noch dazu, wenn er so überraschend käme.

A 31 Frau A überlegt eine Weile und lässt währenddessen den Blick im Raum umher schweifen. Sie werde so ziemlich alles in guter Erinnerung behalten, doch ganz besonders die Erfahrungen mit den Castagnetten und dem Monochord. Noch einmal werden von beiden deren symbolische Bedeutung und die damit verbundenen Gefühle angesprochen: Die Castagnetten sowie die Oceandrum, die Frau A's „inneren sicheren Ort" musikalisch verankern konnten, und gute Erinnerungen an ihren leiblichen Vater weckten, und das Monochord, welches bei Frau A ein selten erlebtes Wohlgefühl bewirkte und zum Summen ermutigte.

Gefragt, ob sie die Instrumente noch mal spielen bzw. sich spielerisch von ihnen verabschieden möchte, erhebt sich Frau A von ihrem Stuhl und holt Monochord und Castagnetten zu sich. Sie überlegt kurz und sagt, sie wolle alle Instrumente, die im Laufe der gemeinsamen Zeit ein Thema waren, noch einmal platzieren und möglicherweise zum Klingen bringen, dies sei ihr lieber, als *nur* über die Therapieinhalte zu reden.

Zielstrebig geht Frau A auf die Pauke zu, und überlegt kurz. Mit dem Zeigefinger kennzeichnet sie am Boden ein imaginäres Rechteck, das danach durch jeweils zwei Stühle pro Seite gekennzeichnet wird. Innerhalb dieser Begrenzung versammelt Frau A sämtliche Instrumente, bei denen es jetzt Abschied zu nehmen gilt. In dem scheinbaren Durcheinander blickt sie etwas ratlos und fragend zur Therapeutin. Plötzlich müssen beide lachen. Was nun?

Es sähe chaotisch aus, meint Frau A, wie gelegentlich in ihrem Inneren, und daher müsse es um „Ordnung schaffen" gehen. Die Therapeutin ermutigt Frau A dazu, die Instrumente so zu versuchen zu ordnen, dass es für sie stimmig wird, innerlich und äußerlich. Wie selbstverständlich beginnt Frau A zu ordnen **(K2.2.)**. Es entwickelt sich also nicht nur die Gestaltung des Abschieds, sondern es werden auch Frau A's Anteile in Form eines *inneren Orchesters* (a. a. O.) dargestellt.

Die Pauke stellt sie in das linke und die Darbouka in das rechte Eck. Bedeutungsvoll kommentiert Frau A diese erste Platzierung: „Das ist die Hinterseite: meine Stiefvatergeschichte (Pauke, Anm.), und das ist die mühsame Mutter, wenn sie mir auf die Nerven geht, oder die Stimmen, die mich quälen" (Darbouka, Anm.). In das Zentrum des Rechtecks legt Frau A die Oceandrum auf den Boden. Wieder benennt Frau A die Bedeutung des Instruments: „Das bin ich als Ganzes, aus vielen Teilen bestehend." Daneben kommen die Röhrenglocken, welche Frau A als die gute Mutter erinnert. Djembe und Korbrasseln werden diagonal zur Darbouka platziert, stellvertretend für allgemeines Wohl- und Unwohlgefühl. Zuletzt werden Monochord und Castagnetten, bereits an der Vorderseite, zurecht gerückt. Beide Instrumente stehen für Frau A's Ressourcen, ihrer musikalischen Begabung und für Genussfähigkeit. „Meine Lieblinge", sagt Frau A lächelnd **(K10.2.)**.

Danach steht sie mit verschränkten Armen vor ihrem Werk. Beide betrachten von vorne die Gruppierung. Frau A empfindet diese wie ein exotisches Orchester. Frau A meint, dass es so im Moment richtig sei. Ihr am nächsten und im Vordergrund stehen die für sie kraftvollen, gesunden Teile. Ganz hinten in der linken Ecke steht die Pauke, in der rechten Ecke die Darbouka. Leise gespielt, wären sie erträglich, ähnlich Frau A's innere Stimmen.

Die Therapeutin macht Frau A folgendes Spielangebot, natürlich nur, wenn Frau A damit einverstanden sei. Bevor von den einzelnen Instrumenten Abschied genommen werde, könne zunächst das von ihr benannte exotische Orchester, das im Grunde ihr Inneres präsentiert (vgl. *das innere Orchester*), erklingen, indem zum Beispiel Frau A die beiden vorderen Instrumente spielen würde. Weiters könne die Therapeutin von Frau A dirigiert werden und die anderen Instrumente jeweils einzeln dazuspielen. Möglicherweise könne dadurch noch einmal etwas deutlich bzw. hinsichtlich Aufstellung korrigiert werden. A 32

Frau A setzt sich auf den Stuhl, legt die Castagnetten bereit und beginnt zunächst das Monochord beidseitig zu spielen und dazu zu summen. Frau A's Spielweise ähnelt der aus den vergangenen Stunden. Es ist hör- und sichtbar, wie sehr sie damit vertraut geworden ist. Frau A wirkt entspannt und sicher **(K1.2.)**. Gut aufgerichtet, erinnert sie an eine Harfinistin, mit viel Blickkontakt zur anderen Spielerin.

Die Therapeutin beginnt im Folgenden, angeleitet von Frau A als Dirigentin, die jeweiligen Instrumente zu spielen. Frau A kombiniert geschickt drei Handlungen. Mit der linken Hand streicht sie über die Saiten, summt dazu, und mit der rechten gibt sie der Therapeutin den Einsatz. Diese wiegt zunächst die Oceandrum im mezzopiano, sodass Frau A's Monochordspiel gut hörbar bleibt. Als die Therapeutin zu den Röhrenglocken wechselt, ertönt das Monochord lauter und schneller, Frau A hat aufgehört zu summen. Die einzelnen Röhrenglocken verklingen rasch im Klangteppich des Monochords.

Die Therapeutin spielt kurz die Djembe an und wechselt bald zu den Korbrasseln, nun erklingt das Monochord wieder wie am Spielanfang. Als die Therapeutin die Darbouka anspielt, greift Frau A zu den Castagnetten. Im flotten Wechsel zwischen Sechsachtel- und Dreivierteltakt ertönen die Castagnetten hell und kräftig und schaffen dynamisch einen starken Kontrast zur dumpfen, eintönigen Darbouka. Erstmals dauert das Zusammenspiel, im Unterschied zu den vorigen Instrumenten, deutlich länger an. Nach mehreren Spielminuten geht die Therapeutin zur Pauke. Noch bevor der erste Schlag erfolgt, wechselt Frau A wieder zum Monochord.

Wieder spielt Frau A in einer entspannten Haltung, diesmal beidhändig im regelmäßigen Tempo und mittlerer Lautstärke zu den leisen Paukenschlägen, die doppelt schnell zu den Handbewegungen am Monochord ausgeführt werden. Auch dieser Spielteil dauert, ähnlich dem vorangegangenem, länger an. Er geht langsam zu Ende, indem Frau A Tempo und Dynamik am Monochord reduziert, zeitgleich mit den Paukenschlägen.

Frau A blickt mit einem Hauch von Triumph im Gesicht zur Therapeutin. „So lässt's sich leben" **(K6.2.)**. Nachgefragt, ob Frau A diese erfreuliche Aussage näher erläutern könne, macht es sich Frau A inmitten ihrer Aufstellung am Boden bequem. Im Schneidersitz, neben der Oceandrum, erlaubt sich Frau A einen Rundblick auf das Instrumentarium. Auch die Therapeutin lässt sich neben Frau A am Boden nieder.

Frau A beginnt nun ausführlich über ihre Empfindungen während des Spiels zu erzählen. Bereits zu Beginn habe sie sich sehr okay gefühlt. Alles würde zu ihr gehören. Frau A macht dabei eine ausladende Armbewegung. Es sei so wichtig, dass sie die Erinnerungen an ihren Stiefvater und die entwertenden Stimmen in Griff kriege. Jetzt im Spiel sei das alles sehr klar und einfach gewesen. Solange sie ihr Wohl- und Sicherheitsgefühl nicht übertönten, wäre das in Ordnung. Sie fühle sich auch deutlich weniger schuldig, dies sei ihr, während die Darbouka ertönte, bewusst geworden **(K10.2.)**.

Die letzte Aussage wird von der Therapeutin besonders hervorgehoben, zumal das Thema Schuldgefühle zu den zentralen Inhalten im Therapieverlauf zählte. Wie bemerkenswert Frau A sich auf dieses Thema eingelassen habe, und gerade heute, beim vorzeitigen Abschied, sie mithilfe der Musik solche entlastende Erfahrung machen konnte. Abgesehen davon sei Frau A

A 33 zunehmend mutiger geworden, sich ihrer Innenwelt zuzuwenden. Ihre sich entwickelnde Sicherheit wurde auch nach außen sichtbar, hörbar und erlebbar.

Zum Abschied wünscht sich Frau A das Lied aus dem Liederbuch ihrer ehemaligen Lehrerin, den Folk-Songs. Gemeinsam soll es gesungen und von der Therapeutin mit der Gitarre begleitet werden: *„The House of the rising sun."*

Beide singen alle Strophen, und Frau A klopft mit flachen Händen den Takt auf ihren Knien. Wieder ertönt ihre Singstimme voll und warm und in klangreiner Intonation. Beide Singstimmen verschmelzen beinahe **(K9.2.)**.

Danach verabschiedet sich Frau A von den Instrumenten, indem sie jedes kurz anspielt. Der verbale Abschied gestaltet sich kurz und klar. Frau A nennt ein allerletztes Mal ihre Befindlichkeit auf der SUC-Skala, bedankt sich mit ernstem Blick und verlässt den Raum.

Reflexion und Interpretation

In der letzten Therapiestunde, vorzeitig beendet, und mit dem Wissen, einen sicheren Platz im geplanten Therapiezentrum zu bekommen, entwickelt sich aus der Rückschau auf den Therapieverlauf mit musikalischer Abschiedsgestaltung noch die Arbeit mit dem „inneren Orchester."

Frau A ordnet sämtliche innere Anteile, die im Therapieprozess thematisiert wurden, den von ihr emotional besetzten Instrumenten zu: ein kompetenter erwachsener Anteil (Oceandrum), verletzte, beobachtende Anteile (Pauke, Darbouka und Röhrenglocken), Anteil für allgemeines Unwohlgefühl (Djembe), Anteil für allgemeines Wohlgefühl (Korbrasseln), Anteil für Freude und Genuss (Castagnetten) und der Anteil für Frau A's vorhandene Ressourcen (Monochord).

Anhand Frau A's eindrucksvoller Aufstellung, die keiner Korrektur bedarf, bekomme ich in dieser Momentaufnahme, im Vergleich zu Therapiebeginn, den Eindruck einer deutlich stabileren Persönlichkeit. Die ressourcen- und genussvollen Anteile befinden sich als Hauptinstrumente im Vordergrund der „Orchesterreihe." Im Zentrum des „Orchesters" steht die Oceandrum, der kompetente erwachsene Anteil („ich als Ganzes") bzw. Teil des „inneren sicheren Ortes" musikalisch verankert. Korbrasseln und Djembe – Wohl- und Unwohlgefühle, befinden sich zwischen Zentrum und letzter Reihe, und die verletzten, schwierigen Anteile sind in der hintersten Reihe platziert.

Das bedeutet, dass traumatisierte Anteile deutlich im Hintergrund, die alltagstauglichen Anteile im Vordergrund bzw. im Zentrum ihrer Persönlichkeit stehen. Letztendlich findet dies in der musikalischen Umsetzung (Frau A's Rolle als Dirigentin und als Spielerin) und in den verbalen Kommentaren von Frau A Bestätigung. Zusammenfassend lässt sich sagen, dass Frau A mit ihren Anteilen zu kooperieren weiß.

Musik- und traumatherapeutische Überlegungen

Die „*Arbeit mit dem inneren Orchester*" des in Anlehnung von Michaela Huber entwickelten Konzepts „*Innere Landkarte*" (Huber, 2006, S.121ff.), wurde von Djörte Pommerien (2006) musiktherapeutisch modifiziert. Das innere Orchester bietet die Möglichkeit der Außendarstellung und Lautwerdung innerer Anteile, die Instrumenten zugeordnet werden. Pommerien betont, dass bereits in der Phase der Instrumentenauswahl und –zusammenstellung viel an Kraft, Spannung, Bedrohung, Unklarheit etc. spürbar wird. In der Gruppenmusiktherapie kann die Patientin den Darstellerinnen ihrer externalisierten Anteile zuhören und ihren Wünschen, Bedeutungen und Erlebnissen Aufmerksamkeit schenken (in o.g. Fallbeispiel wurde Pommerien's Konzept einzelmusiktherapeutisch adaptiert. Anm.). Die besondere Erfahrung der Patientin liegt in der musikalischen Aktion selbst: sie darf und kann ihre Anteile steuern, die Vielfalt an Möglichkeiten durch ihrer eigene Hervorhebung bestimmter Anteile erleben und befindet sich somit nicht mehr in einem Zustand des hilflosen Ausgeliefert-Seins. Durch das eigene Experimentieren/Dirigieren mit Dynamik, Hervorheben, Abwinken etc. kann eine „innere Musik“ ins Außen kommen, die wohltuend ist. Als besondere Erfahrung hebt Pommerien die Bedeutung negativ besetzter Anteile hervor. Oftmals wird diesen eine neue Erfahrung von Kraft, Fundament, Sicherheit durch Rhythmus beigemessen. Die verschiedenen Anteile kommen in eine Art Wechselspiel, ein Miteinander, ein voneinander Abgrenzen oder in ein gemeinsames Orientieren. „Die Vielfalt der inneren Anteile kann durch das Hörbarmachen zu einem Reichtum werden, anstelle einer täglichen Bedrohung“ (ebd.). A 33

A 34 Zusammenfassung

Die in der Kindheit durch Bezugspersonen über einen langen Zeitraum traumatisierte Patientin konnte im Erwachsenenleben kein grundlegendes Gefühl von innerer und äußerer Sicherheit erlangen. Vorrangiges Bedürfnis der Patientin war das „Loswerden-Wollen" ihrer Schuldgefühle. Diese u. a. Traumafolgesymptome wie Intrusionen, Alpträume, Abgrenzungsschwierigkeiten zur ehem. Bezugsperson wurden zum Fokus in der Therapie.

Trotz Musik, die triggert, erlebt Frau A diese auch als entlastend. Unter der Berücksichtigung von Frau A's dissoziativer Symptomatik sind in den ersten Sitzungen das eigenmächtige Stoppen der Musik und das vorzeitige Weggehen aus den Sitzungen als hohe Kompetenz zu verstehen.

Erfahrung von Kompetenz und Handlungsfähigkeit konnten auch durch Ressourcenaktivierung mithilfe des musiktherapeutischen Instrumentariums und der Musik gefördert werden. Musik als Strukturelement wird vorhersehbar und kontrollierbar. Musikalisch szenische Rollenspiele (thematische Improvisationen) in Kombination mit dem *inneren sicheren Ort,* dem *inneren Orchester,* und Psychoeducation bewirken konkrete Unterscheidungsbildung zwischen Innenwelt und Außenwelt. Konstruktive Lernerfahrung wie gegenwärtiges Wissen um die Nicht-Schuld wird verankert, ebenso kognitives und emotionales Wissen, dass die Gegenwart sicher ist. Abgrenzung zur Mutter ist möglich, der Stiefvater hat keine Macht.

In der Gegenübertragung fühlt sich die Therapeutin zunächst von der Themenflut überfordert. Es entsteht der Verdacht, dass Frau A nur „so tut als ob" - eine gute Fassade, gekoppelt mit Aktionismus, um die Therapeutin zufrieden zu stellen. Die Therapeutin wird *geformt,* sodass die Beziehung frei von Konflikten und an der Oberfläche bleibt. Im weiteren Therapieverlauf wird die Patientin für die Therapeutin spürbarer, sowohl im verbalen als auch im musikalischen Beziehungsgeschehen.

Patientin B

B 1

Frau B ist eine siebenundsechzigjährige Patientin, die mit den Diagnosen schwere depressive Episode mit psychotischen Symptomen (F32.3), Anpassungsstörung bei rez. Mikrotraumatisierungen (F 43.22) - DD dissoziative Störung gemischt (F 44.7), Spannungskopfschmerz DD atyp. Gesichtsschmerz (G 44.2) und einer fraglichen komplexen PTBS in die psychiatrische Tagesklinik zur weiteren Stabilisierung aufgenommen wurde.

Sozialanamnese

Die folgenden Details stammen aus Mitteilungen der Patientin sowohl im Erstkontakt als auch in unterschiedlichen Phasen des Therapieverlaufs und werden an dieser Stelle chronologisch und in abgeänderter Form dargestellt.

Frau B ist in einer österreichischen Kleinstadt geboren und aufgewachsen. Ihre frühe Kindheit beschreibt sie als *Nachtmar,* geprägt durch Kriegs- und Nachkriegsjahre. Die ersten beiden Lebensjahre verbringt Frau B bei ihrer Mutter in einer Mietwohnung (ihre Eltern lebten getrennt und in Scheidung, an den Vater gibt es keine persönlichen Erinnerungen). Sie wird in dieser Zeit Zeugin körperlicher und sexualisierter Gewalt durch „fremde Männer“ an ihrer Mutter. Etwa ab dem dritten Lebensjahr entscheiden Mutter und Großmutter Frau B's Umzug zu den Großeltern, im selben Haus, ein Stockwerk höher.

Spätere Kindheit und Jugendzeit liegen größtenteils im Dunkeln. Eine positive Erinnerung hat sie jedoch an ihre Großeltern mütterlicherseits. Sie erlebt Hausmusikabende, an denen sie neben dem Großvater saß, während dieser Klavier spielte.

Als Jugendliche beginnt Frau B eine Schneiderlehre, und geht nach Abschluss bald danach ins Ausland, um zu heiraten. Als sie rechtzeitig erkennt, dass sie einem Heiratsschwindler erlegen war, verlässt sie das Land und kehrt zurück nach Österreich.

Frau B wird Zeugin eines Mordes an einer nahe stehenden Person. Diese, von ihr beschriebene schlimmste Erinnerung ihres Lebens erweist sich als besonders bruchstückhaft.

Einige Zeit später lernt Frau B einen osteuropäischen Mann kennen, den sie bald darauf heiratet. Sie verlässt mit ihm Österreich, und beginnt in seinem Herkunftsland ein neues Leben. Die ersten Ehejahre hat Frau B in positiver Erinnerung. Frau B entdeckt durch ihren Mann ihr musikalisches Talent. Beide treten regelmäßig in Clubs und Bars als Sänger auf. Es sei eine schöne, wenn auch sehr anstrengende Zeit gewesen.

Als Frau B schwanger wird, zwingt ihr Mann sie zum Abbruch der Schwangerschaft. Frau B habe sich sehr auf dieses Kind gefreut, sich jedoch nicht zu wehren gewusst. Auch hatte sie damals nicht den Mut, ihren Mann zu verlassen. In dieser Lebensphase wurde Frau B alkoholabhängig. Frau B wird zwei weitere Male schwanger, und die Ereignisse wiederholen sich. Nach dem dritten erzwungenen Schwangerschaftsabbruch verlässt Frau B ihren Mann und flüchtet zurück nach Österreich. Frau B ist zu diesem Zeitpunkt ca. dreißig Jahre alt. Seither gibt es keinen Kontakt zu ihrem Exmann. Frau B ist mittlerweile geschieden.

Sie beginnt für kurze Zeit ihren alten Beruf als Schneiderin auszuüben. Die nächsten Lebensjahrzehnte sind geprägt von Gewaltbeziehungen zu Männern, Einsamkeit und einer zunehmenden Alkoholabhängigkeit. Frau B ist jedoch soweit stabil, dass sie bis zu Pensionsantritt

B 2 arbeitsfähig (als Hausbesorgerin und Bedienerin) bleibt. Ihre Pensionsjahre verbringt sie als Mindestpensionsbezieherin in einer bescheidenen Mietwohnung.

Eines Tages wird Frau B von einer Nachbarin in einem verwirrten und verängstigten Zustand im Stiegenhaus vor ihrer Wohnung aufgefunden. Die stationäre Aufnahme erfolgt informell aufgrund eines fraglich dementiellen Zustandsbildes.

Stationärer Therapieverlauf

Frau B wird psychopharmakologisch gegen Depressionen und gegen innere Unruhe behandelt. Im Laufe des stationären Aufenthaltes kommt es zu einer Verbesserung der Stimmungslage in den euthymen Bereich. Weiters wird die Patientin in den Gesprächen zugänglicher und im Gedankengang geordneter. Die zu Beginn vorhandene stupuröse Symptomatik bildet sich gänzlich zurück.

In Gesprächen wirkt die Patientin phasenweise völlig abwesend. Anamnestisch bestehen rezidivierende Erinnerungslücken, weshalb differentialdiagnostisch eine dissoziative Störung und eine komplexe PTBS erwogen werden. Das bei der Aufnahme bestehende fraglich dementielle Zustandsbild kann nicht bestätigt werden.

Tagesklinik

Frau B kann in stabilem und teilremittiertem Zustand aus der stationären Behandlung in ihre Wohnung entlassen werden. Die weitere Behandlung und Stabilisierung erfolgt im Rahmen eines sechswöchigen Aufenthaltes in der Tagesklinik. Frau B wird vom behandelnden Stationsarzt und der klinischen Psychologin der Einzelmusiktherapie zugewiesen.
Weitere Therapieangebote bestehen aus Gruppentherapien (Physiotherapie, Ergotherapie, Animation, sozialtherapeutische Ausgänge), einem wöchentlich ärztlichen sowie psychologischen Einzelgespräch.

Musiktherapie

Die tagesklinische Einzelmusiktherapie umfasst zwölf Sitzungen zu je dreißig Minuten während ihres Klinkaufenthaltes von sechs Wochen. Ein ausgiebiger Erstkontakt findet am darauf folgenden Tag der tagesklinischen Aufnahme im Musiktherapieraum statt. Frau B erklärt sich mit einer Biofeedbackuntersuchung im Rahmen der Musiktherapie einverstanden.

Erstkontakt

Frau B wird von der Therapeutin nach ihren persönlichen Wünschen und nach möglichen Behandlungszielen gefragt, und welche persönlichen Erfahrungen bzw. Tätigkeiten in für sie schwierigen Lebenssituationen bisher hilfreich waren.

Frau B äußert zögerlich allgemeine Wünsche wie gesund werden wollen, Ängste und Panikattacken loszukriegen **(K1.1.)**, sich einfach besser zu fühlen etc. Die Therapeutin fügt zu Frau B's Verallgemeinerungen hinzu, dass es häufig sein kann, dass sich im Laufe der Therapie konkrete Wünsche und Therapieziele entwickeln, oft im Zusammenhang mit auftauchenden Erinnerungen. Frau B sagt, dass sie viele Erinnerungslücken habe, und sie sicher sei, dass sie kein Bedürfnis habe, sich an gewisse Lebensereignisse zu erinnern. Angesprochen auf die Frage nach positiven und freudvollen Erinnerungen meint Frau B, dass es diese auch gäbe. Doch seien sie häufig mit unangenehmen Dingen verknüpft und daher sei alles sehr heikel. Jedoch wäre Musik etwas Schönes, und daher sei sie schon ein bisschen neugierig. B 3

Die Therapeutin beginnt mit einer genauen Erklärung bezüglich des musiktherapeutischen Instrumentariums und möglicher Herangehensweisen. U. a., dass es die Möglichkeit gäbe, Instrumente auszuprobieren, eine für Frau B schöne Musik anzuhören, die vielleicht wohltuend und entspannend sein könnte. Dass es wichtig sei, genau mit sich zu sein, und zunächst nur das zu tun oder anzuhören, das gut tun könnte ... Ob dies dem ersten Eindruck nach für Frau B vorstellbar wäre? Frau B zeigt sich mit dem Angebot einverstanden.

1. Stunde: Dreimal weg und wieder da

SUC prä 3
SUC post 5

Mth-Technik: strukturierte Improvisation

TT-Technik: Dissoziationsstopp und Psychoeducation

Frau B betritt schüchtern mit einem unsicheren Lächeln den Raum. Nach der Begrüßung, und auf die Frage nach ihrer Befindlichkeit, äußert sie Müdigkeit und Erschöpfung. Sie habe bereits zwei Nächte zu Hause verbracht, und sie fühle sich dort nicht wohl, denn in der Nacht kämen die Angst und die Panikattacken (**K1.1.**). Sie habe jetzt einen *Bedarf* (Notfallmedikation, Anm.), sodass sie nicht *zur Flasche greifen* müsse ... außerdem sei sie von den zahlreichen und neuen Eindrücken ebenfalls müde. Räumliche Veränderungen würden sie immer etwas verunsichern, und der Musiktherapieraum mit den zum Teil fremdartigen Instrumenten sei ein *völlig unbekanntes Dorf*.

Frau B wird eingeladen, Platz zu nehmen. Sie blickt sich wieder lächelnd kurz im Raum um und setzt sich vorsichtig auf einen Stuhl neben dem Klavier. Dann sagt sie mit einem Seufzer, dass es hier sehr schön sei, so friedlich und hell. Frau B lächelt dabei schwach und nickt.

Die Therapeutin fragt, ob sie etwas ausprobieren wolle?
„Ganz wie Sie wollen“ *(K3.1.)* – erwidert Frau B devot der Therapeutin. Diese räumt wiederholend ein, dass es in der Musiktherapie sehr wichtig sei, auf die eigenen Bedürfnisse und Wünsche zu achten, und dass es Aufgabe der Therapeutin sei, Frau B so gut wie möglich darin zu unterstützen.

Frau B schweigt eine Weile und wirkt plötzlich abwesend (**K4.1.**). Die Therapeutin spricht sie klar und deutlich mit ihrem Namen an, worauf Frau B etwas verdutzt die Therapeutin anblickt, als soeben unfreiwillig aus dem Schlaf gerissen. Die Therapeutin wiederholt ihre Worte und macht Frau B ein erneutes Angebot.

Frau B blickt auf die Mandalaharfe und erkundigt sich nach dem Instrument. Nach einer Erklärung, u. a. dass man im Grunde nichts *falsch* machen könne, beginnt Frau B vorsichtig über die Saiten zu streichen. Frau B gefällt der Klang, die einzelnen Töne und das Instrument insgesamt. Das Holz fühle sich gut an, und auch die Form sei sehr schön. Während sie weiter über die Saiten streicht, entdeckt Frau B den Regenmacher. Die Therapeutin setzt sich mit

B 4 dem Instrument in Frau B's Nähe und bringt das Instrument durch die Schräglage zum Rieseln. Das Geräusch erinnere Frau B tatsächlich an Regenrauschen. Das sei für sie immer sehr beruhigend. Überhaupt sei ihr Regenwetter das liebste. Sie fühle sich dabei friedlich und geborgen.

Ob Frau B Lust auf ein Spiel mit beiden Instrumenten hätte und welches sie gerne spielen würde?
„Ganz wie Sie wollen" *(K9.1.)* – wiederholt Frau B ihre Aussage. Die Therapeutin erwidert diesmal nichts und wartet auf Frau B. Sie möchte ihr Zeit zum Nachspüren lassen. Nach einer Weile des Schweigens entscheidet sich Frau B für den Regenmacher. Während sie ihn sachte kippt, zupft die Therapeutin vereinzelte Töne der pentatonisch gestimmten Harfe an. Das Rauschen des Regenmachers stockt. Die Therapeutin wartet, dass Frau B den Regenmacher in die andere Richtung schwenkt. Doch es geschieht nichts, außer das Frau B wieder einen abwesenden Gesichtsausdruck annimmt **(K4.1.)**. Wieder spricht sie die Therapeutin klar und deutlich an: *„Frau B, es ist halbzehn Uhr vormittags und wir sind im Musiktherapieraum!"*
Frau B zuckt leicht mit dem Kopf und lächelt wieder.

Die Therapeutin betont, dass sie jetzt nicht sicher sei - ob es sein könnte, dass die Instrumente sie vom jetzigen Geschehen wegführen würden, und das möglicherweise nicht hilfreich für die gemeinsame Arbeit sei.

Frau A schüttelt verneinend den Kopf. Das Instrument sei sehr angenehm. Nur als das Rauschen *fertig* war, wäre sie plötzlich weggedriftet.

Nun interveniert die Therapeutin sehr direktiv und übezentriert. Wie es wäre, den Regenmacher, regelmäßig zu schwenken. Man könne das Geräusch relativ gut dosieren, sodass es für Frau B angenehm bleibt.

Die Therapeutin rechnet insgeheim mit einer Ablehnung der Patientin. Doch überraschenderweise nimmt Frau B die Einladung an. Sie setzt sich nun aufrechter auf ihren Stuhl und hält den Regenmacher wie ein kostbares Gut elegant auf den Händen. Nun lässt es Frau B tatsächlich rauschen. Ihr Spielausdruck wird mutiger. Das Geräusch schwillt zunehmend an und Frau B meint plötzlich erschrocken und erfreut zugleich. „Wie ein Wolkenbruch – jetzt schüttet's!" Frau B's Spiel steigert sich durch senkrechtes und ruckartiges Kippen in ein kräftiges forte. Begeistert und leise lachend ruft sie: „Die Niagarafälle!" *(K4.2.)*

Nach einer Weile und wie nach getaner Arbeit reicht Frau B den Regenmacher der Therapeutin und blickt sie mit kindlichen Augen an. Sich versichernd, ob das auch *erlaubt* gewesen wäre.

Ob Frau B den *gefühlsmäßigen* Unterschied zwischen ihrem ersten und zweiten Spiel beschreiben mag? Frau B wird still und während sie scheinbar nachdenkt, ist sie ein drittes Mal weg **(K4.1.)**.
„Frau B, haben Sie meine Frage verstanden?"
Frau B reagiert sofort. Das zweite Spiel habe ihr deutlich besser gefallen. Frau B wirkt beinahe beschämt. Nun wird Frau B von der Therapeutin bestätigt und erhält eine ausführliche Rückmeldung: erstens, dass sie im zweiten Spiel eine aufrechtere Körperhaltung hatte, die selbstbewusst und elegant anmutete; zweitens, dass ihr Gesicht vor Freude und Heiterkeit einige Momente zu strahlen begann; und drittens, und das wäre der Therapeutin ganz besonders wichtig, dass sie während des aktiven Spiels voll und ganz *da* gewesen sei.

Frau B blickt die Therapeutin fragend an. Darauf folgt ein ausführlich psychoeducatives Gespräch über Menschen mit dissoziativen Verhalten. Dass dies bei besonders schwerwiegenden Lebenserfahrungen ein wichtiger und sinnvoller Schutzmechanismus sei, welcher sich irgendwann im weiteren Leben häufig verselbständigen würde, dass dieses Verhalten leider auch Schaden anrichten könne. B 5

Frau B nickt jetzt und scheint zu verstehen. Viele Leute hätten ihr das schon so oft gesagt, ihr falle es meist gar nicht auf. Sie habe diese Gewohnheit wahrscheinlich seit Jahrzehnten **(K4.1.)**.

Im Anschluss an das Gespräch werden im Rahmen eines mündlichen Therapievertrages entsprechende Vereinbarungen getroffen: Aufgabe der Therapeutin sei es, Frau B im Falle eines dissoziativen Verhaltens, sofort in das gegenwärtige Geschehen *zurückzuholen*. Dabei würde die Therapeutin Frau B's Hilfe benötigen. Denn ohne ihre Bereitschaft würde es schwierig werden, eine Verbesserung zu erreichen. Weiters soll durch regelmäßiges *Üben* in der Musiktherapie dem gewohnheitsmäßigen Dissoziieren gegengesteuert werden.

Frau B erklärt sich damit einverstanden und verabschiedet sich devot mit einem *Vergeltsgott*.

Reflexion und Interpretation

Frau B präsentiert das Bild einer schüchternen, devoten und unsicheren älteren Dame. Sie möchte das musikalisch-musiktherapeutische Geschehen gänzlich mir überlassen. Es kostet mich Mühe, nicht zu fordernd auf Frau B einzuwirken. In der Gegenübertragung bin ich durch ihr unterwürfiges Verhalten („ganz wie Sie wollen“) und ihr zunächst zweimaliges Wegdriften verunsichert und etwas hilflos. Dies erklärt auch, dass ich Frau B zwar rasch ins Hier und Jetzt zurückhole, jedoch es dabei bewenden lasse, ohne gleich ein psychoeducatives Gespräch anzubieten. Glücklicherweise ist Frau B „leicht“ aus ihrer inneren Welt herauszuholen. Sie benötigt keine zusätzlichen Methoden (stärkere Reizauslöser wie etwa einen Gegenstand fallenlassen, etc.). Später werde ich innerlich ungeduldig, das zu schlechtem Gewissen bei mir führt. Mein Eindruck von ihr verändert sich jedoch durch Frau B's zweites Spiel. Ich habe plötzlich eine elegante und selbstbewusste Dame vor mir, die aktiv handelt und in ihrer Vorstellungskraft ein starkes Bild mitteilt (die Niagarafälle). Im körperlich-musikalischen Tun ist sie völlig präsent. Erst während Frau B's dritten dissoziativen Verhalten wird mein Anliegen, ein psychoeducatives Gespräch mit Frau B zu führen, dringlich. Frau B weiß um ihr Verhalten und willigt in meinen Vorschlag bezüglich des Umgangs in solchen Situationen ein.

Musiktherapeutische Überlegung

Aktives musikalisches Handeln, das von der Patientin positiv erlebt wird, ermöglicht Verankerung in der Gegenwart und führt während des Tuns zu keinem dissoziativen Verhalten.

Traumatherapeutische Überlegung

Reddemann versteht Dissoziationsstopp als eine Notmaßnahme in Ausnahmefällen. Es sei nicht Sinn einer Therapie, ausschließlich dissoziatives Verhalten zu stoppen. Daher müsse das Arbeitsbündnis und die Art der Zusammenarbeit rechtzeitig erklärt werden, bevor sich bereits für viele Stunden diese Form von Beziehung etabliert habe. Im Anschluss sollte mit der Patientin die Wahrnehmung von Tendenzen zur Dissoziation und das eigene Stoppen, beispielsweise durch Möglichkeiten des „Bremsens“ erarbeitet werden (Reddemann, 2008, S. 198f.)[2].

2 Empfehlungen zu Vorgehen beim Dissoziationsstopp (Reddemann, 2008, S. 199f.)

B 6 ***2. Stunde: Die Beobachterin***

SUC prä 4
SUC post 10

Mth-Technik: musikalische Achtsamkeitsübung

TT-Technik: Distanzierungsübung („*den inneren Beobachter kennen lernen*")

Die heutige Stunde ist vorverlegt, da für Frau B zum vereinbarten Termin eine MRT-Untersuchung geplant ist (zur Abklärung ihrer Kopfschmerzen; Anm.). Von der Krankenschwester ausführlich informiert, ist Frau B dennoch verunsichert. Die Therapeutin weist Frau B zusätzlich daraufhin, dass die Klopfgeräusche während der Untersuchung auf manche Menschen erschreckend sein können, dass es hilfreich sei, im Vorfeld darüber Bescheid zu wissen. Frau B zeigt sich dankbar über diese Information und meint, das wäre kein Problem, sie würde sich einfach „wegbegeben" **(K4.1.)**. Frau B lächelt dabei verschmitzt.

„*Ah! ... Wobei wir wieder beim Thema wären...*" - Die Therapeutin erinnert dabei Frau B an ihr Wegdriften vergangene Stunde, wobei sie Frau B's Bewältigungsstrategie im Falle der MRT-Untersuchung differenzierter anspricht. Dass Frau B bestimmt ein gutes Gespür für schwierige Situationen habe, und wenn ihr „ *Wegbegeben*" während der Untersuchung ein schöner Ort in der Fantasie sei, umso besser. Wichtig sei, dass sie sich selber beobachten lerne, denn dadurch könne sie aktiv ihre Fantasien steuern und würde nicht „versehentlich" in schlimme Vorstellungen geraten.

Frau B blickt nun interessiert und lächelt ungläubig. Im Übrigen wisse sie nicht, wo und in welchen Fantasien sie sich während solcher Zustände befinden würde. Wie denn das gehen solle, sich selber beobachten?
„ *Wir könnten das sogleich ausprobieren, wenn Sie möchten.*"
In der Übung würde es darum gehen, sich die beobachtenden Fähigkeiten bewusst zu machen. Die Therapeutin macht Frau B das Angebot, einige Instrumente anzuspielen und im Anschluss dasjenige auszuwählen, das für sie im Moment am angenehmsten sei.

Frau B wählt die Mandalaharfe, bereits vertraut aus der ersten Stunde. Nun gibt die Therapeutin folgende Spielanleitung vor: Frau B könne zunächst eine Saite anzupfen und dem Ton nachlauschen. Nun könne sie beobachten, welche Stimmung im Moment vorherrsche und ob sich diese im Laufe des Spiels verändern würde mit dem Wissen *ich kann meine Stimmung beobachten, also bin ich mehr als meine Stimmung...* und dann könne Frau B sich einen Moment Zeit lassen, ihre Gefühle zu beobachten. Welche Gefühle sind da jetzt? Im Sinne von *ich kann meine Gefühle beobachten, also bin ich mehr als meine Gefühle ...*

Frau B folgt genau der Anleitung. Während sie die Saiten anzupft blickt sie konzentriert auf das Instrument. Frau B atmet ruhig und vertieft und lässt sich beim Spielen Zeit. Sie lauscht den Tönen nach, bis sie verklingen **(K4.2.)**. B 7

Nach dem Spiel legt Frau B die Mandalaharfe auf ihrem Schoß ab und blickt zur Therapeutin. Es funktioniere tatsächlich. „*Die Töne machen mich friedlich ... und heiter ... das Instrument stimmt mich gut ... – ich habe bemerkt, dass es auch angenehm ist, solange Zuzuhören, bis es ganz still ist...* Seltsam, ich habe ganz da sein können und mich jetzt wirklich selber beobachtet" ***(K4.2.)***.

Frau B ist über diese Fähigkeit einerseits verwundert, andererseits sei dies ja etwas Selbstverständliches, nur eben nicht immer klar vor Augen. Es wäre eigentlich ganz einfach ... Dann erzählt Frau B, dass sie sich während des Spiels bei einem Gedanken *ertappt* habe. Etwas peinlich fügt sie hinzu, dass sie daran gedacht habe, nachher endlich *eine zu rauchen....*
- beide lachen - und sie sei sich völlig dieses Gedankenganges klar gewesen. Frau B tippt dabei auf ihren Kopf.

Die Therapeutin betont, dass die Fähigkeit des Sich-beobachten-Könnens ein sehr hilfreiches Mittel gegen die Angst sei und dass man eigentlich immer und überall diese beobachtende Funktion nutzbar machen könne...
„*auch in der Röhre*" – fügt Frau B in Anspielung auf die bevorstehende Untersuchung hinzu.

Die Therapeutin bejaht und gibt Frau B noch eine Rückmeldung: im Vergleich zur vorigen Stunde habe Frau B auf sie heute sehr wachsam und konzentriert gewirkt, und dass dies nicht selbstverständlich sei...

Frau B verabschiedet sich und bedankt sich wieder mit einem *Vergeltsgott.*

Reflexion und Interpretation

Der Beginn der zweiten Stunde wird von Frau B durch eine klinische Alltagssituation eingeleitet. Die bevorstehende Untersuchung wird zum Ausgangspunkt des heutigen Themas. Frau B's Kommentar, sich während der Untersuchung „wegzubegeben," hinterlässt in mir ein unangenehmes Gefühl. Ich möchte nicht in ein Machtspiel mit Frau B verwickelt werden. Meine Sorge: falls sich konflikthaftes Geschehen in der therapeutischen Beziehung entwickeln sollte, dann könnten auch die Übungen nicht hilfreich erlebt werden. Die heikle Situation kann einerseits durch Frau B's verschmitztes Lächeln, andererseits durch mein Ernst-nehmen von Frau B's Aussage (s.o.) entkräftet werden. Ich habe das Bedürfnis, Frau B eine neue Erfahrungsmöglichkeit anzubieten: eine übezentrierte Intervention mit dem Risiko, zu mechanistisch und zu wenig therapeutisch bezogen zu sein. Doch die Übung gelingt. Frau B „rutscht" kein einziges Mal weg. Sie versteht sofort, benennt sogar ihren beobachteten Gedanken und ich merke im Nachhinein, dass ich sie in ihren kognitiven und kreativen Fähigkeiten unterschätzt habe.

Musiktherapeutische Überlegung

Musikalische Achtsamkeitsübungen können als Wahrnehmungsübung für das Hier und Jetzt verstanden werden. Das Nachlauschen eines selbst gespielten Klanges vom Anfang bis zu dessen endgültigem Verklingen fördern Wachsamkeit, Aufmerksamkeit und Konzentration. Fragt man Angstpatienten im Anschluss einer musikalischen Achtsamkeitsübung nach ihrer Befindlichkeit, heben sie meist ihre Angstfreiheit hervor. Allerdings kann diese Spielform mit

B 8 dem Focus auf Achtsamkeit auch einengend und langweilig wirken. „Strukturen müssen sich mit den Klientinnen weiterentwickeln und dürfen nicht einengen oder die Heilung aufhalten" (Sonntag & Jüchter, 2007, S. 104).

Traumatherapeutische Überlegung

Luise Reddemann betrachtet diverse Imaginationsübungen als Ausgangsmaterial i. S. v. „,Ideengeber', die dann je nach therapeutischer Situation kreativ eingesetzt werden" (Reddemann, 2008, S. 102). In diesem Zusammenhang ist die o.g. Übung aus der 2. Stunde zu verstehen (in Anlehnung an die Übung „*den inneren Beobachter kennenlernen*") (Reddemann, 2010, S. 39f.).

3. Stunde: Die Gedanken sind frei

SUC prä 1
SUC post 7

Mth-Technik: rezeptives Angebot (Singen - tradiertes Volkslied)

TT-Technik: Spielstopp, Übung für Gedankenstopp

Frau B kommt heute sichtlich zerstreut in die Stunde. Ihre Handtasche ist geöffnet und voll geräumt mit Zigarettenpackungen, Brillen ohne Etui, Taschentücher, Handy, Papiergeld und Münzen. Die Dinge liegen ungeordnet. Frau B bemerkt den Blick der Therapeutin und vergleicht ihre durchwühlte Tasche mit ihrer Befindlichkeit. „*Ich bin durcheinander, wahrscheinlich weil ich zu Hause wieder schlecht geschlafen habe...*" Sie sei froh, jetzt wieder in der Tagesklinik zu sein, aber die Nächte zu Hause wären schlimm **(K1.1.)**. Die Therapeutin fragt u. a., wie es ihr während der Untersuchung (s. 2. Stunde) gegangen sei. Nein, damit habe ihr Zustand nichts zu tun. Alles wäre gut verlaufen. Dann schweigt Frau B.

Welche Ursachen ihr schlechter Schlaf und die schlimmen Nächte hätten? Es sei nichts Aktuelles. Frau B führt den Grund auf vergangene Ereignisse zurück, die sie nicht in Worte und auch nicht in Bilder fassen kann **(K10.1.)**. Frau B möchte davon abgelenkt werden, sie will keinesfalls, dass die Therapeutin über ihre Vergangenheit etwas fragt **(K2.1.)**. Denn ihre diesbezüglichen Gedanken seien so unangenehm, sodass sie diese einfach loswerden wolle.

Ob sie schon einmal versucht habe, zu den sich aufdrängenden Gedanken *stopp* zu sagen? Frau B verneint.
„*Wenn man merkt, dass sich unangenehme Gedanken einschleichen, sagt man einfach „stopp.*"

Frau B blickt die Therapeutin skeptisch, gleichzeitig ungläubig lächelnd an.

„*Machen wir ein „Stoppspiel" – ich spiele etwas Sinnloses, und wenn es Ihnen nicht gefällt, sagen Sie stopp.*"

Die Therapeutin nimmt die Gitarre und schlägt grifflos mit lockerem Handgelenk in mäßiger Lautstärke und flottem Tempo auf die Saiten. Das bringt Frau B zum Lachen. Laut und deutlich sagt sie stopp **(K2.2.)**.

Die Therapeutin kommentiert das Stoppspiel, wie gut das jetzt funktioniert habe, dass sie soeben etwas Unangenehmes aktiv beenden konnte. Ob man das auch bei den Gedanken versuchen könnte? B 9

Frau B blickt die Therapeutin zweifelnd an und spricht bedeutungsschwanger:
„Die Gedanken sind frei." Sich des ebenfalls so genannten Volksliedes bewusst, lachen beide.

Frau B fragt die Therapeutin leicht verschämt, ob sie dieses Lied singen könnte. Diese lädt Frau B zum Mitsingen ein. Frau B meint, es sei eine Ewigkeit her und ihre Stimme wäre wie Blech.

Die Therapeutin singt in Selbstbegleitung der Gitarre alle Strophen des Liedes.

Die Gedanken sind frei,
wer kann sie erraten,
sie fliegen vorbei,
wie nächtliche Schatten.
Kein Mensch kann sie wissen,
kein Jäger erschießen
mit Pulver und Blei,
die Gedanken sind frei.

Und sperrt man mich ein
in Kerker mit Ketten,
so bin ich allein,
kein Mensch kann mich retten.
Nur meine Gedanken
zerreißen die Schranken
und Mauern entzwei
Die Gedanken sind frei.

ich liebe den Wein,
mein Mädchen vor allen.
Sie tut mir allein
am besten gefallen.
Da sitz ich alleine
bei einem Glas Weine,
mein Mädchen dabei,
Die Gedanken sind frei.

Und muss ich einst fort
aus den Armen der Liebe,
in ein fremdes Land,
wo die Sonn' scheint so trübe.
Da denk ich so gerne
Zurück in die Ferne,
und denke dabei,
die Gedanken sind frei.

Währenddessen hält Frau B die Augen geschlossen. Zeitweise summt sie das Lied mit und lächelt zufrieden **(K5.2.)**.

Nach Ende des Liedes seufzt Frau B. Die Gedanken seien nicht immer frei. Ihre würden sich im Kreis drehen, aber wer weiß, womöglich helfe auch dieses Lied, die Gedanken zu stoppen.

Die Therapeutin nickt Frau B zu. *„Ja, wer weiß. Ihrer Kreativität sind keine Grenzen gesetzt. Experimentieren Sie."* Frau B verabschiedet sich.

Reflexion und Interpretation

Aus Frau B's anfänglicher Zerstreutheit verbunden mit dem Leidensdruck aufgrund ihrer schweren Nächte, entwickeln sich im Laufe der Stunde Ideen zum Umgang mit schwierigen Gedanken. Frau B ist zwar skeptisch, doch sie kann über meine Intervention lachen. Ihr Einfall zum Gedankenkreisen und dem dazupassenden Volkslied schaffen zusätzlich eine heitere Atmosphäre. Frau B kann sich auf das rezeptive Angebot gut einlassen und erlaubt sich ein Dazusummen. Langsam entwickelt sich ein vertrauensvolleres Beziehungsgeschehen.

Musiktherapeutische Überlegungen

Nach Sonntag & Jüchter wird die therapeutische Situation in der Einzeltherapie durch das Singen sehr intim. Daher müssen die Schamgrenzen der Patientin gut eruiert werden. Ausgewählte Lieder machen häufige wichtige Lebensthemen deutlich bzw. können diese anamnestisch bedeutsam sein. Die stimmliche Begleitung der Therapeutin kann das Gefühl von Halt und Geborgenheit stärker als im Instrumentalspiel vermitteln (Sonntag & Jüchter, 2007, S. 109).

B 10 ***4. Stunde: Üb immer Treu und Redlichkeit***

SUC prä 5
SUC post 5

Mth-Technik: aktives Singen (Lied aus der musikalischen Biografie)

Als Frau B heute den Raum betritt, steuert sie sofort auf das Klavier zu. Diesmal blickt sie nicht wie üblicherweise hilfesuchend zur Therapeutin, sondern beginnt mit der rechten Hand einige Töne am Klavier zu spielen. Nach mehrmaligen Anläufen auf der Suche nach einer konkreten Melodie vermutet die Therapeutin Ansätze aus der Arie des *Papageno* von Mozarts *Zauberflöte.*

Frau B fragt die Therapeutin, ob sie weiß, was gemeint sei. Die Therapeutin versucht Frau B's Suchbewegungen der bekannten Melodie einstimmig nachzuspielen. Frau B nickt zufrieden. Das sei ziemlich genau die Melodie, welche ihr Großvater als kleines Mädchen manchmal am Klavier an Hausmusikabenden vorgespielt habe. Folgender Text sei dazu gesungen worden: *„Üb immer Treu und Redlichkeit bis an das kühle Grab, und weiche keinen Fingerbreit von Gottes Wegen ab."*

Nun möchte Frau B den Vers mit der Therapeutin singen **(K5.2.)**. Der einstimmigen Melodie werden C-Dur-Akkorde (I–V–I–IV-V–I usf.) unterlegt. Frau B und die Therapeutin singen die Melodie, es klingt feierlich, tröstend und berührend gleichzeitig. Nach dem kurzen Stück bricht Frau B plötzlich in Tränen aus.

„Krieg ist so etwas Schreckliches."

Die Therapeutin wendet sich ihr zu, berührt sachte ihre Schulter und holt ihr ein Taschentuch. Nach einer Weile intensiver Stille beginnt Frau B von ihrem Großvater zu erzählen.

„Ich kann mich nicht viel an ihn erinnern. Ich weiß nur, dass ich auf seinem Schoß saß, während er Klavier spielte. Und da hat er mir dieses Lied vorgesungen... Es hat mich so getröstet" ***(K7.2.)****.*

Frau B's Tränen fließen, sie weint herzzerreißend. Die Therapeutin wartet zugewandt auf Frau B. Gelegentlich lässt Frau B ihre Finger über die unhörbaren Tasten streichen.

Frau B erzählt weiter. Eines Tages war er plötzlich verschwunden. Eine tagelange Suche begann, bis Frau B's Großmutter ihren Mann endlich ausfindig machen konnte. Er befand sich im *Irrenhaus,* nachdem er auf offener Straße brutal zusammengeschlagen worden war. Die „zweite" Schädelverletzung (Frau B's Großvater erste war eine Kriegsverletzung; Anm.) war so stark, sodass ihr Großvater Jahre später an den Folgen starb. Er sei nie wieder aus dem *Irrenhaus* herausgekommen.

Frau B weiß nicht, weshalb ihr Großvater in die damalige Psychiatrie gebracht wurde. Sie weiß auch nicht, ob Einheimische, oder Soldaten der damaligen *Besatzungsmächte* im Nachkriegsösterreich ihren Großvater misshandelten ... B 11

Frau B beruhigt sich etwas und spricht weiter. Vor einigen Tagen sei sie auf der unteren Station im Gottesdienst gewesen. Sie wisse nicht mehr den genauen Zusammenhang, weshalb ihr der Großvater plötzlich einfiel, aber diese Erinnerung habe sie schon während des Gottesdienstes sehr traurig gemacht. Einer der wenigen Menschen, der in ihrer Kindheit zu ihr gut gewesen sei, und so hatte sterben müssen ...

Frau B kann ihr Trauergefühl gut beschreiben. Es sei längst überfällig. Nachdem Großvater *in den Himmel kam,* wurde nicht viel über ihn gesprochen, zumindest sei das ihre Erinnerung. Und jetzt sei sie auch im *Irrenhaus.* Wohl wissend, dass es hier gut für sie sei, und sie gar nicht den dringlichen Wunsch auf eine baldige Entlassung habe.

Die Therapeutin möchte Frau B jetzt gerne etwas Tröstendes anbieten ... Frau B lächelt durch ihre Tränen hindurch. Für heute sei es genug. Die Musik wäre im Grunde sehr tröstend für sie gewesen, und jetzt wolle sie in Ruhe trauern. Frau B verabschiedet sich.

Reflexion und Interpretation

Frau B's frühe Lebenserfahrung mit ihrem Großvater teilt sich in freudige, traurige und vermutlich in traumatisierende Ereignisse. Die Musik löste bei Frau B eine späte Trauerreaktion aus, und sie vermeidet ihre Trauerarbeit nicht. Ich bin stark von Frau B's Erzählung und unserer gemeinsamen Musik betroffen und berührt. Nachdem Frau B den Raum verlassen hatte, setze ich mich noch einmal ans Klavier. Während ich das Lied singend und spielend wiederhole, fällt mir plötzlich mein eigener Großvater ein. Er schrieb mir den gleichen Text in mein Stammbuch, als ich zehn Jahre alt war. Ich bin verblüfft über diesen Zufall und ich weiß nicht, „welcher Großvater," meine Geschichte, oder die von Frau B, mich jetzt traurig macht. Gleichzeitig spüre ich in dieser Traurigkeit auch Trost- und Dankbarkeitsgefühle.

Ich vermute, dass auch Frau B's Großvater tiefgläubig war und ein hartes Leben hatte. Trotz der durchlebten Kriegsgräuel waren solche Großväter für ihre Enkelkinder wertvolle Bezugspersonen, die nach ihren Möglichkeiten ihr Bestes gaben. Innerlich stelle ich mir die Frage, ob es für Frau B hilfreich wäre, ihr in der nächsten Stunde von meinem Großvater zu erzählen. Doch ich verwerfe den Gedanken wieder.

Musiktherapeutische Überlegung

Die Patientin teilt aus ihrer Biografie eine positive und musikalische Erinnerung mit der Therapeutin. Durch das gemeinsame Singen wird die symbolische Bedeutung der Musik enorm vertieft. Die Musik löst eine plötzliche Trauerreaktion aus, die gleichzeitig als tröstend erlebt werden kann.

Traumatherapeutische Überlegung

Eine Extremposition der Traumatherapeuten ist die Überidentifizierung mit dem Patientenschicksal. Durch die Einmaligkeit des Patientenschicksals können Therapeuten dazu verleitet werden, auf übertriebene Weise ihre Sympathie zu zeigen. Das Konzept der „Eigenübertragung" von Heufft (1990) (zit. nach Reddemann, 2008, S. 31) bedeutet die spontane und unbewusste Reaktion des Therapeuten auf den Patienten. Der Therapeut ist „zu nahe dran" und erlebt den Verlust der Grenzsetzung, oder er ist innerlich zu weit entfernt, oder er verstrickt sich und fühlt sich angezogen und überwältigt, oder er gibt die Beziehung auf, empfindet Missbilligung und Abwertung.

B 12 ***5. Stunde: Die kalten Winde bliesen***

SUC prä 3
SUC post 5

Mth-Technik: aktives Singen (tradiertes Lied aus der musikalischen Biografie)

Frau B erzählt, dass sie nach der letzten Musiktherapiestunde in die Kirche gegangen sei. Bevor der Gottesdienst begann, habe sie für ihren Großvater gebetet und sich bei ihm für alles Gute bedankt. Das sei ein gutes Gefühl gewesen. Doch unabhängig davon müsse sie zu Hause manchmal plötzlich weinen, und sie wisse nicht weshalb. Sie könne sich oft längere Zeit nicht beruhigen **(K1.1.)**. Der ärztlich verordnete Bedarf (Notfallmedikation, Anm.) würde natürlich helfen und sei besser als der Griff zur *Flasche.*

Frau B greift heute wieder ihre Erinnerungen an die Großeltern auf. Aufgewachsen in einem großen Zinshaus, wurde sie mit zwei Jahren von ihren Eltern, die damals in Scheidung lebten, zu ihren Großeltern gebracht. Diese lebten ein Stockwerk höher im selben Haus. Ihre Großeltern holten sie aus einer *schwierigen* Situation heraus. Die Mutter habe Schreckliches durchgemacht, und Frau B fühlte sich als kleines Mädchen von den Großeltern gerettet.

„Gibt es von damals noch etwas Schönes, woran Sie gerne denken und darüber erzählen möchten?"

Frau B blickt die Therapeutin erleichtert an. Über etwas Schönes erzählen, das wäre jetzt vorstellbar. Frau B schweigt eine Weile. Dann sagt sie: *„Ja, meine Großeltern haben regelmäßig musiziert. Es gab Hausmusikabende."* Frau B schweigt wieder. Der Frage-Antwort-Dialog entwickelt sich schleppend.

Die Therapeutin ermutigt Frau B, indem sie ihr Fragen über das Umfeld stellt. Auch wenn Details nach Frau B's Meinung unwesentlich seien, so wäre es dennoch wichtig, die guten Erinnerungen wieder zu beleben. Dadurch würde man die schwierigen Erinnerungen besser ertragen und verarbeiten können.

Nun wird Frau B aufmerksamer: *„Ist das wahr?"*
Die Therapeutin nickt Frau B aufmunternd zu.

Frau B rückt ihren Stuhl zurecht und stellt erst jetzt ihre Handtasche ab. Dann fährt sie fort:
Es gab ein Klavier, wie Sie bereits aus letzter Stunde wissen ...
Die Therapeutin greift diesen Satz auf und teilt Frau B ihre Berührtheit und Betroffenheit mit, und dass es eine *„gute Traurigkeit"* gewesen sei ... – Frau B nickt bestätigend, genauso habe sie das empfunden.

Danach beschreibt Frau B überraschend ausführlich ihre frühesten musikalischen Erinnerungen: die Hausmusikabende. Es gab Geigen, eine Zither, eine steirische Harmonika, ja sogar eine Trompete. Die kleine Wohnung war gesteckt voll mit Freunden und Bekannten.

Das sei sehr schön gewesen. An jenen Abenden, wenn *aufg'spielt* wurde, durfte sie bei den Leuten bleiben und wurde erst viel später zu Bett gebracht. B 13

Ob Frau B sich an ein Musikstück von den Spielleuten erinnern kann?
Frau B überlegt eine Weile, dann fällt ihr Schubert's *am Brunnen vor dem Tore* ein.
Sogleich sagt sie auffordernd und scherzend: *„na dann, worauf warten Sie noch!?"*

Die Therapeutin fragt Frau B, ob sie eine Klavier- oder eine Gitarrebegleitung dazu möchte.
„Ganz wie Sie wollen."
„Dieser Satz gilt nicht" – ebenfalls scherzend von der Therapeutin formuliert.
„Dann lieber die Gitarre" *(K2.2.)* - sagt Frau B bedeutungsvoll in Anspielung auf die vierte Stunde.

Die Therapeutin holt die Gitarre herbei. Vor Beginn wird Frau B noch gefragt, ob es vorstellbar wäre, mit einem zweiten Instrument zur Gitarre dazu zu spielen. Frau B holt den Regenmacher **(K5.2.)**.

Beide singen nun in moderatem Tempo und Lautstärke, und Frau B kennt alle Strophen auswendig. An der Stelle *die kalten Winde bliesen ...* verstärkt die Therapeutin hinsichtlich Dynamik und Tempo den musikalischen Ausdruck. Auch Frau B beschleunigt das Rieseln der Reiskörner im Regenstab. Danach nimmt das Stück wieder die Ausgangsform an.

Nach dem Lied ist es eine Weile still.
„Sie werden jetzt bestimmt wissen wollen, wie ich das Lied empfunden habe ..."
„So ist es!"
Wieder ist es still. Dann sagt Frau B, ihr sei während des Liedes klar geworden, bei den Großeltern wirklich Ruhe gefunden zu haben **(K10.2.)** (Liedtext: *du fändest Ruhe dort – hier find'st du deine Ruh;* Anm.).

„Möchten Sie wissen, woran ich erinnert wurde bei der Stelle „die kalten Winde bliesen"?"
Frau B ist währenddessen aufgestanden, hat ihre Handtasche genommen und reicht mir schon zum Abschied die Hand.
„Wenn Sie es mir erzählen möchten ..."
„Meine Mutter ist eine nachtlang vergewaltigt worden, und ich hab das mitgekriegt ... ich hab einen kalten Windstoß in Erinnerung .... *(K10.1.) deshalb haben mich meine Großeltern zu sich geholt."*

Die Stunde ist um, die Therapeutin bietet Frau B nochmals einen Stuhl an. Doch Frau B sagt, ihr gehe es gut, es sei seltsam, wie einfach die Worte jetzt gekommen seien.

Reflexion und Interpretation

Das musiktherapeutische Geschehen verdichtet sich zunehmend:

- *Die Trauer um den Großvater, ausgelöst in der vorigen Stunde, wird in weiterer Folge zugelassen mit den damit verbundenen Handlungen (Musik innerhalb und ein Dankgebet außerhalb der vierten Stunde);*
- *Das aktive Erinnern an gute frühe Lebensereignisse: Hier fordert sie die Therapeutin auf positive Weise heraus: „na dann, worauf warten Sie noch?"*
- *Das Lied löst jedoch auch eine Erinnerung an ein massives Gewaltereignis aus (durch den Liedvers „die kalten Winde bliesen"), das Frau B am Ende der Stunde erzählen möchte. Frau B wurde durch die Musik zwar erinnert, jedoch nicht angetriggert. Frau B's Erzählweise kann als ruhig und geordnet beschrieben werden, da keine dissoziativen oder andere Symptome erkennbar waren.*

Frau B wird offener und vertrauensvoller. Ich spüre, sie weiß, dass sie mir etwas zutrauen kann.

B 14 Traumatherapeutische Überlegung

Die unmittelbare Zeugenschaft eines Gewaltereignisses an der nächsten Bezugsperson zählt in der Literatur zu traumatisierenden Lebensereignissen (Fischer & Riedesser, 2009, S. 151).
In den DSM-IV-Kriterien wird dies als objektives Traumakriterium berücksichtigt, während nach ICD-10 die Zeugenschaft nicht explizit miteinbezogen wird. Jedoch bleibt in der ICD-10 Definition mehr Spielraum für Interpretationen (Sack, 2010, S. 13).

Musiktherapeutische Überlegung

Das Lied im og. Beispiel beinhaltet für Frau B sowohl schöne Bilder *(Ruhe finden)* als auch Schreckensbilder *(die kalten Winde bliesen)*. Wichtig ist, dass Patienten das Gefühl von Kontrolle behalten. Der Liedtext ermöglichte Frau B ein Stück Innenschau mit gleichzeitiger Außenwahrnehmung i. S. e. doppelten Aufmerksamkeit (vgl. Reddemann, 2010, S. 41)

6. Stunde: Nächtliche Dämonen

SUC prä 2
SUC post 7

Mth-Technik: Musikalische Achtsamkeitsübung – Strukturierte Improvisation

TT-Technik: Psychoeducation

Frau B kommt mit verschämtem Blick und sichtlich unausgeschlafen in die Stunde. Erschöpft lässt sie sich auf den einzigen Fauteuil im Raum nieder, klar signalisierend, keine Lust auf etwas Musikalisches zu haben. Die Therapeutin rückt ihren Stuhl seitlich in Frau B's Nähe und wartet.

Nach einigen Minuten des Schweigens äußert Frau B ihre Schamgefühle. Es sei ihr so peinlich darüber zu reden. Alle würden sich hier so um sie bemühen (das Team der Tagesklinik, Anm.), und sie mache wieder alles kaputt...

Die Therapeutin versucht Frau B zu entlasten: Wenn es nicht in Worte gefasst werden soll, könne es vielleicht musikalisch ausgedrückt werden ...

Langsam hebt Frau B ihren Kopf und blickt sich im Raum um. Sie entdeckt den Schellenbaum, der sich mit anderen kleineren Percussionsinstrumenten in einem Korb am Boden befindet, greift danach und schüttelt ihn heftig.

„ich habe heute Nacht getrunken."

Frau B befürchtet, dass dies ein Grund für eine vorzeitige Entlassung aus der Tagesklinik bedeuten würde, falls *die Sache auffliege*. In dem von ihr unterschriebenen

Behandlungsvertrag sei ausdrücklich darauf hingewiesen. Sie bittet die Therapeutin, es nicht zu *melden.* Es würde auch nicht mehr vorkommen ... B 15

Es folgt ein differenziertes Gespräch bezüglich Suchtverhalten, Therapieverträge und Schweigepflicht. Die Therapeutin erklärt Frau B ihre Position, indem sie ihr eigenverantwortliches und kompetentes Handeln zutraut - und fragt Frau B nach der Ursache des Alkoholkonsums.

Frau B schildert nun die Vorfälle. Sie bekam in der Nacht, gerade als sie zu Bett gehen wollte, eine Panikattacke **(K1.1.)**. Als sie ihren *Bedarf* (Notfallmedikation, Anm.) einnehmen wollte, fand sie die Medikamente in ihrer Panik nicht. Alkohol sei keiner zu Hause gewesen. So ging sie in das nächste *Wirtshaus* und trank mehrere Gläser ... Zu Hause, sich wieder ins Bett schleppend, konnte sie erst recht nicht einschlafen. Die innere Unruhe blieb. Jetzt fühle sie sich *hundeelend.*

Frau B blickt die Therapeutin verzweifelt an. Danach seufzt sie und sagt, sie werde den Vorfall dem Stationsarzt melden. Die Therapeutin bestärkt sie in ihrem Vorsatz und schlägt vor, nun gemeinsam zu überlegen, was genau jetzt gut tun könnte, um dann einen Blick auf die nächtlichen Angstzustände zu werfen - hinzufügend, wie viel Auseinandersetzungsbereitschaft Frau B in den Stunden zeige, dass die Dinge ihre Zeit bräuchten, sie in Angstzuständen auf alte Gewohnheiten zurückgreife, aber ihre Offenheit hier in den Therapien ein gutes Zeichen sei ...

Vorsichtig erleichtert nickt Frau B. Die Therapeutin fragt sie, wie es nun mit einem gemeinsamen Spiel wäre. Etwas, das beruhige und entspanne nach der stressreichen Nacht. Frau B wählt für sich wieder den Regenmacher **(K5.2.)** und bittet die Therapeutin, die Mandalaharfe zu spielen (vgl.1. Sunde). Der Spieltitel lautet, ganz im hier und jetzt anzukommen, um die vergangene Nacht gut loszulassen.

Frau B lässt den Regenmacher sanft rieseln, und die Therapeutin zupft weich, jedoch gut hörbar, die tiefste Saite der Harfe an. Frau B legt den Regenmacher beiseite, er würde jetzt doch nicht passen. Sie möchte lieber Harfe spielen und bittet die Therapeutin, sie mit der Gitarre zu begleiten **(K2.2.)**.

Frau B zupft einen Ton der Harfe an, und die Therapeutin antwortet mit einem D-Dur Akkord. Es beginnt ein zartes Dialogspiel. Beide warten jeweils das Ausschwingen des Tones /Akkordklanges der anderen Spielerin ab, bevor ein neuer Ton/Akkord erklingt. Atmosphärisch ist viel Konzentration und Gewahrsein spürbar. Langsam entwickelt sich ein lebendigeres Spiel. Beide erlauben sich jetzt mehr Freiheiten im musikalischen Ausdruck. Frau B experimentiert mit Intervallen, in dem sie gelegentlich zwei Saiten gleichzeitig anzupft. Als die Therapeutin von der gezupften Spieltechnik in beats wechselt, ahmt Frau B die Spielweise durch ein Streichen über die Saiten nach. Nun mutet das Spiel witzig und weniger vorhersehbar an. Das Spiel dauert lange an. Als die Therapeutin mit klar erkennbaren Schlussakkorden das Spiel beenden möchte, streicht Frau B noch einige Male selbstbestimmt über die Saiten **(K5.2.)**.

Das Spiel habe jetzt sehr gut getan und sei erfrischend und beruhigend gewesen **(K1.2.)**, ein Gegensatz zu den nächtlichen Dämonen. Jetzt, wo sie alt werde, vermehren sich die Geschichten ... Frau B hält inne. Als sich die Therapeutin nach ihrem scheinbar momentanen Einfall erkundigt, gibt Frau B belastende Erinnerungen an, nicht diejenige, die Frau B vorige

B 16 Stunde angesprochen habe, sondern spätere, die vermutlich der Grund ihrer nächtlichen Ängste seien... **(K1.1.)**.

Ob sich Frau B an das damalige *Stoppspiel* (3. Stunde, Anm.) erinnern könne? Frau B verneint. Als jedoch die Therapeutin die damalige Spielweise auf der Gitarre wiederholt, kehrt Frau B's Erinnerung zurück.

„Richtig! Und dann kam „die Gedanken sind frei" – ich muss mir das wirklich mehr bewusst machen."

Reflexion und Interpretation

Frau B's Schamgefühl, ihre „Alkoholbeichte" mit der Bitte, es für mich zu behalten, bringt mich in kein Dilemma. Im tagesklinischen Behandlungsteam gilt Frau B nicht primär als Suchtpatientin (es bedurfte während des stationären Voraufenthaltes keiner Behandlung einer Entzugssymptomatik). Auch bin ich über diesen Vorfall nicht sonderlich überrascht, geschweige denn schockiert. Dafür ist mein Bedürfnis, Frau B einen Gegenwarts-Bezugsrahmen anzubieten, umso größer. Im Duospiel erweitert sie kontinuierlich ihren Spielraum. Sie erlaubt sich das Instrument zu wechseln und „wagt" es sogar, über das Spielende der Therapeutin selbstsicher hinauszuspielen. Ebenso wagt sie es, im Anschluss an das Spiel, ihre alten Geschichten zu erwähnen.

Musiktherapeutische Überlegungen

Äußere Strukturvorgaben in der Improvisation ermöglichen oftmals eine Distanzierung zum inneren Erlebten. Diese Spielform kann wie im o.g. Beispiel einen Übungscharakter beinhalten, der Ressourcen aktivieren und alternatives Handeln erproben kann (Sonntag & Jüchter, 2007, S. 104).

7. Stunde: Halbzeit

SUC prä 3
SUC post 5

Mth-Technik: rezeptiv (Tonträger)

TT-Technik: Psychoeducation

Die heutige Sitzung wird sowohl für eine gemeinsame Rückschau als auch für die weitere Planung der folgenden noch verbleibenden fünf Stunden genutzt (Frau B hat in der Zwischenzeit ein Gespräch mit dem Stationsarzt bezüglich ihres Alkoholkonsums geführt, welches sie als entlastend erlebte). Bisherige *Übungen* mit Musik würden nach Angaben der Patientin zu einer Verbesserung des Alltags beitragen (s. 1., 2., 3. und 6. Stunde). Doch als wesentlich hilfreicher beschreibt Frau B die mit Hilfe der Musik erinnerten positiven Lebensereignisse, auch wenn diese mit belastenden Ereignissen verknüpft seien (4. und 5. Stunde). Dies würde sie vielleicht eines Tages ermutigen, genauer auf Verdrängtes hinzuschauen, um es *endlich* abschließen zu können. Frau B wird in diesem Zusammenhang über mögliche traumatherapeutische Vorgehensweisen informiert (Traumakonfrontations- und Traumaintegrationsphase), welche Frau B nach der Entlassung aus dem tagesklinischen Setting bei einer Therapeutin in freier Praxis in Erwägung ziehen wolle.

Die Therapeutin bietet Frau B einen Vordruck mit dem Titel: *Liste für positive Lebensereignisse* an, um auch außerhalb der Therapien sich mit diesen aktiv auseinanderzusetzen. B 17

Danach sagt Frau B: „Jetzt dürfen Sie etwas für mich spielen, und ich mach dabei die Augen zu" *(K1.2.)*

Frau B wünscht sich eine Musik, die zum heutigen Wetter passt (es ist frühsommerlich warm). Sie wählt den *Sommer* aus Vivaldi's *Vier Jahreszeiten.*
Frau B wird auf das Hören vorbereitet, indem sie ihren Sitzplatz im Raum auswählt, die Lautstärke bestimmt, und im Falle etwaiger auftauchender unangenehmer Gefühle, der Therapeutin ein gestisches Signal geben soll.

Während der Musik gelingt Frau B ein entspanntes Zuhören mit geschlossenen Augen. Zwischen den einzelnen Musik-Sätzen überprüft die Therapeutin durch genaues Nachfragen Frau B's Befindlichkeit. Frau B möchte das ganze Stück hören. Danach fragt sie, ob sie sich diese Musik für zu Hause ausborgen dürfe, denn sie habe ihr besonders gut gefallen, und sie fühle sich jetzt sehr entspannt **(K1.2.)**.

Reflexion und Interpretation

Im Gegensatz zu Behandlungsbeginn zeichnet sich bei Frau B in der Halbzeit des Therapieprozesses eine Veränderung ab: Eines Tages Zugang zu schwierigen Erinnerungen finden zu wollen, diese zu verarbeiten, anstatt einfach „loszuwerden." Frau B ist sich auch des Zusammenhanges von verdrängten Erinnerungen und der gegenwärtigen Alltagssymptomatik bewusst.
Im Beziehungsgeschehen erlebe ich Frau B deutlich zugänglicher. Sie wird zunehmend offener, vertrauensvoller und experimentierfreudiger (verbal und musikalisch), und kann vermehrt Wünsche äußern. Der heutige Musikwunsch, bezogen auf das warme Wetter, lässt einerseits auf Frau B's Genussfähigkeit schließen, sich auch in der Therapie etwas Gutes zu gönnen, andererseits bedeutet das Schließen der Augen während des Musikhörens einen Vertrauensvorschuss. Die Hingabe an die Innenwelt wird innerhalb des therapeutischen Settings möglich.

Musiktherapeutische Überlegung

Gemeinsam gehörte Musik in der Therapie, die Patienten entspannend erleben, kann auch als Ressource außerhalb der Therapie eingesetzt werden. „Musik zur Entspannung bietet einen äußeren Anker und strukturiert den Entspannungsprozess" (Sonntag & Jüchter, 2007, S. 110f.). Allerdings kann passives Hören die Opferrolle forcieren bzw. stark regressive Zustände auslösen bzw. zu Affektüberflutungen führen. Insgesamt bleibt das Aufrechterhalten eines Kontrollgefühls für die Patientin wichtig (ebd.).

B 18 **8. Stunde: Mit 66 Jahren**

SUC prä 6
SUC post 10

Mth-Technik: Rezeptiv und Aktiv (Bewegen und Singen zu Musik)

Frau B bringt dankend die ausgeborgte *Vivaldi*-CD zurück. Sie habe die *vier Jahreszeiten* auf Kassette aufgenommen. Bevor der Busfahrer sie heute früh für die Tagesklinik abholte, habe sie wieder den *Sommer* gehört. Eine herrliche Musik, betont sie. Auch habe sie diesmal gut geschlafen, ohne Bedarf und ohne Alkohol ...

Frau B wirkt tatsächlich deutlich frischer, ist besser gekleidet und trägt sogar eine altmodische Kette um ihren Hals. Jetzt holt Frau B ihre Liste positiver Lebensereignisse aus ihrer Tasche und überreicht sie der Therapeutin. Ihr sei während des Schreibens erstaunlich viel eingefallen. Die Liste ist vollständig ausgefüllt, und sie hat Lust, über vergangene schöne Dinge zu erzählen – und dazu Musik zu machen.

Womit sie beginnen möchte? Frau B überlegt kurz. Schließlich wählt sie den Lebensabschnitt, den sie mit ihrem damaligen Mann verbrachte, aus. Sie habe ihn in Österreich kennengelernt, bald darauf geheiratet und sei mit ihm in sein Land gezogen, um ein völlig neues Leben zu beginnen. Sie wollte Österreich nach einem fürchterlichen Vorfall hinter sich lassen.

Es wird vereinbart, den Grund ihrer damaligen spontanen Entscheidung, Österreich zu verlassen, heute nicht zu thematisieren, sondern sich auf die gute Zeit im Ausland zu konzentrieren.

Frau B lernt die Sprache und entdeckt mit Hilfe ihres Mannes ihr musikalisches Talent. Beide treten allabendlich in Clubs und Bars auf, in denen beide Schlagermusik im Stil der Siebzigerjahre singend und tanzend interpretieren. Das wäre sehr schön, wenn auch sehr anstrengend gewesen.

Frau B's Erzählung verläuft relativ oberflächlich. Am besten habe sie sich mit ihrem Mann während der Proben und der Auftritte auf der Bühne verstanden. Das Alltagsleben in einem für sie völlig anderen Kulturkreis sei schwierig gewesen. Frau B erwähnt beiläufig ihre Schwiegermutter, welche von Frau B einen Übertritt zum muslimischen Glauben erwartete. Frau B sei damals sogar bereit gewesen, jedoch mit der ausgesprochenen Erklärung, dass sie innerlich immer Christin bleiben würde. Doch soweit war es nicht gekommen ...

Frau B setzt ihre Schilderungen über ihr Künstlerdasein fort. Im Anschluss fragt die Therapeutin, ob sie jetzt Lust habe, auf *die Bühne* zu steigen. Hier könne, wie sie weiß, experimentiert werden.

Frau B lacht verschämt mit abwehrender Geste. Nein, das sei zu lange her, sie könne das nicht mehr – weder singen noch tanzen. Die Therapeutin gibt jedoch nicht gleich nach und blickt Frau B auffordernd und lächelnd an.

Langsam erhebt sich Frau B vom Stuhl und schlendert gemächlich durch den Raum. Vor dem großen Gong bleibt sie stehen und nimmt den dabei hängenden großen weichen Schlägel vom Gongständer.

„Haben Sie Schlagermusik?"
Die Therapeutin zeigt Frau B einige CD's aus der Schlagersammlung, aus deren Frau B *Udo Jürgens' „Griechischer Wein"* auswählt.

Als die Musik beginnt, hält Frau B den Schlägel wie ein Mikrophon und beginnt sich wie ein professioneller Schlagerstar zu bewegen. Ihre Bewegungen sind anmutig und überraschend

jugendlich im Gegensatz zu ihrer sonstigen, sehr devoten Körper- und Gehhaltung. Frau B singt B 19
mit *Udo Jürgens* mit. Ihre Stimme ist anfangs leise und etwas brüchig. Frau B räuspert sich einige Male mit sich entschuldigendem Blick. Nach der 1. Strophe gibt sie der Therapeutin mit einer einladenden Handbewegung ein Zeichen zum Mitmachen – wie eine Künstlerin, die Leute aus dem Publikum auf die Bühne bittet **(K6.2.)**.

Auch die Therapeutin nimmt sich ein *Mikro* – den zweiten Gongschlägel. Frau B lacht. Nun tanzen und singen beide zur Tonträgermusik. Das Geschehen mutet locker und selbstverständlich an. So, als hätten Patientin und Therapeutin in den vergangenen Stunden nichts anderes getan **(K9.2.)**. Als die Musik endet, lässt sich Frau B mit einem glücklichen Seufzer etwas erschöpft auf den nächsten Stuhl. Ehe die Therapeutin die Stopp-Taste des CD-Players drückt, ertönt die nächste Nummer: *„Mit 66 Jahren ...“*

Frau B erhebt sich wieder und setzt ihren Bühnenauftritt fort. Dem Stück entsprechend tanzt Frau B beschwingter, beinahe rockig. Auch ihre Stimme wird kräftiger **(K6.2.)**. Die Strophen werden mit einem *lalala* ersetzt, den Refrain singt Frau B textgemäß. Auch die Therapeutin tanzt und singt mit.

Nach der Musik lassen sich beide auf einen Stuhl nieder. Frau B ist gänzlich außer Atem, jedoch mit strahlendem Gesichtsausdruck. Die Therapeutin spricht ihr außergewöhnliches Talent an, wie gut sie es in den vorigen Stunden versteckt habe ... Frau B reagiert mit dem Einwand, sie selbst habe es nicht mehr gewusst, und so gut sei sie nun auch wieder nicht – bescheiden hinzufügend.

Frau B verabschiedet sich mit überschwänglichem Dank, sie habe sich seit einer Ewigkeit nicht mehr so jung gefühlt.

„Mit 66 Jahren ...“ wiederholt die Therapeutin den Liedtitel. Frau B ist siebenundsechzig Jahre alt. Es könne in jeder Lebensphase etwas Neues beginnen. Frau B's Gesichtsausdruck zeigt Widersprüchliches. Ungläubiges Kopfschütteln mischt sich mit Neugier und Lächeln.

Reflexion und Interpretation

Durch das Aufspüren positiver Erinnerungen können heute Frau B's Ressourcen enorm aktiviert werden. Frau B ist in ihrem Ausdruck nicht wieder zu erkennen. Waren kleine Veränderungen in Frau B's Mimik, Gestik und Spielhaltung bereits in vorhergehenden Stunden während der Improvisationen erkennbar, so stehen sie in keinem Verhältnis zur heutigen Stunde. Meine ursprünglich negativ besetzte Fantasie (Pfarrersköchin, alte Jungfer) ändert sich schlagartig während ihrer Performance. Sie zeigt sich als selbstbewusste und echte Künstlerin, die auch nichts mit einer alternden Diva gemein hat. In der Gegenübertragung fühle ich mich heute sicher und erlebe das Geschehen als Sternstunde. Gleichzeitig schleicht sich eine vage Erkenntnis ein, bisher zu „bremsend“ hinsichtlich musikalischer Angebote gewesen zu sein.

Musiktherapeutische Überlegung

Positiv musikalische Erinnerungen werden im musiktherapeutischen Geschehen wiederbelebt und musikalisch aktiv umgesetzt. Der Kontakt zu sich steht einerseits im Vordergrund – Gefühle, Gedanken und Körperempfindungen werden mit inneren Bildern verbunden, andererseits teilt die Therapeutin die erlebte Freude mit der Patientin. Bewegung, aber auch Erzählen und Malen zu Musik „bringt Ästhetik in die Therapie“ (Sonntag & Jüchter, 2007, S. 112). Die Musikwirkung ist mit der gegenwärtigen Befindlichkeit und den subjektiven Assoziationen der Patientin eng verknüpft (ebd.).

B 21 *9. Stunde: Das Lied des Großvaters*
SUC prä 5
SUC post 3

Mth-Technik: Rezeptiv (Therapeutin)

Nach der Begrüßung teilt Frau B der Therapeutin das lang anhaltende gute Gefühl von vergangener Stunde mit. Zu Hause habe sie ihre alten Aufnahmen aus ihrer Zeit im Ausland durchsucht und sich einiges angehört. Dabei sei sie auch sehr nachdenklich geworden, weil alles so traurig endete...

Frau B beginnt ein neues Detail zu erzählen. Das schwierige Privatleben. Ihre Ehe entwickelte sich zunehmend zu einer Katastrophe, ihr Mann sei ein *Macho* gewesen, rücksichtslos und egoistisch. Als Frau B schwanger wurde, zwang ihr Mann sie zur Abtreibung.

Frau B wechselt kurz über zu einer Kindheitserinnerung:
„Schon als kleines Mädchen war ich manchmal vor Angst wie gelähmt. Ich hab mir immer alles gefallen lassen und mich selten zur Wehr gesetzt ..." **(K1.1.)**
Dann setzt sie fort:
„So war es auch in meiner Ehe. Insgeheim hab ich mich auf das Kind gefreut, doch ich war unfähig, mich durchzusetzen."

Frau B erzählt aus ihrer Ehe weiter:
Nach dem Schwangerschaftsabbruch setzen beide ihr Künstlerleben fort. Frau B wird noch zweimal schwanger. Nach dem dritten erzwungenen Schwangerschaftsabbruch bricht Frau B zusammen. Sie flüchtet zurück nach Österreich. Die Scheidung erfolgt... Frau B habe nie mehr etwas von ihrem Exmann gehört und sie sei auch froh darüber.

Frau B weint leise. Noch nie zuvor habe sie jemandem diese Geschichte erzählt. Zurück in Österreich kämpfte sie sich innerlich sowie äußerlich durchs Leben. Sie habe häufig Alpträume über Babys gehabt ... **(K1.1.)**. Sie begann mit Gelegenheitsjobs, später mit einer fixen Anstellung als Bedienerin in einer Institution. Nach außen hin habe sie eine gute Fassade entwickelt. Geplagt von Selbstvorwürfen und Schuldgefühlen über ihre begangenen Taten und unendlich einsam, habe sie zu trinken begonnen. Sie könne sich das alles niemals verzeihen **K6.1.)**.

Es vergeht viel Zeit, in der Frau B sich ausweint. Danach spricht die Therapeutin zunächst Frau B's Ressourcen, ihre Arbeitsfähigkeit an. Wie stark sie gewesen sein müsse, um mit all dem Schweren dennoch zurechtgekommen zu sein. Danach nimmt sie Bezug auf die nachvollziehbare Traurigkeit. Daraufhin sagt Frau B, es sei ein ähnliches Gefühl wie ihre Trauer um den Großvater, der ihr auch *entzogen* wurde.

Frau B sagt, sie wolle wieder in die Kirche gehen und Gott um Vergebung bitten ...
Die Therapeutin, berührt von Frau B's tapferer Suche nach Bewältigungsmöglichkeiten, findet keine Worte. Wieder ist es lange still. Bevor die Therapeutin sie fragen möchte, was sie jetzt für sie tun könnte, kommt ihr Frau B zuvor:

„Würden Sie mir bitte am Klavier das Lied meines Großvaters vorspielen? – Ich möchte jetzt einfach weinen und sonst gar nichts" *(K7.2.)*.

Die Therapeutin erfüllt Frau B den Wunsch. Danach verabschieden sich beide. B 22

Reflexion und Interpretation

Frau B vertraut mir ein lebenslang gehütetes Geheimnis an. Beeindruckt von Frau B's Bewältigungsstrategien einerseits, und berührt über ihre Trauer um die „verlorenen Kinder" andererseits, fühle ich mich in meiner Betroffenheit plötzlich ohnmächtig und hilflos. Doch ich bin auch wütend über Frau B's Exmann und über ihre damalige Opferhaltung („wie kann man sich nur soviel gefallen lassen …?"). Doch Frau B kommt meiner Ratlosigkeit mit einem Wunsch entgegen. Sie möchte eine Wiederholung einer in der Musiktherapie geteilten musikalischen Erfahrung. Sie findet zurück zu der Trauer- und Trostmusik aus der 4. Stunde.

Musiktherapeutische Überlegungen

Die objektal besetzte Musik aus der vierten Stunde *(„Üb immer Treu und Redlichkeit")* wird in der 9. Stunde nach dem ausgesprochenen Lebensgeheimnis von der Patientin aktiv herbei gewünscht. Musikalische Objektbesetzungen müssen nicht an regressive Prozesse gebunden sein. Sie sind dynamisch, d.h. sie können im Verlauf des Therapieprozesses kommen und gehen, und sie können alle möglichen Entwicklungsstufen mit ihren Objektbeziehungen repräsentieren (Wiesmüller, 2005, S. 49).

10. Stunde: Der Tresor

SUC prä 3
SUC post 5

Mth-Technik: thematische Improvisation, musikalische Achtsamkeitsübung

TT-Technik: Distanzierungstechnik bzw. Containertechnik (Tresorübung)

Frau B kommt mit ruhigem, etwas traurigem Blick in die Stunde. Ja, sie sei wieder in der Kirche gewesen. Sie habe ihre Geschichte gebeichtet, und der Seelsorger wäre sehr lieb zu ihr gewesen. „*Gott hat mir längst verziehen,* nur ich kann es mir nicht verzeihen" **(K6.1.)**. Dann sei sie nach Hause gegangen, habe sich vorbeugend ihren *Bedarf* für die kommende Nacht geholt und erstaunlich gut geschlafen.

Die Therapeutin reagiert mit den Worten, das dies alles insgesamt, trotz der Schwere der Erinnerungen, gute Nachrichten seien, sie wisse sich zu helfen …

Nun spricht Frau B das herannahende Ende der tagesklinischen Behandlung und der Musiktherapie an. „*Wie viel Zeit habe ich noch?*" In Frau B's Frage schwingt etwas Drängendes mit. „*Ich muss noch etwas loswerden, solange ich hier bin.*"

Als Frau B zum Erzählen ansetzt, unterbricht sie die Therapeutin. Ausgehend von der Annahme, dass etwas Belastendes folgen werde, wird Frau B zu einem gemeinsamen Spiel eingeladen. Mit den Worten, dass es wichtig sei, trotz allem, ganz da zu sein. Heute sei heute, und nur hier und jetzt würden wir die Dinge in der Hand haben. Daher sollen wir uns gut einrichten, um in Ruhe auf die Vergangenheit hinsehen zu können …

Frau B wählt ohne zu Zögern für sich die Kantele, und für die Therapeutin die Gitarre.

B 23 Ob Frau B einen Wunsch oder eine Spielidee habe?
„Na, gut soll's mir s c h o n gehen" – erwidert Frau B mit einer kleinen Portion Humor.
„Möge es mir gut gehen?" Frau B's Aussage bekräftigend.
„Ja. Möge es mir gut gehen."

Frau B hat das in C-Dur gestimmte Instrument am linken Knie aufgestützt und streicht mit der rechten Hand über alle Saiten. Diese Spielweise wiederholt sie regelmäßig, während die Therapeutin, Frau B's Rhythmus aufnehmend, in Frau B's Spielpausen, jeweils einen Akkord zupfend, im Viervierteltakt spielt (Akkordfolge: a – E – a – d – G – C – E7 - a) **(K5.2.)**.

Das ruhige Spiel dauert einige Minuten. Frau B sagt, sie fühle sich jetzt bereit, ihre unglaubwürdige Geschichte zu erzählen. Unglaubwürdig deshalb, weil ihre Erinnerungen durcheinander seien, und sie selbst nicht mehr den genauen Hergang wisse **(K10.1.)**.

Bevor Frau B Österreich verließ, wurde XY ermordet. Frau B glaubt, Zeugin dieses Mordes gewesen zu sein. Unklar sei sie sich, ob sie unmittelbare Zeugin des Ereignisses war, es erzählt bekam, oder während der Fernsehnachrichten damit konfrontiert wurde. Frau B kann keine Angaben zum Täter / den Tätern machen. Sie habe diese Begebenheit als schreckliches Bild in Erinnerung **(K10.1.)** und sei der Meinung, sie hätte den Mord verhindern können und daher fühle sie sich unbeschreiblich schuldig **(K6.1.)**.

Frau B weiß um keine weiteren Zusammenhänge bzw. Umstände (Mordmotiv, Umfeld des XY bzw. um dessen Familie, etc.).

Frau B beschreibt ihre visuellen Erinnerungen folgendermaßen:
„ich sehe, wie XY von hinten durch einen Genickschuss getötet wird. Er fällt um wie ein Stück Holz. Im Vordergrund ist eine hohe Mauer, er hätte gar nicht weglaufen können... und dieses Bild verfolgt mich seit vierzig Jahren. Je älter ich werde umso schlimmer tauchen die Bilder auf, vor allem nachts, wenn Leute draußen herumschreien" *(K10.1.)*.

Durch das Nachfragen wird klar, dass Frau B diese Szene in Form von Alpträumen und in Form von Intrusionen (*flashbacks)* wieder erlebt - angetriggert durch in der Nacht laute Menschen.

Frau B kann keine Angaben über die Häufigkeit des Auftretens der Intrusionen machen. Die Therapeutin bittet Frau B um Erlaubnis, dem Stationsarzt das „Symptom" mitzuteilen, unter Wahrung der Schweigepflicht über die hier anvertrauten Erinnerungen. Frau B willigt sofort ein.

Nach einem erneuten psychoeducativen Gespräch über das Zustandekommen von Intrusionen und den Umgang mit Auslösereizen fühlt sich Frau B ein Stück entlastet: *„Also bin ich doch nicht verrückt?"*

Die Therapeutin wiederholt ausführlich die Behandlungsmöglichkeiten (7. Stunde), die einer sorgfältigen Vorbereitung bedürfen. Doch könne man auch hier etwas Sinnvolles tun, damit Frau B den nächtlichen Angstüberflutungen weniger oder gar nicht mehr ausgeliefert sei.

„Was halten Sie davon, wenn wir versuchen, diese belastenden Erinnerungen zunächst einmal sicher zu verwahren?"
„Das wäre gut, aber wie soll das gehen?"

Die Therapeutin erklärt Frau B die Tresorübung. Es würde darum gehen, Belastendes in einen Tresor zu packen, das irgendwann später noch einmal betrachtet werden kann. Bis dahin könne es sicher aufbewahrt bleiben. Man stelle sich einen Tresor vor, in denen man die schrecklichen Bilder und alles Unangenehme deponiert, mit denen man jetzt nicht fertig wird. Später, in einer Therapie, in der Phase der Traumakonfrontation, wird es, wenn nötig, wieder herausgeholt. Es kann sein, dass dieses Wegpacken in den Tresor nicht auf Dauer gelingt, dann muss es wiederholt werden. Jedoch ist es schon ein Gewinn, die Erfahrung zu machen, dass es für eine Weile gelingt... (in Anlehnung an Reddemann, 2010, S. 51). B 24

Frau B kann ihren vorgestellten Tresor bildlich gut beschreiben. Durch genaues Nachfragen kreiert sie einen schwarzen Würfel aus Eisen in der Größe eines Kubikmeters. Innen befinden sich drei Fächer. Die Tür lässt sich durch einen eisernen Griff öffnen und schließen. Versperrt wird der Tresor mit einem Vorhängeschloss, dessen Bartschlüssel Frau B sicher verwahren kann (nur Frau B kennt den Ort des Verstecks). Später soll der Tresor mit allen weggepackten Erinnerungen in einem Bankgebäude, neben zahlreichen anderen Tresoren, stehen.

Doch jetzt steht der imaginierte Tresor im Musiktherapieraum. Nun geht es darum, alle belastenden Erinnerungen wegzupacken.

- In das mittlere Fach – Frau B's Hände halten ein unsichtbar großes Paket - schiebt sie ihre heute erzählten Schreckensbilder - die Intrusionen und Alpträume, den Mord an XY betreffend (10. Stunde).
- In das unterste Fach legt sie, die Hände als Hohlöffnung aneinander gehalten, die Erinnerung, als sie als kleines Mädchen Zeugin einer Vergewaltigung an ihrer Mutter wurde (5. Stunde).
- In das oberste Fach gibt Frau B ihre Erinnerungen an ihre drei Schwangerschaftsabbrüche, indem sie dreimal hintereinander die gleiche Handbewegung ausführt (9. Stunde).

Nun wird in der Vorstellung der Tresor geschlossen. Frau B drückt das Vorhängeschloss zu, dreht den Schlüssel um, und steckt ihn in ihre Tasche.

Während der gesamten Übung findet ein intensiver Dialog statt, sodass die Therapeutin um jede Handlung von Frau B weiß. Auch wird sie dazu angeregt *laut* zu denken, und die jeweilige Handlung zu kommentieren *(„Jetzt kommt meine Erinnerung mit ... dran ...“).*

Nachdem alle Erinnerungen sicher verwahrt, der Tresor in das Bankgebäude imaginiert wurde, bittet die Therapeutin Frau B, musikalisch in den Moment zurückzukehren. Frau B wünscht sich, nach getaner Arbeit, die Therapeutin möge etwas aussuchen. Diese schafft zwei Klangschalen herbei.

Das Spiel mit den Klangschalen wird dialogisch geführt (einmal du, und einmal ich ...) *(K5.2.).* Die Therapeutin gibt Frau B noch ein ausführliches Feedback, wie gut sich Frau B auf die Übung eingelassen habe, und wie gut ihre Vorstellungskraft sei ... Weiters regt sie Frau B dazu an, wenn sie möchte, ihre persönliche Tresorgeschichte aufzuschreiben. Die Übung könne durch handschriftliches Festhalten noch wirksamer werden.

Frau B nickt, bedankt sich, und verabschiedet sich mit einem *Vergeltsgott.*

B 25 *Reflexion und Interpretation*

Wieder beweist Frau B ihre Fähigkeiten zur Bewältigung und Verarbeitung. Tief gläubig, holt sie sich Hilfe beim Seelsorger, der ihre Hoffnungen bestätigt („Gott hat mir längst verziehen ...“). Ermutigt durch die Erfahrung, dass über Jahre Verdrängtes bzw. Abgespaltenes im geschützten Rahmen erzählt, entlastend sein kann, setzt Frau B ihre Schilderungen in der heutigen Stunde fort.

In Anbetracht des bevorstehenden Endes des Therapieprozesses und in Anbetracht des tragischen Inhalts ihrer Erzählung, verbunden mit den Traumafolgesymptomen, schlage ich Frau B die o.g. Distanzierungsübung vor.

Ich bin wieder überrascht über Frau B's Vorstellungskraft, und über den „flüssigen“ Verlauf der Übung.

Um Frau B einen sicheren Anker im Hier und Jetzt zu bieten, auch als Schutz vor Überforderung, lade ich sie zuvor („Möge es mir gut gehen“) und danach zu einem Spiel ein.

Nach der Stunde fühle ich mich ausgelaugt, aber zufrieden.

Traumatherapeutische Überlegung

Die Tresorübung kann bereits im Erstkontakt als „Gebot der Stunde“ genutzt werden, um der Patientin eine bewusste Kontrolle ihres Traumaerlebens zu ermöglichen. Die Patientin macht dabei die wertvolle Erfahrung, dass sie bereits „jetzt“ etwas tun kann, indem sie Unangenehmes deponiert (Reddemann, 2010, S. 51).

11. Stunde: Der schöne Morgen

SUC prä 4
SUC post 7

Mth-Technik: Rezeptiv (Tonträger)

TT-Technik: Imaginationsübung mit Musikbegleitung

Am Beginn der heutigen Stunde wird noch einmal über Sinn und Zweck der Tresorübung gesprochen. U. a. gibt die Therapeutin der Patientin eine schriftliche Übungsanleitung der Imaginationstechnik. Wenn diese für Frau B gut passen würde, so wäre es sinnvoll, eine Weile damit regelmäßig zu Hause zu üben.

Frau B zeigt nun der Therapeutin ihre zu Hause angefertigten handschriftlichen Notizen. Das DinA4 Blatt ist mit Frau B's schön geschwungener Lateinschrift voll geschrieben. Auf Einladung der Therapeutin liest Frau B ihren Text vor... dieser stimmt exakt mit der erarbeiteten Übung der vorigen Stunde überein. Die Therapeutin hebt danach Frau B's gute Gedächtnisleistung hervor.

Inzwischen waren sechs Tage vergangen. Seither seien keine Schreckensbilder in den Nächten aufgetaucht. Zwischendurch habe sie sehr schlecht geschlafen, jedoch ohne Alpträume und innerer Unruhe (die Therapeutin informierte den Stationsarzt über Frau B's Symptomatik. Dieser führte eine Medikamentenumstellung durch, Anm.).

Ob das wirklich aufgrund der Übung oder doch der neuen Medikamente sei – fragt Frau B. Die Therapeutin spricht in diesem Zusammenhang Frau B's Selbstheilungskräfte an, ohne diese würde nichts wirksam werden können... Wichtig wäre Frau B's Wohl- und Sicherheitsgefühl bei den Übungen, dann würden sie auch hilfreich sein... B 26

Nun spricht die Therapeutin das nahende Ende der Musiktherapie an. Es wird vereinbart, die vorletzte Stunde für *Wohlfühlmusik* zu nutzen, zumal vorige Stunde *hart gearbeitet* wurde. Frau B lächelt über den Kommentar der Therapeutin.

Welche Musik sie gerne jetzt hören wolle? Frau B erwähnt die Musik aus der heutigen Bewegungsgruppe, die habe ihr besonders gut gefallen ...
(Die Therapeutin verlässt in Absprache mit Frau B kurz den Raum und erhält von der Physiotherapeutin die entsprechende CD). Es handelt sich um eine Weltmusik mit dem CD-Titel *Invitez sur la terre.*

Wenn Frau B möchte, könne sie zur Musik einen für sie real schönen Platz imaginieren, mit ihrer Lieblingstageszeit, -jahreszeit, etc., sodass ein schönes Stimmungsbild, passend zur Musik, entsteht. Das Bild könne vor dem Hören noch besprochen werden, umso geringer sei das Risiko, von etwas Unangenehmen während der Musik überrascht zu werden ...

Frau B sagt, sie habe sich bereits heute Morgen in der Bewegungsgruppe während der Musik an einen wunderschönen Platz erinnert. Sie sei in jungen Jahren einmal in Israel gewesen, am See Genezareth. Dort habe sie eine der schönsten Morgenstimmungen ihres Lebens erfahren.

Frau B imaginiert nun ihren erinnerten *schönen Morgen.* Die Therapeutin erfragt alle damaligen Sinnesreize (sehen, hören, riechen, schmecken, fühlen, tasten), um diese möglichst sinnesnah in die Gegenwart zu holen.

Nach Frau B's Beschreibung ihres realen *schönen Morgen,* und nachdem Frau B es sich im Fauteuil bequem macht, schaltet die Therapeutin die Musik ein.

Frau B hält während der Musik durchgehend die Augen geschlossen. Ihr Gesicht und ihre Körperhaltung sind entspannt, die Beine sind etwas hoch gelagert, die Hände liegen sanft ineinander auf ihrem Schoß. Frau B atmet ruhig und regelmäßig.

Die Musik wird gegen Ende langsam runtergeregelt. Frau B wird eingeladen, sich Zeit zu lassen, sie könne sich in aller Ruhe von ihrem Bild verabschieden und langsam, in ihrem Tempo in den Raum zurückkehren:

„Wenn Sie möchten, können Sie zunächst einmal ihre Finger und Zehen bewegen, vielleicht möchten Sie sich strecken oder gähnen ... gönnen Sie sich genau die Zeit, die es braucht ... und dann kommen Sie mit der vollen Aufmerksamkeit zurück in den Raum."

„... das war jetzt wirklich gut und entspannend" *(K1.2.).*

Abschließend berichtet Frau B über ihre damalige Israelreise. Es sei eine Pilgerreise mit einer Reisegruppe gewesen, die ihren Höhepunkt am See Genezareth erreichte. Lange habe sie nicht mehr an dieses Ereignis gedacht, doch jetzt komme es ihr vor, als sei es erst *gestern* gewesen. In Wahrheit läge diese Reise Jahrzehnte zurück, doch jetzt sei plötzlich ihre alte Reiselust aufgetaucht.

Frau B und die Therapeutin verabschieden sich.

B 27 *Reflexion und Interpretation*

Frau B scheint die Zeit zwischen 10. und 11. Stunde gut bewältigt zu haben. Die heutige kombinierte Imaginationsübung mit Wohlfühlmusik war als Erholungsmöglichkeit von der 10. Stunde für Frau B gedacht. Frau B machte die Musik und die Erinnerung an ihren, persönlich erlebten, schönen Morgen sichtlich Freude. Ich bin froh und erleichtert über Frau B's stabilen Zustand.

Musik- und traumatherapeutische Überlegungen

Eine gehörte Musik (Bewegungsgruppe) löst bei der Patientin eine positive Erinnerung an ein persönliches Erlebnis aus. In der bewussten Wiederholung im Rahmen der rezeptiven Musiktherapie wird diese genutzt, um die positiven Erinnerungen mit Hilfe der angeleiteten Imaginationsübung stärker zu verankern.
Bei dieser Imaginationsübung kann die Erfahrung gemacht werden, dass Imagination nichts Esoterisches ist, sondern eine Alltagsfähigkeit darstellt, bei der reale (in weiterer Folge auch fantasierte) Erlebnisse möglichst sinnesnah ins Hier und Jetzt geholt werden. Anhand einer positiven, zunächst realen Erfahrung wird ein schöner Morgen (bzw. ein schöner Abend) imaginiert. Die Übung eignet sich auch gut als Einstiegsübung. Erste Sicherheiten im Umgang mit Imaginationsübungen werden auf diese Weise implantiert und Methodenängste reduziert (Lehmann, 2008).

12. Stunde: Vergebung

SUC prä 5
SUC post 5

Mth-Technik: Freie Improvisation

Die heutige Abschiedsstunde wird durch eine erstmals freie Improvisation eingeleitet. Zuvor möchte Frau B andere Instrumente, die bis dato in der Therapie thematisch nicht vorkamen, ausprobieren. Besonders angetan zeigt sich Frau B von der indischen Zupfgeige, dieses jammernde Geräusch erinnere sie an eine *wehleidige* Mitpatientin, meint sie kichernd. Die Oceandrum würden ihre wieder entstandene Reiselust wecken und die Bongos möge sie gar nicht, die Trommelfelle seien viel zu *kratzig.*

Für die freie Improvisation wählt Frau B die Oceandrum, ihre Musik soll von der Therapeutin am Klavier begleitet werden. Heute möchte sich Frau B von der Therapeutin durch die Musik überraschen lassen.

Frau B beginnt, neben dem Klavier sitzend, geräuschvoll schwappend die Oceandrum zu kippen. Leicht erschrocken über das ruckartige Geräusch stößt sie ein überraschtes, sich selbst im Zaum halten wollendes, *oh, nicht so hastig...* aus. Frau B experimentiert eine Weile, bis sie den für sie richtigen Dreh, ein sanfteres An- und Abschwellen der Metallkugeln, herausgefunden hat **(K2.2.)**. Die Therapeutin lässt das regelmäßige Geräusch etwas ausbreiten, bevor sie mit einer lang klingenden pentatonischen Melodie (nur schwarze Tasten) beginnt.

Frau B vertieft sich in ihr Spiel, blickt gelegentlich zur Therapeutin und bleibt durchgehend ihrer begonnenen Spielweise treu. Die Therapeutin wechselt von lang- zu kurz klingenden

Melodiesequenzen, weiterhin auf den schwarzen Tasten bleibend. Der Rhythmus richtet sich größtenteils nach Frau B's ausgeführten Tempi. Als das Spiel endet, findet sie sogleich einen Titel für die Musik: *Im Chinarestaurant.* B 28

Beide lachen. Dann ist es eine Weile still.

„Heute bin ich das letzte Mal bei Ihnen, und morgen werde ich entlassen."

Frau B berichtet nun über ihre deutliche Verbesserung ihres Gesundheitszustandes während der tagesklinischen Behandlung, und wie entlastend die Gespräche und die Musik hier gewesen seien.

Im weiteren Verlauf wird auch das Beziehungsgeschehen angesprochen. Richtig verstanden gefühlt, habe sich Frau B ab dem Zeitpunkt „des Großvater-Liedes" **(K9.2.)**.
Die Therapeutin bestätigt Frau B's Eindruck und spricht ihre eigene Unsicherheit und Sorge in der Anfangsphase der Therapie an. Die Befürchtung, insgesamt zuviel bzw. zuviel Mechanisches angeboten zu haben ... Frau B nickt.

Danach setzt Frau B fort: *„Raten Sie mal, wo ich gestern war..."*
Die Therapeutin errät es nicht.
Dann erzählt Frau B, sie wäre am Friedhof gewesen, um das Grab von XY zu besuchen. Sie habe sich genau an die Stelle erinnert, jedoch sei das Grab seit langem aufgelassen worden. Dies teilte ihr die Friedhofsverwaltung mit. Sie sei dennoch lange an der Stelle geblieben, u. a., weil es auch angenehm warm und sonnig war. Sie habe sich lange mit XY unterhalten mit dem guten Gefühl weniger schuldig zu sein und dem Gefühl von Vergebung, das sich danach eingestellt habe. *Verrückterweise* erzählte sie ihm auch vom Tresor, dessen Inhalt jedoch zu ihr gehöre ...

Die Therapeutin ist über Frau B's Erzählung sehr beeindruckt und erfreut. Wieder betont sie Frau B's Ressourcen.

Zum Abschied überreicht die Therapeutin Frau B eine Liste ausgewiesener Traumatherapeuten in freier Praxis - falls eines Tages der Wunsch auftauchen sollte, ihren *Tresor* zu öffnen.

Reflexion und Interpretation

In der letzten Stunde möchte Frau B für sie neue Instrumente kennen lernen und stellt humorvolle und differenzierte Assoziationen her. Es ist, als wolle sie die Abschiedsstunde auch musikalisch noch einmal gut für sich nützen. In der freien Improvisation beweist sie auf der Oceandrum ihre Dosierungs- und Regulierungsfähigkeit und findet danach einen adäquaten Titel für das Spiel. Auffallend positiv empfinde ich Frau B's Aussage, sie wolle sich von der Therapeutin überraschen lassen – ein deutlicher Unterschied zu Frau B's früheren devoten Äußerungen („ganz wie Sie wollen") mir gegenüber. Im reflexiven Gespräch über den Therapieverlauf kann das Beziehungsgeschehen besprochen werden. Frau B kann genau den Zeitpunkt des sich von-mir-verstanden-Fühlens benennen. Meine angesprochene Unsicherheit zu Therapiebeginn bestätigt Frau B durch ein Kopfnicken – ein tolerantes zur Kenntnis-Nehmen meiner Schwächen. In diesem Moment stellt sich bei mir ein Gefühl von Zufriedenheit und Erleichterung ein. Frau B's aktive Auseinandersetzung mit ihrer schwierigen Vergangenheit setzt sich zunehmend auch außerhalb der Therapie fort, die ihren Höhepunkt vorerst durch den Friedhofsbesuch erreicht.

B 29 Musiktherapeutische Überlegungen

Gerade bei traumatisierten Patienten soll der musikalische Pfad in der Regel von genauen Strukturvorgaben erst nach und nach in freiere Ausdrucksweisen übergehen. Freie Improvisationen sind dann sinnvoll, wenn Patienten mit sicher- und halt gebenden Spielweisen gut vertraut sind. Dann kann später alles gespielt werden, das nach Ausdruck drängt, solange die therapeutische Begleitung Halt, Schutz und Orientierung bietet. Wenn ein musikalischer Prozess zwischen Innen und Außen und zwischen Patientin und Therapeutin entsteht, bedeutet dies ein Abbild des inneren Erlebens und der entstehenden Interaktionsmuster. „Gleichzeitig wirkt das zum Ausdruck gebrachte wieder zurück auf das Erleben und die Interaktion“ (Sonntag & Jüchter, 2007, S. 105). Im o.g. Beispiel konnte die Patientin in ihrem Ausdruck ihre eigenen Affekte regulieren und dosieren.

Zusammenfassung

In der Therapie mit Frau B gab es keine traumakonfrontativen Sitzungen im Sinne eines musikalischen Inszenierens oder Durcharbeitens. In fünf Sitzungen (4., 5., 6., 9. und 10.) konnten von Frau B belastende und (teilweise abgespaltene) traumatische Erfahrungen erzählt, und mittels der Arbeit mit musiktherapeutischen Techniken sowie Selbsttröstungs- und Distanzierungsübungen verstanden und als entlastend erlebt werden. Die geschilderten traumatischen Erfahrungen wurden, in Anbetracht des kurzzeitlichen Faktors (12 Einzelmusiktherapiestunden) nicht in allen Details erfragt, um möglichen Affektüberflutungen bzw. dissoziativen Symptomen vorzubeugen. In den anderen sieben Sitzungen (1., 2., 3., 7., 11. und 12.) wurden vorwiegend stabilisierende Methoden (Psychoeducation und musikalische Ressourcenaktivierung) eingesetzt.

Hinsichtlich Gegenübertragung stand am Anfang die Befürchtung, einerseits zu mechanistisch (übezentriert) und zu wenig therapeutisch bezogen und musikalisch „bremsend“ zu sein, andererseits „zu nahe dran“ zu sein (Überidentifizierung). Im weiteren Therapieverlauf wird das Beziehungsgeschehen lebendiger, humorvoller und vertrauensvoller. Die Therapeutin fühlt sich sicherer.

Patient C

C 1

Herr C ist ein fünfunddreißigjähriger Afrikaner, der mit der Diagnose Posttraumatische Belastungsstörung (F 43.1) mit rezidivierenden psychotischen Symptomen auf die Akutstation der psychiatrischen Klinik zur psychischen Stabilisierung aufgenommen wurde. Zum Zeitpunkt der Aufnahme litt Herr C unter anhaltender Angst, persistierender innerer Anspannung, Hypervigilanz, übersteigerter Schreckreaktion, massiven Ein- und Durchschlafstörungen und Alpträumen.

Herr C war sowohl im Herkunftsland durch Kriegsereignisse als auch in Österreich von unmittelbaren (primären) und mittelbaren (sekundären) Traumatisierungen betroffen, die sich als Kombination von Typ-I – und Typ-II-Traumatisierungen (a.a.O.) beschreiben lassen. Herrn C's *Traumafolgestörungen* können als chronifiziert bezeichnet werden.

In sozialer Hinsicht lebt Herr C in berechtigter Sorge, dass er eines Tages nach Afrika *abgeschoben* werden könnte. Obwohl er seit Jahren mit einer Österreicherin glücklich verheiratet ist, hat Herr C kein Bleiberecht. Vergebliche Versuche der Vermeidung von Auslöser bezüglich intrusiven Erinnerungen wie sie für diese Störung typisch sind, führten bei Herrn C in der Vergangenheit zu Rückzug, Anhedonie, depressiver Einengung, Minderung des zielgerichteten Antriebs, emotionaler Verarmung und einer Veränderung des Körpergefühls i. S. d. Gefühls von Taubheit.

Sozialanamnese

Herr C wächst in einer afrikanischen Kleinstadt auf. Seine Kindheit und Jugendzeit beschreibt er als glücklich und harmonisch. In eine wohlhabende Familie hinein geboren, fühlt er sich gut und geborgen. Nach Abschluss der Highschool, als Zwanzigjähriger, vergrößern sich die politischen Spannungen im Land, welche 1999 zu einem Bürgerkrieg führen. Eines Tages wird das Haus seiner Familie von einer feindlichen Gruppe überfallen. Herr C's Vater wird in seinem Beisein getötet, er selbst, damals Dreiundzwanzigjährig, und die anderen Familienmitglieder überleben schwer verletzt. Daraufhin beschließt die geschockte Familie die Flucht auf das Land zur Großmutter. Nach dem Tod des Vaters beginnt sich sein Onkel und dessen Familie am Vermögen seiner Mutter zu bereichern. Die Kernfamilie ist schwer enttäuscht, fühlt sich verraten, hilflos und abhängig. Herr C will ins Ausland, in eine bessere Zukunft. Er verspricht seiner Mutter, Geld zu schicken, nachdem er es geschafft hat. Einige Monate lebt er in einem anderen afrikanischen Land, bis ihm die Flucht nach Österreich gelingt. Herr C findet Unterschlupf bei anderen Migranten und beschreibt die erste Zeit in Österreich als traurig und einsam. Großer Druck und Erwartungshaltung seitens der Familie liegen auf ihm, dementsprechend gestaltet sich die erste Zeit im fremden Land als schwierig. Zu diesem Zeitpunkt beginnen die Alpträume, von denen er schweißnass und zitternd aufwacht. Er fasst Fuß in einer afrikanischen Communitiy, die ihm emotional überleben hilft. Herr C sagt: *„Ich habe überlebt, weil wir getanzt und gesungen haben."* Als Asylwerber bekommt Herr C keine Arbeitsbewilligung. Er arbeitet illegal in einem Gewerbe und fühlt sich als arbeitender Mensch selbstbewusster, beinahe zufrieden, wenn nicht die ständige Angst wäre, *erwischt zu werden.* Herr C lernt in dieser Zeit seine spätere Frau kennen. Sie heiraten bald und versuchen ein normales Leben zu leben. Nach neun Jahren in Österreich wird Herr C mit einem endgültigen Abschiebebescheid konfrontiert und von der Fremdenpolizei abgeholt. Zusätzlich zu dieser Stress-Situation kommt es in der Schubhaft aus bis heute nicht nachvollziehbaren Gründen zu körperlichen Misshandlungen. Es dauert einige Tage, bis er Kontakt zu seiner Frau haben kann, die ihm einen Anwalt organisiert. Kurz vor dem Termin, Herr C hat bereits alle

C 2 Hoffnung aufgegeben, fügt er sich in seiner Verzweiflung multiple Stichverletzungen in Suizidabsicht zu (später erzählt Herr C, er wäre damals lieber gestorben, als mit leeren Händen in sein Herkunftsland zurückzukehren). Herr C wird danach unfallchirurgisch und erstmals psychiatrisch behandelt. Im Erstaufenthalt treten erneut folgende Symptome auf: Flashbacks (blitzartige Bilder vom Erleben des damaligen Bürgerkriegs und der Schubhaft vermischen sich), Panikerleben und heftige Suizidimpulse.

Ein fachärztliches Gutachten bescheinigt Herrn C Haftunfähigkeit: Vorladungen bei Behörden würden zu besonders wirkmächtigen Auslösern für derartige Reaktionen gehören und es wäre eine Eskalation der o. g. Symptome wiederum zu befürchten. Der Abschiebbescheid wird bis auf weiteres *auf Eis gelegt*. Herr C stabilisiert sich nach Wochen so weit, dass er nach Hause entlassen werden kann.

Zwei Jahre verbringt er ohne Arbeit und Beschäftigung in der gemeinsamen Wohnung mit seiner Frau. Er verlässt die Wohnung niemals alleine. Die Angst ist zu groß. Ein Klingeln an der Tür durch eine Nachbarin löst eine heftige Schreckreaktion bei Herrn C aus, es gelingt keine Beruhigung, sodass Tage später eine erneute Aufnahme in die psychiatrische Klinik stattfindet (s. o.).

Stationärer Therapieverlauf

Während der Behandlung bekommt Herr C Medikamente (Benzodiazepine) verordnet, die er als wirksam erlebt. Herr C wird in der letzten Woche seines Aufenthalts der Einzelmusiktherapie zugewiesen, mit dem Ziel, dem Patienten aufgrund seiner übererregten Zustände (Hyperarousal) psychische Stabilisierung anzubieten. Die Musiktherapie soll nach der Entlassung für sechs Wochen ambulant weitergeführt werden.

Musiktherapie

Erstkontakt

Im Erstkontakt auf der Station außerhalb des Musiktherapieraumes wird Herr C über die Musiktherapie, die Art der Settinggestaltung und über mögliche Vorgehensweisen von der Musiktherapeutin informiert. Bei der Terminplanung wünscht sich Herr C die früheste Uhrzeit, weil es ihm das gute Gefühl von *zur Arbeit gehen* geben würde, das Herr C so stark vermisst. Daher werden die Sitzungen zweimal wöchentlich zu je fünfzig Minuten nach Möglichkeit um 8.00 Uhr vereinbart. Weiters wird gefragt, ob eine Biofeedbackuntersuchung im Rahmen der Musiktherapie für ihn vorstellbar wäre. Herr C bejaht spontan und wird über die unkomplizierte und gefahrenlose Messung des Hautleitwertes aufgeklärt.

1. Stunde: Musikalische Erinnerungen

C 3

SUD prä 2
SUD post 2

Mth-Technik: Freie Improvisation

TT-Technik: Psychoeducation, Liste für positive Lebensereignisse

Herr C kommt gut gekleidet und freundlich lächelnd in die 1. Stunde. Er ist ein mittelgroßer, sehr muskulöser Mann und begrüßt die Therapeutin mit einem kräftigen Händedruck. Herr C spricht fließend deutsch und fragt, obwohl es taghell ist und die Sonne scheint, ob das Licht eingeschaltet werden könnte **(K2.1.)**. Danach schaut er sich interessiert im Raum um und gibt ein staunendes *Wow* von sich. Mit so vielen Instrumenten hat Herr C nicht gerechnet. Bald setzt er sich zum Xylophon mit um Erlaubnis suchenden Blick. Herr C nimmt die Schlägel und spielt mit lockeren Handgelenken schnell und dynamisch in komplexen Rhythmen. Herr C hat viel Augenkontakt zur Therapeutin und lächelt ständig. Die Therapeutin spielt den Grundrhythmus am Bassxylophon dazu C – E – G. Das Spiel klingt heiter, beschwingt und vor allem unbeschwert. Es dauert einige Minuten, bis es in einem wohldosierten feinen diminuendo ausklingt.

Die folgende Unterhaltung wird angeregt und lebendig geführt. Herr C erzählt Musik-Biografisches. Er erinnert sich an die Zeit in der Community-School, in der viel gesungen, getanzt und getrommelt wurde, dass diese Zeit so schön und unbeschwert gewesen war. Die Therapeutin fragt viel nach und lässt Herrn C's positive Lebenserfahrungen aus Kindheit und Jugend ausführlich erzählen. Später, so Herr C, habe sich *innen* – dabei zeigt er auf sein Herz – soviel geändert. Nicht nur der Bürgerkrieg war schrecklich, sondern auch der innerfamiliäre Konflikt, durch seinen Onkel ausgelöst. Dessen Familie hatte seiner alles weggenommen, sogar das Musikinstrument, das seine Großmutter für ihn als Kind gespielt und zu dem er getanzt hatte. Herr C zeichnet das Instrument mit dem Zeigefinger in der Luft, und es stellt sich heraus, dass Herr C die *Agogo-Bells* meint. Er wird traurig. Die Therapeutin weiß keine Worte und versucht ihn empathisch zu halten, in dem sie sich seitlich näher zu ihm setzt. Herr C sagt, dass er so gerne wieder Tanzen und Singen möchte, aber dies mit einem traurigen Herzen nicht geht.

Herr C beginnt jetzt ganz leise wieder am Xylophon zu spielen und die Therapeutin spielt bald darauf, wieder zurück beim Bassxylophon, leise mit. Plötzlich hält Herr C inne, und fragt, ob man die *Agogo-Bells* besorgen könnte - denn obwohl sie traurig machen, sei da auch ein Gefühl von Vertrautheit und Geborgenheit zu spüren. Die Therapeutin versichert ihm, das Instrument zu beschaffen. Im Anschluss ist Herr C verwundert, wie stark die Erinnerung an die an den Agogo-Bells spielende Großmutter während des Spiels aufgetaucht war. „Music is very powerful" **(K10.2.)** meint er und wird von der Therapeutin in seiner Aussage bestätigt. Sie fragt ihn, ob er sich vorstellen könne, eine Liste positiver Lebensereignisse mit bzw. ohne Musik für die Therapie zu erstellen, mit dem Hinweis, dass das Aufschreiben einen positiven Effekt auf seine Psyche bzw. sein trauriges Herz haben könnte. Herr C sagt spontan zu, und die Therapeutin zeigt ihm eine eigens dafür vorbereitete Tabelle. Am Ende der Einheit wird Herr C gefragt, ob er für sich ein Therapieziel formulieren könne. Spontan sagt er, dass er sich vor allem beruhigen, die Angst- und Panikzustände loswerden möchte **(K1.1.)**, erst dann könnte er auch wieder richtig fröhlich werden, dabei signalisiert er seine hohe Bereitschaft und Dankbarkeit, dass er an der Musiktherapie teilnehmen kann.

C 3 *Reflexion und Interpretation*

Alle meine Vorsätze (sorgfältige Instrumentenexploration, viel Information, stressreduzierende Angebote, etc.) im Vorfeld waren in dieser ersten musiktherapeutischen Begegnung von keiner Relevanz. Ich bin überrascht über soviel Selbstverständlichkeit und Spontaneität in den ersten Duospielen. Das Zusammenspiel von uns beiden finde ich authentisch. Der Kontakt gelingt schnell. Herr C spielt „typisch afrikanisch" (komplexe, rasch wechselnde Rhythmen) und ich spiele „typisch therapeutisch" (haltend und unterstützend) - mich dabei ertappend, in welchem Klischeedenken ich mich befinde.

Auf verbaler Ebene empfinde ich Herrn C, auch beeindruckt durch sein gutes Benehmen, sozial kompetent. Seine hoch belastenden Lebensereignisse und die beschriebene Symptomatik in der Krankengeschichte sind zu diesem Zeitpunkt im Setting schwer nachvollziehbar. Nicht zuletzt erlebe ich seine hohe Motivation für Musiktherapie im Vergleich zu anderen traumatisierten Patienten als außergewöhnlich. Insgesamt finde ich Herrn C sehr sympathisch und bin von dieser ersten Stunde positiv überrascht, wenn auch mit einer leisen Ahnung, dass Herr C sehr um Anpassung bemüht ist und sich keine Fehler erlauben möchte. C 4

Musiktherapeutische Überlegung

Nach Orth (2005, S. 4) singen, tanzen und improvisieren afrikanische Flüchtlinge um einiges leichter, als Flüchtlinge aus anderen Kulturen. Musik als integraler Bestandteil des Lebens scheint als Ausdruck für Gefühle wesentlicher zu sein als der musikalisch-künstlerische Ausdruck in westlichen Kulturen. Verglichen mit diesen ist die Art und Weise, wie sich Menschen musikalisch ausdrücken, sowohl in ihrer Funktion, als auch in ihrer Wahrnehmung und Interpretation der Musik sehr unterschiedlich.

Traumatherapeutische Überlegung

Reddemann (2010, S. 13) stellt die Idee, dass ein traumatisierter Mensch sich selbst trösten und das auch in der Therapie erlernen kann, dem therapeutischen Hilfs-Ich, für Trost zu sorgen, gegenüber. Letzteres würde eine zunehmende Abhängigkeit der Patienten von der Zuwendung der Therapeuten entwickeln und somit zu einem erheblichen Dilemma führen. Beachtlich ist Herr C's Fähigkeit, den Wunsch zu äußern, das Instrument seiner Großmutter in die Therapie zu holen, um sich an seine Großmutter und vor allem an die damalige gute Zeit der Geborgenheit zu erinnern und um möglicherweise ein Stück Trost zu erfahren.

Beginn der ambulanten Musiktherapie

2. Stunde: Orte der Lebensfreude

SUC prä 2
SUC post 3

Mth-Technik: Freie Improvisation, Singen

TT-Technik: Liste für positive Lebensereignisse

Als Herrn C pünktlich die Tür geöffnet wird ist ersichtlich, dass er schon einige Zeit draußen Zeitung lesend gewartet hat. Herr C kommt heute von zu Hause ambulant in die Therapie und berichtet, wie beim Erstkontakt von ihm angekündigt, über das bestätigte gute Gefühl, als würde er zur Arbeit gehen. Wieder bittet er die Therapeutin, das Licht einzuschalten, wieder ist es taghell **(K2.1.)**. Als er die neuen *Agogo-Bells* sieht, freut er sich sichtlich. Sogleich beginnt er auf ihnen geschickt zu spielen. Er fordert die Therapeutin gestisch dazu auf, mitzuspielen. Sie wählt die Schlitztrommel und versucht im Grundtempo zu begleiten. Es dauert eine Zeit, bis es der Therapeutin gelingt, sich in das komplexe Rhythmusgeschehen einzufinden. Es amüsiert Herrn C und das Spiel endet, indem beide herzlich lachen. *„Sorry, ich lache sie nicht aus, aber das war jetzt sehr lustig."* Die Therapeutin versichert ihm, dass sie sich ganz und gar nicht ausgelacht fühlt, im Gegenteil, so ein musikalischer Beginn am frühen Morgen ist etwas sehr Erfreuliches.

C 5 Herr C steht auf und zieht aus seiner Jacke die Liste vom letzten Mal und zeigt voller Stolz seine Eintragungen. Nun werden die eingetragenen Lebensereignisse genau besprochen. Herr C hat fünf Ereignisse aus verschiedenen Lebensabschnitten mit einer jeweiligen Musik beschrieben, den Grad der Freude mit Hilfe der SUC-Skala, den Fähigkeiten und den positiven Gedanken hinzugefügt. Auf die Frage, wie er heute davon profitieren würde, betont er die Hoffnung, es schaffen zu können. Wenn er ein Bleiberecht kriegen würde, um endlich wieder arbeiten zu können, dann wäre so ziemlich alles gut. Herr C möchte heute den ersten Lebensabschnitt aus seiner Liste herausgreifen. *„Schule und Kirche sind in Afrika Orte der Lebensfreude. Tanzen, Trommeln und Singen. Alle tun das. Das ist eine ganz gute Erinnerung, und ich bin traurig, weil ich soviel davon vergessen habe.“* Der Hinweis, dass durch das Musikmachen genau hier und jetzt die Erinnerungen, gute wie weniger gute, vielleicht zurückkehren würden, stimmt Herrn C nachdenklich. Er und seine Frau gehen jeden Sonntag in die Kirche, aber in Mitteleuropa empfindet Herr C alles ein bisschen anders, es sind so ernste und traurige Kirchen, sagt er. Nach einer kurzen Stille fragt Herr C die Therapeutin, ob sie am Klavier *Amazing Grace* spielen könnte. Herr C wird eingeladen, sich auch zum Klavier zu setzen mit dem Angebot, wann immer er Lust habe, mitzusingen und mitzuspielen. Aber es wird auch klar darauf hingewiesen, falls schwierige Gefühle hochkommen sollten, dass man die Musik jederzeit beenden könnte. Die Therapeutin stimmt das Lied an und begleitet in Kadenzen im ruhigen, jedoch nicht langsamen Tempo. Herr C hält die Agogo-Bells in den Händen, spielt gelegentlich darauf und wiegt im Sitzen den Oberkörper. Etwas später singt er schüchtern stellenweise eine (eigentlich zwei) Oktaven tiefer mit **(K5.2.)**.
Es folgen weitere Songs: Swing low sweet Chariot, Josua fit the battle of Jericho, Blowin in the wind. Herr C wird zunehmend singfreudiger. Er verliert seine Schüchternheit, wird stimmlich lauter und kräftiger und ist wieder hoch erfreut **(K5.2.)**. Gefragt, ob sich durch das Singen körperlich etwas verändert, zeigt Herr C auf seine Kehle „It's like a massage. It's like new.***(K3.2.)*** I feel good like Bobby Mc Ferrin“ ***(K6.2.)***. Die Stunde verfliegt. Beide merken nicht, dass überzogen wurde. Herr C packt zum Abschied seine musikalische Glücksliste wieder ein.

Reflexion und Interpretation

Wieder ist es so einfach und unkompliziert. Ich forsche nach, ob ich nicht doch ein Gegenübertragungsgefühl, das nach einer Deutung verlangt, verdrängt habe, zumal Herr C sich nach seinem Lachen sogleich entschuldigt. Ob Herr C nicht einfach eine gute Fassade hat und die Therapeutin erfreuen und schützen will? Oder Herr C erlebte die anfangs zögerlichen Percussion-Versuche seiner Therapeutin, ohne Anspruch auf Perfektion, als entlastend. Er kann etwas „besser“ als sie und fühlt sich darin bestätigt.
Die weltweit bekannten Songs sind christlich verheißungsvoll, mit Hoffnung und Sehnsucht auf Rettung, Inhalte mit denen sich Herr C gut identifizieren kann. Angesteckt von Herrn C's Begeisterung und mit einem hartnäckigen Ohrwurm setze ich mich nochmals ans Klavier und singe alle Strophen von „Amazing Grace.“

Musiktherapeutische Überlegung C 5

Mit Hilfe der Musik können gute Beziehungserfahrungen aktiviert werden und dies kann Kraft und Hoffnung geben. Die o. g. Lieder (mit Ausnahme von *Joshua*) beinhalten auch etwas Tragisches und Leidvolles, sodass auch die Trauer in der Musik ausgedrückt werden kann. Die Tatsache, dass Herrn C so viele Songs einfallen, die in der Therapie wieder erlebt und geteilt werden können und die Tatsache, dass das Singen am Ende der Einheit als gutes Körpergefühl wahrgenommen wird, empfindet Herr C als neu und bereichernd.
Möglicherweise hat diese Musik auch Selbstobjektfunktion. Sie kann mit dem Selbst-Erleben so verschmelzen, dass sie in ihrer Eigenschaft als Selbst-Objekt wirksam werden kann (vgl. Decker-Voigt, 2008).

Traumatherapeutische Überlegung

Reddemann empfiehlt in der Therapie vom ersten Kontakt an, neben dem Gespräch über belastende Lebensereignisse auch ein Gespräch über Erfreuliches, über alle Ressourcen mit dem Patienten zu führen. Mit dem „Ressourcenohr“ (Reddemann, 2010, S. 20) würde man immer etwas erfahren.

C 6 *3. Stunde: Der Lichtschalter*

SUC prä 2
SUC post 3

Mth-Technik: Singen + Instrumentalbegleitung

Der Anfang der 3. Stunde sowie alle darauf folgenden Anfänge des gesamten Therapieprozesses sind durch sich wiederholende Abläufe geprägt. Herr C wartet bereits Zeitung lesend auf seinen Termin, begrüßt die Therapeutin wieder mit einem kräftigen Händedruck und offenem Blick. Ab jetzt schaltet Herr C das Licht selbständig ein und aus. Nachgefragt, dass es offensichtlich sehr wichtig ist, ausreichend Licht zu haben, sagt Herr C, dass er auf diese Frage von der Therapeutin gewartet habe. Herr C beschreibt sein Verhalten als einen Reflex. Den Lichtschalter zu betätigen, würde ihm ein Gefühl von Kontrolle geben. Sämtliche traumatisierende Lebensereignisse haben in der Dunkelheit stattgefunden, und auch wenn jetzt Tageslicht vorherrscht, *muss* er das Licht einschalten können. Seine Frau habe damit leben gelernt. Nachdem Herr C von der Therapeutin die Versicherung bekommt, so gut wie alles innerhalb der Musiktherapie unternehmen zu können, das seinem Kontrollbedürfnis entgegen kommt, setzt er sich mit einem Seufzer der Erleichterung ans Klavier. Mach' ma was, klar signalisierend, dass über die zurückliegenden Ereignisse in der Dunkelheit jetzt nicht gesprochen werden soll **(K2.1.)**.

Die Therapeutin spricht die vorhergehende Stunde an, von der ihnen beiden vorhandenen Spiel- und Singfreude, und macht das Angebot, diese fortzusetzen. Herr C wünscht eine Wiederholung der Songs mit denselben Instrumenten, Agogo-Bells und Klavier **(K5.2.)**. Herr C genießt das aktive Singen mit eigenwilliger rhythmischer Agogo-Bells-Begleitung, die die Therapeutin wiederum herausfordert, einen angemessenen Halt zu bieten: Die Akkorde am Klavier werden mit dem Pedal verstärkt, jeweils nur die *Eins* mit rhythmischer Anpassung angespielt, sodass Herr C seinen Rhythmus nach Belieben fortsetzen bzw. verändern kann.

Sobald der erste Song *Amazing Grace* zu Ende ist, wird beinahe übergangslos zum nächsten *Josua fit the battle of Jericho* übergeleitet, indem Herr C die Therapeutin gestikulierend motiviert, keine Pause zu machen. Diesmal übernimmt die Therapeutin das Rhythmusgeschehen. Dem Song entsprechend wird die gesamte Musik lauter, flotter und ausdrucksstärker. Danach klatscht Herr C und spricht lachend in Englisch weiter, *„how sweet the first one, how powerful the second one, this is really something..."* Nach einigen Momenten gemeinsamen Schweigens, das wie ein Ausschwingen anmutet, entschuldigt sich Herr C für sein heftiges Temperament, und spricht das Thema Fremdsprache an. Eigentlich möchte er nur Deutsch sprechen, zumal es wichtig ist, die Sprache so gut wie möglich zu beherrschen, falls er in Österreich das lang ersehnte Bleiberecht bekommen sollte, um später auf die Universität gehen zu können. Aber durch die Musik, würde er sofort ins Englische *kippen,* oft falle ihm das gar nicht auf. Die Therapeutin ermutigt Herrn C zu der Möglichkeit, sich ganz dem Moment zu öffnen, sowohl in dem spontan musikalischen als auch dem sprachlichen Ausdruck. Letztendlich ist auch Musik eine Sprache, und wenn das Englische gerade am nächsten ist, so wäre es vielleicht sogar schade, sich das zu verbieten. Sie fügt hinzu, dass Therapie auch Spaß machen darf und muss, und dass der Kreativität keine Grenzen gesetzt sind. Herr C versteht und sagt, dass es im Kontext der jeweiligen Musik tatsächlich hilfreich ist, zu *switchen.* Um dies gleich zu demonstrieren, schlägt Herr C als Schlusslied für heute Bob Dylans Blowing in the wind in beiden Sprachen zu singen, vor **(K5.2.)**. So wird nach dem englischen Text die deutsche Version *Die Antwort mein Freund, weiß ganz allein der Wind* gesungen. Mit sich und der Stunde zufrieden verlässt Herr C den Raum. C 7

Reflexion und Interpretation

Herr C's Spielfreude setzte sich auch in dieser Stunde ungebrochen fort. Fast beiläufig erwähnt er, dass er bereits auf die Frage der Therapeutin gewartet habe, weshalb es wichtig sei, den Lichtschalter unabhängig vom Tageslicht betätigen zu können. Erst jetzt wird mir der starke Moment bewusst, in dem Herr C nonverbal signalisierte, seine traumatischen Erlebnisse, die sich allesamt in der Dunkelheit ereigneten, nicht erzählen zu wollen. Herr C scheint sich also darauf vorbereitet zu haben, was und wie er seiner Therapeutin etwas sagt. Die Erleichterung darüber, sich ganz der Musik widmen zu können, seine „Orte der Lebensfreude" erneut aufzusuchen, ist stark spürbar geworden. Herr C kann sich einerseits sicherer fühlen, andererseits trägt Herr C viele unerfüllte Wünsche in sich (ein Bleiberecht, ein Universitätsstudium, das ohne anerkannte Matura schwierig zu realisieren sein wird, etc.). Im Nachhinein merke ich, dass Herr C in mir einen starken Beschützer – Instinkt wachruft und das letzte Lied schwingt traurig in mir nach.

Musiktherapeutische Überlegungen

Das musiktherapeutische Geschehen wird durch mehrere Faktoren zuverlässiger und berechenbarer: Die Kontrolle darüber zu haben, das Licht eigenständig einzuschalten; Die Sicherheit durch das Singen vertrauter Lieder, da Text und Musik durch die Komposition klar sind im Gegensatz zu Unvorhersehbarkeiten einer Improvisation; Die Fähigkeit zu Freude durch das Resonanzerleben in der Musik; die Möglichkeit, sein „afrikanisches" Temperament musikalisch und sprachlich auszudrücken. Herr C „braucht" sein Temperament, um i. S. e. traumakompensatorischen Schemas mit den Unwegbarkeiten und Grausamkeiten umgehen zu können.

C 8 ***4. Stunde: Die Trommeln***

SUD prä 2
SUD post 1

Mth-Technik: Instrumentenexploration, Themenzentrierte Improvisation

TT-Technik: Psychoeducation

Nach der Begrüßung erkundigt sich Herr C nach dem Befinden der Therapeutin. Davon überrascht fragt sie, ob Herr C etwa wegen ihr in Sorge sei, darauf sagt Herr C zögernd, dass er sich heute mit den Trommeln beschäftigen wolle, aber nicht ganz sicher sei, ob er es sich und der Therapeutin zumuten könne. Die offensichtliche Neugierde der Therapeutin ermutigt ihn, das Thema in Angriff zu nehmen, wobei er in erster Linie erzählen wolle. Es stellt sich heraus, dass seine traumatisierenden Erfahrungen in der Dunkelheit mit *Kriegstrommeln* zu tun hatten: *„Es war dunkel wegen eines Stromausfalls. Die Trommeln kamen immer näher. Als sie unser Haus stürmten, war es sehr laut auf der Straße und es hat so gestunken, so viel Rauch ...“* Herr C schüttelt sich vor Ekel.

Das für ihn Erstaunliche war, dass er lange Zeit dieses „Trommel-Detail“ vergessen hatte. Es existierte in seiner Erinnerung solange nicht, bis er eines Tages unvorbereitet und zufällig mit einer ähnlich klingenden Trommelmusik konfrontiert wurde. Bei einem African Festival, worauf er sich sehr gefreut hatte, löste ein bestimmter Rhythmus mit dumpfen Tönen bei Herrn C plötzlich heftige Flashbacks aus (intrusive Geräusche, die ihn an die Kriegstrommeln erinnerten), sodass er von Freunden nach Hause gebracht werden musste und längere Zeit seine damalige Unterkunft nicht verlassen konnte **(K10.1.)**.

Herr C hatte Angst, bei plötzlichem Trommelwirbel erneut in die gleichen Zustände zu geraten mit dem Gefühl, als sei die traumatische Erinnerung nicht Vergangenes, sondern Gegenwärtiges. Ohne therapeutische Hilfe, jedoch mit sozialer Unterstützung seiner afrikanischen Freunde sei er da irgendwie durchgetaucht und konnte nach einiger Zeit wieder alles vergessen.

Hier im Musiktherapieraum seien viele Erinnerungen, gute wie schlechte, wieder aufgetaucht, gepaart mit dem Wunsch zu spielen, aber gleichzeitig sich davor zu fürchten. Und jetzt wisse er selbst nicht, was genau er mit seiner Erzählung bezwecken wolle. Herr C entschuldigt sich für seine Verwirrung.

Die Therapeutin spricht die von ihr wahrgenommene Unsicherheit mit den sich überlappenden Erinnerungen und den vorhergehenden Erlebnissen an und betont, dass jetzt möglicherweise ein guter Zeitpunkt ist, sich mit den Trommeln auf sichere Art und Weise zu beschäftigen. Herr C blickt die Therapeutin skeptisch und neugierig an.
Sie fragt ihn, ob es vorstellbar wäre, die schlimmen Erinnerungen in Zusammenhang mit den Trommeln zunächst beiseite zu lassen und mal zu schauen, ob es die anderen *Trommel*-Erfahrungen, die es ja auch in seinem Leben gibt, jetzt Platz haben könnten.

Herr C erinnert sich an seine Schulzeit, und dass in dieser Zeit das Instrument Trommel ein selbstverständlicher Hauptbestandteil seines Lebens war, ein fixer Alltagsgegenstand wie ein Wasserkrug oder ein Kochtopf, so integriert, dass er nicht extra wahrgenommen oder speziell behandelt werden musste. Herr C erzählt von der Selbstverständlichkeit des Afrikaners, spontan zu trommeln, quasi im Vorbeigehen, sobald eine in das Blickfeld gelangt. C 8

Die Therapeutin macht Herrn C das Angebot, eine afrikanische Alltags-Geschichte mit Hilfe der hier verfügbaren Trommeln zu erzählen. Herrn C wird eine mögliche Vorgehensweise vorgestellt, wobei Herr C zur Mitarbeit bzw. zum Mitbestimmen eingeladen wird.
Herr C sagt, einige Arten gäbe es nicht hier, aber man könne trotzdem gut improvisieren. Herr C stellt Djembe, Pauke, Darbouka und Handtrommeln in die Mitte des Raumes.

Bevor Herr C mit dem Spiel beginnt, bittet die Therapeutin Herrn C, so achtsam und sorgfältig wie möglich mit sich zu sein: „*Manchmal kann es sein, dass man plötzlich nicht mehr*

C 9 *in der Geschichte ist, die man sich vorgenommen hat, sondern vielleicht in einer ganz anderen ... das bedeutet, sobald etwas Unangenehmes Äußeres oder Inneres wahrgenommen wird, machen Sie eine Pause. Äußeres, indem es aus der Raummitte entfernt wird, Inneres, indem es benannt wird und somit ein Stück von Ihnen weg sein kann.*" Außerdem wird vereinbart, dass beide, Herr C und die Therapeutin jederzeit das Spiel stoppen bzw. unterbrechen können, sobald etwas Unsicheres, egal ob hör- oder sichtbar, auftaucht.

Herr C wird eingeladen, alle seine Sinne bewusst für dieses Spiel zu nützen. Ganz in der Gegenwart zu sein, bevor er sich nach *Afrika* begibt, zum Beispiel die Trommeln zunächst in Ruhe zu betrachten, ihr Aussehen, ihren Standort; ob er vielleicht die Anordnung verändern will, sodass sie gut platziert sind; oder, wenn die Trommeln berührt werden, wahrzunehmen, wie es ihm mit diesem „Hautkontakt" geht (im wahrsten Sinne des Wortes durch die Trommelfelle). Es kann auch an der Trommel „gerochen" werden, so wie jede Trommel anders klingt, so „riecht" sie auch anders. Diesen Vorschlag findet Herr C sehr amüsant. Er lässt sich Zeit beim Betrachten und probiert vorsichtig mit trommelnden Fingerkuppen jede einzelne aus. Die Pauke schafft er zielstrebig in eine Ecke und entfernt auch zwei von vier Handtrommeln. Darbouka, Djembe und zwei der Handtrommeln bleiben im Zentrum **(K2.2.)**. Dann beginnt Herr C auf der Djembe zu spielen, lächelnd und genussvoll mit geschlossenen Augen. Der Oberkörper ist gelockert. Herr C *tanzt* im Sitzen. Das Tempo ist schnell, der Rhythmus häufig wechselnd und sehr komplex. Meint die Therapeutin, einen typischen Djembenrhythmus[3] zu erkennen, verschwindet er gleich wieder. Zwischendurch öffnet Herr C die Augen und lädt die Therapeutin zum Mitspielen ein: *„Spielen wir Afrika!"* Nachdem sich kein rhythmisches Zusammenspiel entwickelt und auch eine schlichte Begleitung gänzlich unmöglich erscheint, gibt die Therapeutin ihren Anspruch auf und beginnt in den angebotenen Spielpausen einen eigenen Rhythmus auf einer Handtrommel zu spielen. Es entsteht ein lebendiger Dialog mit viel Unterhaltung: ein musikalisches Gemurmel, Geplapper, Gepolter und Gelächter.

Nach dem Spiel und auf die Frage, wie dieses Duospiel erlebt wurde, sagt Herr C, er sei sowohl in Afrika als auch in Europa gewesen und das würde auch genau seiner Realität entsprechen. Beides würde in seinem Herzen lebendig sein, und das fühle sich meistens gut und richtig an. So wie das Spiel, das total okay für ihn gewesen sei **(K10.2.)**.

Herr C blickt jedoch auch zu den anderen Instrumenten außerhalb des Spielraumes: die *Kriegstrommeln* und die Dunkelheit und die daraus folgenden Flashbacks in der Vergangenheit. *„Ich will meine Trommeln zurück haben,* und ich will endlich diese schreckliche Geschichte vergessen" ***(K10.1.)***.

Am Ende der Stunde werden die dichten Ereignisse zusammengefasst. Die Therapeutin spricht Herrn C's Mut und Bereitschaft an, sich mit einem so schwierigen Thema auseinanderzusetzen. Dass klar ersichtlich wurde, dass die Trommeln in mehrfacher Hinsicht große Bedeutung in seinem Leben haben: für seine Identität als Afrikaner, damit aufgewachsen, sind sie zum einen ein großer und heller Teil seiner Kindheit und Jugendzeit, und zum anderen, für seinen Wunsch und seine Fähigkeit, sich in Europa integrieren zu wollen, das im gemeinsamen Spiel hör- und spürbar wurde. Und leider sind sie auch Teil jener ganz schrecklichen Erfahrungen, die er so gerne vergessen möchte. Dass es ihm heute mit dem Trommeln gelungen ist, sich an gute Lebenserfahrungen zu erinnern und auch das Hier und Jetzt ganz gut aufgezeigt hatte ... ob all das ein erster Schritt sein könnte, sich langsam, genau in der Zeit, die es braucht, sich den schwierigen Themen innerhalb der Musiktherapie anzunähern?

Herr C wirkt nachdenklich und meint abschließend, dass er sich immerhin bei diesem Spiel ganz wohl gefühlt habe. Eine gewisse Freude und Stabilität beim heutigen Abschied wird sichtbar.

---

3 Typische Djembenrhythmen wie beispielsweise eine Kakilambe oder La Feé (Anm.).

Reflexion und Interpretation

Gleich am Beginn scheint er sich um uns beide Sorgen zu machen, indem er sich empathisch nach meinem Befinden erkundigt, bevor er sein Anliegen zur Sprache bringt. Herr C weiß aus Erfahrung4, inwieweit ein Ansprechen seiner traumatischen Erinnerungen ein Risiko für sich sein könnte, und vermutet dies möglicherweise auch bei seiner Therapeutin. Herr C scheint unter großem Druck zu stehen und befürchtet vielleicht, „weggeschickt" zu werden, wenn er sich nicht als „guter" Patient verhält. Neben dieser Sorge deutet jedoch auch einiges darauf hin, dass sich Herr C mit dem Ereignis Musiktherapie auch außerhalb derer auseinander setzt. Die Trommeln im Musiktherapieraum, die in den ersten drei Stunden thematisch nicht vorhanden waren, hatten offensichtlich durch ihre bloße Anwesenheit Appellwirkung und Aufforderungscharakter und lösten bei Herrn C ein wahres Dilemma aus: den Wunsch zu spielen und gleichzeitig den Wunsch zu vermeiden. Angst, was passieren würde, wenn er sich mit den Trommeln beschäftigen würde? Bisher war die Musiktherapie ein Ort, wo er dem „Angenehmen" nachgehen konnte. Seine Erzählung traumatisierender Ereignisse in Bezug auf dieses spezielle Instrumentarium löste eine gewisse Verwirrung bei ihm aus, gekoppelt mit dem Wunsch, Ordnung in sein Inneres zu bringen, also die Vergangenheit zu bearbeiten.

Trotz der psychoeducativen Herangehensweise, um zunächst eine gute Basis im Hier und Jetzt zu schaffen, habe ich Angst, Herrn C einer erneuten Triggersituation auszuliefern. Daher auch das etwas merkwürdige Angebot, an der Trommel zu „riechen," um Herrn C einen möglichst großen Sinnes-Kontrast zu seinen beschriebenen Erinnerungen zu ermöglichen. Meine Befürchtung verschwand, sobald Herr C zu spielen begann. Herr C war nach der sorgfältigen Instrumentenexploration ganz und gar in seinem Spiel präsent. Sein „tanzender" Körper wurde zum Instrument. Er verschmolz nahezu mit der Djembe. Meine Unsicherheit und Überforderung im Spiel (wo ist die Eins, was ist das für ein Takt, Synkopen, Zwischenschläge etc.) und eine weitere Befürchtung, dass sich Herr C in einen übererregten Zustand hinein trommeln könnte, löste sich mit der Entwicklung eines Dialogspieles auf. Das wechselseitige Spiel schien weniger bedrohlich zu sein. Herrn C's Kommentar, gleichzeitig in Afrika und in Europa zu sein, deutet auf seine Fähigkeit zur Flexibilität im Spiel und in der Realität hin, auf sein Bemühen, im Westen Fuß zu fassen.

Musiktherapeutische Überlegung

Trommeln haben von allen Instrumenten das stärkste Wirkungspotenzial in positiver und negativer Hinsicht. Trommeln haben Containerfunktion, tragen zu einer Verbesserung der Körperwahrnehmung bei und das Trommeln macht obendrein noch Freude und Spaß (Sonntag & Jüchter, 2007, S. 108). Jedoch werden sie auch sehr häufig mit dem Thema Aggression verbunden. Jene, die auch Angst und Kontrollverlust auslösen kann. Die Aggression wird dann als gefährlich erlebt, da sich das „Opfer" womöglich als „Täter" erlebt. Kein anderes Instrument ruft derart starke Gefühle und Assoziationen hervor, vor allem dann, wenn es in direkter Verbindung mit einer traumatischen Erfahrung steht.[5]

---

4 Aus der früheren Krankengeschichte geht hervor, dass Herr C nach einem Gespräch mit dem Arzt über seine traumatischen Erinnerungen in einen schweren Übererregungszustand geriet und darüber hinaus starke Schuldgefühle gegenüber dem Arzt bekam, wie belastend er für ihn und sein weiteres Krankenhaus-Umfeld sei.

5 Herrn C's Traumaerinnerungen gliedern sich in ein traumatisierendes und in ein retraumatisierendes Ereignis: Die herannahenden *Kriegstrommeln* während der Ermordung seines Vaters in seinem Beisein und die Trommelrhythmen während eines Festivals als Auslöser für neuerliche Flashbacks.

C 11 Traumatherapeutische Überlegung

Traumatische Erinnerungen sind häufig weniger gedanklich und sprachlich repräsentiert als viel mehr in einer emotional-sensorischen Qualität, also in Form von Gefühlen und Sinneseindrücken. Die beschriebenen Erinnerungen und Flashbacks des o.g. Patienten äußerten sich visuell (Dunkelheit), auditiv (Kriegstrommeln) und olfaktorisch (Gestank), verbunden mit einem Ekelgefühl – zusammengefasst ein Schreckensbild, das nach einem Gegenbild (Schulzeit und Alltag in Afrika) verlangt, wobei dieses Bild mit positiven Emotionen besetzt wird. Die guten Erinnerungen helfen, um nicht von den negativen Bildern überflutet zu werden bzw. gilt es die positiven Bilder zu aktivieren, wenn eine Überflutung droht. Herr C verfügt über die Fähigkeit, recht rasch gute Erlebnisse zu erinnern. Dies ist nicht immer der Fall. Die Schwierigkeit besteht darin, das richtige Maß zwischen Stabilisieren und Konfrontieren zu finden.

5. Stunde: Gott hat mich gerettet

SUC prä 2
SUC post 3

Mth-Technik: Singen + Instrumentenbegleitung

Eine Woche später begrüßt Herr C die Therapeutin wieder mit dem Hinweis, wie wohltuend das Gefühl sei, so früh aus dem Haus zu gehen und einen Plan zu haben. *„In die Musiktherapie zu gehen, ist wie in die Arbeit zu gehen, da fühle ich mich schon beim Aufstehen besser.“* Hinzufügend, dass dies auch die Ausnahme sei, sich ohne Begleitung aus dem Haus zu trauen, denn falls er sich vor den Behörden ausweisen müsste, könnte er ruhigen Gewissens sagen, dass er in ambulanter Behandlung sei. Herr C betont, wie wichtig es für ihn sei, dem Gastgeberland etwas zurückgeben zu wollen. Denn trotz aller schlimmen Erfahrungen in der Schubhaft gäbe es soviel, wofür er dankbar sein müsse. Herr C betont, dass er den Menschen, die ihm großes Unrecht zugefügt hatten, voll und ganz vergeben hat. Er möchte heute wieder Lieder singen, wie in den ersten Stunden. Freudig erzählt er, dass er am Vortag mit seiner Frau in einer Kirche gewesen war, in der ein Gospelchor gesungen hatte, und das sei so schön gewesen.

„Die Musik tröstet mich *(K7.2.), und Gott hat mich gerettet. Wenn ich lache und singe, dann kann ich kurz vergessen. Dann glaube ich, dass ich hier bleiben kann, dass ich ein Bleiberecht bekomme und Arbeit finde.“* Und gleich darauf fügt er hinzu, dass er heute nicht trommeln wolle, vielleicht nächstes Mal **(K2.1.)**.

Herr C wünscht sich die vertrauten Christian Songs, die auch gestern in der Kirche gesungen wurden, am besten mit Klavierbegleitung und den Agogo-Bells **(K2.2.)**. Herr C und die Therapeutin sitzen beim Klavier, spielend und singend (*Amazing Grace, We shall over come, Kumbahyah my Lord*) und Herr C hat sichtlich Freude daran. Mit Unbeschwertheit entwickelt Herr C neue Spielvarianten: Korbrassel und RecoReco werden von Herrn C in die Musik hinein genommen. Dazwischen frischt Herr C seine Erinnerungen aus der Schulzeit auf. Das Schönste wäre wirklich die Musik gewesen. Darin waren sich Lehrer und Schüler einig. Deshalb seien in seinem Land die Kirchen immer voll gewesen. Abschließend fragt Herr C die Therapeutin, ob sie an Gott glaubt und entschuldigt sich sogleich für diese gestellte Frage. Nachdem sie ihm sagt, dass sie an das Gute glaubt, beginnt Herr C zu lachen **(K9.2.)**. C 12

Reflexion und Interpretation

In dieser Stunde zeigt sich Herr C's große Sehnsucht nach einem ganz normalen Leben besonders deutlich. Neben seiner guten Beziehung zu seiner Ehefrau, wünscht sich Herr C zukunftsorientiert, eines Tages wieder einen Arbeitsplatz zu bekommen. Trotz der traumatisierenden Erfahrungen in der Schubhaft und den noch immer unsicheren Aufenthaltstatus kann Herr C erstaunlich differenziert seine derzeitige Lebenssituation betrachten. Es ist, als könnte er innerlich zwischen den unterschiedlichen Erfahrungen, Vergangenem und Gegenwärtigem hin- und herpendeln, und bedürfnisorientiert seine Wünsche äußern - v. a. durch seine klare Aussage, heute nicht trommeln zu wollen, es sich gestattet, es offen zu lassen („vielleicht das nächste Mal“), dafür aber singen zu wollen.
Herr C wünscht sich heute die „Wohlfühl-Musiktherapie.“ Das Singen trägt diese Hoffnung. Möglicherweise hat ihn die Sitzung mit den Trommeln doch mehr angestrengt, als deutlich wurde. Er wünscht sich die Lieder als Belohnung bzw. will er sich vergewissern, dass das Gute zwischen ihm und mir weiterhin vorhanden ist.

Seine gute Laune und Spontaneität im Spiel wirken erneut ansteckend auf mich. Alle musikalischen Interaktionen sind von einer Heiterkeit und Leichtigkeit durchzogen, die nichts Künstliches an sich haben. Seine Schüchternheit zu singen hatte er in dieser Stunde gänzlich abgelegt.

Musiktherapeutische Überlegungen

Musik in Zusammenhang mit Spiritualität ist in jedem Fall individuell zu betrachten. Auftauchende Sinnfragen nach intensiven Leid- und Gewalterfahrungen und das Finden religiöser Antworten durch die Musik können dabei hilfreich sein, Belastungen besser zu ertragen. Das erfahrene Leid kann durch die sehnsuchtsvoll-traurige Musik ausgedrückt werden und bekommt durch Jesus Christus, der ja auch Leid erlebt hat und mächtig ist, ein Gegengewicht. Menschen, die ein gutes hilfreiches Gottesbild in sich tragen, fühlen sich mächtiger und weniger hilflos.

Traumatherapeutische Überlegungen

Reddemann betont in ihren Ausführungen die Kompetenz und Eigenmacht, die traumatisierte Menschen trotz oder gerade aufgrund ihrer extremen Ohnmachtserfahrungen zur Verfügung haben und dass von Anfang an die inneren Fähigkeiten zum froh und glücklich sein ebenso zu berücksichtigen sind wie der Schmerz (Reddemann, 2010, S. 14).

Die österreichische Flüchtlingshelferin Ute Bock erwähnt die überaus tiefe Religiosität und Leidensfähigkeit der Afrikaner, die sich Europäer kaum vorstellen können (Krebs, 2010).

C 13 *6. Stunde: Ich bin stolz, Afrikaner zu sein*

SUD prä 3
SUD post 1

Mth-Technik: Thematische Improvisation

In der folgenden Stunde betritt Herr C bedrückt den Raum. Vergangene Woche hatte er wieder vermehrt Alpträume, in denen sich die Vergangenheiten wieder heftig aufgetan und vermischt haben. Sein Vater ist im Traum lebendig und Herr C weiß im Traum, dass sein Vater ermordet werden wird und er nichts dagegen tun kann, dann kommt es zum Szenenwechsel und Herr C wird wieder von der Fremdenpolizei abgeholt **(K10.1.)**. Irgendwann würde er schwitzend und zitternd aufwachen **(K1.1.)**, froh, seine Frau nicht geweckt zu haben. Dann würde er auch in der Realität wenig Zuversicht verspüren: *„ich habe so gerne in diesem Gewerbe gearbeitet. Und mein Chef war sehr zufrieden mit mir. Ich will und kann arbeiten, aber ich darf nicht. Ist das nicht verrückt? Ich habe nichts Böses getan, trotzdem haben sie* (Personen in der Schubhaft, Anm.) *mich geschlagen. Und ich bin mit einer Österreicherin aus Liebe verheiratet, aber das wird nicht geglaubt."*

Herr C wiederholt dies perseverierend. Betont immer wieder, dass sein Status keine Scheinehe sei. Herr C ist dabei sehr erregt und beginnt heftig zu schwitzen **(K1.1.)**.
Darauf angesprochen, wie kränkend und demütigend diese Erfahrungen für ihn sind, die Vorurteile, mit denen er auf Ämtern immer wieder konfrontiert werden würde, die ungewisse Zukunft etc. und das alles, obwohl er völlig unschuldig sei – und dass es deswegen auch nicht verwunderlich sei, in solchen Momenten genau so zu fühlen wie gerade jetzt – und ob es trotz alledem möglich ist, in diesem Jetzt etwas zu finden, das hilfreich sein könnte? Herr C ist ratlos und resigniert, alles würde schon so lange dauern und es sei kein Ende in Sicht, und es sei nicht auszudenken, wenn der Traum, in Österreich zu bleiben, platzt, was er dann tun solle.

„Was soll ich tun?"
„Wir können nur jetzt *etwas tun – so gut wie möglich. Wir können gemeinsam schauen, auf die Suche gehen, das Sie ein bisschen beruhigen könnte. Mir fällt die vergangene Stunde ein, da ist es Ihnen sehr gut gelungen, trotz allem, ihre guten Erfahrungen aus Vergangenheit und Gegenwart zu erzählen, da waren Sie sehr hoffnungsvoll - und Sie haben die Musik - und in der ersten Stunde erzählten Sie mir, dass Sie überlebt haben, weil in der Community viel getanzt und gesungen wurde ... vielleicht fällt Ihnen etwas Stärkendes und Kraftvolles ein, das mit „ich bin" beginnt?"*

Herr C denkt eine Weile nach und die Therapeutin macht das Angebot, falls der Impuls zu spielen stärker ist als zu sprechen, ein Instrument zu suchen. Herr C holt die Djembe herbei und berührt sie mit beiden Händen, führt Wischbewegungen am Fell aus, das nach einem sanften Streicheln aussieht, danach beginnt er leise mit einem lockeren Slap einen einfachen Zweierrhythmus zu spielen. Irgendwann kommt die Therapeutin mit den Bongos dazu und nimmt sein Tempo auf. Sie unterstützt sein Spiel, indem die *Eins* verstärkt und das Spiel insgesamt durch leise Zwischenschläge angereichert wird. Herr C nickt bestätigend der Therapeutin zu **(K5.2.)**. Die Improvisation entwickelt sich dynamisch abwechselnd von crescendi zu decrescendi.

Nach dem Spiel fragt sie ihn, ob währenddessen etwas aufgetaucht ist – ein Bild, eine Erinnerung, eine Idee ... C 14

„Ja. Ich bin wirklich stolz, Afrikaner zu sein ***(K6.2.)****. Ich habe mich lange nicht gut gefühlt.* Ich schäme mich auch manchmal für meine Landsleute ***(K6.1.)****, und ich verstehe, dass die Österreicher manchmal sehr rassistisch sind, aber ich habe nichts gemacht.* Es ist nicht meine Schuld, Sie (die Therapeutin, Anm.) haben auch gesagt, dass ich nicht Schuld habe, auch die Ärzte und mein Anwalt ***(K6.1.)****. Und ich bin stolz auf die guten Leute in meinem Land, und auf Mammadou und auf viele andere. Viele meiner Landsleute haben viel durchgemacht und trotzdem sind sie stark. Und sie haben mir überleben geholfen, ohne sie, wer weiß ...*"
Herr C ist gerührt und dankbar. Nach einer Weile fragt ihn die Therapeutin:
„Wie ist es, wenn Ihnen so starke Menschen einfallen, haben Sie dann auch andere, ich meine negative Gefühle wie Angst oder Panik?"
„Nein, im Gegenteil, ich bekomme Mut, ich fühle mich selber gleich stärker, diese Leute sind ein Vorbild ..."

Die Therapeutin hebt diese Gefühlserfahrung noch einmal deutlich hervor - dass die Aufmerksamkeit auf etwas Starkes und Erfreuliches, eine andere Reaktion im Inneren hervorruft, und dass durch die Djembe, die Herr C gewählt hat, etwas Positives und Kraftvolles in ihm geweckt hatte...

Abschließend werden von der Therapeutin noch einmal die einzelnen Szenen der Stunde benannt: Herr C's Alptraum und die damit verbundenen Ängste, die Ungerechtigkeiten, die ihm widerfahren sind und die damit verbundenen Ohnmachtsgefühle, die der Verzweiflung und der Hoffnungslosigkeit; und dass selbst nach den schlimmsten Erfahrungen (Schubhaft, Anm.) glücklicherweise durch seine Frau und seinen Anwalt, sich die Umstände wieder gewendet haben. Ebenso spricht sie, trotz einer ungewissen Zukunft, seine Kraft, seinen Mut und seine Zuversicht, die ihm Spiel zunehmend hörbar wurde, an.

Reflexion und Interpretation

Gleich am Beginn fühle ich mich überfordert. Alles, was Herr C sagt, ist verständlich, völlig realistisch und nachvollziehbar. Ein ständig wiederkehrender Alptraum, verwoben mit seiner derzeitigen Lebenssituation: die berechtigte Angst vor einer drohenden Abschiebung - hier stellt sich die immer gleiche Frage über Zweck und Sinnhaftigkeit einer Therapie. Die Hilflosigkeit hat auch mich ergriffen. Zunehmend ratlos, ob es nun um den Alptraum oder um die Fremdenpolizei gehen soll, und mich erinnernd an die vorher gehende Stunde, entscheide ich mich, nicht das Thema der Ungerechtigkeit zu vertiefen, sondern Herrn C zu Handlungsmöglichkeiten zu ermutigen, ihm einen Bezug auf das musiktherapeutische Hier und Jetzt, und eine punktuelle Rückschau auf die gemeinsamen musikalischen Erfahrungen und Herrn C's Erzählungen anzubieten. Die Djembe, in Herrn C's Erfahrung bereits als ein stabilisierendes und emotional positiv besetztes Instrument erlebt und gespielt, konnte ihm zu der positiven Kognition „ich bin stolz, Afrikaner zu sein" verhelfen. Hier erst, taucht das Thema Schuldgefühl bzw. „nicht schuldig sein" auf.

Musiktherapeutische Überlegung

Im Kontext dieser Aussage *„ich bin stolz, Afrikaner zu sein"* tauchen zum ersten Mal die Themen Schuld und Scham auf. Nach Hirsch (2007, S. 15) bezieht sich das Schuldgefühl auf eine Tat und das Schamgefühl auf das So-Sein. Der gegenteilige Affekt zur Scham wäre der Stolz. (a. a. O.). Herr C wird sich dessen bewusst, dass er nicht schuldig ist. Der Rückgriff auf positive Erfahrungen mit der Djembe und im Zusammenspiel mit der Therapeutin locken sein Gefühl, stolz zu sein.

C 15 Traumatherapeutische Überlegung

Traumatische Ereignisse können besonders bei Migranten und Asylsuchenden am besten durch kollektive Unterstützung verarbeitet werden. Das Kollektiv als Ressource (Vyssoki, 2010) ist das wertvollste für Betroffene. Das gemeinsame Schicksal verbindet: *„ich habe überlebt, weil wir getanzt und gesungen haben“* (a. a. O.), es hilft zur Identifizierung und zur Abgrenzung (im Fall von Herrn C ist die Unterstützung durch seine Ehefrau die wohl wichtigste Ressource).

Ohne positive Gemeinschaftserlebnisse wird die Traumaverarbeitung sehr behindert. Wenn keine Anerkennung für das Leiden stattfindet, erleben sich die Menschen würdelos. Dies mag auch die Frage über Zweck und Sinnhaftigkeit einer Therapie im Rahmen eines unsicheren Aufenthaltstatus beantworten: dass die Anerkennung und Zeugenschaft innerhalb der Therapie einen Wert darstellt.

7. Stunde: Eine Pauke ist eine Pauke

SUD prä 5
SUC post 2

Mth-Technik: Thematische Improvisation, Singen

Wieder schaltet Herr C zunächst das Licht ein und setzt sich mit einem Seufzer auf einen Sessel. Noch ehe ein Gespräch beginnt, klopft es plötzlich lautstark und drängend an der Tür und Herr C erschrickt sehr heftig (ein anderer Patient wollte den Nachmittagstermin absagen). Herr C hat schnell die unbedenkliche Situation erkannt und entschuldigt sich sogleich, noch immer zitternd, für sein Erschrecken. Die Therapeutin meint, dass eine derartige Reaktion möglicherweise einen anderen Grund habe. Sie fragt ihn, ob das heute das Thema sein könnte – es würde sehr gut zu seiner jetzigen Befindlichkeit passen, meint er bedrückt. Seine Symptome hätten sich in den letzten Tagen grundlos verschlechtert, vor allem seine gesteigerte Schreckhaftigkeit **(K1.1.)**.

„Wenn meine Frau nicht zu Hause ist, und es klopft an der Tür, kriege ich einen ganz schlimmen Schreck. Dann glaube ich, dass die Fremdenpolizei kommt ...“ *(K1.1.)*.

Das wäre auch der Grund gewesen, weshalb er damals wieder stationär aufgenommen wurde, obwohl es nur die Nachbarin gewesen sei, die damals klopfte. Dann würden auch die ängstlichen Gedanken wieder hochkommen – „Immer denke ich, was soll ich tun?“ **(K1.1.)** Herr C fügt noch hinzu, dass der entspannte Zustand nach der Musiktherapie leider nicht wirklich anhalten würde. Denn zu Hause fühle er sich einerseits sicher, abgesehen von einem plötzlichen Türklopfen, andererseits gäbe es doch zu wenig Ablenkung. Dann würde sich Langeweile und Depression breit machen. Frühere Aktivitäten wie Fußballspielen oder in ein Fitnesscenter zu gehen, seien für ihn mittlerweile undenkbar geworden. Enttäuscht darüber, dass er sich sein Leben so ganz anders vorgestellt hat fügt, er hinzu: *„Ich brauche irgendetwas, das ich zu Hause tun kann, dass mir wirklich Freude macht.“* Er habe auch schon überlegt, sich eine Djembe zu kaufen, jedoch würde das mit den Nachbarn Schwierigkeiten geben.

Herrn C's Resignation wird von der Therapeutin auch im Hinblick auf seine beschriebenen Gefühle (gesteigerte Schreckhaftigkeit, Langeweile und Depression) angesprochen mit der Einladung, die damit verbundenen Dinge näher zu betrachten. C 16

„Ein Klopfgeräusch ist zunächst ein Klopfgeräusch. Nicht mehr und nicht weniger. Die nachvollziehbare Reaktion darauf, beruht auf ganz persönliche Erfahrungen und Assoziationen. Wenn es uns gelingt, einen Sinneseindruck von einer Reaktion bewusst auseinander zu halten, so könnte dies vielleicht hilfreich sein."

Herr C hört interessiert zu und fragt, ob dies vergleichbar wäre mit dem Erschrecken beim *African Festival*, als plötzlich durch ein bestimmtes Trommelgeräusch die Flashbacks auftauchten. Beides hätte schlimme Reaktionen nach sich gezogen **(K1.1.)**, obwohl die Auslöser grundsätzlich für Herrn C schöne und erfreuliche Ereignisse seien (Herr C mag afrikanische Feste und er mag auch seine Nachbarin). Motiviert durch diese Erkenntnis erinnert die Therapeutin Herrn C an jene Therapieeinheit - die 4. Stunde - in welcher er die Pauke und zwei Handtrommeln in Bezug auf seine Erzählung symbolisch den Auslösereizen für Flashbacks zuordnete und bei Seite gestellt hatte. Wie es sich heute anfühlen und anhören würde, wenn er seine Aufmerksamkeit bewusst auf diese Instrumente hinlenken würde?

Allmählich nickt Herr C und meint, er könne es ja versuchen und er fügt hinzu: *„wenn ein Klopfgeräusch ein Klopfgeräusch ist, so ist eine Pauke eine Pauke."* Herr C lächelt und bittet die Therapeutin, gemeinsam auf der Pauke zu spielen. Sie schlägt vor, zunächst ganz zweckfrei und ohne genaue Spielregeln mit Ausnahme der Stoppregel, die Pauke auszuprobieren.

Beide spielen mit weichen und flauschigen Schlägel und lockeren Handgelenken einen geraden Takt in einem beschwingten Tempo. Herr C beobachtet anfangs die Therapeutin sehr scharf, durchbohrt sie beinahe mit seinem Blick **(K2.1.)**. Allmählich wird sein Gesichtsausdruck entspannter. Er signalisiert ihr durch eine klare Kopfbewegung, dass sie am Klavier weiterspielen soll **(K2.2.)**. Die Therapeutin nimmt den Paukenrhythmus in ihr Kadenz-Spiel auf und beinahe gleichzeitig beginnen beide spontan *Josua fit the battle of Jericho* zu singen. Herr C wird zunehmend heiterer und ausgelassener, bis das Lied in einem befreiten Lachen endet. Die Tatsache, dass ein ängstlicher Gefühlszustand in etwas derart Fröhliches durch eine spontane Musik umschlagen kann, verblüfft beide. Herr C erlaubt sich abschließend bezogen auf den Liedtext noch eine Deutung. Auch er würde den Kampf aufnehmen, einen inneren, indem er sich nicht mehr so schnell unterkriegen lassen würde. Die Pauke wäre heute gar nicht bedrohlich gewesen, vielleicht nur ein kleines bisschen am Beginn ... **(K10.2.)**.

Reflexion und Interpretation

Zunehmend wird Herr C mutiger, über seine Symptome zu berichten. Er wagt es, offener über seine Ängste zu sprechen, und dass außerhalb der Stunden diese wieder zurückkehren würden. Diese Äußerung zeigt, dass er auch mir mehr zumutet, eine etwaige Enttäuschung auszuhalten. Weiters fordert er Hilfe direkt am Instrument ein. Er möchte mit so schwierigen Themen nicht allein sein. Sein durchbohrender Blick am Beginn des Paukenspiels lässt auf sein Kontrollbedürfnis schließen, das er im Laufe des Spiels rasch ablegen kann. Seine klare Geste, dass ich am Klavier weiterspielen soll, zeugt von einem Grundvertrauen, das sich mittlerweile etabliert hat: „ich habe keine Angst, ich spiele allein." Auch ich habe heute keine Bedenken, ihn durch das Spielangebot zu überfordern bzw. durch die Pauke, eine Triggersituation hervorzurufen. Der spontane Einfall, die aufgetauchte Liedidee zur Improvisation, hat auch mich überrascht. Auf den ersten Blick zufällig, ist sie jedoch Wiederholung einer positiven Erfahrung aus der 2. Stunde.

C 17 Musiktherapeutische Überlegung

Diese Stunde ist zunächst im Sinne eines Differenzierungslernens zu verstehen. Die bewusste Erfahrung, dass das (Pauken)Spiel im Hier und Jetzt gestaltet und mitbestimmt werden kann, verändert auch den Bezug zur Vergangenheit. Das spontan auftauchende Lied machte ein aktuelles Lebensthema deutlich (Sonntag & Jüchter, 2007, S. 109). Auf der Grundlage des sicheren Singens, kann Herr C mit den kräftigen Schlägen an der Pauke experimentieren und sich überzeugen, dass er sie gestaltet und sie ihn nicht überwältigen. Es zeigt sich seine positive Kampfbereitschaft, sich seinen Gefühlen von Angst und Depression im geschützten Rahmen zu stellen. Aus eigener Kraft schafft er es noch nicht, er braucht ein Gegenüber, das ihn stützt.

8. Stunde: Halbzeit

SUD prä 1
SUC post 2

TT-Technik: Psychoeducation

Bevor Herr C zum vereinbarten Termin kommt begibt er sich in ambulante Kontrolle zu einem ärztlichen Gespräch. Die Psychiaterin beurteilt seinen psychischen Zustand als deutlich gebessert und empfiehlt, auch auf Wunsch des Patienten, zur weiteren Stabilisierung eine Verlängerung der ambulanten Musiktherapie. Ursprünglich für sechs Wochen anberaumt, erfolgt nach telefonischer Absprache mit der Musiktherapeutin eine Verlängerung um zwei Wochen. Somit kann Herr C insgesamt noch weitere acht Stunden in Anspruch nehmen.
Ausgehend von der neuen Vereinbarung und die eingetretene Halbzeit des Therapieprozesses wird die heutige Stunde für eine Zwischenbilanz und für eine Besprechung möglicher Therapieziele genutzt.

Herr C ist nach eigenen Worten über den Zeitgewinn angenehm überrascht und erleichtert. Reflektierend auf das bisherige Geschehen betont Herr C vor allem seine Freude an der Musik und dass er die Dinge mittlerweile in einem anderen Licht sehen könne; und daher sei sein Herz auch nicht mehr so traurig und ängstlich. Vor allen Dingen sei das hilfreichste das bessere Wissen um seine Identität: ein selbstbewusster Afrikaner, der sich innerlich dazu entschlossen hatte, in Europa zu bleiben. Hier würde er seine Zukunft sehen, sich vor allem beruflich verwirklichen wollen, und dann könne er eines Tages seine Mutter finanziell unterstützen, und das würde sie sehr stolz auf ihn machen.

Herr C kann im Laufe dieses Gesprächs weitere positive Vorstellungen entwickeln. Er wolle sich auch sozial im kirchlichen Bereich für Flüchtlinge engagieren, sobald seine soziale Situation ganz gesichert sei. Auf die Frage, ob er auch ein konkretes Therapieziel für die zweite Therapie-Hälfte formulieren könnte, sagt er, dass er so wie bisher weitermachen wolle. Das wichtigste sei jedoch, etwas Sinnvolles für zu Hause zu finden, das seine Aufmerksamkeit und Konzentration steigern würde, denn er habe große Schwierigkeiten im Selbststudium sein Deutsch zu verbessern, und je besser die Konzentration umso weniger die Ängste. Herr C wird gefragt, ob die Suche nach etwas Sinnvollem vielleicht in der Musiktherapie versucht werden sollte? Herr C nickt und signalisiert, dass er auch zu Hause weiter darüber nachdenken werde.

Reflexion und Interpretation C 18

In der Halbzeit des Therapieprozesses findet keine Musik statt. Vermutlich angeregt durch das vorangegangene Gespräch mit seiner ehemaligen Stationsärztin, die ihn in ihrer Außensicht bestärkt und ermutigt, kann Herr C das reflexive Gespräch auch in der Musiktherapie gut fortsetzen. Erstmalig spricht er über seine Konzentrationsstörungen und dagegen etwas unternehmen zu wollen. Herr C kann also differenziert seine Fortschritte und Defizite äußern und ist bemüht, das Beste aus seiner Situation zu machen.
Der gemeinsame Blick auf den Umgang mit der noch verbleibenden Zeit, hat heute zu einem Therapieziel verholfen: das Finden von etwas Hilfreichen, das sein gegenwärtiges unsicheres Leben erleichtert.

In der eigenen Rückschau wird für mich klar, dass bisher wenig schwierige Übertragungsphänomene existieren, die nach einer besonderen Deutung verlangen würden. Zwei Aspekte können jedoch im Rahmen eines Übertragungsgeschehens verstanden werden: Herrn C's starke Anpassung, die bei mir einiges an Sorge auslöst, und meine zeitweilige Überforderung in manchen (Rhythmus)Spielen, erlebe ich ungewöhnlich. Ich bin unzufrieden mit meinem musikalischen Ausdruck, fühle mich gehetzt und lasse mich hetzen. Ich bekomme zuwenig Zeit und zuwenig Raum. Vielleicht wie Herr C, der sich in Österreich auf Dauer niederlassen möchte und keinen Raum für die Darlegungen bei den Behörden bekommt.

Musiktherapeutische Überlegungen

Strehlow (2010, mündliche Mitteilung) spricht bezüglich musikalischen Überforderungsgefühlen bei Musiktherapeuten von einem bekannten Phänomen, nämlich einem verstärkten eigenen Anspruch, wenn Patienten auf so beeindruckende Weise Musik machen. In diesem Zusammenhang könnte es um „Afrikaner und Österreicherin" gehen i. S. e. „latent-rhythmischen Konkurrenz."

Traumatherapeutische Überlegungen

Reddemann spricht von einer „Therapeuten-Helferposition", (Reddemann, 2008, S. 28) in die ein Patient gelangen kann, wenn sich die Therapeutin von ihm und seinen Berichten fasziniert, aber auch überwältigt fühlt. Herr C's Angepasstheit im Therapieverlauf deutet möglicherweise darauf hin, dass er die Therapeutin aus Angst vor Objektverlust vor dem traumatischen Material schützen will.

C 19 *9. Stunde: Die Zukunft ist leise*

SUD prä 2
SUC post 2

Mth-Technik: Instrumentenexploration, Instrumentenaufstellung

Nach der ausführlichen Zwischenbilanz und dem formulierten Therapieziel, sich aktiv im musiktherapeutischen Geschehen auf Spurensuche zu begeben, beschließt die Therapeutin, Herrn C eine intensivere Instrumentenexploration anzubieten. Bei der Umsetzung zeigt Herr C zunächst Interesse an der Zupfgeige. Diese assoziiert Herr C schon nach den ersten Spielversuchen mit einem bestimmten Volksstamm seines Herkunftslandes, mit dem es seit jeher Spannungen gäbe. Jetzt gespielt mutet der Ton jämmerlich und auch spannungsgeladen an. Es sei typisch für *diese Leute,* häufig zu jammern und zu klagen, und sie würden viel weniger fleißig sein, als die Menschen im Süden. Gleich darauf relativiert Herr C wieder seine Kritik. Grundsätzlich seien auch sie liebe Leute, auch wenn sie nicht seiner Religion angehören würden, aber im damaligen Bürgerkrieg seien sie besonders aggressiv gewesen. Nein, das würde ihm jetzt nicht weiterhelfen. Ob es auch mit dem Aussehen des Instrumentes zu tun hätte? Herr C sagt, es sei der Klang, der ihn sogar irgendwie an *Woodoo* erinnern würde, und damit wolle er schon gar nichts zu tun haben. Immerhin wisse er bei der Zupfgeige genau, dass sie rein gar nichts zu seinen emotionalen Überlebensversuchen in Europa beitragen könnte. Aber interessant sei es dennoch, dass sofort diese Stammesleute in seinem Kopf auftauchten, jene, die den Tod seines Vaters zu verantworten hätten.

Als nächstes wendet sich Herr C den Chimes zu, und während er spielt, fällt ihm eine kurze Traumsequenz von vergangener Nacht ein. Herr C ist ganz außer sich und fasziniert über diesen plötzlichen Einfall. Er hätte geträumt, in der Musiktherapie dieses Instrument zu spielen, an mehr Details, was er dabei gefühlt hätte, könne er sich nicht erinnern. Herr C beschließt, dass es ein gutes Instrument sei und es hätte nichts mit Afrika zu tun, es sei eher etwas Asiatisches, und wenn er hier sicher leben würde und viel Geld hätte, würde er mit seiner Frau eine Asienreise machen. *„Vielleicht ist dieser Traum ein gutes Zeichen dafür, was ich alles in meinem Leben noch machen werde..."*
„Ja, wer weiß, jetzt finden Ihre Reisen in diesem Raum statt, begonnen in Afrika, fortgesetzt Richtung Asien..."

Herr C lacht ein bisschen über den Kommentar der Therapeutin und meint, dass man in seinem Land sagt, dass jedes Land einen eigenen Geist hätte, und dieser jeweilige Geist hätte wahrscheinlich auch einen typischen Klang oder andere typische Merkmale. *„Wäre es vorstellbar, das näher zu beschreiben und zu schauen, ob es noch mehr Instrumente hierfür gäbe – vielleicht ist es für Sie wichtig, diesen „Umweg" zu machen, um ein Therapieziel zu finden?"*

Im Folgenden widmet sich Herr C einem sorgfältigen Ausprobieren, das sich zu einer Instrumentenaufstellung entwickelt. Zupfgeige, Xylophone, der Regenmacher, die vertrauten Agogo-Bells und die Djembe werden von ihm halbkreisförmig zur Fensterwand gestellt. Die Chimes stellt Herr C mit einem bedeutungsvollen Blick in die Mitte. Vis-a-vis zur Wand blickend, an der das Klavier steht, sagt Herr C „Das ist es! Das ist der europäische Geist" *(K10.2.).* Danach beginnt Herr C zwischen den musikalischen Interaktionen altes afrikanisches Gedankengut aus seinem Land mitzuteilen:

„Man sagt das so bei uns, wenn der Geist des Landes ruhig ist, dann sind auch die Menschen ruhig. C 19
Österreich hat einen sehr ruhigen Geist. Er ist kühl und luftig. Das Klavier ist auch kühl ***(K10.2.)****.*
Unser Geist ist sehr lebendig, er hat viel Kraft und Energie, und er ist sehr heiß und erdig. Unser Geist ist zu unruhig, deshalb wollen nicht alle Menschen Frieden.“

Das demonstrierend, wendet sich Herr C wieder den Afrika zugeordneten Instrumenten zu und beginnt sehr schnell und laut am Xylophon zu spielen. Dabei wird er ein bisschen atemlos und meint, er könne den Urwald nicht nur hören, sondern beinahe riechen. Der Urwald sei der Ausgangspunkt für die späteren Konflikte gewesen. Norden gegen Süden, Muslime gegen Christen, Arme gegen Reiche (**K10.2.**).

C 20 Etwas verausgabt beginnt Herr C nach einer Pause auf den Chimes zu spielen, zunächst so laut, dass es schrillt und schmerzt und sich die Therapeutin die Ohren zuhält. Herr C nickt wissend und bremst das fff mit flachen Händen ab. Nun berührt er zart die Messingstäbe, lässt sie ausschwingen, lauscht nach, beeindruckt, wenn nach längerer Stille ohne seines Zutuns wieder einige Stäbe erklingen. „Es geht von selber, ich muss fast nix tun, und wenn ich es laut spiele, tut es, was es will, nur wenn ich ganz vorsichtig bin, kann ich es klarer hören“ *(K10.2.)*.

Die Therapeutin, die seine Worte wiederholt, fragt, ob nach diesem Spiel im Zusammenhang mit seinem Traum etwas verständlicher wurde? *„Ja, meine Zukunft ist noch ganz leise, und ich darf nichts erzwingen...“* Im weiteren Gespräch wird für Herrn C klar, dass man die Chimes, sobald sie laut gespielt würden, nicht kontrollieren könne, ebenso würde seine Zukunft, falls er in Österreich laut auftritt, erneut außer Kontrolle geraten **(K10.2.)** (Herr C deutet hier seine Erfahrung mit der Fremdenpolizei an, je mehr er sich körperlich wehrte, umso heftiger war die Gegenwehr). Nur das zarte und leise, würde für uns Menschen auch akustisch aushaltbar und verstehbar werden. Abschließend fragt Herr C die Therapeutin, ob sie jenes Zitat aus der Bibel kenne: *„das geknickte Rohr bricht er nicht, und den glimmenden Docht löscht er nicht aus... – Gott lässt die Schwachen nicht fallen“*, genau das würde er jetzt fühlen. Fast feierlich verlässt Herr C den Raum.

Reflexion und Interpretation

Herr C gestaltet seine Erlebniswelt im Musiktherapieraum. Er gibt vieles preis, scheut sich nicht, seine Denkweise zu offenbaren. Er lässt mich an seiner Mentalität teilhaben, an seinen Gedanken, Geschichten und Assoziationen. Es ist, als würde in seiner ersten Improvisation ein Stück Verarbeitung stattfinden. Sein Kommentar, dass jene Stammesleute den Tod seines Vaters zu verantworten hätten, wirkt integriert, ein Narrativ, das in seiner Erinnerung den richtigen Platz gekriegt hat, ein Stück Trauer, mit dem er zu leben gelernt hat. Und er lässt mich teilhaben an seinen Traum von den Chimes. Im Spiel klingen sie zunächst unkontrolliert und bedrohlich. Ich halte meine Ohren zu und befürchte im selben Moment, Herr C könnte jetzt meinen, dass diese schrecklichen Töne nicht sein dürfen, denn sogleich bremst er ab, damit ich es aushalte. Doch im Anschluss an das leise Spiel kommentiert Herr C für sich den Unterschied und ich verzichte auf eine Deutung. Letztendlich kristallisieren sich die Chimes symbolisch als zukunftsweisend, während die anderen Instrumente ein Stück seines Lebens in Afrika repräsentieren. All das lässt eine hohe Reflexions- und Introspektionsfähigkeit bei Herrn C vermuten.

Zuletzt spricht er noch mit einer spürbaren Demut über sein Gottvertrauen. Ich bin eigentümlich berührt davon, dass ich in dieser Stunde eine beeindruckte Zuhörende war, die von seiner Ausdrucksweise in den Bann gezogen war. Spätestens jetzt empfinde ich Herrn C als einen ganz besonderen Menschen, der sich tapfer und unermüdlich aufrecht zu erhalten versucht. Herr C begeistert mich, und das scheint er auch zu spüren. Jetzt wird mir bewusst, dass es für Herrn C schwierig werden könnte, allein die guten Gefühle zu reaktivieren – denn das Sehnen, Warten und Hoffen in der Therapie zeigt sich sogar im Traum. Erstmals werde ich traurig, wegen des herannahenden Abschieds.

Musiktherapeutische Überlegung

Die Entwicklung einer musikalischen Geschichte gibt Einblick in die Vorstellungswelten der Betroffenen. Sie eröffnen den Blick für Erlebnisinhalte, Sichtweisen und Lebensperspektiven. Der eigene Anteil wird spürbar, hörbar und erlebbar.

Traumatherapeutische Überlegung

Durch die Idealisierung besteht die Gefahr, dass die schwierigen Aspekte der Beziehung nicht gesehen werden sollen und sie verstärkt ein „illusionäres Gefühl der Sicherheit“ (Reddemann, 2008, S. 27). Umso mehr gilt es, den Patienten zu autonomen Handlungen zu ermutigen.

10. Stunde: Shinedo und die Großmutter C 21

SUC prä 2
SUC post 3

Mth-Technik: Musikalisch szenisches Rollenspiel, Freie Improvisation

Herr C berichtet über ein Gespräch mit seinem Anwalt, das gut verlaufen sei. Seiner Einschätzung nach, seien die Chancen gut, doch im Land bleiben zu können. Herr C wisse zwar nicht den Grund, weshalb sein Anwalt so optimistisch sei, aber man könne sich zunächst mal darüber freuen. Dies habe sich auch auf seine Schlafqualität ausgewirkt. Derzeit gäbe es kaum Alpträume. Die Instrumente wurden vor der heutigen Stunde von der Therapeutin noch mal in der gleichen Gruppierung aufgestellt. Sie fragt Herrn C, ob vom letzten Mal noch etwas offen sei in Bezug auf die einzelnen Instrumentenfelder? Nach einer Weile sagt Herr C, ihm sei danach noch etwas Wichtiges eingefallen, eine ganz frühe Erinnerung. Seine Großmutter hatte in jener Zeit, als sie für ihn die *Agogo-Bells* spielte, einen Kosenamen für ihn. Sie nannte ihn *Shinedo,* das soviel wie *God leads you* bedeutet. Er sei damals ein sehr fröhliches und lebendiges Kind gewesen.

Herr C macht während seiner Erzählung einen sehr ernsten Eindruck und betont, dass die Großmutter wahrscheinlich die wichtigste Bezugsperson für ihn gewesen sei und er ihr für alles dankbar sei. Leider gab es keine Gelegenheit mehr, sich zu Lebzeiten bei ihr zu bedanken, und es tue ihm auch so leid, dass es beim überhasteten Aufbruch zu keinen richtigen Abschied kam.

Herr C hofft inständig, wo immer sie auch jetzt sein mag (die Großmutter starb vor einigen Jahren, Anm.), dass seine Großmutter weiß, immer einen Platz in seinem Herzen zu haben.

Beide schweigen eine Weile.

„Wie wäre es, wenn Sie für Ihre Großmutter jetzt eine Musik spielen würden – es geht um Ihre Dankbarkeit und einen guten Abschied von ihr...“

Herr C wird eingeladen, für sich einen guten Platz zu suchen. Er probiert die Röhrenglocken aus – nach dem ersten Anspielen weiß er, dass diese gut zum kleinen *Shinedo* passen. Er platziert sie nahe den Chimes und stellt die Agogo-Bells aus dem Halbkreis ein wenig in den Vordergrund auf einen Stuhl. Nun sind die Instrumente schräg vis-a vis auf gleicher Höhe platziert. Nachgefragt, ob die Therapeutin mitspielen soll, entscheidet sich Herr C für ein Solospiel. Herr C beginnt leise und schnell auf den Röhrenglocken zu spielen in Blickrichtung zu den Bells. Seine Augen füllen sich mit Tränen. Herr C wirkt dabei ruhig und gelassen, macht eine Pause, spielt weiter, ohne von der Therapeutin in eine Richtung gedrängt zu werden. Als die Röhrenglocken verklingen, fragt die Therapeutin leise, ob sie in diesen sehr besonderen Augenblick

C 22 etwas für ihn tun könne ... Herr C schüttelt langsam den Kopf ... *„was sie wohl über mich denkt, wenn sie mich jetzt sehen könnte....“*
Stille.

„Können Sie sich vorstellen, dass Sie sich ganz kurz in die Rolle der Großmutter versetzen, indem sie die Agogo-Bells spielen?“ Herr C wechselt seinen Platz von den Röhrenglocken schräg vis-a vis zu den Bells. Bevor er zu spielen beginnt, wird Herrn C noch das Angebot eines Duospiels gemacht **(K5.2.)**.

Die Therapeutin nimmt stellvertretend für Herrn C vor den Röhrenglocken Platz. Es entsteht ein arhythmisches lautes Klangspiel mit viel Nachhall. Die scheppernden Agogo-Bells und die lang klingenden Röhrenglocken ergeben ein kontrastreiches *Glocken-Spiel* im wahrsten Sinne des Wortes. Nach dem Spiel gibt Herr C einen Riesen Seufzer der Erleichterung von sich. Er geht zurück zu den Röhrenglocken und es ist eine Weile still. „Es geht ihr gut. Sie ist im Himmel, sie hat ihren Frieden gefunden, und sie ist stolz auf mich...“ ***(K10.2.)***

Danach wird Herr C noch einmal eingeladen, die Instrumente an ihren Platz zu stellen, genau so, wie es sich für ihn richtig anfühlt. Herr C stellt die Agogo-Bells zurück in den Halbkreis und davor die Röhrenglocken. „Das ist der kleine Shinedo vor der Großmutter. Sie hat mich immer beschützt.“ Auf die Instrumente hinzeigend sagt Herr C: „Das ist mein vergangenes Leben und meine Erinnerung daran“ ***(K10.2.)***.

Die Therapeutin und Herr C treten nun aus dem Instrumentenfeld heraus und betrachten noch einige Zeit die Aufstellung. Deutlich ersichtlich ist die klare Darstellung des Zeitgeschehens. An der Fensterwand steht Herrn C's Vergangenheit in Afrika, gegenüberliegend das Klavier für die Gegenwart, von Herrn C als das gute Österreich bzw. Europa definiert und in der Mitte die Chimes, die er als gutes Omen für das Zukünftige nennt. Die Zeit ist um und es wird vereinbart, falls nötig, die Stunde das nächste Mal nach zu besprechen. Nach einer kurzen gemeinsamen Klavierimprovisation im Sinne eines Freispielens verlässt Herr C den Raum.

Reflexion und Interpretation

Dieses Mal konnte der Focus in der Improvisation auf ein frühes positives Lebensereignis gerichtet werden, gepaart mit Trauer und Neuorientierung. In der Gegenübertragung empfinde ich die gesamte Atmosphäre als hoch sensibel, in der eine zu schnelle verbale Intervention diesen Raum sofort unterbrochen hätte. Herr C konnte diesen Raum durch sein Spiel als kleiner Shinedo entwickeln: Gefühle der Dankbarkeit, des guten Abschieds und der Traurigkeit. Im Rollenwechsel weiß Herr C seine Großmutter gut aufgehoben. Sie hat ihren Platz gefunden (im Himmel – ein sicherer Ort), und sie ist stolz auf ihren Enkelsohn.

In der Rolle des kleinen Shinedo fühle ich die besondere warmherzige Beziehung, die er zu seiner Großmutter hatte, und ich fühle in dieser Rolle eine gute Traurigkeit aber auch eine Dankbarkeit in mir, so eine Großmutter gehabt zu haben. Sie hat für gute innere Repräsentanzen gesorgt. Das Thema Abschied von der Großmutter deutet bereits unseren Abschied an. Der Lärm und das kontrastreiche Spiel lassen darauf schließen, dass Herr C nicht mit dem Abschied einverstanden ist, und die gefühlte Zeit kam mir vor wie in Zeitlupe, das auf die Dichte des Geschehens innerhalb dieser Stunde hinweist.

Musiktherapeutische Überlegung

Im szenisch musikalischen Rollenspiel werden im aktiven Spiel die Affekte des Patienten spürbar wie die Traurigkeit und die Identifikation mit der guten Großmutter. In der Außensicht auf das Instrumentenfeld wird wiederum eine angemessene Distanz und Kontrolle zu diesen Lebensereignissen ermöglicht.

11. Stunde: Suchen und Finden C 23

SUC prä 2
SUC post 3

Mth-Technik: Instrumentenaufstellung, Psychoeducation

Noch einmal sind die Instrumente in der gleichen Weise für Herrn C gruppiert. Die „Shinedo-Stunde“ wird noch einmal kurz besprochen. Besonders beeindruckt äußert sich Herr C über seine Instrumentenwahl: Agogo-Bells und Röhrenglocken – die Glocken stünden auch für seine und die der Großmutter religiöse Grundhaltung. Es gab eine kleine Dorfkirche mit einer erbärmlichen Kirchenglocke, die mehr schepperte als klang, und auch das sei in seiner Erinnerung wach geworden: der sonntägliche Kirchgang mit seiner Großmutter. Herr C sagt, dass er die Erfahrungen aus der vergangenen Stunde in sein Tagebuch niedergeschrieben hätte, und da seien auch noch einmal so viele Bilder hochgekommen. Bis dahin wären seine Erinnerungen vom Bürgerkrieg und den traumatisierenden Ereignissen überschattet gewesen. Jetzt könne er sich auch an die guten Ereignisse erinnern. Seine Gedächtnisleistungen würden sich bessern.

Es folgt eine Unterhaltung zum Thema Vergangenes – Gegenwärtiges – Zukünftiges. Dass es wichtig ist, die Vergangenheit gut abzuschließen, um sich gut auf die Gegenwart einlassen zu können. Danach sagt Herr C etwas schüchtern, dass ihm während seiner Tagebuchaufzeichnungen eine völlig verrückte Idee gekommen sei, und was die Therapeutin von dieser halten würde, mit der Bitte, um eine ehrliche Einschätzung. Nach einer weitschweifigen Einleitung zu den Themen Langeweile zu Hause, wenn er alleine sei, seinen Konzentrations- und Gedächtnisstörungen, sagt Herr C, dass er gerne Klavier lernen möchte. Er habe mit seiner Frau schon darüber gesprochen, da gäbe es jemanden, der ein Keyboard, das man wegen der Nachbarn auch leise stellen könnte, zur Verfügung stellen würde ...

Nachdem die Therapeutin Herrn C versichert, dass dies eine sehr gute Idee sei, stellen sich bei Herrn C sogleich Zweifel ein. Klavierunterricht könne er sich keinen leisten und Noten lesen könne er auch nicht ...

Die Therapeutin bietet Herrn C zu seiner realistischen Sichtweise noch eine zweite an: die Bedeutung des Klaviers in Herrn C's Musiktherapie, dass es in seiner persönlichen Auseinandersetzung für das Gegenwärtige in seinem Leben stehe, für das *gute Österreich,* für dessen *ruhigen Geist.* Sie erinnert ihn an seine spontane und sichere Aussage *„das ist es!“* (9. Stunde, Anm.). Auch wenn es in finanzieller Hinsicht schwierig sei, so könnten die letzten vier Musiktherapiestunden in dem Sinne genutzt werden, auch wenn kein Klavierunterricht möglich sei, diese Idee langsam reifen zu lassen. Herr C zeigt sich sehr erfreut und sagt, dass er jetzt etwas Sinnvolles gefunden habe, wonach er solange Ausschau hielt. Was auch immer geschehe, Abschiebung ja oder nein, er wolle nicht mehr im Selbstmitleid versinken, und er wisse jetzt genau, was er nach Beendigung der Therapie zu tun hätte.

Reflexion und Interpretation

Das Klavier ist im musiktherapeutischen Geschehen zentral geworden. Für die guten Erfahrungen innerhalb der Therapie steht das Instrument symbolisch für die Gegenwart und das gute Österreich. Auch scheint er mit Hilfe der Idee, Klavier zu lernen, auf eine gute Art mit dem Thema Abschied beschäftigt zu sein, das mich wiederum deutlich entlastet. Das therapeutische Beziehungsgeschehen scheint sich zu einem pragmatischen Arbeitsbündnis zu entwickeln.

C 24 *12. Stunde: Der Schmerz*
SUC prä 2
SUC post 5

Mth-Technik: Freie Improvisation, Strukturierte Improvisation

Herr C und die Therapeutin sitzen nach dem rituellen *Licht einschalten* wie selbstverständlich am Klavier. Herr C rechts, die Therapeutin links. Herr C ist diesmal besonders elegant gekleidet, als würde er in ein Konzert gehen. Die Stimmung ist feierlich. Er, in Startposition, blickt die Therapeutin fragend an, was nun genau geschehen sollte ...

Um den spürbaren Erfolgsdruck von Herrn C zu nehmen, lädt die Therapeutin dazu ein, in aller Ruhe einmal die Tasten zu fühlen, wie es ist, die gesamte Tastatur einmal zu berühren, die Höhen-Unterschiede zwischen weißen und schwarzen Tasten wahrzunehmen, vielleicht auch mit geschlossenen Augen, falls dies angenehm ist. Natürlich könne er auch gleich zu spielen beginnen, was eben in die Finger kommt, und dass die Grundregel lautet, dass es keine Fehler gibt, egal wie es klingt, und dass – wie immer - jederzeit das Spiel beendet werden kann, falls etwas Unangenehmes auftaucht...

Herr C hält den Atem an und beginnt ehrfürchtig mit der rechten Hand über die Tasten zu wischen, dabei erklingen bereits Töne aus der höchsten Oktave. Wieder blickt er zur Therapeutin, die seine Töne in den unteren Lagen imitiert. Davon ermutigt, erlaubt sich Herr C mit dem Zeigefinger lange sich wiederholende glissandi-Bewegungen über die weißen Tasten **(K5.2.)**. Die Therapeutin begleitet sein Spiel mit langen durch das Pedal nachklingenden Oktaven und Quinten. Herr C entspannt sich sichtlich und wird experimentierfreudiger. Die Töne werden kräftiger und kürzer. Nun beidhändig, hüpfen seine Finger im Staccato auf und ab. Er gönnt sich Pausen, wechselt zu den schwarzen Tasten und die Therapeutin tut es ihm nach, bis eine pentatonische Melodie entsteht. Währenddessen entdeckt Herr C die Pedale. Seine Hände pausieren nun und er widmet sich ganz dem unteren Teil des Klaviers. Dazu spielt die Therapeutin wechselnd, je nach Pedaldruck kürzere und längere sowie klare und gedämpfte Akkorde in Dur und moll. Herr C unterbricht und fragt aufgeregt nach dem letzten Akkord, ob er diesen heute schon lernen könne?

Der d-moll Dreiklang wird von Herrn C nun in einem angetriebenen Tempo hartnäckig, fast stereotyp wiederholt, während die Therapeutin in Moll bzw. in Dorisch improvisiert. Herr C verspannt sich dabei ganzkörperlich, sodass die Therapeutin ihrerseits versucht, durch ein langsames und lockeres Ausklingen durch ein diminuendo und decrescendo zum inneren Loslassen zu motivieren. Doch Herr C ist ganz absorbiert von seinem Dreiklang und beendet seine Akkorde erst, als seine Hand zu schmerzen beginnt. Er schüttelt seine Hand aus mit den Worten *„oh my God“* – es sei typisch für ihn zu übertreiben, wenn er etwas ganz richtig machen wollte **(K10.2.)**.

Danach folgt eine Nachbesprechung über das Spiel. Wie lustig und unbeschwert die schwarzen Tasten klingen, und wie ernst die weißen. Es sei ähnlich wie mit der Hautfarbe. „Schwarzafrikaner sind meistens lustiger als die Weißen, und sie machen sich viel weniger Sorgen…“ und von beiden ein bisschen sei genau richtig **(K10.2.)**. Dann wird das Gespräch zu den Themen Fleiß, Konzentration und Selbstfürsorge fortgesetzt. Erst jetzt fällt Herrn C auf, wie stark sein Handgelenk schmerzt, und in der rechten sei er besonders empfindlich. Nachgefragt signalisiert Herr C, darüber nicht sprechen zu wollen **(K2.1.)**, vielleicht das nächste Mal. Heute sei für ihn ein ganz besonderer Tag, er fühle es, dass ein neuer Lebensabschnitt beginnen würde, und trotz seiner hohen Erwartung und Aufregung, sei er nicht enttäuscht worden, auch nicht von sich. C 25

Reflexion und Interpretation

Herr C beobachtete mich und meine Spielweise sehr genau und gewann zunehmend an Sicherheit in seinen ersten Versuchen am Klavier. Spielebene und Verbalebene grenzten sich klar voneinander ab. Auf beiden Ebenen kommt mir Herr C vor wie ein Schwamm, der alles an Lernbaren aufsaugen möchte. Dabei spüre ich, unter welchem Druck er steht. Sein anrührendes Bild bezüglich der schwarzen und weißen Tasten weist auf seine Problematik als Schwarzer hin, der sich allerdings viele Sorgen macht. Es geht um Zuschreibung aber auch um Ich-Überprüfung.

Vom ersten Spielversuch an war Kontakt spürbar mit Ausnahme der letzten Spielphase mit Herrn C's gewünschtem Mollakkord. Durch seine starre Körperhaltung und den stereotypen und hartnäckigen Klang wirkte Herr C auf mich kontaktlos, jedoch nicht im Sinne eines dissoziativen Zustandes. Erst als der stechende Schmerz zu stark wurde, beendete er sein Spiel und er konnte einen Zusammenhang zwischen Spiel- und Lebenserfahrung herstellen: seine Neigung zu übertreiben, um es nur ja gut und richtig zu machen. Wieder wird mir sein starkes Bemühen um maximale Anpassung und Integrationswilligkeit bewusst.

Musiktherapeutische Überlegung

Durch das Erlernen des Klaviers erhofft sich der Patient, dass er nicht mehr in die schrecklichen Gefühle der Hilflosigkeit und der Depression fällt. Er möchte ein (Zauber)Mittel gegen die Angstanfälle. Er möchte nicht improvisieren/sich ausdrücken, sondern etwas Konkretes lernen. Mit dem Mollakkord können die Themen Traurigkeit und Enttäuschung vermutlich eher ausgedrückt werden, als in Dur.

13. Stunde: Die traurige Ruhe

SUD prä 5
SUD post 3

Mth-Technik: Strukturierte Improvisation, musikalische Achtsamkeitsübung

Herr C eröffnet die heutige Stunde mit den Worten *„ich will hier bleiben, und ich will hier arbeiten, und ich will ein guter Ehemann sein.“* Mittlerweile ist Herr C überzeugt, dass eine Niederlassungsbewilligung in Österreich viel einfacher wäre, wenn er ein anerkanntes und abgeschlossenes Studium vorweisen könnte. Da dies nicht der Fall sei, sei er von seiner Ehefrau abhängig, und dass sei ihm mittlerweile sehr unangenehm. Oft müsse er seine ganze Kraft zusammennehmen, um nicht wieder in seine verzweifelten Zustände zurückzufallen …

C 26 Außerdem würde das versprochene Keyboard erst nächste Woche kommen ... nein, heute sei sein Herz wieder sehr traurig, *„nicht auszudenken, wenn die Fremdenpolizei ...“* Herr C kämpft mit den Tränen.

Ob etwas Außergewöhnliches vorgefallen sei? Herr C schüttelt den Kopf. *„Nein, gar nichts! Es ist alles okay. Ich liebe meine Frau und mein Anwalt sagt, ich habe gute Chancen und ich freue mich auf das Keyboard... wahrscheinlich w e i l alles gerade in Ordnung ist, habe ich noch mehr Angst, das alles aufgeben zu müssen.“*

Herrn C's Beschreibung seines seelischen Zustandes wird von der Therapeutin aufgegriffen – dass es häufig so ist, wenn es zumindest für den Moment okay ist, dass sich da eine Angst einschleicht ... „ja, es ist vor allem die Angst, das ganze noch einmal durchzumachen“ ***(K1.1.)***.

Herr C erzählt über sein schreckliches Unrecht und über die zahlreichen Demütigungen durch bestimmte Personen. Das sei aus heutiger Sicht seine schlimmste *story*. Mit den Schrecken in Afrika habe er mittlerweile abgeschlossen. Ihn erinnernd an die Vereinbarung, das zu erzählen, was man erzählen möchte, meint er, es würde ihm heute besser gehen, wenn er die Geschichte *hier* lassen könnte.

Nach einer Weile streicht sich Herr C über sein rechtes Handgelenk. Dann erzählt er in wenigen Sätzen die gewaltsamen Übergriffe der XY, er erzählt kontrolliert und geordnet über sein zweites, ihn schwer traumatisierendes Lebensereignis. Von da her käme auch der Schmerz im Handgelenk, der vergangene Stunde beim Klavierspiel aufgetaucht war. In beiden Fällen, wenn auch nicht vergleichbar, habe er übertrieben. Gegen die Behörden habe er sich übertrieben gewehrt, sonst wäre ihm der Schmerz wahrscheinlich erspart geblieben, und letzte Woche habe er übertrieben gespielt.

Es folgt ein längeres Gespräch über dieses unbeschreibliche Unrecht und den daraus resultierenden Gefühlen der Ohnmacht und des Vertrauensverlustes in die Menschen und dass Herr C ohne seine Frau nicht mehr am Leben sei... Allmählich kommt Herr C mit dieser Erzählung in der Gegenwart an.

Ob die Hand jetzt im Moment auch schmerzen würde – Herr C verneint und die Therapeutin lädt ihn zu einer musikalischen Achtsamkeitsübung ein. *„Erinnern Sie sich an den Beginn ihres Klavierspiels letzte Woche? Zunächst haben Sie die Tasten nur gefühlt und ganz wenig angespielt. Wie wäre es, wenn Sie diese Übung noch einmal wiederholen würden, wobei Sie dieses Mal noch mehr Aufmerksamkeit auf Ihre Hände legen können, vielleicht so, dass Sie leicht und locker bleiben.“*

Herrn C wird noch das Angebot gemacht, sich seine Hände zu massieren, so dass es sich angenehm anfühlt, bevor er während des Spiels am Klavier ganz auf diese achtet. Dass abwechselnd einmal links und einmal rechts gespielt werden könnte, auch, um die Unterschiede wahrzunehmen und um sich Ruhepausen dazwischen zu gönnen, sodass Finger und Händen genau nachgespürt werden kann.

Herr C setzt sich bereitwillig ans Klavier und bittet um musikalische Begleitung. Diesmal spielt Herr C abwechselnd mit der linken und mit der rechten Hand sehr sanfte Einzeltöne mit viel Pausen dazwischen. Die Therapeutin dämpft mit dem Pedal und antwortet in Arpeggio-Akkorden auf Herrn C's Töne. Es entwickelt sich eine ruhige und einfache Musik in gerader Taktart.

Wenn Herr C sich aus dem Spiel zurückzieht, setzt die Therapeutin die Musik im gleichen Modus fort. Nach einer guten Weile endet die Musik. C 27

In Folge bezieht sich Herr C's Kommentar zunächst auf seine Spielerfahrungen mit den Chimes aus der 9. Stunde. Dieses Instrument würde ihn auch außerhalb der Musiktherapie immer wieder gedanklich beschäftigen, und jetzt, während dieser ruhigen Klaviermusik, sei die Idee aufgetaucht, es zusammen mit dem Klavier zu spielen; noch einmal soll auf dieselbe Art und Weise das Klavier gespielt werden, und er wolle gelegentlich einzelne Stäbe dazu anspielen.

Im zweiten Spiel *versinkt* Herr C regelrecht in der Klavier-Chimes-Improvisation, auch körperlich. Die Chimes rechts neben sich gestellt, beugt und dreht er seinen Körper in deren Richtung, lässt abwechselnd vereinzelte Stäbe mit der rechten Hand und dann wieder vereinzelte Tasten mit der linken Hand erklingen. Auch die Therapeutin lässt ihre Akkorde durch das Pedal länger ausklingen bzw. verklingen, bis sich aus der eingetretenen Stille ein erneuter Klangraum entwickelt.

Nach dem endgültigen Verklingen meint Herr C, dass es eigentlich immer so weitergehen könnte, und dass die „Pause" zwischen den Tönen genauso wohltuend sei, wie die Töne an sich **(K1.2.)**. Angesprochen auf beide Spiele und auf den Unterschied zur vorigen Stunde im Zusammenhang mit Herrn C's schmerzenden Handgelenk, nickt er wissend. Heute wäre das eine spezielle musikalische Erfahrung gewesen. Something like a meditation ***(K4.2.)***. Ein klein wenig kenne er dieses Gefühl, dann, wenn es ihm und seiner Frau gelingt, den Berg von Sorgen einmal liegen zu lassen. Und nein, der Schmerz sei nur dann spürbar, wie bereits erwähnt, wenn er übertreibt und sich selbst unter Druck setzt. Nicht nur das Handgelenk, sondern auch sein Rücken und sein Brustkorb wären dann schmerzhaft. Herr C sagt beim Abschied, dass stattdessen heute in seinem Brustkorb eine entspannte traurige Ruhe steckt und dass diese sich besser anfühle, als der Schmerz **(K3.2.)**.

Reflexion und Interpretation

Die Musik enthält etwas Weiches und Zartes und ist durch noch mehr Innehalten geprägt.
Der Wunsch nach Nähe und Getragenwerden wird deutlich. Die Musik soll nicht aufhören. Im musikalischen Versinken ist er mit positiven Beziehungserfahrungen beschäftigt. Mit der Sicherheit der musiktherapeutischen Begleitung gelingt ein sicheres Ruhen in der Fülle des Klangs.

Musiktherapeutische Überlegung

Die Idee, auf zwei Instrumenten zu spielen, kann als ein künstlerischer Ausdrucks i. S. e. Salutogenese verstanden werden (vgl. Sonntag & Jüchter, 2007, S. 113). Wenn das eine nicht passt, wechselt er zum anderen. Ähnlich der beiden Kulturen und der Zeiträume, in denen er sich bewegen muss.

Traumatherapeutische Überlegungen

Nach Reddemann stellt eine achtsamer Umgang mit dem Körper, die beste Form der Körperarbeit mit und für traumatisierte Patienten dar (Reddemann, 2010, S. 81). Sie betont das hilfreiche Element, die Aufmerksamkeit auf den Körper zu fokussieren, da dies häufig eine rasche Beruhigung bewirken kann und ein sanftes Heranführen an das Belastende auch zu einer Auflösung der Traumafolgen führt.

C 29 ***14. Stunde: Wiederermächtigung***

SUC prä 5
SUC post 7

Mth-Technik: Strukturierte Improvisation

In der vorletzten Stunde wird der bevorstehende Abschied thematisiert, wie dieser gestaltet und von Herrn C genutzt werden kann. Dabei stellt Herr C fest, dass es eigentlich noch lange so weiter gehen könnte, er jedoch auch wisse, dass dies in diesem institutionellen Rahmen nicht möglich sei.

Die Therapeutin erinnert Herrn C an das letzte Spiel, das seiner Aussage nach, auch immer so hätte weitergehen können, und dass er etwas gefunden hat, dass er –bildlich gesprochen – nach Hause mitnehmen würde... Herr C teilt aufgeregt mit, dass mittlerweile das Keyboard zu Hause eingetroffen ist. Es sei ganz klein und würde in der ohnehin kleinen Wohnung nicht viel Platz einräumen. Herr C zeigt der Therapeutin stolz ein Klavierübungsheft für Erwachsene. In seiner Pfarre habe sich eine Dame bereit erklärt, ihm ein bisschen Basisunterricht zu geben.

Während des Gesprächs wird die Wichtigkeit dieses „Projekts“ deutlich: der Plan, Klavier tatsächlich lernen zu wollen konkretisiert sich zunehmend. Abgesehen von der Vorfreude auf das Üben, sei dies ein wichtiger Teil für seine Tagesstruktur zu Hause, und er hoffe inständig, so angstfrei aus dem Haus in den Klavierunterricht gehen zu können, wie bisher in die Musiktherapie.

Heute wolle er sich noch einmal ganz dem *richtigen* Klavier widmen. Es wird vereinbart, dass Herr C mit dem Spiel eigenständig beginnt, und die Therapeutin nach einer Weile in sein Spiel einsteigen wird **(K5.2.)**. Herr C begibt sich auf die Suche nach neuen Klangmöglichkeiten. Mit der linken flachen Hand drückt er eine ganze Reihe Tasten gleichzeitig, sodass ein Cluster entsteht, der rechte Zeigefinger spielt in Halb- und Ganztonschritten auf und ab. Die Therapeutin bietet nach einiger Zeit vereinzelte reine Intervalle an. Beginnend mit der Oktave, danach Quinte und Quarte folgend, mutet die Musik ohne eindeutigen Rhythmus sphärisch an. Herr C entscheidet sich nach weiteren Suchbewegungen für die weiße Tastatur und lässt den Cluster weg. Ohne verbale Abstimmung spielen beide mit jeweils einer Hand. Die Therapeutin bietet vermehrt Bass-Intervalle an und Herr C entwickelt innerhalb eines entstandenen Zweiviertel Taktes ein kleines Ostinato im Tonraum von e' bis h' in der nun hauptsächlich phrygischen Skala. Mit deutlich erkennbaren Phrasen wird die Musik zu etwas beinahe archaisch Kräftigem. Jetzt beginnt Herr C beidhändig die Musik fortzusetzen und spielt rhythmisch ausgelassen und dynamisch seine ureigenen Tempi.

Die Therapeutin gibt ihre halt- und raumgebende Spielweise nach und nach auf, bis Herr C seine Rolle als Solist gänzlich übernommen hat. Die der Therapeutin mittlerweile vertrauten Rhythmen aus Herrn C's früheren Spielen auf Djembe und Xylophon setzt Herr C selbstbewusst mit seinen Zeigefingern auf dem Klavier um. Er beendet seine Soloimprovisation mit drei kräftigen dissonanten Schlussakkorden. „Next life I'll gonna be a Jazzpianist“ kommentiert er sein Spiel lachend. Sonst gäbe es nicht mehr viel zu sagen **(K9.2.)**. Heiter, und mit geschmeidigen Schritten, verlässt Herr C den Raum.

Reflexion und Interpretation C 30

Ausgehend von Herrn C's Feststellung, dass der Therapieprozess noch lange so weiter gehen könnte, entwickelt Herr C im Verlauf der Klavierimprovisation Mut zur Suche nach Eigenständigkeit. Herr C vereint in seinen musikalischen Ausdrucksweisen seine Bereitschaft, sich im europäischen Raum niederzulassen mit seiner musikalisch-afrikanischen Gangart, indem er schlussendlich seine früh eingeprägten Rhythmen auf das Klavier überträgt. Er scheint in seiner Ganzheit als Person „angekommen" zu sein. Ich bin in der Rolle der Zuhörenden wichtiger als in der Rolle der Spielerin (Herr C wünscht sich noch mehr Zuhörer als „Jazzpianist"). Zunehmend autonom im Spiel, fühle ich mich auf gute Art therapeutisch überflüssig, und bedaure es beinahe, dass nach dieser „perfekten Therapie" noch eine letzte Stunde folgt.

Musiktherapeutische Überlegung

Der Patient sucht eine Alternative zur Therapeutin, die ihn verlässt. Seine Idee, Klavier zu lernen, hat zur Erfahrung geführt, dass er über die Fähigkeit verfügt, selbst aktiv zu werden. Er macht sich auch im musiktherapeutisch-musikalischen Geschehen unabhängig: ihm gelingt ein Spiel allein und er kann auf die Begleitung der Therapeutin verzichten. Er weiß, dass die Therapie aufhört und zeigt, dass er damit umgehen kann, indem er sich mit Hilfe der Klavierlehrerin ein neues Gegenüber sichert.

15. Stunde: Die Zukunft ist ungewiss

SUC prä 5
SUC post 6

Mth-Technik: Freie Improvisation

Für die heutige Stunde wird vereinbart, den Abschied in zwei Hälften zu teilen. Die eine ist musikalischer Natur, indem die Möglichkeit besteht, sich spielerisch von jenen Instrumenten zu verabschieden, die von Bedeutung waren bzw. wo es jetzt noch gut sei, sie noch einmal anzuspielen, die andere ist sprachlicher Natur, je nach Impuls für das, was es noch zu sagen gibt.

Herr C beginnt seinen Instrumentenrundgang bei den Agogo-Bells, spielt sie kurz an und setzt bei Djembe und Pauke in derselben Weise fort. Erst bei den Chimes verweilt Herr C längere Zeit, indem er mit dem Messingstab alle Stäbe der Reihe nach von hoch nach tief zum Klingen bringt. Er betrachtet sie sitzend bis sie verklungen sind und kein einziger Stab mehr nachschwingt. Nun sei es genug.

Es fällt beiden schwer, Worte zu finden. Schließlich beginnt die Therapeutin noch einmal die Chimes hervorzuheben, deren besondere Bedeutung innerhalb des Therapieprozesses. Herr C nickt bestätigend, und auch jetzt sei es wieder so typisch gewesen, dieses Unkontrollierbare, noch dazu falle ihm erst jetzt auf, dass ein Stab fehlt und zwei weitere nur noch provisorisch an den Schnüren hängen.

„Seit wann?"

„Eigentlich seit langem. Irgendwann haben sie sich selbständig gemacht."

C 31 Herr C sieht die Therapeutin beharrlich an, auf Erklärung wartend. *„Anfangs wollte ich es reparieren lassen, dann dachte ich, vielleicht passt es so. Einer fehlt, zwei hängen am „seidenen Faden" – der Rest - 90% - sind in Ordnung. Wenn unser Leben zu 90% in Ordnung ist, dann ist das schon sehr viel."*

Herr C reagiert sofort mit den Worten *„mit soviel Ordnung in meinem Leben kann ich hier bleiben."* Nach einem ausgiebigen Gelächter wird Herr C schweigsam und nachdenklich. Gefragt, wie es ihm jetzt gehe, meint er, er sei ganz okay. Schlafstörungen, Angst- und Panikzustände seien deutlich weniger geworden. Es sei ihm einiges zu seiner Person klar geworden, und dass durch die Musik viele gute verschüttete Erinnerungen geweckt wurden, und er habe sich hier *sicher auf Zeit* gefühlt.

Danach folgt noch eine letzte Abmachung. Herr C weiß in Absprache mit seiner Psychiaterin, dass er bei Verschlechterung seiner Symptomatik jederzeit Hilfe in Anspruch nehmen kann. Abgesehen davon wird vereinbart, dass Herr C sich bei der Therapeutin meldet, sobald die behördliche Entscheidung, welche auch immer, gefallen ist. Der Abschied ist herzlich mit gegenseitigen guten Wünschen. Seine Zukunft ist ungewiss, im wahrsten Sinne des Wortes.

Reflexion und Interpretation

Als Herr C entdeckt, dass auf den Chimes zwei Stäbe zu locker hängen und ein Stab sogar gänzlich fehlt, fühle ich mich ob meiner mangelnden Sorge für das Instrument ertappt. Indirekt fragt er mich, wie ich mich um das Instrument kümmere und unbewusst stellt er die Frage, wie ich mich um ihn kümmere. Ist er ein Patient, der am „seidenen Faden" hängt, oder einer, der schon weg ist? Den anschließenden Vergleich, bezogen auf seine Selbständigkeit, entschärft die Situation durch ausgiebiges Gelächter. Sein Gefühl in der Therapie, „sicher auf Zeit" gewesen zu sein, stimmt auch mit meinem Gefühl überein.

Zusammenfassung

C 32

Bereits in der ersten Therapiephase genoss Herr C mit Ausnahme der Trommeln das musiktherapeutische Angebot. Spielfreude und Kreativität konnten in einem hohen Ausmaß entwickelt werden. In Bezug auf Traumafolgestörungen zeigte sich sein Kontrollbedürfnis in zweierlei Hinsicht:

1. Auch wenn es taghell und der Raum lichtdurchflutet war, schaltete Herr C jedes Mal das Licht ein. Die traumatisierenden Ereignisse in Afrika fanden in der Dunkelheit statt und Herrn C gelang die Flucht.
2. Herr C behielt häufig die Tür im Blick. Klopfgeräusche an der Tür wirkten auf Herrn C triggernd. Sie erinnerten ihn an die Situation, als er von der Fremdenpolizei abgeholt wurde und einige Tage in Schubhaft kam.

In der Gegenübertragung erlebte die Therapeutin während der Improvisationen den hohen Stresslevel (Hyperarousal) des Patienten. Sie fühlte sich überfordert, getrieben und gehetzt durch schnell wechselnde Rhythmen im Spiel. Diese damit verbundenen Gefühle lösten sich meist durch Humor - durch gemeinsam befreiendes Lachen, auf.

In der zweiten Therapiephase entwickelten sich zunehmend thematische Improvisationen, wobei es häufig um Herrn C's Identität, seine Rolle als Afrikaner in Österreich ging. In dieser Phase kristallisierte sich seine differenzierte Denkweise in Bezug auf positive und traumatisierende Lebensereignisse heraus. Es gelang Herrn C die Trommeln wieder angstfrei, wie in seiner Kindheit zu erleben. In der Gegenübertragung fühlte sich die Therapeutin im Bann des Patienten, die Stunden wurden manchmal überzogen.

In der dritten Therapiephase entdeckte Herr C das Klavier und es entwickelte sich die Idee, Klavier zu lernen. Es stand für die Sinnsuche seines jetzigen unsicheren Lebens. In der Gegenübertragung wurde das andauernde Gefühl der Ungewissheit erlebt. Die Therapeutin identifizierte sich häufig mit den Gefühlen des Patienten und war in dieser Phase in manchen Stunden und danach traurig und resigniert.

Im Therapieverlauf wurde deutlich, dass die traumatisierenden Ereignisse während des Bürgerkriegs verarbeitet werden konnten. Herr C konnte damals fliehen und hatte Verbündete. Dies zeigte sich sowohl in den musikalisch-szenischen Rollenspielen als auch in seiner geordneten und adäquaten Erzählweise. Als deutlich belastender kamen Herrn C's Erfahrungen mit der Fremdenpolizei zum Vorschein. Herr C hatte tagelang keinen Kontakt zu seiner Frau und befand sich in einem Zustand des völligen Ausgeliefert-Seins („No Fight-No Flight"). Musikalische und verbale Interventionen zur Gegenwartsorientierung wurden als hilfreich erlebt. Am schwierigsten zeigte sich Herr C's Rolle als Asylwerber. Bereits erlebte traumatisierende Ereignisse waren überlagert von der Angst vor einer ungewissen Zukunft. In diesem Zusammenhang ist Herrn C's auffälligstes Symptom, seine hohe Angepasstheit, zu verstehen. Unbewusst erhoffte sich Herr C dadurch, dass seine Not erkannt, und ihm endlich geholfen werden kann. Mit dieser völlig verständlichen Reaktion wollte Herr C auch die Therapeutin schützen. Seiner Anpassung stand seine Differenziertheit gegenüber. Der musiktherapeutische Rahmen ermöglichte ihm, diese zum Ausdruck zu bringen.

D 1 Patient D

Herr D ist sechsunddreißig Jahre alt und wird mit der Diagnose emotional instabile Persönlichkeitsstörung vom Borderline Typ (F60.31) nach einer ambulanten psychiatrischen Behandlung erstmals zur weiteren Stabilisierung der Einzelmusiktherapie zugewiesen. Aufgrund der Schwere des Krankheitsbildes in Zusammenhang mit traumatisierenden Lebensereignissen wird zunächst eine Therapiedauer von einem Jahr einmal wöchentlich zu je 50 Minuten vereinbart.

Sozialanamnese

Herr D ist in einem österreichischen Dorf geboren worden, und verbringt die ersten beiden Lebensjahre bei seiner Mutter. Kontakt zum Vater gibt es keinen. Als seine Mutter plötzlich verstirbt, ist Herr D ca. zwei Jahre alt. Herr D verbringt die folgenden Jahre bei verschiedenen Pflegefamilien und in verschiedenen Kinderheimen. All die Jahre sind durch unangemessenen Umgang und ständigen Wechsel der Bezugpersonen von schwerer Vernachlässigung geprägt. Erst als der Vater eine neue Frau hat, nimmt er Herrn D zu sich. Herr D hat nun auch zwei Stiefbrüder. Die damalige Beziehung zu ihnen beschreibt er als problematisch. Herr D besucht die Volks- und Hauptschule. Zwischen seinem sechsten und vierzehnten Lebensjahr wird Herr D von seiner Stiefmutter häufig geschlagen und eingesperrt. In diesen acht Jahren wird Herr D regelmäßig Opfer sexualisierter Gewalt durch männliche Bezugspersonen (Onkeln und Nachbarn). Mit vierzehn Jahren verlässt er fluchtartig das Elternhaus und schließt sich einer Jugendbande an. Aufgrund von Diebstählen und Drogengebrauch folgen Gefängnis- und Psychiatrieaufenthalte. Letztere werden von Herrn D vorzeitig abgebrochen. Ein Bewährungshelfer versucht Herrn D in einer betreuten Wohngemeinschaft unterzubringen. Der Versuch scheitert. Seither gilt Herr D als arbeitsunfähig und nicht vermittelbar. Er bezieht eine Berufsunfähigkeitspension und lebt in einer Sozialwohnung.
In früheren Krankengeschichten werden ausgeprägte Neigungen zu paranoider Erlebnisverarbeitung, omnipotente Kontrolle, massive Verleugnungstendenzen von nicht tolerierbaren Selbstrepräsentanzen, narzisstische Störung und Frustrationsintoleranz beschrieben. Herr D ist emotional und sozial isoliert, hat Angst vor Menschen und lebt seit Jahren extrem zurückgezogen in seiner Wohnung. Er vermeidet so gut wie möglich öffentliche Verkehrsmittel. Spärlichen Kontakt gibt es zur Großmutter väterlicherseits bis zu deren Tod und regelmäßigen Kontakt zum behandelnden Psychiater und zur Sozialarbeiterin.

Erste ambulante Musiktherapie

Zusammenfassung des ersten Therapieverlaufs (47 Sitzungen)

Im ersten Therapieverlauf zeigt Herr D vermeidendes, misstrauisches, ängstliches und später narzisstisches Verhalten. Herr D wirkt deutlich jünger, als er tatsächlich ist, seine Körperhaltung ist starr und verkrampft. Er ist betont jugendlich gekleidet *(Teeniemode),* und hört so gut wie ständig Musik. Außerhalb der Therapie ist Herr D meist mit Ohrstöpsel unterwegs.

Die ersten Sitzungen gestalten sich musikalisch sehr eintönig. Herr D hält ein Zusammenspiel mit der Therapeutin nicht aus. Er spielt hauptsächlich stereotyp am Xylophon und möchte von der Therapeutin keinesfalls unterbrochen bzw. gestört werden. „Ich will alleine spielen und gehört werden“ – war die zentrale Botschaft, die eigentlich „ich kann nur alleine spielen“ bedeutet. Herr D weckt in der Therapeutin starke mütterliche Gefühle (Schutz und Fürsorge). Dementsprechend ist die therapeutische Beziehung durch regressives Verhalten geprägt.

In der zweiten Therapiephase lehnt Herr D Angebote für ein gemeinsames Spiel weiterhin kategorisch ab, jedoch stellt er gelegentlich Fragen zu anderen Instrumenten, probiert diese durch ein kurzes Anspielen aus. Herr D befürchtet, jemand könnte an der Tür lauschen und alles mithören. Misstrauisch vergewissert er sich, indem er das Explorieren eines Instruments abrupt unterbricht und nachsieht. Wenn Herr D etwas fragt, dann nur im Rahmen musikalischer Selbstbegleitung bzw. Hintergrundmusik (mitgebrachte CD's, vorwiegend Bob Dylan, Jonny Cash und Interpreten des Austropop). Stille und Sprechpausen sind unerträglich. Herrn D's Mitteilungen sind ausschließlich musikalischer Natur. Er identifiziert sich mit den jeweiligen Interpreten und träumt von einer Karriere als Musiker. Auch zieht er einen Gitarrenkauf in Erwägung, obwohl er diese in den Stunden nicht benützt. Durch Herrn D's enormes Kontrollbedürfnis fühlt sich die Therapeutin funktionalisiert. D 2

In dieser Phase ist das von Strehlow formulierte Interaktionsmuster „Musik als magische Hoffnung“ bei Herrn D zutreffend: Gefühle von Enttäuschung und Hilflosigkeit sollen durch die Musik abgewehrt werden. Die Musik soll als Projektionsfläche auf der magischen Ebene wirksam werden, um dem eigenen Ideal näher zu kommen, sich kompetent zu fühlen und mit der Fähigkeit ausgestattet zu sein, Einfluss auf andere Menschen ausüben zu können (Strehlow, 2010, S. 269).

In seinen späteren und zunehmend verstärkt „narzisstischen Phasen“ fühlt sich die Therapeutin während seiner Spiele häufig überflüssig. Herr D erwartet von ihr zwar immerwährende Verfügbarkeit für seine musikalischen Inszenierungen, doch wird sie währenddessen häufig ausgeblendet. Er *dröhnt* sich und die Therapeutin mit seiner dissonanten Klaviermusik mit durchgedrücktem Pedal und stereotypen Clustern zu. Herr D scheint sich zeitweise in die Musik *einzuspinnen* bzw. *wegzubeamen*, und zeigt sich nach versuchten Interventionen häufig gekränkt, besonders wenn Herr D gebeten wird, die (destruktive) Musik zu beenden.

Allerdings teilt Herr D nach solchen Spielen ansatzweise Biografisches aus unterschiedlichen Lebensphasen mit. Sätze werden kaum fertig gesprochen. Belastende und traumatisierende Themen nur angedeutet und im Nachhinein bedauert Herr D zutiefst, diese, wenn auch nur stichwortartig, erwähnt zu haben (schwere Vernachlässigung, körperliche und sexualisierte Gewalterfahrungen). Für psychoeducative Gespräche ist Herr D kaum zugänglich. In darauf folgenden Stunden wirft Herr D der Therapeutin manipulierendes und provozierendes Verhalten vor.

Die Therapeutin zweifelt insgeheim über den Sinn der Musiktherapie und möchte die Therapie beenden. Sie mag den Patienten, jedoch fühlt sie sich meist unter Stress stehend, überfordert und hilflos, und während der bedrohlichen Musik häufig wie gelähmt. Durch regelmäßige Supervision und Reflexionsarbeit werden Herrn D's Inszenierungen verstehbarer, sein verzweifelter Ausdruck wird in der Musik nachvollziehbarer.

Strehlow's formuliertes Interaktionsmuster „Musik macht alles schlimmer“ betreffen diese Phase. Die Themen Angst, Ablehnung, Bedrohung und Scheitern werden auf die Musik projiziert, sodass die Musik wiederum der Auslöser für bedrohliche Gefühle wird. Die Therapeutin ist durch die abgelehnten Interventionen mit ihrem eigenen Scheitern beschäftigt. Jedoch ist für die Patienten das Erleben des Scheiterns der Therapeutin wichtig: so machen sie die Erfahrung, dass die Therapeutin die Angriffe überlebt, und es kann Vertrauen wachsen, weil schreckliche und überwältigende Gefühle ausgehalten werden (Strehlow, 2010, S. 269).

D 3 Allmählich wird Herr D gesprächiger. Er erzählt von seiner Einsamkeit, und dass er niemandem traue. Während seiner Erzählung benützt er häufig das Xylophon als Regulativ (leise und schnelle Glissandibewegungen). Manchmal lässt er parallel in kurzen Momenten musikalische und verbale Kontakte zu. Es entwickeln sich Mini-Duo-Spiele an zwei Xylophonen, während derer kurze verbale Dialoge möglich werden:

„Ich habe Tag und Nacht den Fernseher laufen, damit ich nicht so alleine bin"
„Was sehen Sie gerne – gibt es Lieblingssendungen?"
„Musikvideos ... es gibt schon Spitzenmusiker... solche Leute würde ich gerne zu mir einladen..."
„Das wäre schön ..."

In darauf folgenden Gesprächspausen nimmt Herr D wieder mit Glissandibewegungen Zuflucht zum Instrument.

In dieser Zeit wird die Therapeutin, die Sinnhaftigkeit der Therapie betreffend, zuversichtlicher. Doch nun beschließt Herr D das Ende der Therapie. Er ziehe eine Reise in Erwägung, die möglicherweise lange dauern würde. Herr D fragt, ob er nach seiner Rückkehr wieder in die Musiktherapie kommen könnte. Herrn D wird das übliche Procedere (Zuweisung durch den behandelnden Arzt, etc.) erklärt, danach folgt die Verabschiedung.

Zweite ambulante Musiktherapie (12 Sitzungen)

Drei Monate später wird Herr D erneut ärztlich für eine ambulante Therapie für sechs Wochen zugewiesen. Es werden 12 Einzelmusiktherapiestunden zweimal wöchentlich zu je 50 Minuten vereinbart. Herr D erklärt sich im Rahmen dieser mit einer Biofeedbackuntersuchung einverstanden.

1. *Stunde: „Würden Sie bitte nicht mitspielen?"*

Mth-Technik: Freie Improvisation, Strukturierte Improvisation

Nach der knappen Begrüßung mit schwachem Händedruck und den Blickkontakt vermeidend **(K2.1.)**, setzt Herr D sich sogleich ans Xylophon, seine der Therapeutin bekannte Spielweise (Glissandibewegungen) wieder aufnehmend. Herr D beantwortet die Fragen der Therapeutin nur knapp und scheint von diesen genervt zu sein. Ja, es gehe ihm so wie immer, er sei viel unterwegs gewesen, er wolle nicht darüber reden ... **(K2.1.)**.

Ruckartig steht Herr D auf und setzt sich ans Klavier. Das Spiel beginnt mit stereotypen Clusterklängen. Die Therapeutin fragt, ob er in seinem Spiel begleitet werden möchte. Herr D zuckt mit den Schultern, ohne die Therapeutin anzublicken. Herr D setzt sein Spiel unverändert fort **(K5.1.)**. Bevor die Therapeutin auf der Handtrommel mit einer Begleitung beginnen möchte, unterbricht Herr D sein Spiel und sagt, indem er unverwandt auf die Klaviertastatur blickt:

„Würden Sie bitte nicht mitspielen?" *(K5.1.)*
Die Therapeutin legt die Handtrommel beiseite, bleibt jedoch in der Nähe des Klaviers. Als Herr D sein Spiel wieder aufnehmen möchte, steigt er versehentlich auf das mittlere Pedal (zum Abdämpfen der Klänge, Anm.). Verwundert über den neuartigen, deutlich leiseren Klang,

blickt er kurz zur Therapeutin. Diese erklärt ihm die Funktion der drei Pedale. Jenes, das er jetzt gedrückt hatte, könne man *einhängen,* dann würde das Klavier durchgehend leise sein ... D 4

Plötzlich rückt Herr D seinen Klavierhocker nach rechts, um der Therapeutin Platz zu geben. Sie setzt sich mit ihrem Stuhl neben ihn. Herr D schweigt. Ob er Lust habe, eine Weile mit unterschiedlichen Lautstärken sowie kurzen oder lang klingenden Tönen zu experimentieren?

Herr D schweigt wieder. Plötzlich fragt er:
„Würden Sie mir das zeigen?"

Die Therapeutin spielt vereinzelte Töne und betätigt jeweils ein Pedal, um die Klangunterschiede in ihrer Qualität deutlich zu machen. In den Pausen verbalisiert sie das Gehörte *(lang, kurz, laut, leise, hoch, tief, weich, hart, dumpf, strahlend etc.)*

Kurze Stille.
„Würden Sie mir irgendetwas vorspielen?"
Die Therapeutin nickt und lädt Herrn D zum Wünsche äußern ein. Welche Art von Spiel, hinweisend auf die unterschiedlichen Klangmerkmale, jetzt gut wäre.

„Keine Ahnung, woher soll ich das wissen?"
„Manchmal weiß man es, sobald man etwas hört, ob dies gut tut, oder auch nicht ..."

Die Therapeutin bittet Herrn D, sobald im folgenden Spiel die Klänge nicht passen würden, sie zu unterbrechen. Ein ausgesprochenes *stopp* oder ein Handzeichen würde ausreichen, und sie würde das Spiel sofort beenden.

Herr D nickt ein wenig. Die Therapeutin beginnt leise - das Pedal zum Dämpfen ist fixiert - einige zerlegte Akkorde in D-Dur-Kadenzen zu spielen. Im weiteren Verlauf bewegt sie das Pedal wieder aus der Verankerung, sodass die Akkorde in satter Lautstärke erklingen. Mit der rechten Hand erlaubt sich Herr D ein zaghaftes Dazuspielen, indem er eine Oktave höher einige Töne aus der unteren Klaviaturreihe nachzuspielen versucht **(K5.2.)**. Nun lässt die Therapeutin ihre rechte Hand weg und spielt mit der linken reine Intervalle, sodass Herr D's Töne ihren Platz im Klangraum finden können. Herr D versucht jetzt die Intervalle der Therapeutin nachzuspielen. Sie lässt ihm Zeit für das Finden der jeweiligen Tasten. Die Therapeutin verwendet nun zusätzlich das Pedal für den Nachhall. Herr D erschrickt kurz, steigt aber bald in das Spiel wieder ein **(K5.2.)**.

Herr D scheint durch die Musik völlig in Bann gezogen zu sein. Konzentriert und ernsthaft beobachtet er die Hände der Therapeutin, um sogleich deren Spielweise zu übernehmen **(K5.2.)**.

Nach dem lang anhaltenden Spiel entfernt sich die Therapeutin ein kleines Stück, sodass Herr D das Klavier wieder ganz für sich hat.

Herr D setzt nun alleine, bis zum Ende der Stunde eine ähnliche Spielweise fort.

D 5 *Reflexion und Interpretation*

In der ersten Stunde nach der dreimonatigen Therapiepause zeigt sich zunächst sein altes Spielverhalten mit gewohnt misstrauischer und abwehrender Gestik. Doch durch den Zufall am Pedal beginnt heute etwas Neues: Herr D lässt erstmals ein lang andauerndes gemeinsames Spiel zu, das durch intensives Nachahmen geprägt ist. In der Szene eröffnet sich für mich eine einzigartige Möglichkeit, Herrn D ein Spiel anzubieten, dass nicht von vorneherein von ihm abgelehnt werden muss. Durch das Demonstrieren und Erklären von basalen musikalischen Eigenschaften, kann ein Bezug auf musikalischer Ebene hergestellt werden.
War seine übliche Spielweise im ersten Therapieverlauf durch Isolation und Rückzug gekennzeichnet, so ist nun das genaue Gegenteil der Fall. Herr D ist angestrengt bemüht, alles nachzumachen.
In der Gegenübertragung fühle ich mich dennoch eingeengt und ideenlos. Ich fürchte auch, durch eine Veränderung meines Spiels, einen Kontaktabbruch zu riskieren.

Musiktherapeutische Überlegungen

Strehlow beschreibt das Interaktionsmuster „Musik zum Nicht-Alleinsein" als jenes, in der Therapeutin und Patientin stark aufeinander bezogen, und sich wenig Raum für eigene Spielideen geben. Aggressive Impulse, die das Thema Trennung berühren, sind zu bedrohlich und werden vermieden (Strehlow, 2010, S. 270). So ist das Spiel, wie im o.g. Beispiel, durch wenig Veränderung und endlos anmutend, gekennzeichnet. Herr D setzt das gemeinsam begonnene Spiel bis zum Ende der Stunde im Alleingang fort.

2. ***Stunde: Das Pedal***

Mth-Technik: Freie Improvisation, Strukturierte Improvisation

Die heutige Stunde verläuft ähnlich der vorigen. Herr D ist anfangs wieder zurückhaltend bis abwehrend. Spielt kurz das Xylophon an und setzt sich bald ans Klavier. Wieder ertönt Clustermusik mit durchgedrücktem Pedal im fortissimo... **(K5.1.)**.

Nach einigen Minuten endet das Spiel. Herr D blickt die Therapeutin kurz an, rückt zur Seite, ihr Platz machend und gespannt wartend. Wie es nach seinem Solospiel weitergehen könnte? Herr D spielt einige Intervalle ähnlich der letzten Stunde und nickt dabei vor sich hin.

Vorsichtig steigt die Therapeutin in das Intervall-Spiel ein. Herr D betätigt das Pedal und versucht einen Nachhall zu erzeugen, der jedoch nicht gelingt. Die Klänge werden durch Herrn D's Fußbewegung am Pedal *abgewürgt* ...

Mit einer Mischung aus Frustration und Ärger blickt er die Therapeutin an. Sie demonstriert ihm das Wechselspiel zwischen den Fingern auf den Tasten und dem Fuß am Pedal. Herr D versucht es wieder und diesmal funktioniert es.

„Ah ... Sie lernen schnell ..."
Herr D errötet über das Lob und lächelt verstohlen.
„Wie der Hund, mit dem ich spazieren gehe."
Nun erkundigt sich die Therapeutin durch Nachfragen. Dabei stellt sich heraus, dass Herr D den Hund seines gehbehinderten Nachbarn ausführt. Das würde ihnen beiden gut tun ...

Jetzt möchte Herr D die gleiche Musik wie beim letzten Mal spielen. Genau so und nicht anders **(K5.2.)**.

Als die Therapeutin ihr Spiel mit Herrn D beendet, setzt dieser seines wieder bis zum Ende der Stunde solistisch fort (**K5.1.**). D 6

Reflexion und Interpretation

Herr D zeigt sich nach seinem gewohnten Eingangsspiel sehr bemüht. Er möchte sein Bestes zeigen und erwartet sich Lob und Anerkennung. Er freut sich über seinen Erfolg am Pedal und gewinnt durch das wiederholte Spiel aus der vorigen Stunde mehr Sicherheit. Er fasst ein kleines Stück Vertrauen, indem er der Therapeutin etwas aus seinem Alltagsleben mitteilt. Im Vergleich zur ersten Stunde erlebe ich diese Spielform weniger einengend. Ich akzeptiere seinen neu gewonnenen Ausdruck und befürchte keinen Kontaktabbruch.

3. Stunde: „Dauert nimmer long"

Mth-Technik: Mitgebrachte Musik + aktives Dazuspielen

Herr D legt nach der Begrüßung sogleich eine CD eines österreichischen Rap-Sängerduos *(Attwenger)* ein. Danach begleitet er die mitgebrachte Musik (*„Dauert nimmer long"* – „es dauert nicht mehr lange" – Anm.) phasenweise am Xylophon durch rasche Spielbewegungen mit zwei Schlägeln mit. Die Therapeutin ahmt den Rhythmus auf einer Handtrommel leise nach. Während der eigenwilligen und witzigen Musik lächeln beide.

Bezogen auf den Musiktitel fragt die Therapeutin, *was genau nicht mehr lange dauern würde.* Herr D lächelt noch immer. Etwas nervös trommelt er mit den Filzschlägeln auf seine Oberschenkel.

„Vielleicht wird in meinem Leben doch noch alles gut" *(K10.2.)*-
Dann zeigt er nicht ohne Stolz der Therapeutin seine Fingernägel.
„Fällt Ihnen etwas auf?"
„Ja, ihre Nägel wachsen auf einmal wieder..."

Herr D erzählt über den plötzlichen Tod seines Vaters vor einigen Wochen. Seither würde er nicht mehr an seinen Nägeln kauen (Herr D hatte im ersten Therapieverlauf abgebissene Nägel bis zum Falz, Anm.).

„An meiner Mutter hat er (sein Vater, Anm.) *nie ein gutes Haar gelassen. Irgendwann habe ich als Kind selber geglaubt, dass sie eine Schlampe war."*

Herr D presst seine Lippen zusammen, bevor er über seine traurige Kindheit und Jugendzeit spricht. Herr D erzählt nun folgendes im Zeitraffer, ohne Abbrüche. Er könne sich nicht wirklich an seine Mutter erinnern. Sie habe ihn bald weggeben. Zunächst in ein Kinderheim, danach sei er bei verschiedenen Pflegefamilien gelandet, die es auch nicht lange mit ihm aushielten. Im Schulalter holte ihn sein Vater, mittlerweile mit einer anderen Frau verheiratet, zu sich. Bei der Stiefmutter und deren beiden Söhnen fühlte er sich weiterhin unglücklich... Immerhin habe er die Pflichtschule abgeschlossen, doch eine begonnene Lehre bald wieder abgebrochen. Als Jugendlicher sei er kriminell geworden. Mehrere Diebstähle und der Gebrauch von Drogen führten schließlich zu einer mehrmonatigen Haft in der Jugendstrafanstalt. Ein Bewährungshelfer habe nach seiner Haft versucht, ihn in eine betreute Wohngemeinschaft für ehemalige jugendliche Straftäter unterzubringen. Der Versuch sei gescheitert,

D 7 weil es Herrn D mittlerweile unmöglich geworden war, mit Menschen so eng zusammen zu leben **(K1.1.)**.

Seit über zwanzig Jahren lebe Herr D nun allein. Zahlreiche Langzeittherapieversuche wurden abgebrochen. Er sei ständig enttäuscht worden. Erneute Kontaktversuche mit seinem Vater und seiner Stiefmutter hätten immer wieder durch Streit geendet. So würde er auf sein Erbe verzichten, er habe keine Lust, sich mit seiner *depperten* Stiefmutter und deren ebenfalls *depperten* Söhnen anzulegen. Manchmal wünsche er sich, die Menschheit gehöre ausgerottet ... Dann wiederum wünscht Herr D nichts sehnlicher, als gute Freunde zu haben und eines Tages in einer Beziehung zu leben ...

Wieder trommelt Herr D mit den Schlägeln leise wechselnd zwischen Oberschenkel und Xylophon.

Die Therapeutin hebt nun seine Resilienz hervor, indem sie ihn fragt, wie er bisher mit all den schwierigen Lebenssituationen zu recht gekommen sei. Herr D nennt (wie im ersten Therapieverlauf) einen Grund, den *Fernseher.* Das TV-Gerät laufe Tag und Nacht, und er sei ein klassischer *Bildungsfernseher.* Sein ganzes Wissen habe er durch Dokumentationen und Reportagen, daher wisse er, wie es um diese sch... Welt bestellt sei. Und es nicht mehr lange dauern würde ...

Die Therapeutin weist ihn auf seine mitgebrachte Musik und seinen ersten diesbezüglichen Kommentar hin, *alles in seinem Leben würde vielleicht doch noch gut werden.*

Herr D schweigt und blickt auf seine Fingernägel.
„Und Ihre Nägel wachsen!"
Herr D nickt und sagt, es würde nun ein neuer Lebensabschnitt beginnen. Er sei nun frei und müsse sich nie wieder über seinen Vater und der ganzen *Bagage* ärgern.

Danach steht Herr D verärgert auf und sagt, er hätte das jetzt alles nicht erzählen sollen **(K5.1.)**. Die Therapeutin versucht Herrn D zu entlasten. Sie weist ihn zunächst auf ihre Schweigepflicht hin, danach auf seine Auseinandersetzungs- und Mitteilungsbereitschaft, erstmals hier in der Musiktherapie. Möglicherweise stehe diese neue Bereitschaft in Zusammenhang mit seinem Heilungsprozess (Fingernägel, Anm.).

Herr D verabschiedet sich stumm und verlässt den Raum. Als die Therapeutin seine vergessene CD (*„Dauert nimmer long"*) bemerkt, bringt sie diese ihm nach. Herr D sitzt intensiv rauchend im Wartebereich vor den Therapieräumen. Erschrocken blickt er die Therapeutin an. Als diese ihm die CD reicht, kommt ein stotterndes *„Da... Dankeschön."*

Reflexion und Interpretation

Durch die mitgebrachte Musik, als Wegbereiter für den weiteren Stundenverlauf, werden zwei neue Aspekte in der 3. Stunde klar erkennbar. Seine heilenden Fingernägel, die Herr D in Verbindung mit seinem verstorbenen Vater bringt, und seine geordnete Erzählweise. Ich grüble nach, weshalb mir ersteres nicht in den ersten beiden Stunden aufgefallen war. Unbewusst habe ich seine, an allen zehn Fingernägel, abgenagten und entzündeten Stellen, die mir gut aus dem ersten Therapieverlauf in Erinnerung geblieben sind, verdrängt ... es ist mir unangenehm, dass Herr D mich extra darauf hinweisen muss.
Erstmals erzählt er in der 3. Stunde (de facto 50. Stunde) ausführlich von sich. Herr D befindet sich in gleich zwei Ambivalenzen:

- *Er wünscht sich einerseits die „Ausrottung der Menschheit" – das auf extreme Frustrationserfahrungen hindeutet – andererseits sehnt er sich nach Freunden und einer Liebesbeziehung.*
- *Herr D vermied früher in der Therapie so gut wie möglich eine Auseinandersetzung mit seinen traumatisierenden Geschehnissen, doch führt ihn ein stärker werdender innerer Druck dazu, doch zu erzählen, das im Nachhinein sofort bedauert wird.*

Traumatherapeutische Überlegungen D 8

In manchen Fällen fühlen sich traumatisierte Menschen dazu getrieben, ständig über ihre Belastungen zu reden, ohne Erleichterung zu finden. Herr D gehört zu jenen Patienten, die es lange Zeit vermieden haben, über traumatische Erinnerungen zu sprechen und Teile ihres emotionalen Lebens ausgeblendet haben. Sack beschreibt die häufig auftauchende Ambivalenz zwischen Auseinandersetzung und Verdrängung in der Therapie als für den Therapeuten „ansteckend." Sie schafft Unsicherheit, inwieweit es für den Patienten zuträglich ist, traumatische Erinnerungen zu explorieren (Sack, 2010, S. 8).

4. Stunde: „Vota du, da Stodl brennt"

Mth-Technik: Freie Improvisation, Mitgebrachte Musik + aktives Dazuspielen

Zu Therapiebeginn steht Herr D mit einer Zigarette vor den Therapieräumen. Er wolle noch fertig rauchen – hastig und intensiv saugt Herr D an der selbst gedrehten Zigarette **(K1.1.)**. Die Therapeutin wartet im Musiktherapieraum, die Tür offen stehend, auf Herrn D.

Schnell geht Herr D zum Klavier und lässt es dröhnen wie nie zuvor. Mit weit ausgebreiteten Armen und flachen Händen drückt er gleichzeitig die höchsten und tiefsten weißen Tasten ab, sich stückweise der Klaviermitte nähernd – und mit ständig durchgedrücktem Pedal ... Aus der Klaviermitte heraus bewegen sich seine Hände erneut auseinander in Richtung der höheren und tieferen Tastenreihen. Herr D wiederholt diesen Spielmodus mehrere Male, bis er zu einem Zeigefinger-Spiel überleitet. Er versucht nun mit ausgestreckten Armen den jeweils höchsten und tiefsten Ton gleichzeitig anzuspielen und bewegt sich dann Taste für Taste wieder zur Klaviermitte. Auch dieses Spiel wird einige Male wiederholt **(K5.1.)**.

Im Anschluss kommentiert dies die Therapeutin als Erkundungsreise, jede weiße Taste habe er nun *kontaktiert* ... Herr D fragt, ob er der Erste sei, der je auf solche Art und Weise am Klavier gespielt habe – die Therapeutin bejaht.

Danach legt Herr D seine mitgebrachte Musik in den CD-Player und spielt das Lied eines heimischen Kabarettisten *(Alf Poier)* der Therapeutin vor:

Hoch am Berg, do brennt a Liacht,
so frei und a so hell.
Da Vota nimmt den klanen Buam,
doch er kummt net von da Stöll.

Hoch am Berg, do brennt a Liacht,
da Weg dorthin is weit.
Ois im Leben braucht sein Tog,
und a die rechte Zeit.

Vota du, da Stodl brennt,
es is neahmd do zan leschn,
Zint ma hoit a Kerzerl aun,
und schau ma zua wias brennt.

Hoch am Berg, do brennt a Liacht,
verbrennt die gonzn Sochn.
Dem klanen Buam wird furchtbar koit,
er fongt schon aun zum Lochn.

D 9 *Da Vota nimmt den klanen Buam,*
Und geht mit eahm zum Boch.
Er bindet eahm die Äugerl zua,
und schaut eahm traurig noch.

Vota du, da Stodl brennt,
es is neahmd do zan leschn,
Zint ma hoit a Kerzerl aun,
und schau ma zua wias brennt.

Als das Lied zu Ende ist, drückt Herr D die Repeattaste. Danach setzt Herr D sich wieder zum Klavier, und beginnt das Stück minimalistisch zu begleiten. Er findet nach einigen Suchbewegungen die dazupassenden Töne (a' und e'). Mit beiden Zeigefingern spielt Herr D abwechselnd in einer links-rechts-Bewegung die beiden Töne während des gesamten Stücks.

Danach blickt Herr D zur Therapeutin und sagt:
„Als ich das Stück zum ersten Mal gehört habe wusste ich, dass es mit mir zu tun hat ... – so, und jetzt wissen Sie das auch!“ ***(K10.2.)***

Bevor Herr D den Raum verlässt, fragt er, ob er seine CD bis zum nächsten Mal hier lassen könnte **(K9.2.)**.

Reflexion und Interpretation

Weitere Ambivalenzen setzen sich in dieser Stunde fort. Sichtlich angespannt, nervös rauchend vor Therapiebeginn, möchte er mir über die Musik etwas Heikles mitteilen.
Doch zuvor versucht Herr D sich über die Musik zu regulieren:
In der ersten Spielinszenierung herrscht ein Kampf zwischen Allmachts- und Ohnmachtsgefühlen. Herr D demonstriert grandios seine Musik, gleichzeitig projiziert er seine Ängste in diese, bevor er mit einem Ordnungsspiel beginnen kann.
Sein Zeigefinger-Spiel, das er später im rezeptiven Teil entsprechend wiederholt, erinnert mich an die Durcharbeitungstechnik (bilaterale Stimulation) während Traumakonfrontationsphasen. Ein „eigenhändiger“ Prozess i. S. v. Selbstverarbeitung findet ansatzweise statt.
Sich bei der Therapeutin rückversichernd, ob er der Einzige mit dieser Spielweise sei, bringt Herr D seine emotionale Bedürftigkeit (narzisstische Persönlichkeit) zum Ausdruck.
Erst dann wagt sich Herr D an die bedeutungsvolle Musik. Seine unausgesprochenen Themen finden symbolischen Ausdruck. Herr D ist mit dem kleinen hilflosen Buben identifiziert, dessen Vater ihn total im Stich lässt. Er fühlt sich durch die Musik verstanden und möchte möglicherweise seine Mitteilungen, durch das bewusste Hierlassen seiner CD, fortsetzen.

In der Gegenübertragung erlebe ich im ersten Spielteil wieder das typische Gefühl von Hilflosigkeit. Ich kann unmöglich mitspielen, aber auch nicht unterbrechen. Im Übergang zum Zeigefinger-Spiel spüre ich Herrn D’s Wunsch nach gesehen- und gehört werden wollen – hier setze ich mich näher zum Klavier.
Während Herrn D’s mitgebrachte Musik läuft, überkommt mich große Traurigkeit. Die Hilfeschreie des kleinen Buben bleiben unerhört, obwohl es brennt ...
Zuletzt bin ich über die Art seiner Auseinandersetzungs- und Mitteilungsversuche sehr berührt.

Musiktherapeutische Überlegungen D 9

Im Hinblick auf narzisstische Persönlichkeitsstörungen drängen in der freien Improvisation Allmachts- und Ohnmachtsgefühle gleichermaßen nach Ausdruck: das Demonstrieren grandioser Musik und das Projizieren negativer Affekte in die Musik (4. Stunde).
Decker-Voigt beschreibt u. a. das Phänomen narzisstischen Erlebens, indem Omnipotenz (Allmacht) und Depression (Ohnmacht) gleichzeitig wirksam sind: „Diese Synchronizität bedeutet, dass in einer Situation, in der der Patient seine Grandiosität auslebt, zeitgleich dahinter die depressive Kraft wirkt und umgekehrt: hinter jedem depressiven Erleben der Druck der Grandiosität“ (Decker-Voigt, 2008, S. 156).

D 10 ***5. Stunde: Neue Liebe***

Mth-Technik: Strukturierte Improvisation

Herr D setzt sich diesmal vis-a-vis der Therapeutin und blickt sie erwartungsvoll an. Sie fragt ihn nach seiner Befindlichkeit. *„So wie immer“* – antwortet Herr D knapp. Danach spricht sie die musikalische Ebene der vorhergehenden Stunde an. Wie rasch er die passenden Töne am Klavier zu seiner mitgebrachten Musik gefunden habe, und wie bedeutungsvoll und erschütternd der Inhalt des Liedes sei.

„Immer hab ich gehofft, dass er (sein Vater, Anm.) mich eines Tages retten würde. Er hat auch manchmal so getan, als würde er das tun. Wenn ich von ihr (seine Stiefmutter, Anm.) im Keller eingesperrt war, hat er mich manchmal rausgeholt, doch manchmal auch nicht, obwohl er wusste, dass ich da drinnen war ... Als ich dann die Schritte der Stiefmutter hörte, hab ich mich so gefreut, obwohl ich wusste, dass sie mich nachher noch ordentlich „dreschen“ (schlagen, Anm.) würde... Dann schaute der Vater bloß traurig, und dann hab ich ein schlechtes Gewissen gehabt, weil er wegen mir traurig war ...“ ***(K6.1.).***
Man freut sich immer, wenn jemand kommt ... Schläge und was weiß ich noch alles sind immer noch besser, als ganz vergessen zu werden.“

Die Therapeutin versucht in zugewandter Haltung vorsichtig verdauliche Worte zu finden, indem sie seine schwierige Kindheit und Jugendzeit anspricht, wie verwirrend das Verhalten seiner Eltern für ihn gewesen sein muss - und es offensichtlich einen sehr starken Teil in dem kleinen D gab, der ihm überleben half, denn ansonsten wäre er nicht so weit gekommen ...

Herr D bejaht dies. Seine Kindheit habe er tatsächlich als ein katastrophales Durcheinander in Erinnerung **(K10.1.)**. Schon sehr früh habe er gelernt, sich eine Fantasiewelt aufzubauen, die er noch immer habe.

Ob Herr D etwas von seiner Fantasiewelt erzählen mag?

„Ich stelle mir vor, ich komme heim, hänge meine Jacke an den Kleiderständer und streck mich erst einmal, dann komme ich in m e i n Wohnzimmer, und da sitzen nur Leute, die ich mag und die mich mögen. Sie sitzen auf meiner Couch und reden miteinander. Manchmal ist es auch ganz einfach still, und ich leg mich hinter die Couch und höre ihnen zu. Wenn ich Lust habe, sag ich auch etwas. Jeder darf aus- und eingehen wie er will... manchmal stelle ich mir vor, dass diese Leute alles geniale Musiker sind. Manchmal kann ich mich total hineinsteigern. Zum Beispiel, wenn ich gerade eine neue Musik höre und die neue Band vor mir habe, die mir von Beginn an gefällt, dann ist das wie eine neue Liebe, und dann bin ich ihr treu – ich hab fast ein schlechtes Gewissen, wenn ich mir dann eine andere Musik auch noch anhöre“ *(K7.2.).* D 11

Die Therapeutin weist nun, sein schönes Fantasiebild wertschätzend, auf Herrn D’s mitgebrachte Musik aus voriger Stunde hin. Herr D nickt. Von dieser Musik fühle er sich besonders verstanden, obwohl, oder gerade weil der Text so *grauslich* sei, wie seine eigene Geschichte mit dem Vater. Er sei der einzige gewesen, auf den er sich zeitweise verlassen konnte, aber eben nur zeitweise, und nun sei er tot. Die Musik gäbe ihm das Gefühl, mit seinem Schicksal nicht alleine zu sein, denn man könne ohne solche Erfahrungen unmöglich so einen Liedtext schreiben oder singen ... „Sie (diese Musik, Anm.) ist momentan das beste gegen die Einsamkeit“ *(K7.2.).*

Nun habe er genug geredet. Wahrscheinlich würde er es wieder sehr bedauern, das alles erzählt zu haben **(K5.1.)**. Die Therapeutin fragt, ob er nach dem letzten Mal hier auch seine Mitteilungen bedauert hätte? Herr D schweigt eine Weile. Später antwortet er mit einem leisen *nein.*

Wie es wäre, abschließend eine (gemeinsame) Musik zu spielen? Herr D zuckt mit den Schultern. Die Therapeutin macht nun, Bezug nehmend auf sein *Zeigefinger-Spiel* vom letzten Mal, als er alle weißen Tasten anspielte, einen konkreten Spielvorschlag: heute könnten beispielsweise die schwarzen Tasten ausprobiert werden, einfach so, um den Unterschied wahr zu nehmen ...

Herr D zuckt mit den Schultern. „Weiß nicht ... würden Sie dazuspielen?“ **(K5.2.)** Die Therapeutin antwortet nachdrücklich, dass sie dies sehr gerne tun würde.

Herr D möchte die hohen, und die Therapeutin solle die tiefen Tasten spielen. Die Therapeutin beginnt in der großen und kleinen Oktave mit leeren Intervallen und setzt später, um eine harmonische Basis zu schaffen, mit Dur- und Mollakkorden fort. Wieder spielt Herr D mit seinen Zeigefingern im links-rechts-Modus.

Herr D bleibt dabei auf den schwarzen Tasten in der ein- und zweigestrichenen Oktave und findet in der pentatonischen Tonleiter zu einem punktierten Achtelrhythmus *(ais – gis – fis – dis - cis),* in dem er die Oktaven, versetzt durch die Punktierungen, in Gegenbewegungen ausführt. Die Therapeutin spielt in Akkordfolgen die punktierten Achtel zerlegt in der rechten Hand nach, die linke Hand spielt, um ein rhythmisches Fundament zu schaffen, die *Eins* des jeweiligen Akkordes an. Phasenweise befinden sich Herr D und die Therapeutin, harmonisch betrachtet, im Zusammenspiel.

Herr D hält in solchem überrascht kurz inne, beobachtet das Spiel der Therapeutin, und setzt nach einer Weile sein Spiel fort. Die Improvisation endet, indem sich zunächst Herr D langsam aus dem aktiven Spiel zurückzieht, er spielt nur noch gelegentlich eine Taste an, so lässt die Therapeutin ihre Akkordfolgen in einer Fis-Dur-Kadenz langsam ausklingen.

D 12 Beide bleiben eine Weile schweigend unverändert beim Klavier sitzen. Noch einmal spielt Herr D, beinahe ehrfürchtig, einige schwarze Tasten an.
„Finden Sie auch, dass das jetzt ziemlich gut war?" *(K5.2.)*
Die Therapeutin bestätigt Herrn D's Frage, dabei seinen musikalischen Ausdruck hervorhebend: das rasche Finden eines Tempos, das nach Galopp klang, und die Therapeutin dadurch motiviert wurde, diesen Rhythmus aufzunehmen; die Melodie, welche aufgrund seiner Spielweise wie ein geometrisches Muster aussah...

„Sie finden mein Spiel geometrisch?"
Die Therapeutin demonstriert spielerisch Herrn D's Zeigefinger-Spiel auf den Tasten. Danach fragt Herr D, ob sie seine Zeichnungen das nächste Mal sehen wolle. **(K9.2.)**

Reflexion und Interpretation

In der 5. Stunde scheinen sich die Ereignisse zu überstürzen. Herr D, angesprochen auf die mitgebrachte Musik in der 4. Stunde, kann heute etwas, seine Reflexionsfähigkeit dabei beweisend, über seine schwierige Kindheit erzählen. Der Vater wird als einzig möglicher Rettungsanker erlebt, doch dieser zeigt sich hilflos und traurig. Herr D fühlt sich von ihm verraten, enttäuscht und ihm gegenüber schuldig. In der Gegenübertragung kommen Zorn und Wut in mir hoch. Ich bin auf den Vater noch wütender als auf die Stiefmutter (ein Riesen Feigling, der es nicht schaffte, seinen Sohn zu schützen, ihm obendrein ein Schuldgefühl einpflanzt ...).
In meiner Hilflosigkeit kommt mir Herr D mit einem Fantasiebild entgegen, indem die Musik als „Retterin" in Erscheinung tritt. Sein Statement, Musik wie eine „neue Liebe" zu erleben, löst Betroffenheit und Traurigkeit aus.
In der darauf folgenden Improvisation drängt sich der Wunsch in mir förmlich auf, Herrn D so gut wie möglich musikalisch zu halten.
Herr D will sich im Anschluss an das gemeinsame Spiel rückversichern, als könne er sich seiner Wahrnehmung einer guten Erfahrung nicht sicher sein. Mein Kommentar, Herrn D's Spielweise mit einem geometrischen Muster zu vergleichen, war zufällig. Dadurch bestärkt und ermutigt, möchte er mehr von sich zeigen.

Musiktherapeutische Überlegungen

Zur Selbstobjektfunktion in der Musik
Musik kann mit dem Selbsterleben so verschmelzen, dass sie in ihrer Eigenschaft sowohl innen als auch außen, wirksam werden kann. Musik wird dann zum Selbstobjekt, wenn durch sie, dem Komponisten bzw. dem Interpreten emotionale Verbundenheit entsteht (vgl. Oberhoff, 2003).

Im o. g. Beispiel werden nach Kohut die drei grundlegenden Selbst-Objekt-Bedürfnisse (zit. nach Tiedemann, 2007, S. 256f.) und deren Erfüllung ersichtlich:

1. Das Bedürfnis nach Spiegelung, das zu Selbstwertgefühl, Selbstrespekt und angemessener Selbstbehauptung führt (Herr D fühlt sich von der Musik voll und ganz verstanden, sodass er in der Musiktherapie einen Zusammenhang zwischen der konkreten Musik und seinen Erfahrungen aus der Kindheit herstellen kann);
2. Das Bedürfnis nach Idealisierung, gemeint sind jene wiederholten Erfahrungen, die zu Selbstberuhigung und angemessenem Umgang mit Affekten führen (Herr D fühlt sich von der Musik getröstet und verwendet sie zu Hause als Mittel gegen die Einsamkeit);
3. Das Bedürfnis nach Gleichheit und Zugehörigkeit, es führt zu Gemeinschaftsgefühl und Stolz (Herr D wünscht sich in seiner Fantasie *geniale Musiker* um sich zu haben);

Zu Containing, Holding und Resonating in der Musiktherapie D 12

Jos de Backer verwendet zur Beschreibung der therapeutischen Beziehung zwischen Musiktherapeut und Patient die Metaphern „Rolle der linken Hand“ (Left-hand-role) und „Rolle der rechten Hand“ (Right-hand-role). So steht die „Rolle der linken Hand“ (Therapeut) für Begleitung und Unterstützung (*Containing, Holding* und *Resonating)* in der die Melodie des Patienten eingebettet ist und worin sie sich weiterentwickeln kann. „Der Therapeut sorgt für einen therapeutischen Raum, in dem der Patient sich bewegen und vermutlich zum ersten Mal im Einklang mit der vom Therapeuten harmonischen Grundlage spielen kann“ (De Backer, 2007, S. 40).

D 13 Traumatherapeutische Überlegungen

Gegenübertragungsinszenierungen der Therapeuten reichen von Faszination, Rettungsfantasien, Verleugnung, Ungläubigkeit, verschiedene Formen offener und subtiler Dominanz (wie etwa die Form von Deutungen), Grenzverletzungen und endgültiger Distanzierung (Wintersperger, 2012, mündl. Mitteilung).
In Bezug auf die 4. Stunde sind es meine Rettungsfantasien, die während der Improvisation, im Versuch Herrn D so gut wie möglich musikalisch zu halten, auftauchen.
Bei intensiven Gegenübertragungsreaktionen haben Therapeuten manchmal das Gefühl, selbst Opfer (meine Wut auf Herrn D's Vater) der destruktiven Kräfte zu werden, wie sie der Patient und sein destruktives Familiensystem repräsentiert. Es ist, als müssten Therapeuten den Spagat gewinnen zwischen den Bedürfnissen ihrer traumatisierten Patienten und ihren Angehörigen (ebd.).

6. Stunde: Geometrisches

Herr D betritt mit einem Gitarrenkoffer den Musiktherapieraum. Die Therapeutin ist überrascht und erstaunt. Seit wann Herr D eine Gitarre besitze – sie könne sich gut daran erinnern, als Herr D in der *ersten* Musiktherapie seine Überlegungen bezüglich eines Gitarrenkaufs geäußert habe.

Herr D wirkt etwas schüchtern, und als wäre es ihm ein wenig peinlich, das Instrument der Therapeutin zu zeigen. Nein, die habe er nicht mit, sie sei in seinem Kasten, zu Hause ...
Herr D schweigt eine Weile. Dann öffnet er den Gitarrenkoffer, nimmt einen großen ungeordneten Packen Papier heraus, und reicht diesen der Therapeutin. Es handelt sich um die angekündigten Zeichnungen (5. Stunde), nach dem die Therapeutin Herrn D's Spielweise als geometrisch bezeichnete.

Die Therapeutin hebt Herrn D's Bereitschaft, der Therapeutin seine Kunstwerke zu zeigen, positiv hervor. Sie fragt ihn, ob es eine Reihenfolge gäbe, oder ob Herr D ihr ganz bestimmte Zeichnungen zeigen wolle. Herr D überlegt kurz, während er versucht, die Zeichnungen nach dem Entstehungsdatum zu ordnen. Es vergeht einige Zeit, bis Herr D sich entscheidet, welche Graphiken heute hergezeigt werden sollen.

Danach reicht er einige Blätter der Therapeutin. Es handelt sich tatsächlich um sehr präzise, mit Tintenfeder dargestellte geometrische Figuren. Es findet sich das Logo der Freimaurer ebenso wie der Davidsstern sowie diverse Firmenlogi. D 14

Herr D bittet die Therapeutin um ihre Meinung. Diese betont Herrn D's Begabung, seine offensichtliche Geduld und Ausdauer ... Herr D lächelt etwas verlegen. Dann zeigt Herr D der Therapeutin seinen neuesten Entwurf: viele ineinander gehende Dreiecke, die als Gesamtbild einen komplizierten Stern ergeben. Das habe er nach der Musiktherapie gezeichnet. „Sie haben gesagt ich spiele geometrisch ... also deswegen habe ich gedacht ... egal ... wie finden Sie das?" ***(K9.2.)***

Die Therapeutin findet es genial. Hinzufügend, wie aus einem kreativen Prozess (Musik) sich ein weiterer fortsetzen könne (Grafik) ... Herr D nickt und sagt, die anderen Grafiken seien schon viele Jahre alt, doch jetzt habe er wieder Lust gekriegt, zu Hause zu zeichnen, wer weiß, vielleicht könne er eines Tages das eine oder andere *Logo* an neu gegründete Unternehmen verkaufen ...

Die Therapeutin fragt ihn, ob er Lust habe, bei einer künstlerischen Freizeitgruppe mitzumachen. Herr D schüttelt sofort den Kopf. Das würde er sicher nie tun, das seien lauter Angeber und Versager und überhaupt ...

Herr D ist über den Vorschlag der Therapeutin sehr verärgert. Diese versucht einzulenken und auf das Thema zurückzukommen. Es gelingt nur mit Mühe. Herr D verabschiedet sich bald und sagt, er sei jetzt nicht mehr sicher, ob es richtig war, der Therapeutin seine Zeichnungen zu zeigen **(K9.1.)**.

Reflexion und Interpretation

In der 6. Stunde findet keine Musik statt. Herr D möchte, zunehmend vertrauensvoll geworden, der Therapeutin sein „Bestes," seine künstlerischen Werke zeigen. Am Ende ist er schwer von ihr enttäuscht: Mein Vorschlag, er könne an einer künstlerischen Freizeitgruppe teilnehmen, empfindet er als Anmaßung. Tief gekränkt, bedauert er es wieder, mehr von sich gezeigt zu haben. Ich bin einigermaßen verwirrt und kann Herrn D's Kränkung nicht gleich nachvollziehen. Erst nach und nach verstehe ich seine extreme Bedürftigkeit. Herr D möchte als außergewöhnliches und einzigartiges Individuum (Allmachtsgefühle) von mir wahrgenommen und als solches gespiegelt werden. Ihn in einer Gruppe als einer von Vielen zu betrachten, ja sogar mit anderen gleichzusetzen (Ohnmachtsgefühle), zerstört seine Vorstellungen über mich, ihn als etwas Besonderes zu sehen. Beinahe fühle ich mich wie eine böse Stiefmutter.

Theoretische Überlegungen

Kohut beschreibt zwei Kompensationsformen, die für die Bildung neuer Systeme als Regulationsmechanismus für den Verlust der vollkommenen Einheit zwischen Mutter und Kind zuständig sind: die Entwicklung des Größenselbst und die Entwicklung der idealisierten Eltern-Imago.

D 14 Die Entwicklung des Größenselbst, die Bildung von Größenfantasien über das eigene Selbst, dient dazu, Ohnmachts- und Abhängigkeitserfahrungen zu verleugnen und dadurch zu kompensieren. Die mütterliche Bestätigung des kindlichen Größenselbst erfolgt durch die Spiegelung, die Kohut als „Glanz im Auge der Mutter" (Kohut, 1966, S. 149) bezeichnet.Erwachsene Kompensationsversuche mithilfe von Größenfantasien können sich als harmlose Tagträumereien bis hin zum psychotischen Größenwahn äußern (vgl. Mentzos, 1982, S. 57).

In der Bildung einer idealisierten Eltern-Imago - die vorherige Vollkommenheit wird einem bewunderten allmächtigen (Übergangs-)Selbst-Objekt zugewiesen (Kohut, 1971a) - stattet das Kind seine Eltern mit Allmacht aus, an der es teilhat. Erwachsene Idealisierungen eines Objektes dienen ebenfalls dazu, an der Größe und Vollkommenheit eines anderen teilzuhaben, um die eigene Schwäche und Kleinheit zu verleugnen.

7. Stunde: Im Regen stehen D 15

Mth-Technik: Freie Improvisation

Herr D steuert nach einer knappen Begrüßung schnurstracks auf das Klavier zu, und spielt zwanzig Minuten durchgehend, meist dröhnend und mit durchgedrücktem Pedal seine, der Therapeutin vertraute Spielweise **(K5.1.)**.

Danach spricht die Therapeutin die schwierige Situation von letzter Stunde an:
„Ich glaube, Sie sind von mir schwer enttäuscht ...“

Danach ist es eine Weile still. Schließlich wendet sich Herr D der Therapeutin zu, die in angemessenem Abstand in der Nähe des Klaviers sitzt. Herr D äußert sich nun vorwurfsvoll. Er habe den Eindruck, die Therapeutin wolle ihn manipulieren, so wie früher. Er werde die Therapie abbrechen... **(K9.1.)**.

Die Therapeutin antwortet ihm, indem sie Herrn D's Fortschritte aus den vergangenen Stunden hervorhebt. Seine mitgebrachten Musikstücke, die sowohl mit seinem vergangenen als auch gegenwärtigen Leben zu tun hätten, wie eindrucksvoll er dies sowohl musikalisch als auch mit Worten darstellen konnte; Herrn D's Klavierspiele und jene mit der Therapeutin, die deutlich seine Fähigkeiten und Entwicklungsschritte erkennen lassen ...

Dann erklärt sie Herrn D, dass es sehr schade wäre, die Therapie jetzt, aufgrund einer Enttäuschung abbrechen zu wollen ... es sei hier ähnlich wie im Leben draußen, sobald Menschen zusammenkommen, v.a. wenn sie auch zusammenarbeiten, könne es zu Schwierigkeiten kommen, das nicht gleich ein totales Scheitern bedeuten müsse ...

Herr D sagt, er sei bis jetzt an allem gescheitert, was mit Menschen zu tun hätte. Herrn D's Stimme ist dabei leise, jedoch sehr aggressiv **(K9.1.)** Nervös trommelt er mit den Fingern auf seine Oberschenkel **(K1.1.)**.

Die Therapeutin fragt vorsichtig, wie er ihm nach dieser Enttäuschung, durch sie in der letzten Stunde, danach gegangen sei. Herr D antwortet nach langem Schweigen: *„Das wollen Sie gar nicht wissen.“*

Nun erklärt ihm die Therapeutin ihre Besorgtheit nach der Stunde, und dass sie erst nach und nach Herrn D's Ärger über sie verstanden habe, vor allem in Hinblick auf seine schwierige Kindheit, in der er viel zu oft enttäuscht und verletzt worden sei ...

D 16 Herr D sagt nun, er habe im Anschluss an die Therapie vor lauter Wut seine Gitarre, die er eigentlich heute mitnehmen wollte, ausgesetzt. Er habe sie buchstäblich im Regen stehen lassen **(K9.1.)**. Nach kurzer Zeit habe er sie wieder hereingeholt.

Die Therapeutin erkundigt sich nun nach dem Zustand der Gitarre. Sie sei halbwegs okay, meint Herr D, zumindest sei ihm kein Schaden aufgefallen. Außerdem würden einige Saiten fehlen ... Später fragt er:

„Würden Sie auf meiner Gitarre die fehlenden Saiten aufziehen?" ***(K9.2.)***

Die Therapeutin bejaht und Herr D verlässt daraufhin wortlos den Raum.

Reflexion und Interpretation

Zunächst gelingt es Herrn D wieder, seine negativen Affekte über die Musik auszudrücken. Im durchgehend langen Spiel (20 Minuten) weiß ich intuitiv, dass es hier nur um das Aushalten seiner schwierigen Gefühle geht.
In eine Opferrolle hineingeschlittert, empfinde ich diese Phase im Therapiegeschehen i. S. v. „Alles oder Nichts" als besonders heikel.
In seinen darauf folgenden verbalen Kommentaren kann er ebenfalls seine Enttäuschung und seinen Ärger signalisieren, ohne danach tatsächlich die Therapie, wie angekündigt, abzubrechen.
Herr D's Umgang mit seiner Gitarre, sie aussetzen und im Regen stehen lassen ist eine klare Botschaft an mich. Doch ich verzichte auf eine Deutung und bleibe auf der praktischen (Versorgungs) Ebene.
Trotz aller Enttäuschung kann er meine positiven Äußerungen hinsichtlich seiner Entwicklungsschritte im Therapiegeschehen annehmen, und scheint sogar meinen Vergleich zu menschlichen Konfliktgeschehen im Alltag zu akzeptieren (ein Versuch, ein vorsichtiges Maß an Frustration anzubieten).
Während unseres Gesprächs entwickelt er sogar die Idee, die fehlenden Saiten von mir aufziehen zu lassen.
Insgesamt merke ich, dass Herr D die Frustrationserfahrung im therapeutischen Beziehungsgeschehen überlebt hat und mir (und der Gitarre) in gewisser Weise eine weitere Chance gibt.

8. Stunde: Neue Saiten aufziehen

Mth-Technik: Mitgebrachte Musik + aktives Dazuspielen

Heute kommt Herr D mit dem Gitarrenkoffer und diesmal mit darin liegender Gitarre in den Raum. Sogleich drückt er der Therapeutin die noch original verpackten Saiten in die Hand mit der Bitte, diese jetzt einzuspannen.

Herr D zeigt kein Interesse an einem Gespräch oder einem gemeinsamen Spiel. Als die Therapeutin mit der Arbeit beginnt, legt Herr D eine CD mit Countrymusic in den Player. Danach beobachtet er gelegentlich den Arbeitsvorgang **(K5.1.)**.

Die Countrymusik erzeugt eine sehr heitere und entspannte Atmosphäre. Herr D klopft den Takt zur Musik auf einer Handtrommel nach, und ist in seiner gesamten Körperhaltung heute ziemlich locker. Zwischendurch stellt er technisch adäquate Fragen zu den Saiten und zum Instrument. Nach dem Stimmen der Gitarre wird Herr D gefragt, ob er Lust habe, auf seiner Gitarre zu spielen.

Herr D möchte nicht darauf spielen, er sei, auf den CD-Player hindeutend, noch nicht soweit **(K2.1.)**. Viele geniale Musiker hätten sich das Gitarrespiel auch selbst beigebracht ... das wäre sein Plan. Herr D zeigt der Therapeutin ein Gitarreübungsheft mit dargestellten Griffen für die jeweiligen Akkorde. D 17

Die Countrymusik läuft noch immer. Herr D nimmt zwei Schlägel und setzt sich zum Xylophon und spielt den Rhythmus der mitgebrachten Musik nach. Die Therapeutin spielt diesen ebenfalls auf einer Handtrommel nach. Es mutet selbstverständlich an, so, als wäre diese Spielform längst zu einem gewohnten Ritual innerhalb der therapeutischen Beziehung geworden **(K9.2.)**.

Als die Stunde um ist, sagt Herr D zum Abschied: *„Ich will sie (die Gitarre, Anm.) ansehen können, ich will sie in meinen Armen halten und ich will sie aufhängen“ (an die Wand, Anm.)*

Reflexion und Interpretation

Die 8. Stunde steht zur 7. in einem deutlichen Kontrast. Die Stunde ist, oberflächlich betrachtet, von Sorglosigkeit und Entspannung geprägt – bei näherem Hinsehen signalisiert Herr D während meines aktiven Tuns (ich lasse mich bewusst funktionalisieren) eine Mischung aus Überlegenheit und Ignoranz.
Das Angebot für ein Gitarrenspiel wird abgelehnt (die Therapeutin wird bestraft) - freimütig gesteht er seinen Plan, Gitarre autodidaktisch erlernen zu wollen, wie seine von ihm idealisierten Musiker es taten. Indem er sich erneut mit diesen identifiziert, signalisiert er, dass er seine Therapeutin für sein Gitarrenspiel nicht „braucht.“
Im Anschluss akzeptiert Herr D jedoch mein Dazuspielen zu seinem Xylophon-Spiel und zu seiner mitgebrachten Musik.
Das selbständige Erlernen-Wollen des Instrumentes lässt sich aber auch mit einem Üben-Wollen für ein Beziehungsleben vergleichen, das auch schrittweise erlernt werden muss. Herr D will sich dafür in der Therapie, seinen Vorstellungen gemäß, ideale Voraussetzungen (die richtig aufgezogenen Saiten, exakt gestimmt) schaffen.
Sein Ausspruch am Ende der Stunde, deutet auf eine Objektbesetzung hin: das Instrument Gitarre wird sehnsuchtsvoll besetzt, idealisiert und soll immerwährend verfügbar sein.

*9. **Stunde: Wandlos - Bodenlos***

Mth-Technik: Themenzentrierte Improvisation (Duospiel)

TT-Technik: Imaginationsübung (Gegenbild zu Schreckensbild finden)

Herr D setzt sich gleich hin und beginnt seinen immer wiederkehrenden Traum zu erzählen: *„Ich befinde mich in einem Zimmer, das offensichtlich meines ist. Das Zimmer hat keine Wände, es ist wandlos, und auch der Boden gibt nach, also fast bodenlos. Es ist hässlich und verwahrlost.* Es erinnert mich an das Kellerzimmer, in dem ich einen Teil meiner Kindheit verbracht habe. Dann, irgendwann schaue ich aus dem wand- und fensterlosen Zimmer hinaus und sehe einen einzigen Trümmerhaufen. Es sind typische schwarz-weiß-Archivbilder aus der Kriegszeit.

D 18 So wie man sie im Fernsehen sieht. Dann tut sich plötzlich der Boden auf und ein Elefantenzahn stößt durch. Dann noch einer, und noch einer, bis sich ein Haufen Elfenbein auftürmt *(K10.1.)*. Ich erschrecke so heftig, dass ich aufwache ...“ *(K1.1.)*.

Diesen Traum würde er seit Jahren träumen **(K10.1.)**. Herr D habe gehofft, mit dem Erlernen der Gitarre, würden die Träume verschwinden. Er wähnte sich durch das Instrument irgendwie beschützt ... doch leider sei das nicht der Fall. Hier sieht Herr D kurz sehr traurig aus.

Abschließend fügt er sarkastisch hinzu: „*Eine Deutung können Sie sich sparen, die Elefantenzähne sagen eh alles, also können Sie sich Ihren Teil denken ...*“

Herr D hält nichts von dem ganzen *Psychokram*, außerdem wisse er ohnehin, dass seine Träume immer mit seinen *Scheißgeschichten* aus der Vergangenheit zu tun hätten.

Was er stattdessen jetzt brauchen könne? Denn klar sei, dass er die Träume verständlicherweise loswerden wolle ... Etwas ratlos blickt Herr D durch den Raum. Die Therapeutin fragt, ob es Herrn D möglich sei, ein schönes Traumbild als Gegenbild zum Alptraum (erste Traumszene) in seiner Fantasie zu entwickeln. Erklärend, wie hilfreich positiv entwickelte Vorstellungsbilder sein könnten, am besten unbeeinflusst von anderen (der Therapeutin), da die eigenen heilsamen Kräfte dadurch stärker aktiviert werden könnten.

Dabei erinnert sie ihn an sein erzähltes Fantasiebild (5. Stunde). Vielleicht habe Herr D *Traumvorstellungen* von einem wunderschönen Zimmer, wobei er einzig und allein bestimmen könne...

Herr D zuckt mit den Schultern. „*Ich kann es ja probieren ...*“
Die Therapeutin fragt noch, ob sie während seiner Schilderungen mitschreiben dürfe, und diese Notizen könne Herr D anschließend für sich behalten. Es sei wichtig, sich Einzelheiten genau zu merken. Er könne auch währenddessen eine für ihn angenehme Musik hören oder selber spielen.

Jetzt nimmt Herr D zum ersten Mal die Gitarre aus dem musiktherapeutischen Angebot. Umständlich versucht er sie nachzustimmen mit dem Ergebnis eines völlig verstimmten Instruments. Wortlos überreicht er der Therapeutin die Gitarre...

Danach beginnt Herr D seine mittlerweile zu Hause erlernten Akkorde zu demonstrieren (e-moll, a-moll, A-Dur, E-Dur und D-Dur). Ob Herr D lieber alleine spielen möchte, oder zu seinen Akkorden dazugespielt werden soll ... Herr D nickt **(K5.2.)**. Die Therapeutin nimmt die zweite Gitarre zur Hand.

Herr D streicht mit dem rechten Daumen über alle Saiten im e-moll Akkord und lässt diesen ausklingen. Die Therapeutin improvisiert in selbiger Tonart eine kleine Melodie. Der Dialog wiederholt sich in Herrn D's gespielter Akkordfolge (e-moll, A-Dur, e-moll, D-Dur, e-moll usf.). Während sich eine zarte Musik entwickelt, bleibt Herr D's Gesichtsausdruck sehr ernsthaft und konzentriert. Er hält durchgehend den musikalischen Kontakt zu sich, zum Instrument und zur Therapeutin **(K4.2.)**.

Als das Spiel zu Ende ist, erzählt Herr D von seinem imaginierten Zimmer:

„Es gibt auf jeden Fall ein Schlagzeug, zwei E-Gitarren, eine normale Gitarre, ein Keyboard, Verstärker, Boxen, eine Anlage ...“ D 19
Die Therapeutin zeigt sich über das reichhaltige Instrumentarium aus Herrn D's Fantasie beeindruckt und zieht einen Vergleich zu Herrn D's eingangs erwähnten Wunsch, die Gitarre möge ihn vor seinen Alpträumen beschützen ...

„Ja stimmt, die Macht der Musik ...“ *(K10.2.)*.

Nachgefragt über die Beschaffenheit der Wände und des Bodens *entscheidet* sich Herr D für einen Marmorfußboden, den Besten; weiters tolle Ziegelwände und Fenster aus Panzerglas. Das Zimmer befindet sich in einer Villa. In den anderen Räumen wohnen Freunde und Künstler. Das Haus steht am Meer.

Ob noch etwas für sein Zimmer wichtig wäre? Herr D denkt lange nach.
„Auf jeden Fall ... na ja ... Leute, die ich mag und die mich mögen. Irgendwann eine Freundin, die mich dann besuchen kommt ... das wär' schon schön ...“

Herr D lächelt zufrieden. Dies alles sei ihm während und nach dem Gitarrenspiel eingefallen. Die Therapeutin fragt, ob Herr D Lust habe, sein imaginiertes Zimmer zu Hause zu zeichnen, und falls ihm noch Zusätzliches zu seinem jetzt von ihm beschriebenen Fantasiebild einfallen würde, so könne er dies hinzufügen.

Herr D verabschiedet sich und verlässt mit den Notizen der Therapeutin den Raum.

Reflexion und Interpretation
Im wiederkehrenden Alptraum befindet sich Herr D in einem grenzenlosen (wand- und bodenlos) Horrorszenario, indem er keinen Boden unter den Füßen hat. Die durchgestoßenen Elfenbeinzähne deuten auf frühkindliche und jahrelange schwerste sexuelle Gewalterfahrungen hin.
Diese Botschaft an mich wird durch seine Traumerzählung und die von ihm vorweggenommene Deutung für Herrn D kontrollierbarer. Seine zynischen und sarkastischen Bemerkungen dienen offensichtlich als Schutz, welche ihm ein Erzählen überhaupt erst ermöglichen.
Die beschriebenen „schwarz-weiß-Archivbilder“ verstehe ich als zerstörerische und schutzlose Außenwelt. Herr D fühlt sich völlig alleingelassen und kann sich keinerlei Schutz (vor den Alpträumen) von anderen erwarten: nicht von der Gitarre und nicht von der Therapeutin.
Die Welt des kleinen D wurde innen und außen zerstört, das Überleben sicherte er sich durch seine Fantasie- bzw. Dissoziationsfähigkeit.
Dies führte vermutlich zu einem relativ sicheren Gefühl in der Gegenübertragung. Ich bin sehr betroffen, doch fühle ich mich nicht hilflos und weiß, was Herr D jetzt brauchen könnte.
Im darauf folgenden Angebot, mit dem Ziel ein Gegenbild zum Alptraum-Schreckensbild zu kreieren, ist es wieder die Gitarre, die zum Symbol für seine Rettung wird: die Gegenwelt, in der Fantasien, Träume, Wünsche und Hoffnungen hineinprojiziert werden.
Das Instrument wird mittlerweile objektal (die Therapeutin) und magisch besetzt (als Schutzschild vor dem Alptraum).
Danach „rüstet“ Herr D seinen imaginierten Schutzraum mit weiteren Instrumenten auf.

D 20 *10. Stunde: „Mein Studio“*

Mth-Technik: Mitgebrachte Musik + aktives Dazuspielen

Herr D setzt sich sofort ans Klavier und erzählt:
„Heute beim Herfahren habe ich mich total „weggebeamt.“ Ich habe keine Ahnung wo ich war. Jedenfalls hat es mich gewundert, dass ich jetzt bei Ihnen bin.“

Die Therapeutin spricht das Thema Alltagsdissoziation an und fragt, ob dieser Zustand mit dem Klavierspiel v. a. aus den Anfangszeiten und gelegentlich auch jetzt, vergleichbar sei. *„Ja, schon möglich.“*

Herr D trommelt leise mit seinen Fingern am Klavierhocker.
„Mir hat das damals gut getan, wenn ich mich in die Musik so einspinnen konnte ...“
„Und da ist es Ihnen gar nicht recht gewesen, wenn ich Sie unterbrochen habe ...“
„Oder wenn Sie dazu gespielt haben. Das störte mich richtig!“
„Manchmal hab ich mir Sorgen gemacht, wenn ich den Eindruck hatte, dass es Ihnen nicht mehr gut tut. Das war dann der Fall, wenn die Musik plötzlich starr, oder auch sehr laut wurde, und die Töne so eingesperrt geklungen haben.“
„Ja vielleicht ...“
„Das hat sich, seit Sie wieder hier sind, stark verändert ...“
„Finden Sie das wirklich?“

Die Therapeutin gibt Herrn D nun ausführliche Rückmeldungen zu seinen musikalischen Entwicklungen. Zwar gäbe es diese alte, soeben besprochene Spielform zu gewissen Zeiten noch immer, doch würde Herr D nun zunehmend Musikalisches von der Therapeutin tolerieren. Sie erwähnt das Zusammenspiel auf den schwarzen Tasten (5. Stunde), das gemeinsame Dazuspielen zu mitgebrachter Musik (8. Stunde), und das zarte Gitarren-Duo-Spiel vergangener Stunde, welches zu einem schönen imaginierten Gegenbild zu Herrn D's geschilderten Alptraum führte ...

„Ah ja ... apropos ...“ Herr D kramt aus dem Rucksack seine neueste Zeichnung hervor. Etwas verlegen lächelnd hält er sie der Therapeutin unter die Nase. Herr D's imaginiertes *Traumzimmer* ist mit zarter Tintenfeder detailreich gezeichnet: Musiker mit Kopfhörern spielen auf den erwähnten Musikinstrumenten. Herr D befindet sich unverkennbar im Zentrum des Raumes mit einer E-Gitarre. Weiters sieht man auf dem Bild eine offene Eingangstür, durch die ein hübsches Mädchen mit langem Haar und Hippie-Outfit eintritt. Oberhalb des Türrahmens steht: *„Mein Studio.“*

„Wie finden Sie das?“
Die Therapeutin kommentiert alle Details positiv, wie gut Herr D seine beschriebenen Vorstellungen in das Bild umgesetzt habe. Herr D sagt, die Notizen der Therapeutin habe er erst nach Fertigstellung der Zeichnung gelesen und festgestellt, dass er nichts vergessen habe. Sein gutes Gedächtnis hervorhebend, fragt sie, wie das Gefühl während des Zeichnens und danach gewesen sei. *„Eh gut ...“* Während des Zeichnens habe er sich eine Nummer von *„Simon & Garfunkel“ reingezogen*, das sei echt cool gewesen.

Herr D holt nun diese CD (*„Graceland“ Anm.)* aus dem Rucksack und legt sie in den CD-Player. Während der beschwingten Musik schafft Herr D die Gitarre herbei.

Herr D verwendet die Gitarre als Percussionsinstrument. Er hält sie in der Position eines Gitarristen und führt mit flachen Händen leise und dumpfe Klopfgeräusche in der Nähe des Schall-Lochs aus.

Schultern und Kopf bewegen sich im Rhythmus der Musik. Es scheint, als würde sich Herr D D 21
mithilfe der Musik zunehmend auflockern.

„Würden Sie mit den Bongos mitspielen?“
In der nun gemeinsamen Improvisation zur mitgebrachten Musik gibt es heitere und beschwingte Sequenzen, in der ein unbeschwertes Zusammenspiel durch die ähnliche Spielweise gelingt. Die Therapeutin ahmt das rhythmische Muster aus der Aufnahme nach und Herr D gönnt sich gelegentlich solistische Einlagen (**K9.2.**).

Nach Ende des rezeptiven Stücks wird gleichzeitig das aktive Dazuspielen beendet. Herr D nickt zufrieden und sagt: *„So stelle ich mir das in meinem Studio vor.“*

Reflexion und Interpretation
Zu Beginn der 10. Stunde erzählt Herr D zum ersten Mal über eine aktuelle Alltagsdissoziation. Dadurch wird in weiterer Folge ein gemeinsames Resümee über den ersten Therapieverlauf möglich. Der Vergleich zur Alltagsdissoziation mit Herrn D's versunkenem Verhalten während seiner aktiven Spiele am Klavier kann von ihm zugelassen werden. Nach dem Gespräch fühle ich mich erleichtert und bin erfreut über Herrn D's zunehmende Reflexionsfähigkeit (keine Vorwürfe, keine Abwehr, keine narzisstischen Kränkungen). Herr D scheint sich auch über meine Kommentare in Bezug auf seine musikalische Entwicklung zu freuen. Stolz zeigt er mir daraufhin seine zu Hause angefertigte neue Zeichnung und lässt mich auch musikalisch teilhaben, indem die zur Begleitung ausgewählte Musik während des Zeichnens heute vorgespielt und sogar dazugespielt wird. Somit ist Herrn D's imaginiertes Gegenbild vor, während und nach dem aktiven Zeichnen musikalisch eingebettet. Er lädt mich zum Mitspielen ein und erlebt die gemeinsame Improvisation zur rezeptiven Musik positiv. Er nimmt danach wieder Bezug auf sein imaginiertes Bild, indem er erneut seine konkrete Wunschvorstellung äußert.

11. Stunde: Oma

TT-Technik: Distanzierungstechnik (Beobachtertechnik)

Mth-Technik: Duospiel und Singen (Therapeutin)

Nach der Begrüßung berichtet Herr D, wie sehr ihn sein imaginiertes Bild beschäftige. Es gäbe ihm ein Gefühl von Zukunftsperspektive. Etwas, worauf er sich freuen könne, wofür es sich zu leben lohne ... Sein Alltagsleben würde auf eine gute Art davon beeinflusst sein. Das Fernsehgerät würde nicht nonstop laufen. Er besorge sich Fachbücher über Gitarrenbau und technisches Zubehör, insgesamt würde er einfach besser auf sich schauen.

„Gestern Abend habe ich mir zum Beispiel ein Steak gemacht, das mir total gelungen ist.“
Woher er so gut kochen könne?
„Hab ich alles von der Oma gelernt... Es tut mir jetzt so leid, dass ich mich nicht mehr bei ihr für alles bedanken konnte. Eigentlich war sie immer gut zu mir, sie hat, als ich klein war, für mich gekocht, und ich durfte ihr dabei helfen. Sie hat mir im Garten ein Gemüsebeet geschenkt und ich habe Karotten und Radieschen angebaut ...
Ich hab sie kurz vor ihrem Tod noch mal besucht, aber mir ist nichts eingefallen ... – Sie können sich sicher denken, weshalb ... Natürlich hat sie es auch nicht verhindern können ...“

D 22 Herr D schweigt plötzlich. Als die Therapeutin nachfragt, setzt Herr D seine Erzählung fort:

„Vielleicht hat sie wirklich nichts davon gewusst, sie hat im Haus daneben gewohnt ...“
„Sie meinen die Geschichte mit dem Kellerraum ...“

Herr D nickt langsam und blickt dabei zu Boden. Die Therapeutin verwendet nun eine bewusst distanzierte Sprache, um Herrn D vor möglichen Affektüberflutungen zu schützen:

„... indem sich der kleine D so sehr wünschte, vom Vater rausgeholt zu werden. Manchmal ist das auch geschehen, jedoch ist er manchmal auch sehr von seinem Vater enttäuscht worden...“

Wieder stimmt Herr D dem Gesagten der Therapeutin zu. Nun bittet sie ihn, falls er weiter von damals erzählen möchte, über *den kleinen D* anstatt über sich mit *ich* zu erzählen.

Herr D zögert eine Weile. Dann sagt er langsam und bedächtig:
„Dem kleinen D wurde von manchen „Onkeln“ ordentlich was angetan ... und mein Vater...“

Die Therapeutin unterbricht ihn hinweisend auf die vereinbarte Erzählform. Herr D spricht weiter:
„... und sein Vater hat das sicher gewusst und wahrscheinlich hat ihm das eh nicht gepasst ... er war halt feig und schwach.“

Herr D beendet seine Erzählung mit den Worten: *„So, jetzt hab ich ordentlich ausgepackt. Ist ja auch die vorletzte Stunde – und ich bin froh, dass ich mich nicht über kleine Buben hermache ... das hab' ich wahrscheinlich auch der Oma zu verdanken.“*

In weiterer Folge und auf konkretes Nachfragen berichtet Herr D Näheres über seine Großmutter. Sie habe es auch nicht leicht gehabt. Nach der Geburt sei sie von ihrer Mutter auf einen Misthaufen geschmissen worden – das habe sie ihm häufig erzählt. Herr D ist sicher, dass ihr das Gleiche wie ihm passiert sei. Dennoch sei sie zeitlebens ein guter Mensch geblieben. Sie sei sein Vorbild ...

Die Therapeutin lenkt nun das Gespräch zurück auf Herrn D's eingangs erzählte Alltagsbeschreibung, seine Selbstfürsorge mit dem Hinweis auf das gelungene Steak, seine Fähigkeit, gute innere Bilder zu schaffen, seine Freude und sein Interesse an der Musik - und sich alles bereits jetzt gut auswirke.

Herr D fragt sich nun, ob es mit solchen Lebenserfahrungen tatsächlich möglich sei, ein normales Leben zu leben. Denn seines sei völlig abnormal (hier nimmt Herr D ausführlich Bezug auf sein Leben in Einsamkeit und Isolation).
Herr D weiß von anderen mit ähnlichem Schicksal, die es auch ohne Therapie geschafft haben.

Die Therapeutin bestätigt Herrn D's Vermutungen. Es würde Menschen mit einer guten seelischen Widerstandskraft geben. Meist haben diese während ihrer schlimmen Kindheit auch nur wenige oder einen Menschen gehabt, dem sie vertrauen konnten ... und es würde Menschen geben, die es im jetzigen Leben zusätzlich schwer hätten, und in solchen Fällen eine Therapie hilfreich sein würde ...

Abschließend möchte Herr D das Stück aus der 4. Stunde („Vota du, da Stodl brennt“) mit der Therapeutin gemeinsam spielen. Herr D zeigt ihr den kopierten Liedtext, ob sie das auch singen könnte? **(K9.2.)** Herr D möchte noch kurz das Umgreifen von a' auf e' und umgekehrt ausprobieren. Mit etwas steifen Fingern gelingt dies allmählich. Der Viervierteltakt wird von Herrn D geschlagen und von der Therapeutin gezupft. Nachdem *Probedurchgang* lädt die Therapeutin Herrn D zum Mitsingen ein. Herr D blickt die Therapeutin sehr erschrocken an, das sei unmöglich ... D 23

Die Therapeutin singt nun beide Strophen mit dem Refrain. Um Herrn D ausreichend Zeit für das Umgreifen der Akkorde zu lassen, wird das Lied sehr langsam gesungen und gespielt. Herr D streicht unentwegt konzentriert über die Saiten, ohne aufzublicken. Nach dem Lied sagt Herr D, er wolle nach Beendigung der Musiktherapie nun doch eine Langzeittherapie in Erwägung ziehen **(K9.2.)**.

Reflexion und Interpretation

In der 11. Stunde berichtet Herr D ansatzweise über sein lang anhaltendes, frühkindliches und traumatisierendes Lebensereignis. Zuvor konnte dies durch die mitgebrachte Musik (4. Stunde) und durch den erzählten wiederkehrenden Traum (9. Stunde) in symbolischer Form (präsentative Symbolik) mitgeteilt werden. Erst durch das in der Therapie entwickelte Gegenbild zum Schreckensbild, und durch Herrn D's Erzählen einer positiven Erinnerung, gelingt es ihm, das Trauma zu verbalisieren.
Sein Wunsch, das Lied aus der 4. Stunde zu wiederholen, aber auch neu musikalisch zu gestalten, zeugt von Vertrauen und Auseinandersetzungsbereitschaft.
Herr D hat mit seiner Gitarrenbegleitung sichtlich Mühe. Er plagt sich beim Umgreifen der Akkorde. Doch seine Ernsthaftigkeit und Tapferkeit beeindrucken mich. Währenddessen kommt mir der Vergleich seines musikalischen Ausdrucks mit einer Durcharbeitung des Traumas i. S. e. Traumakonfrontation, das mit ähnlicher Mühe einhergehen würde.

12. Stunde: Resonanz

Die Abschiedsstunde wird von Herrn D durch folgende Mitteilung eingeleitet: *„Ich überleg mir das noch gründlich mit der Langzeittherapie. Die Therapeuten sind manipulierend und provozieren einen so lange, bis man explodiert – und dann – eh klar ist man wieder der schwer Gestörte.“*

Nach geraumer Stille beginnen beide über den Kommentar zu lachen. Nach einer Weile äußert sich Herr D nun ernsthaft über seine Schwierigkeiten in Gruppentherapien, davor habe er berechtigte Ängste. Auch würde ihm – in Anspielung auf die Musiktherapie - das ewige genaue Nachfragen der Therapeuten auf die Nerven gehen. Daher wolle er sich nicht zu dieser Therapie äußern. Er habe seine letzte Erzählung (11. Stunde) bisher nicht bereut, und darüber sei er froh...

Bezogen auf die heutige musikalische Abschiedsstunde formuliert Herr D konkrete Wünsche: ein Abschiedsspiel am Klavier und ein Spiel auf einem Instrument, welches er seit dem ersten Therapieverlauf nicht mehr gespielt habe. Herr D zeigt auf das Monochord **(K2.2.)**.

Herr D beginnt sein Spiel am Klavier mit dem Kommentar, sich von allen Tönen verabschieden zu wollen. Auffallend sorgfältig spielt er mit den Zeigefingern jeweils eine weiße Taste

D 24 (höchster und tiefster Ton) an, sich Taste für Taste der Klaviermitte nähernd. Danach setzt er in Gegenbewegung das Spiel auf den schwarzen Tasten fort.

Das doppelsaitige Monochord möchte Herr D selber spielen. Hier lässt sich Herr D Zeit. Er experimentiert mit Lautstärke und Tempo und lauscht intensiv den Klängen im Inneren des Instruments. Danach kippt er das Monochord ein Stück, um den Bereich des Schall-Lochs an seine Stirn zu lehnen **(K2.2.)**. Im Anschluss an das lange Spiel, Vibrationen und Schwingungen wahrnehmend, sagt Herr D: „Es rieselte plötzlich durch meinen ganzen Körper und das tat jetzt so gut" ***(K3.2.)***.

Mit diesem letzten musikalischen Eindruck verlässt Herr D den Raum.

Reflexion und Interpretation

In der Abschiedsstunde zweifelt Herr D wieder über die Sinnhaftigkeit einer Langzeitbehandlung. Aufgrund seiner bisherigen Erfahrungen zeigt er sich entsprechend skeptisch aber auch humorvoll.

Der bewusste Abschied wird vermieden: Herr D wünscht kein gemeinsames Schluss-Spiel, keine aktive Auseinandersetzung und auch kein Feedback. Dafür erlaubt er sich einen ausgiebigen musikalischen Abschied am bzw. vom Klavier.

Während des Monochordspiels und danach treten Momente echten Resonanzerlebens auf. Herr D spürt die Vibrationen und Schwingungen seiner Musik körperlich und erlebt diese als wohltuend. Mit diesem musikalischen Eindruck kann er die Musiktherapie beenden.

Zusammenfassung

Im zweiten Therapieverlauf mit Herrn D findet ein häufiges Pendeln zwischen vermeidenden und nicht vermeidenden Verhalten statt. Mitgebrachte Musik wird zur Möglichkeit, einerseits diese mit der Therapeutin zu teilen, andererseits traumatische Inhalte in kontrollierter Form auszudrücken (4. Stunde). Mithilfe dieser Musik und eines später erzählten Traumes (9. Stunde) können traumatische Erfahrungen erstmals deutlicher verbalisiert werden. Doch die Musik wird auch als Hoffnung und Rettung gegen die Einsamkeit, ja sogar als neue Liebe (5. Stunde) erlebt.

Im aktiven Spiel nehmen Inszenierungen bedrohlicher Gefühle, verglichen mit dem ersten Therapieverlauf, kontinuierlich ab. Ausgehend von seiner Eigenmotivation, Musik mithilfe des Klavierpedals zu gestalten, kann ein sicherer Rahmen angeboten werden. Herr D lässt sich vermehrt auf gemeinsame Spiele ein, die hauptsächlich als Mitspielen bzw. Dazuspielen zur mitgebrachten Musik zu verstehen sind. Reife Dialogspiele sind zum gegenwärtigen Zeitpunkt noch nicht möglich.

In der Gegenübertragung ist die Therapeutin mit ambivalenten Gefühlen konfrontiert. Anfangs fühlt sie sich wieder hilf- und ideenlos, doch im Rahmen aktiver Musik weniger überflüssig und ausgeschlossen.

Im weiteren Verlauf gelingen vermehrt kurze gemeinsame Spiele, in denen es erstmals möglich wird, Herrn D musikalisch halten zu können, das vermehrt Sicherheit in der Therapeutin erzeugt.

Von ihm Erzähltes muss im Nachhinein nicht mehr so stark bedauert werden. Trotz seiner Enttäuschung über die Therapeutin (6. Stunde) - Herr D droht mit einem Therapieabbruch (7. Stunde) - gelingt eine Korrektur. Herr D „überlebt" die Frustrationserfahrung und kann in weiterer Folge auf symbolischer Ebene (Gitarre) seine Wünsche und Sehnsüchte zum Ausdruck bringen.

Herrn D's Zweifel über die Inanspruchnahme einer Langzeitbehandlung können bis zuletzt nicht aufgelöst werden, jedoch kann er durch das Spiel am Monochord mit einem guten musikalischen Eindruck die Therapie beenden.

forum zeitpunkt · zeitpunkt musik

Guided Imagery and Music -
Konzepte und klinische Anwendungen

Hg. von Isabelle Frohne-Hagemann

2014. 8°. 312 S., 39 s/w-Abb. und 10 Farbabb., kart.
EUR 29,80 (978-3-89500-979-2)

Guided Imagery and Music (GIM) ist eine von Dr. Helen Bonny vor fast 50 Jahren in den USA entwickelte und heute weltweit angewandte und gelehrte integrative und psychodynamisch orientierte Form der Psychotherapie mit klassischer Musik, die auch transpersonale und spirituelle Dimensionen einschließt. Im Gegensatz zu anderen musikimaginativen Methoden der Musikpsychotherapie, bei denen das Erleben erst nach dem Hören mitgeteilt wird, ist das Spezifische dieser Methode der Dialog zwischen Patient und Therapeut während des Musikerlebens in einem veränderten Bewusstseinszustand. Dadurch bleibt der Patient auf seiner „Musikreise" im Hier und Jetzt und kann sich seinen in den Imaginationen verschlüsselt auftauchenden Konflikten mit Hilfe der Musik und der verbalen Interventionen des Therapeuten handelnd stellen anstatt nur über sie zu reden. Mit dem vorliegenden Buch werden die Grundlagen von GIM sowie weitere musikimaginative Methoden an praktischen Beispielen vertieft bzw. modifiziert und vor dem Hintergrund der heutigen Realitäten auch kritisch hinterfragt und zur Diskussion gestellt. Der Leser wird angeregt, sich mit verschiedenen Themen und Therapieverständnissen auseinander zu setzen, z.B. welchen Einfluss das digitale Zeitalter auf therapeutische Wertvorstellungen haben könnte; wie GIM TherapeutInnen verschiedener Orientierung (z.B. tiefenpsychologisch, transpersonal, systemisch, etc.) Störungs- und Krankheitsbilder mit GIM begründen und behandeln; welche Rolle Spiritualität als Psychotherapie oder in der Psychotherapie spielt; wie GIM Mentalisierungsprozesse fördern kann. Die AutorInnen untersuchen, wann bei wem, warum mit welcher Zielsetzung GIM nach Helen Bonny oder modifizierte Formen von GIM und musikimaginative Methoden angesagt sind.